普通高等院校"十三五"规划教材

统计学

刘子君　魏　岚　向远章◎主　编
吴景泰　刘智勇　焦圣华　阳玉香◎副主编
莫　旋　朱　钰　夏　异　宫玉昕

清华大学出版社
北　京

内 容 简 介

本书以清晰、简洁的方式介绍了统计学的基本概念，旨在使读者对"统计学"这门学科有一个整体、本质的认识，同时给出大量与实际应用紧密联系的实例和练习，有助于激发学生的学习兴趣并启发学生利用所学方法解决实际问题。本书在主要章节的理论阐述中巧妙地融合了常用统计软件的应用介绍。针对学生动手操作能力和解决实际问题能力等制约条件与计算机软件能力的局限性等薄弱环节，全程介绍了Excel和SPSS软件，并结合实例予以解答，旨在提高学生分析、解决实际问题的能力。

本书可作为理工科经济管理类专业本科生或研究生的统计学教材，也可作为社会科学及工程技术领域研究人员的参考书。

本书封面贴有清华大学出版社防伪标签，无标签者不得销售。
版权所有，侵权必究。举报: 010-62782989, beiqinquan@tup.tsinghua.edu.cn。

图书在版编目(CIP)数据

统计学 / 刘子君，魏岚，向远章主编. —北京: 清华大学出版社，2017 (2025.1 重印)
(普通高等院校"十三五"规划教材)
ISBN 978-7-302-47358-9

Ⅰ. ①统… Ⅱ. ①刘… ②魏… ③向… Ⅲ. ①统计学-高等学校-教材 Ⅳ. ①C8

中国版本图书馆CIP数据核字(2017)第124096号

责任编辑: 刘志彬
封面设计: 汉风唐韵
责任校对: 宋玉莲
责任印制: 宋 林

出版发行: 清华大学出版社
网　　址: https://www.tup.com.cn, https://www.wqxuetang.com
地　　址: 北京清华大学学研大厦A座　　　　邮　编: 100084
社 总 机: 010-83470000　　　　　　　　　　邮　购: 010-62786544
投稿与读者服务: 010-62776969, c-service@tup.tsinghua.edu.cn
质量反馈: 010-62772015, zhiliang@tup.tsinghua.edu.cn

印 装 者: 三河市龙大印装有限公司
经　　销: 全国新华书店
开　　本: 185mm×260mm　　　印　张: 18　　　字　数: 450千字
版　　次: 2017年6月第1版　　　　　　　　　印　次: 2025年1月第10次印刷
定　　价: 50.80元

产品编号: 074077-02

前　言

随着知识经济、信息时代的到来，从大量、零散的数字中获取有价值的市场信息是新兴人才必须具备的能力。国内外的银行、保险、证券、科研、教育等行业都广泛采用先进的统计分析技术，从数据中提取有价值的信息和知识。因此，数据资源不可避免地成为宝贵的经济资源。作为处理和分析数据的方法与技术的应用型学科，"统计学"被列为国内高校各专业的专业基础课程之一。目前，统计方法已经成为理、工、农、医、人文、社科、经管等各个学科领域进行科学研究的基本方法。随着市场经济的发展和大数据时代的到来，运用成熟的统计软件、采用科学的统计分析方法，从数据中归纳有用的信息和知识，指导经济管理与决策分析，已成为各行业有识之士普遍关注的问题。同时，统计知识已成为市场调研、数据分析和科研的必备工具，各层次院校各专业的基础性学科，无论是本科以上层次的经济、管理类专业，还是应用型中高职学校均把"统计学"作为一门重要的专业基础课，故"统计学"被教育部列为经济管理类各专业的核心课程之一。从"统计学"的课程设置、教学内容和教学方式等方面来培养学生适应社会经济发展的客观需要，迎接大数据时代的到来，是本书编写的主要出发点。

本书共分为十章。第一章统计学总论，介绍了统计学的产生与发展的基本情况；第二章统计数据的搜集与整理，重点介绍了统计数据的搜集方法和常用的统计整理方法——统计分组的方法，同时也介绍了统计图和统计表的制作方法；第三章数据分布特征的描述，主要介绍了数据分布的集中趋势、离散程度、偏态和峰度的测定；第四章概率与概率分布，重点介绍了离散型随机变量的概率分布和连续型随机变量的概率分布，尤其突出了统计中最常用的正态分布、t 分布、F 分布，以及卡方分布；第五章统计推断，详细阐述了区间估计和假设检验的理论与应用；第六章方差分析，主要介绍单因素方差分析和多因素方差分析的理论与应用；第七章相关与回归分析，分别介绍了相关分析和回归分析的基础理论与应用；第八章时间序列分析，重点介绍了时间序列的各种水平分析指标及速度分析指标的计算，以及利用时间序列对现象发展变化趋势进行预测的方法；第九章统计指数，重点介绍了综合指数与平均指数的编制与运用，以及统计指数的因素分析；第十章统计决策，重点介绍了各种决策方法及其应用。

本书以培养应用型人才为目标，参阅了国内外许多优秀的同类教材和先进统计软件应用教程,既可作为高校经济管理类专业的《统计学》教材,也可作为其他专业和广大实际工作者的参考用书。本书旨在使读者对"统计学"这门学科有一个整体、本质的认识,同时反映统计学中计算机应用的发展,从而将统计学的理论知识和数据分析的实用性在课程中很好地结合起来。本书在总结目前国内外教材的基础上,结合团队成员几十年的教学经验和统计实践的经验,重点突出了以下特色。

▶ 1. 内容体系体现经济管理类专业的教学目标

经济管理类专业"统计学"课程教学的总体目标是使学生具备基本的统计思想,掌握基本的统计方法,培养应用统计方法分析解决经济管理中实际问题的能力。本书与经济管理类专业的基础课程教材《概率论与数理统计》有机地结合起来,既介绍通用方法论性质的一般统计理论和方法,又讨论了其在经济管理领域的应用。同时根据经济管理类专业的特点,努力贯彻"学以致用"的原则,大幅度削减了有关描述统计学的内容,对推断统计的内容也有适当的取舍,尽可能做到结构合理、概念明确、条理清晰、深入浅出。同时,考虑到经济管理类专业学生的学习侧重点和数理基础问题,除十分必要外,本书不做过多数理推导。

▶ 2. 结合软件应用阐述基本理论

本书在主要章节的理论阐述中巧妙地融合了常用统计软件的应用介绍。针对学生动手操作能力和解决实际问题能力等制约条件与计算机软件能力的局限性等薄弱环节,全程介绍了 Excel 和 SPSS 软件,并结合例题予以实例解答,旨在提高学生分析、解决实际问题的能力。

▶ 3. 习题层次清晰,突出实用性

本书中除了应用多年教学经验积累的大量习题之外,还设计了反映实际问题的习题,旨在提高学生应用统计学解决实际问题的能力。同时,习题难易结合、层次清晰,在满足初学者的基本认知需要的同时,适合不同层次的教学需要。

本书可作为全日制本科学生、大中专院校"统计学"课程的主讲教材,也可作为统计工作者进行统计实践的参考书。实际使用时,任课教师可根据学时多少、学生水平及教学目的,安排授课内容。

本书由沈阳航空航天大学刘子君老师组织编写,在全体参编人员的共同努力下完成,最后由刘子君老师定稿,在编写过程中得到了吴景泰教授和魏岚等老师的大力帮助与支持。由于编者水平有限,书中难免会有疏漏或错误之处,望各位专家、学者及广大师生批评指正。

编　者

目　录

第一章　统计学总论 ……………………………………………………………… 1
　第一节　统计学的产生与发展 …………………………………………………… 1
　第二节　统计学的分科 …………………………………………………………… 7
　第三节　统计学与其他学科的关系 ……………………………………………… 9
　第四节　统计学的基本术语与研究方法 ……………………………………… 10
　本章要点 …………………………………………………………………………… 13
　关键词 ……………………………………………………………………………… 14
　思考题 ……………………………………………………………………………… 14

第二章　统计数据的搜集与整理 …………………………………………… 15
　第一节　统计数据的计量与类型 ………………………………………………… 15
　第二节　统计数据的搜集 ………………………………………………………… 17
　第三节　统计数据的整理 ………………………………………………………… 23
　第四节　统计数据的显示 ………………………………………………………… 33
　本章要点 …………………………………………………………………………… 39
　关键词 ……………………………………………………………………………… 40
　思考题 ……………………………………………………………………………… 40
　习题 ………………………………………………………………………………… 40

第三章　数据分布特征的描述 ……………………………………………… 43
　第一节　数据分布集中趋势的测度 ……………………………………………… 43
　第二节　离散程度的描述 ………………………………………………………… 54
　第三节　分布偏态与峰度的测度 ………………………………………………… 60
　本章要点 …………………………………………………………………………… 64
　关键词 ……………………………………………………………………………… 65
　思考题 ……………………………………………………………………………… 65
　习题 ………………………………………………………………………………… 65

第四章　概率与概率分布 …………………………………………………… 69
　第一节　随机事件与概率 ………………………………………………………… 69
　第二节　随机变量与概率分布 …………………………………………………… 75

第三节　正态分布和正态逼近 ·············· 84
　　第四节　大数定律及中心极限定理 ·············· 87
　　本章要点 ·············· 89
　　关键词 ·············· 90
　　思考题 ·············· 90
　　习题 ·············· 90

第五章　统计推断　92

　　第一节　参数估计的基本理论 ·············· 92
　　第二节　总体均值、比例及方差的区间估计 ·············· 97
　　第三节　样本容量的确定 ·············· 103
　　第四节　假设检验 ·············· 105
　　第五节　总体均值的假设检验 ·············· 109
　　第六节　总体比率和总体方差的假设检验 ·············· 116
　　本章要点 ·············· 119
　　关键词 ·············· 120
　　思考题 ·············· 120
　　习题 ·············· 120

第六章　方差分析　124

　　第一节　方差分析概述 ·············· 124
　　第二节　单因素方差分析 ·············· 128
　　第三节　多因素方差分析 ·············· 135
　　第四节　协方差分析 ·············· 142
　　本章要点 ·············· 145
　　关键词 ·············· 146
　　思考题 ·············· 146
　　习题 ·············· 146

第七章　相关与回归分析　148

　　第一节　相关与回归分析概述 ·············· 148
　　第二节　相关系数与相关分析 ·············· 150
　　第三节　一元线性回归分析 ·············· 156
　　第四节　多元回归与非线性回归 ·············· 164
　　本章要点 ·············· 175
　　关键词 ·············· 176
　　思考题 ·············· 176
　　习题 ·············· 176

第八章 时间序列分析　184

- 第一节 时间序列分析概述 ⋯⋯⋯⋯⋯⋯⋯⋯⋯⋯⋯⋯⋯⋯⋯⋯⋯⋯⋯⋯⋯⋯ 184
- 第二节 时间序列的基本指标 ⋯⋯⋯⋯⋯⋯⋯⋯⋯⋯⋯⋯⋯⋯⋯⋯⋯⋯⋯⋯⋯ 187
- 第三节 时间序列的测定与预测 ⋯⋯⋯⋯⋯⋯⋯⋯⋯⋯⋯⋯⋯⋯⋯⋯⋯⋯⋯ 196
- 本章要点 ⋯⋯⋯⋯⋯⋯⋯⋯⋯⋯⋯⋯⋯⋯⋯⋯⋯⋯⋯⋯⋯⋯⋯⋯⋯⋯⋯⋯ 211
- 关键词 ⋯⋯⋯⋯⋯⋯⋯⋯⋯⋯⋯⋯⋯⋯⋯⋯⋯⋯⋯⋯⋯⋯⋯⋯⋯⋯⋯⋯⋯ 211
- 思考题 ⋯⋯⋯⋯⋯⋯⋯⋯⋯⋯⋯⋯⋯⋯⋯⋯⋯⋯⋯⋯⋯⋯⋯⋯⋯⋯⋯⋯⋯ 212
- 习题 ⋯⋯⋯⋯⋯⋯⋯⋯⋯⋯⋯⋯⋯⋯⋯⋯⋯⋯⋯⋯⋯⋯⋯⋯⋯⋯⋯⋯⋯⋯ 212

第九章 统计指数　217

- 第一节 统计指数概述 ⋯⋯⋯⋯⋯⋯⋯⋯⋯⋯⋯⋯⋯⋯⋯⋯⋯⋯⋯⋯⋯⋯⋯ 217
- 第二节 综合指数的编制 ⋯⋯⋯⋯⋯⋯⋯⋯⋯⋯⋯⋯⋯⋯⋯⋯⋯⋯⋯⋯⋯⋯ 219
- 第三节 平均指数的编制 ⋯⋯⋯⋯⋯⋯⋯⋯⋯⋯⋯⋯⋯⋯⋯⋯⋯⋯⋯⋯⋯⋯ 226
- 第四节 指数体系与因素分析 ⋯⋯⋯⋯⋯⋯⋯⋯⋯⋯⋯⋯⋯⋯⋯⋯⋯⋯⋯⋯ 232
- 本章要点 ⋯⋯⋯⋯⋯⋯⋯⋯⋯⋯⋯⋯⋯⋯⋯⋯⋯⋯⋯⋯⋯⋯⋯⋯⋯⋯⋯⋯ 240
- 关键词 ⋯⋯⋯⋯⋯⋯⋯⋯⋯⋯⋯⋯⋯⋯⋯⋯⋯⋯⋯⋯⋯⋯⋯⋯⋯⋯⋯⋯⋯ 240
- 思考题 ⋯⋯⋯⋯⋯⋯⋯⋯⋯⋯⋯⋯⋯⋯⋯⋯⋯⋯⋯⋯⋯⋯⋯⋯⋯⋯⋯⋯⋯ 241
- 习题 ⋯⋯⋯⋯⋯⋯⋯⋯⋯⋯⋯⋯⋯⋯⋯⋯⋯⋯⋯⋯⋯⋯⋯⋯⋯⋯⋯⋯⋯⋯ 241

第十章 统计决策　246

- 第一节 统计决策概述 ⋯⋯⋯⋯⋯⋯⋯⋯⋯⋯⋯⋯⋯⋯⋯⋯⋯⋯⋯⋯⋯⋯⋯ 246
- 第二节 风险型决策方法 ⋯⋯⋯⋯⋯⋯⋯⋯⋯⋯⋯⋯⋯⋯⋯⋯⋯⋯⋯⋯⋯⋯ 249
- 第三节 贝叶斯决策方法 ⋯⋯⋯⋯⋯⋯⋯⋯⋯⋯⋯⋯⋯⋯⋯⋯⋯⋯⋯⋯⋯⋯ 255
- 第四节 不确定型决策方法 ⋯⋯⋯⋯⋯⋯⋯⋯⋯⋯⋯⋯⋯⋯⋯⋯⋯⋯⋯⋯⋯ 258
- 本章要点 ⋯⋯⋯⋯⋯⋯⋯⋯⋯⋯⋯⋯⋯⋯⋯⋯⋯⋯⋯⋯⋯⋯⋯⋯⋯⋯⋯⋯ 262
- 关键词 ⋯⋯⋯⋯⋯⋯⋯⋯⋯⋯⋯⋯⋯⋯⋯⋯⋯⋯⋯⋯⋯⋯⋯⋯⋯⋯⋯⋯⋯ 262
- 思考题 ⋯⋯⋯⋯⋯⋯⋯⋯⋯⋯⋯⋯⋯⋯⋯⋯⋯⋯⋯⋯⋯⋯⋯⋯⋯⋯⋯⋯⋯ 263
- 习题 ⋯⋯⋯⋯⋯⋯⋯⋯⋯⋯⋯⋯⋯⋯⋯⋯⋯⋯⋯⋯⋯⋯⋯⋯⋯⋯⋯⋯⋯⋯ 263

附录　266

- 附录1 标准正态分布临界值概率表 ⋯⋯⋯⋯⋯⋯⋯⋯⋯⋯⋯⋯⋯⋯⋯⋯⋯ 266
- 附录2 t 分布临界值表 ⋯⋯⋯⋯⋯⋯⋯⋯⋯⋯⋯⋯⋯⋯⋯⋯⋯⋯⋯⋯⋯⋯ 268
- 附录3 χ^2 分布临界值概率表 ⋯⋯⋯⋯⋯⋯⋯⋯⋯⋯⋯⋯⋯⋯⋯⋯⋯⋯⋯ 270
- 附录4 F 分布临界值表 ⋯⋯⋯⋯⋯⋯⋯⋯⋯⋯⋯⋯⋯⋯⋯⋯⋯⋯⋯⋯⋯⋯ 272

参考文献　279

第一章 统计学总论

> 统计是指根据研究的目的及要求，运用科学的方法，对客观事务或人类实践活动的数据和资料进行调查、整理和分析的过程。统计学则是一门研究如何对社会总体的数量特征和规律进行描述、推断、认识的学科。

第一节 统计学的产生与发展

一、统计与统计学

在通常的认识中，"统计"即为"计数"，小至个人、家庭，大至企业、国家均有计数的任务或需求，这些数据就是统计的成果。世界各国都有各自的官方统计机构，负责对人口、资源、环境和社会经济活动等各方面进行"计数"，并将这些数据资料以公共产品的方式定期公布，通常命名为"统计年鉴"。现在关心这些数据的已不仅仅是政治家、经济学家和各方学者，普通老百姓对此也是越来越重视。

（一）统计的含义

不同的人或在不同的场合，对"统计"一词有不同的解释。目前，比较公认的看法是，"统计"有三层含义：统计工作、统计资料和统计学。

▶ 1. 统计工作

统计工作，又称为统计实践或统计活动，是指根据统计目的及要求，运用科学的方法搜集、整理和分析统计数据，并探索数据的内在数量关系和规律性的活动过程。统计调查、统计整理和统计分析是基本的统计工作，它所提供的统计资料包括原始统计资料、数据整理结果和资料分析结论。进行基本统计工作之前的统计设计和之后的资料保存、利用也属于统计工作的范畴。

▶ 2. 统计资料

统计资料，又称为统计数据，是统计工作过程中所获得的各种数字资料和其他资料的总称。统计资料表现为各种反映社会经济现象特征的原始记录、统计台账、统计表、统计图、统计分析报告、政府统计公报、统计年鉴等数字和文字资料，是统计工作的成果或产品，反映了事物的数量特征及其变化规律。

▶ 3. 统计学

统计学是指阐述统计工作基本理论和基本方法的科学。它是对统计工作实践的理论概括和经验总结，是经过系统化的知识体系。统计学以社会现象的总体数量作为研究对象，阐明统计设计、统计调查、统计整理和统计分析的理论和方法，是一门方法论科学。

（二）统计的三层含义之间的关系

统计工作、统计资料和统计学之间有着密切联系。统计工作与统计资料之间是过程和成果之间的关系，统计资料是统计工作的直接成果。就统计工作和统计学之间的关系来说，统计工作属于实践的范畴，统计学属于理论的范畴，统计学是统计工作实践的理论概括和科学总结，它来源于统计实践，又高于统计实践，反过来又指导统计实践。统计工作的现代化与统计科学研究的发展是分不开的。

统计工作、统计资料和统计学相互依存、相互联系，共同构成了通常所说的统计。

二、统计学的发展历程

统计活动与社会活动相伴而生，随社会生产力的发展而发展。原始社会的"结绳计数"是统计活动的萌芽阶段；随着社会的发展，产品有了剩余，产品剩余产生的总体数量观念和总体计数活动即为实物清点，出现了真正意义上的统计活动；到了奴隶社会，为了维护统治者的统治地位，开始登记造册，规范了统计活动；到了封建社会、资本主义社会，出现了独立的统计部门，到19世纪上半叶出现"统计狂热时代"；随后，随着社会分工的细化，发展出若干专业统计。

统计实践活动催生了统计学，统计学是一门很古老的科学，一般认为其学理研究始于古希腊的亚里士多德时代，它起源于社会经济问题的研究，迄今已有两千三百多年的历史。在两千多年的发展过程中，统计学至少经历了城邦政情、政治算术和统计分析科学三个发展阶段。

（一）城邦政情阶段

图1-1 威廉·配第

城邦政情(matters of state)阶段始于古希腊的亚里士多德撰写的"城邦政情"或"城邦纪要"。他一共撰写了一百五十余种纪要，其内容包括各城邦的历史、行政、科学、艺术、人口、资源和财富等社会和经济情况的比较、分析，具有社会科学的特点。"城邦政情"式的统计研究延续了一两千年，直至17世纪中叶，它才逐渐被"政治算术"这个名词所替代，并且很快被演化为"统计学"(statistics)。统计学依然保留了城邦(state)这个词根。

（二）政治算术阶段

城邦政情阶段与政治算术阶段没有很明显的分界点，本质的差别也不大。政治算术阶段的特点是统计方法与数学计算和推理方法开始结合，分析社会经济问题更加注重运用定量分析的方法。1690年，英国威廉·配第（William Petty，1623—1687，见图1-1）出版了《政治算术》一书作为这个阶段的起始标志。威廉·配第用数字、重量和尺度将社会经济现象数量化的方法是近代统计学的重要特征。因此，威廉·配第的《政治算术》被后来的学者称为近代统计学的来源。

（三）统计分析科学阶段

正态分布是在政治算术阶段出现的，统计与数学的结合趋势逐渐发展形成了统计分析科学。19世纪末，欧洲大学开设的"国情纪要"或"政治算术"等课程名称逐渐消失，取而代之的是"统计分析科学"（science of statistical analysis）课程。当时的"统计分析科学"课程的内容仍然是分析研究社会经济问题。

"统计分析科学"课程的出现是现代统计发展阶段的开端。1908年，英国统计学家高赛特（William Sleey Gosset，1876—1937）以笔名Student发表了关于t分布的论文，这是一篇在统计学发展史上划时代的文章。它创立了小样本代替大样本的方法，开创了统计学的新纪元。

三、统计学中的各大著名学派

17世纪中叶至18世纪是统计学的萌芽时期，亦称古典统计学时期，这一时期的著名学派有国势学派和政治算术学派。18世纪末至19世纪末的一百年中，统计学有了巨大的发展，这一时期属于统计学的成长时期，亦称近代统计学时期。这一时期的主要学派是数理统计学派和社会统计学派。

（一）国势学派

国势学派，也叫记述学派。该学派的代表人物是德国的康令（H. Conring，1606—1681）和阿亨瓦尔（G. Achenwall，1719—1772），他们在大学中开设了新课程——国势学，介绍记录国家发展的重要事件的方法。后人把从事这方面研究的德国学者称为国势学派。当时主要是用文字的形式记载国家组织、人口、军队、领土、居民职业和资源财产等事件，基本上没有量的描述与分析。

国势学派的最大贡献就是，它提出了一个世界公认的名词"统计学"。另外，该学派在研究各国的重要事件时，采用了系统对比的方法来反映各国实力的强弱，统计学分析方法中的"对比"的思想即起源于此。国势学派的局限性在于缺乏数量分析的方法和结论，与现代统计学相去甚远，所以人们将其称为有"有名无实的统计学"。

（二）政治算术学派

同样是研究各国的国情、国力，英国的学者们却采用了数量分析的方法，其代表人物是威廉·配第和约翰·格朗特（J. Graunt，1620—1674）。配第在其著作《政治算术》中，对当时的英国、荷兰、法国之间的财富进行数量上的计算和比较，开创了用数量方法研究社会经济现象的先河。马克思称配第是"政治经济学之父"，在某种程度上也可以说他是"统计学的创始人"。该派学者也因此获得"政治算术学派"之名。

格朗特通过对伦敦市50多年的人口出生和死亡资料的计算，写出了第一本关于人口统计的著作《对死亡率公报的自然观察和政治观察》。统计的含义也因此从记叙转变为专指用数量来说明国家的重要事件。

政治算术学派在统计发展的历史上有着重要的地位，它以数量分析为特征，研究客观现象的数量，就这点来说，政治算术应该是统计学的起源，威廉·配第被认为是统计学的创始人。由于未使用"统计学"命名。所以，有人评价该学派是"有统计之实，无统计之名"的学派。

国势学派和政治算术学派共存了近两百年，两派长期争论不休，但两者却有一个共同特点，即都是以宏观社会经济问题为研究对象，故统称为社会经济统计学派。

（三）数理统计学派

最初把古典概率论引入统计学的是法国数学家、统计学家拉普拉斯（P. S. Laplace，1749—1827）。他阐明了统计学的大数法则，进行了大样本推断的尝试。最终完成统计学和概率论结合的则是比利时统计学家、数学家凯特勒（Adolphe Quetelet，1796—1874，见图1-2）。1841年，凯特勒出任比利时中央统计委员会会长，1851年积极筹备国际统计学会组织，并任第一届国际统计会议主席；凯特勒在著作《社会物理学》中利用大数法则论证了社会生活中的随机偶然现象贯穿着必然的规律性，他运用概率论原理提出了著名的"平均人"的概念，计算人类自身各种性质标志的平均值，通过"平均人"的概念来探索社会规律。他认为，社会所有的人与"平均人"的差距越小，则社会矛盾就越缓和。凯特勒被统计学界称为"国际统计会议之父"和"近代统计学之父"，其贡献就是发现了大量现象的统计规律性，并开创性地应用了许多统计方法，为数理统计学的发展奠定了基础。

数理统计学派人才济济，英国的高赛特发表了关于t分布的论文，建立了"小样本理论"；英国的费希尔（Ronald Aylmer Fisher，1890—1962）给出了F统计量、极大似然估计、方差分析等；内曼（J. Neyman，1894—1981）和皮尔逊（Egon S. Pearson，1857—1936）提出了置信区间估计和假设检验；沃尔德（A. Wald）发明了序贯抽样和统计决策函数。特别要提出的是英国数理统计学家卡尔·皮尔逊（Karl Pearson，1857—1936，见图1-3），他设计的"直线相关系数"是最常用的相关系数，从其构思过程中，我们可以体会到"对称美"；他构建的χ^2检验是最常用的检验方法，从其公式的形式中，我们可以体会到"简单美"。这再一次验证了"统计学是一门艺术"的说法，有许多学者把卡尔·皮尔逊尊称为"统计学之父"。

图1-2 凯特勒

图1-3 卡尔·皮尔逊

（四）社会统计学派

社会统计学派发源于德国，主要代表人物有克尼斯（K. G. A. Knies）、恩格尔（C. L. E. Engel，1821—1896）和梅尔（G. V. Mayr，1841—1925）。他们的学术观点是：统计学的研究对象是社会现象，目的在于明确社会现象的内在联系和相互之间的关系，在研究过程中，应使用全面调查，也可以适量使用抽样调查。恩格尔在1895年发表的《比利时工人家庭的生活费》一文中提出了著名的"恩格尔法则"，从中引申出的"恩格尔系数"作为衡量生活水平的标准，至今仍被沿用。

四、统计学的现代格局

各个学派的传承与发展使今天的统计学形成这样的格局：一是以社会经济问题为主要研究对象的社会经济统计；二是以方法和应用研究为主的数理统计。从学科的角度看，前者从属于应用经济学，后者从属于数学。20世纪60年代以后，随着计算机技术和网络技术的不断发展与完善，以及各种新技术的不断创新，统计学的发展有以下趋势。

首先，统计学从面对小批量的数据转变为面对海量数据。因此，使用计算机统计分析软件处理数据成为必然。在某些领域，甚至约定俗成必须使用著名统计分析软件，否则无法认可分析结果的准确性。其次，统计学从有关领域中汲取的养分也越来越多，如卫星技术的发展催生了空间统计学。同时，越来越多的数学方法被引进，又被越来越多地应用到各个领域，如医学界的新药研制、企业中的过程控制等。2003年，诺贝尔经济学奖授予了著名计量经济学家恩格尔（Robert F. Engle）和格兰杰（Clive Granger），两位首创了新的统计方法来处理许多经历时间数列中时变性和非平稳性，涉及金融、人口等，这证明了统计方法应用的领域越来越广泛。

统计学可以应用于各行各业的数据分析，这使它成为一门"万能"的方法论学科。美国 *SCIENCFY* 有一篇文章列出近百年来最有用的科学，统计学位居前10名。1969—2005年与统计和计量分析直接有关的诺贝尔奖获得者如下：

2003年，美国人恩格尔和英国人格兰杰由于金融时间序列模型和协整模型等方面的贡献获奖。瑞典皇家科学院指出，两人的研究成果改善了对经济增长、价格以及经过一段时间后的利率等指针的分析，从而为经济学家提供了一种评估风险的新方法。

2002年，美国普林斯顿大学的以色列教授丹尼尔·卡纳曼（Daniel Kahneman）和美国乔治梅森大学教授弗农·史密斯（Vernon L. Smith）分享2002年诺贝尔经济学奖。丹尼尔·卡纳曼是因为"把心理学研究和经济学研究结合在一起，特别是与在不确定状况下的决策制定有关的研究"而得奖。弗农·史密斯是因为"通过实验室试验进行经济方面的经验性分析，特别是对各种市场机制的研究"而得奖。

2001年，三位美国教授乔治·阿克尔洛夫、迈克尔·斯彭斯和约瑟夫·斯蒂格利茨由于在"对充满不对称信息市场进行分析"领域所做出的重要贡献，而分享2001年诺贝尔经济学奖。

2000年，詹姆斯·赫克曼（James Heckman）和丹尼尔·麦克法登（Daniel Mcfadden）在微观计量经济学领域做出了贡献，他们发展了广泛应用于个体和家庭行为实证分析的理论和方法。

1999 年，罗伯特·门德尔(Robert Mundell)对不同汇率体制下货币与财政政策以及最适宜的货币流通区域所做的分析使他获得这一殊荣。

1997 年，罗伯特·默顿(Robert Merton)和迈伦·斯科尔斯(Myron Scholes)，前者对布莱克—斯科尔斯公式所依赖的假设条件做了进一步减弱，在许多方面对其做了推广。后者给出了著名的布莱克—斯科尔斯期权定价公式，该法则已成为金融机构设计金融新产品的思想方法。

1996 年，詹姆斯·莫里斯(James Mirrlees)和威廉·维克瑞(William Vickrey)，前者在信息经济学理论领域做出了重大贡献，尤其是不对称信息条件下的经济激励理论。后者在信息经济学、激励理论、博弈论等方面都做出了重大贡献。

1995 年，罗伯特·卢卡斯(Robert Lucas)倡导和发展了理性预期与宏观经济学研究的运用理论，深化了人们对经济政策的理解，并对经济周期理论提出了独到的见解。

1994，约翰·纳什(John Nash)、约翰·海萨尼(John Harsanyi)、莱因哈德·泽尔腾(Reinhard Selten)，这三位数学家在非合作博弈的均衡分析理论方面做出了开创性的贡献，对博弈论和经济学产生了重大影响。

1993 年，道格拉斯·诺斯(Douglass North)和罗伯特·福格尔(Robert Fogel)，前者建立了包括产权理论、国家理论和意识形态理论在内的"制度变迁理论"。后者用经济史的新理论及数理工具重新诠释了过去的经济发展过程。

1989 年，特里夫·哈维默(Trygve Haavelmo)建立了现代经济计量学的基础性指导原则。

1988 年，莫里斯·阿莱斯(Maurice Allais)在市场理论及资源有效利用方面做出了开创性贡献，对一般均衡理论重新做了系统阐述。

1987 年，罗伯特·索洛(Robert Solow)对增长理论做出贡献，提出长期的经济增长主要依靠技术进步，而不是依靠资本和劳动力的投入。

1985，弗兰科·莫迪利安尼(Franco Modigliani)第一个提出储蓄的生命周期假设。这一假设在家庭和企业储蓄的研究中得到了广泛应用。

1984，理查德·约翰·斯通(Richard Stone)国民经济统计之父，在国民账户体系的发展中做出了奠基性贡献，极大地改进了经济实践分析的基础。

1983，罗拉尔·德布鲁(Gerard Debreu)概括了帕累托最优理论，创立了相关商品的经济与社会均衡的存在定理。

1981 年，詹姆士·托宾(James Tobin)阐述和发展了凯恩斯的系列理论及财政与货币政策的宏观模型。在金融市场及相关的支出决定、就业、产品和价格等方面的分析做出了重要贡献。

1980 年，劳伦斯·罗·克莱因(Lawrence Klein)以经济学说为基础，根据现实经济中实有数据所做的经验性估计，建立起经济体制的数学模型。

1979 年，威廉·阿瑟·刘易斯(Arthub Lewis)和西奥多·舒尔茨(Theodore. Schultz)在经济发展方面做出了开创性的研究，深入研究了发展中国家在发展经济中应特别考虑的问题。

1976 年，米尔顿·弗里德曼(Milton Friedman)创立了货币主义理论，提出了永久性收入假说。

1975年，列奥尼德·康托罗为奇(Leonid Vitaliyevich Kantorovich)和佳林·库普曼斯(Tjalling Koopmans)，前者在1939年创立了享誉全球的线性规划要点，后者将数理统计学成功运用于经济计量学。他们对资源最优分配理论做出了贡献。

1973年，华西里·列昂惕夫(Wassily Leontief)发展了投入产出方法，该方法在许多重要的经济问题中得到运用。

1972年，约翰·希克斯(John Hicks)和肯尼斯·约瑟夫·阿罗(Kenneth Arrow)深入研究了经济均衡理论和福利理论。

1971年，西蒙·库兹列茨(Simon Kuznets)在研究人口发展趋势及人口结构对经济增长和收入分配关系方面做出了巨大贡献。

1970年，保罗·安·萨默尔森(Paul A Samuelson)发展了数理和动态经济理论，将经济科学提高到新的水平。他的研究涉及经济学的全部领域。

1969年，拉格纳·弗里希(Ragnar Frisch)和简·丁伯根(Jan Tinbergen)发展了动态模型来分析经济进程。前者是经济计量学的奠基人，后者是经济计量学模式建造者之父。

第二节 统计学的分科

统计学的内容十分丰富，研究和应用的领域非常广泛。从统计教育的角度讲，统计学大致有两种分类方式。

一、描述统计和推断统计

描述统计是用图形、表格和概括性的数字对数据进行描述和展现的统计方法。统计学探索研究对象数量规律的过程如图1-4所示，它清楚地表明了描述统计是对数据进行处理的第一阶段，即用直观的图形、汇总的表格和概括性的数字(如平均数)表示数据的分布、形状等特征，并为进一步的统计推断提供根据。

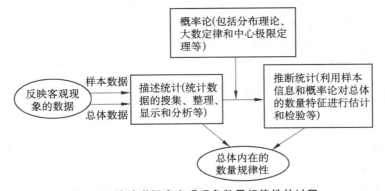

图1-4 统计学探索客观现象数量规律性的过程

推断统计是根据样本信息对总体进行估计、假设检验、预测或其他推断的统计方法。例如，根据100张样本发票的统计结果，审计人员可以对所有55 400(甚至更多)张发票中有错误的发票数做出估计，然后可据此决定是否需要深入审查；又如，美国盖洛普调查公司在美国总统大选前通常会从全美国的选民中随机抽取1 500人左右，对大选结果进行调查和预测，并会给出2%左右的预测误差。以上两个例子都是利用样本信息和概率论原理进行统计推断的过程。

将统计学分为描述统计和推断统计，一方面反映了统计发展的前后两个阶段；另一方面也反映了统计方法研究和探索客观事物内在数量规律性的先后两个过程。

统计研究过程的起点是数据，终点是探索到客观事物总体内在的数量规律性。当搜集到的是总体数据时，经过描述统计之后就可以达到探索内在的数量规律性的目的；但当所获得的数据只是研究总体中的一部分数据时，要探索到总体的数量规律性就必须应用概率论的理论，并根据样本整理出的信息对总体做出科学的推断。显然，描述统计是整个统计学的基础和统计研究工作的第一步，包括：①对客观现象的度量和调查方案的设计；②科学、及时、快速、经济地收集与整理数据；③用图表显示数据；④分析和提取数据中的有用信息等。最终能否科学准确地探索到总体内在数量规律性与选用的统计量、推断方法和推断方式有着直接的联系。一个出色的统计工作者的能力和技巧在推断统计中能得到充分的体现和检验，但如果没有描述统计收集可靠的数据并提供有效的样本信息，即使再高明的统计学家和再科学的推断方法也难得出准确的结论。因此，推断统计对描述统计有很强的依赖性。

尽管描述统计可以在获得总体数据时直接探索出总体数量规律性，但这种情况在实际工作中很少见到，因为自然现象通常是无限总体。例如，在探索分子的运动规律的物理统计中，众所周知分子是无穷多的，根本不可能全部观察和试验。即使多数社会经济现象的总体是有限的，也必须考虑获得数据以及推断总体的时效性、经济性和准确性。由于抽样调查往往比普查更有效，故应用也就更普遍。例如，全国的人口数量和变化、耕地面积、企业个数和经营情况等，虽然可以通过普查得到全部数据，但普查要投入大量的人力、财力和物力，而且要很长的时间才能收集、整理出所要的数据，不是可以经常做到的，因此我国每10年进行一次人口普查和经济普查，其他各年均以抽样调查数据进行推断。此外，大量的管理和研究工作也不可能组织普查。例如，城市居民家庭每月的收入支出调查、某种商品的市场调查、某个事件的民意测验等都只能通过抽样调查的方法对样本数据进行处理，进而对总体数量的规律性进行科学的推断。因此，在描述统计中收集、整理和分析的多是样本数据。这样，科学地整理样本数据、显示样本数据的特征和规律、提取样本数据中的有用信息就显得格外重要。

二、理论统计和应用统计

现代统计学可以分为两大类：一类是以抽象的数量为研究对象，研究一般的搜集数据、整理数据和分析数据方法的理论统计学；另一类是以各个不同领域的具体数量为研究对象的应用统计学。

理论统计是指统计学的数学原理。理论统计学把研究对象一般化、抽象化，以数学中的概率论为基础，从纯理论的角度对统计方法加以推导论证，其中心内容是以归纳方法研究随机变量的一般规律。理论统计学的特点是计量不计质，它具有通用方法论的理学性质。

从广义来讲，统计学是包括概率论在内的对统计方法数学原理的研究。统计学包括概率论是因为概率论是统计推断的数学基础，概率论是数学的一个分支，现代统计科学用到了几乎所有方面的数学知识。

应用统计学是有具体研究对象的方法论。所谓应用，既包括一般统计方法的应用，也包括各自领域实质性科学理论的应用。应用统计学从所研究的领域或特定问题出发，视研究对象的性质采用适当的指标体系和统计方法解决具体问题。应用统计学不仅要进行定量分析，还需要进行定性分析，所以应用统计学通常具有边缘交叉和复合型学科的性质。

实际上，在从事统计工作的人员中，专门从事理论统计研究的人员只是很少的一部分，大部分是应用统计方法去解决实际问题的应用统计工作者。统计学是一门数据科学，在自然科学、社会科学的所有研究和实际工作中都要通过数据来分析和解决问题。因此，统计方法的应用就自然而然地扩展到几乎所有的研究领域。

理论统计学和应用统计学总是互相促进、共同提高的。理论统计的研究为应用统计提供方法论基础，应用统计学在对统计方法的实际应用中，又会对理论统计学提出新的问题，开拓理论统计学的研究领域。

第三节　统计学与其他学科的关系

统计学是一门方法论的学科，它是运用数学理论解决各学科领域问题的工具。因此，统计学不是一门独立的学科，它是连接数学与其他学科的桥梁。

一、统计学和数学的关系

数学是与统计学关系非常密切的一门学科。数学与统计学都是研究数量规律的，都要利用各种公式进行运算。数学中的概率论为统计学提供了数量分析的理论基础。统计学中的理论统计学以抽象的数量为研究对象，其大部分内容也可以看作数学的分支。

但两者之间存在本质的区别。从研究对象来看，数学以最一般的形式研究数量的联系和空间形式，统计学特别是应用统计学则总是与客观的对象联系在一起；从研究方法来看，数学主要是逻辑推理和演绎论证的方法，而统计本质上是归纳的方法。统计学家特别是应用统计学家需要深入实际，进行调查或实验去取得数据，研究时不仅要运用统计的方法，而且还要掌握某一专门领域的知识。

二、统计学和其他实质性学科的关系

统计方法是适用于所有学科领域的通用数据分析方法，只要有数据的地方就会用到统计方法。随着人们对定量研究的日益重视，统计方法已经被应用到自然科学和社会科学的众多领域，统计学也已发展成为若干分支学科组成的学科体系。可以说，几乎所有的研究领域都要用到统计方法，例如，政府部门、学术研究、日常生活、公司或企业的生产经营管理中都要用到统计。

统计的应用领域有：精算（actuarial work）、水文学（hydrology）、农业（agriculture）、

工业(industry)、动物学(zoology)、语言学(linguistics)、人类学(anthropology)、文学(literature)、考古学(archaeology)、劳动力计划(manpower planning)、审计学(auditing)、管理科学(management science)、晶体学(crystallography)、市场营销学(marketing)、人口统计学(demography)、医学诊断(medical diagnosis)、牙医学(dentistry)、气象学(meteorology)、生态学(ecology)、军事科学(military science)、经济计量学(econometrics)、核材料安全管理(nuclear material safeguards)、教育学(education)、眼科学(ophthalmology)、选举预测和策划(election forecasting and projection)、制药学(pharmaceutics)、工程(engineering)、物理学(physics)、流行病学(epidemiology)、政治学(political science)、金融(finance)、心理学(psychology)、水产渔业研究(fisheries research)、心理物理学(psycho-physics)、赌博(gambling)、质量控制(quality control)、遗传学(genetics)、宗教研究(religious studies)、地理学(geography)、社会学(sociology)、地质学(geology)、调查抽样(survey sampling)、历史研究(historical research)、分类学(taxonomy)、人类遗传学(human genetics)和气象改善(weather modification)等。

利用统计方法可以简化繁杂的数据,例如,用图表展示数据,建立数据模型。有人认为统计的全部目的就是让人看懂数据,其实这仅仅是统计的一个方面,统计更重要的功能是通过一套分析数据的方法和工具对数据进行分析。通常是实质性的学科提出了问题,统计学便提出相应的方法,两者之间联系密切,但同时两者之间也有着明显的区别。实质性学科研究该领域现象的本质关系并对有关规律做出合理的解释和论证。虽然统计学在这一过程中提供了分析的方法和工具,却并不直接对规律产生的原因和机理做出进一步的分析。例如,利用统计方法对吸烟和不吸烟者患肺癌的数据进行分析,可以得出吸烟是导致肺癌的重要原因的结论,而吸烟为什么会患癌症,仅仅依靠统计学是无法说明的,而必须由医学做出解释。

第四节 统计学的基本术语与研究方法

统计学和其他学科一样都有其专有的术语和研究方法。在系统学习统计学之前,掌握和了解这些术语有利于提高学习效率,规范统计语言,更好地掌握统计研究的技术和方法。

一、统计学的基本术语

(一)总体、总体单位与样本

▶ 1. 统计总体

统计总体(population)简称总体,它是统计所要研究的事物或现象的全体,即由客观存在的、具有某种共同特征的许多个别事物构成的整体。例如,如果研究某高校全体学生的英语学习成绩,各院系的所有学生就构成了统计总体。各院系每个学生均在校注册这一共同特征就成为构成这个总体的前提条件。注意,统计学里的定义强调数据所依附的载体,成绩是考核学生所得到的,所以成绩所依附的载体是学生。所以这里统计总体是全体学生，而不是所有的英语成绩。这样定义的原因是以社会、经济、自然等数量方面为研究对象的统计学，把处理分析问题作为自己的重心。如果研究学生的状态，则不仅仅是英语成绩一项，需要用一系列的数据来反映学生状态，这时这种总体的定义就显示出了优越性。

▶ 2. 总体单位

总体单位(item unit)是构成统计总体的个别事物。例如，在研究高校全体学生的英语学习成绩时，该校的每一名学生便是总体单位。对于不同的研究对象，总体单位可能是人、物，可能是企业、机构，甚至可能是时间、地域等。

▶ 3. 样本

样本(sample)是指从统计总体中抽取出来作为代表这一总体的、由部分个体组成的集合体。抽取样本的目的是用来推断总体，这就要求样本能够对总体具有足够的代表性。样本代表总体的程度越高，由样本计算的统计量与总体指标的误差就越小，因此，样本应具有较高的代表性。遵循随机原则的抽样能够排除主观因素的影响，保证取样的客观性；采用非随机原则的抽样，有时会更快捷、更经济，只是抽出的样本无法计算误差。

构成样本的个体数目称为样本容量。通常用小写英文字母 n 表示，相对于 N（总体单位数）而言，n 一般只是一个很小的数。例如，想了解流水线上产品的合格率，我们会随机抽选 100 个产品进行检验，这 100 个产品就构成了一个样本，样本容量是 100。根据对这 100 个产品检验的结果计算出样本对应的合格率，并用它来代表总体的合格率。

在实际工作中，统计总体称为全及总体，由于样本是从总体抽取出来并代表总体的，全及总体又称为母体，样本则称为子体。

（二）统计标志、统计指标与指标体系

▶ 1. 统计标志

统计标志(characteristic)简称标志，是指每个个体所共同具有的属性或特征，它是说明个体的属性或特征的具体名称。对应于某个标志的各个个体的具体表现，称为标志表现。标志表现可以是不同的，正是由于各个个体就某些标志而言具有相同的表现，才构成了统计总体；也正是由于各个总体单位就某些标志而言具有不相同的表现，才有了统计的必要。例如，要研究某高校教师的身体素质，该校所有教师构成总体，每个教师是个体。反映个体的标志有很多：姓名、性别、工作单位、家庭住址、民族、年龄、身高、体重、血压、60 米速度、平均每天锻炼的时间等。对于每名该校教师来说，他们的"工作单位"所对应的标志表现都是相同的，这也是构成总体的基本条件——同质性；而其他标志的标志表现就不会完全相同了，这就是要调查研究的内容，显而易见，有差异才有统计的必要。

标志按照性质的不同可分为品质标志和数量标志。品质标志表明个体属性方面的特征，其标志表现只能用文字说明，不能用数字表示。品质标志只能得到分类数据和顺序数据，如"家庭住址""性别"等标志；数量标志是表明个体数量特征的，其标志表现可以用数字表现，即得到数值型数据，如"身高""血压"等。可变的数量标志称为变量，其值称为变量值。

标志按照变异情况的不同可分为不变标志和可变标志。不变标志是指某一标志对所有个体而言，具体表现都是相同的，如"工作单位"；可变标志又称变异标志，是指某一标志在各个个体之间的具体表现不尽相同，如"民族""年龄"等。

有时我们会按照某一个品质标志将总体划分为具有某一特征的个体的集合和不具有某

一特征的个体的集合两类。例如,在全部产品中,分为合格品与不合格品;在全部人口中,分为男性和女性。这种用"是""否"或"有""无"来表示的标志,称为是非标志,也叫交替标志或 0/1 标志。

▶ 2. 统计指标

统计指标是反映统计总体数量特征的概念和数值,如 2008 年我国国内生产总值为 20.93 万亿元。统计指标由两项基本要素构成,即指标的概念(名称)和指标的取值。

指标的概念(名称)是对所研究现象本质的抽象概括,也是对总体数量特征的质的规定。确定统计指标必须有一定的理论依据,使之与社会经济或科学技术的范畴相吻合。同时,又必须对理论范畴和计算口径加以具体化;指标的数值反映所研究现象在具体时间、地点、条件下的规模和水平。在观察指标数值时,必须了解其具体的时间状态、空间范围、计量单位、计量方法等限定,同时注意由于上述条件的变化而引起数值的可比性问题。

统计指标可以分为数量指标和质量指标。凡是反映现象总规模、总水平的统计指标称为数量指标,如人口总数、企业总数、商品进出口总额等,这些指标反映现象或过程的总规模和水平,所以也称为总量指标,用绝对数来表示;凡是反映现象相对水平和工作质量的统计指标称为质量指标,如职工的平均工资、人口密度、工人出勤率等。质量指标是总量指标的派生指标,用相对数或平均数来表示,以反映现象之间的内在联系和对比关系。

▶ 3. 指标体系

统计指标体系是由一系列相互联系的统计指标所组成的有机整体。用以反映所研究现象各方面相互依存、相互制约的关系,如工业企业统计指标体系、财务评价指标体系等。

▶ 4. 统计标志和统计指标的关系

统计标志反映总体单位的属性和特征,而统计指标则反映总体的数量特征。标志和指标的关系是个体与整体的关系,需要通过对各单位标志的具体表现进行汇总和计算才能得到相应的统计指标。

总体和单位的概念会随着研究目的的不同而变化,因此指标与标志的概念也是相对而言的。例如,在研究全国工业企业情况时,各企业的职工人数、固定资产、工业增加值等都是总体单位(即各个企业)的标志,如果研究目的变成研究某一企业的职工状况时,该企业就变成了一个总体,企业职工人数也就变成了统计指标,每个职工的文化程度、技术等级、性别等就成为标志。

(三)总体参数和样本统计量

▶ 1. 总体参数

总体参数(parameter)简称参数,是要研究总体的某个特征值。通常所关心的参数有总体平均数、标准差、总体比例等。在统计中,总体参数通常用希腊字母表示,如总体平均数用 μ 表示、总体标准差用 σ 表示、总体比例用 π 表示。总体参数是一个未知的常数,是研究者希望得到的数据,如整个国家的收入差异、流水线上的产品合格率等,为得到这些数据需要进行全面调查,即对这个国家的每个人进行调查、对流水线上的每一个产品进行检验。但如果某个产品质量检验是破坏性的,那么只能采用抽样调查,根据从抽取的样本中所获得的资料来推断总体参数。

▶ 2. 样本统计量

样本统计量(statistic)简称统计量,它是根据样本数据计算出来的一个量。通常我们所关心的样本统计量有样本平均数、样本标准差、样本比例等。样本统计量通常用英文字母来表示,如样本平均数用 $\bar{x}$(读作 x-bar)表示、样本标准差用 s 表示、样本比例用 p 表示。由于样本是从总体中抽取的,所以统计量总是可以计算获得的。抽样的目的就是要用样本统计量来计算总体参数,其关系如图 1-5 所示。

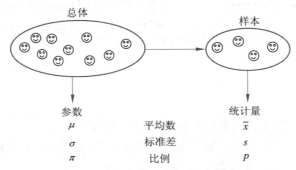

图 1-5　总体参数与样本统计量的关系

二、统计学的研究方法

在统计理论的研究与实践过程中,主要应用的统计学的研究方法有以下五大类。

(1) 大量观察法,对所研究现象总体的全部或足够多的单位进行调查并加以综合研究的方法。

(2) 试验设计法,通过设计实验取得所要研究的数据的方法。试验设计要遵循的原则包括:重复性原则,在相同条件下重复多次试验;随机化原则,在实验中对实验对象的分配和试验次序是随机安排的;区组化原则,组内差异小,组间差异大。

(3) 统计描述法,用综合指标、统计表、统计图等形式描述研究总体现象的数量特征的方法,包括统计分组法和综合指标法。

(4) 统计推断法,指在一定的置信标准要求下,由样本信息推断总体数量特征的归纳推理方法,包括参数估计、假设检验、方差分析等方法。

(5) 统计模型法,根据统计资料,运用统计方法,对研究现象的结构或过程建立一种统计表达式,进行有关分析的方法。

本章要点

本章主要介绍了有关统计学的初始思想、发展历程、学科体系及统计研究的特点和方法等。通过本章的学习,要求学生在了解统计学的发展历史的基础上,理解统计的三层含义:统计工作、统计资料、统计学;了解各个统计学派的代表人物和主要思想;熟悉统计学的学科体系,掌握统计学的基本术语,包括总体、总体单位与样本,统计标志、统计指标与指标体系,总体参数和样本统计量,要求能够深入理解它们之间的关系与区别。

关键词

统计学(statistics) 统计研究(statistical study)
理论统计学(theoretical statistics) 描述统计(descriptive statistics)
应用统计学(applied statistics) 推断统计(inferential statistics)

思考题

1. "统计"一词有哪几种含义？它们之间的关系如何？
2. 简述统计总体与指标、个体与标志之间的关系以及彼此之间的联系。
3. 简述统计学的研究方法。
4. 统计学有哪些分科？它们之间的关系是什么？
5. 简述统计总体与总体单位的区别与联系。
6. 统计指标与统计标志之间的区别与联系是什么，请举例说明。
7. 统计学与数学的区别与联系是什么？
8. 统计学的发展中有哪些主要学派？其学术观点是什么？主要代表人物及其对统计学的贡献有哪些？

第二章 统计数据的搜集与整理

> 统计工作是对数据加工的系统工程,包括统计设计、统计调查、统计整理和统计分析四个阶段。从本章开始将逐一介绍统计工作的各阶段。

第一节 统计数据的计量与类型

统计数据的搜集和整理是统计研究的初级阶段,这个阶段的基本任务是搜集所需的统计资料并进行加工整理,为下一步的定量分析提供必要的前提和条件。

一、统计数据的计量

统计数据是对客观现象进行计量的结果。在搜集数据之前,需要对现象进行计量和测度。根据对研究对象计量的不同精确程度,人们将计量尺度由低到高、由粗略到精确分为四个层次,分别为定类尺度、定序尺度、定距尺度和定比尺度。

(一)定类尺度

定类尺度(nominal scale),又称分类尺度、列名尺度等,是一种品质标志。按定类尺度可对研究客体进行平行分类或分组,使同类同质,异类异质,例如,按照性别将人分为男、女两类,按照经济性质将企业分为国有、集体、私营、混合制企业等。这里的"性别"和"经济性质"就是定类尺度。定类尺度是最粗略的、计量层次最低的计量尺度,利用它只能测度事物之间的类别差异,而不能了解各类之间的其他差别。定类尺度计量的结果表现为某种类别,但为了便于统计处理、计算和识别,也可用不同数字或编码表示不同的类别。例如,用1表示男,0表示女;用1表示国有企业,2表示集体企业,3表示私营企业。但是,这些数字只是不同类别的代码,并不意味着它区分了大小,更不能进行任何数学运算。定类尺度能对事物做最基本的测度,是其他计量尺度的基础。

(二)定序尺度

定序尺度(ordinal scale),又称序数尺度、顺位尺度等,是一种品质标志,利用它不仅能将事物分成不同的类别,还可确定这些类别的等级差异或序列差别。例如,产品等级就是一种测度产品质量好坏的定序尺度,可将产品分为一等品、二等品、三等品、次品等;考试成绩也可以是一种定序尺度,可将成绩分为优秀、良好、中等、及格、不及格等;人们对某一事物的态度作为一种定序尺度,可将人们的态度分为赞成、同意、中立、反对、强烈反对等。显然,定序尺度对事物的计量要比定类尺度精确些,但它至多测度了类别之间的顺序,而未测量出类别之间的准确差值。因此,定序尺度的计量结果只能比较大小,不能进行加、减、乘、除等数学运算。

(三) 定距尺度

定距尺度(interval scale),又称间隔尺度、等距尺度、区间尺度等,是能测度事物类别和次序之间间距的数量标志,更具体地说,定距尺度是可将事物区分为不同类别,对这些类别进行排序,并较准确地度量类别之间数量差距的一种计量尺度。该尺度通常使用自然或物理单位作为度量单位,例如,收入用人民币"元"度量,考试成绩用"百分制"度量,温度用摄氏或华氏的"度"来度量,重量用"克"度量,长度用"米"度量等。定距尺度的计量结果表现为数值。定距尺度的数值可做加、减法运算,例如,考试成绩80分与90分相差10分,一个地区的温度20℃与另一个地区的25℃相差5℃。定距尺度不能做乘、除法运算,而且没有绝对的零点。

(四) 定比尺度

定比尺度(ratio scale),又称为比率尺度,也是一种能测度事物之间间距的数量标志,其计量结果也表示为数值。与定距尺度不同的是,定比尺度不仅能测度各类别的大小和多少,还有一个绝对零点(absolute zero)作为起点。定距尺度中,即使其测量值为"0",这个"0"也只是有客观内容的数值,即"0"水平,而没有实质上的数值意义,即它的含义不表示"没有"或"不存在"。例如,某个学生的考试成绩为"0"分,这个"0"分是他的客观成绩,并不表示他没有考试成绩或没有任何学科相关的知识;一个地区的温度为0℃,这表示一种温度的水平,并不是说没有温度。而定比尺度有绝对的零点,其绝对零点的"0"表示"没有"或"不存在"。例如,一个人的身高为"0"米,表示这个人不存在;一个人的收入为"0",表示这个人没有收入;一个产品的产量为"0",表示没有这种产品。现实中,大多数场合使用的都是定比尺度,实际工作中单纯的定距尺度是很少见的。

定比尺度与上述三种计量尺度相比还有一个特性,就是可以计算数值之间的比值。例如,一个人的月工资收入为6 000元,另一个人的收入为3 000元,可以得出前一个人的收入是另一个的两倍。但定距尺度由于不存在绝对零点,就只能比较数值差,而不能计算比值。例如,可以说30℃与15℃之差为15℃,而不能说30℃比15℃热一倍。可见,定比尺度可以做加、减、乘、除法运算。尽管如此,定比尺度和定距尺度还是属于同一层次,在实际应用中通常对两者可不做区分,而统称为定量尺度。许多统计软件中将变量的测量尺度分为定类、定序和定量三个层次。

上述四种计量尺度对事物的计量层次是由低级到高级、由粗略到精确,逐步递进的。高层次的计量尺度可以计量低层次计量尺度能够计量的事物;反之,则不能。显然,可以很容易地将高层次计量尺度的计量结果转化为低层次计量尺度的计量结果,将考试成绩的百分制转化为五等级分制就是一例。

二、数据的类型

统计工作是围绕着数据开展的,数据贯穿着整个统计工作的全过程。因此,对数据的识别和归类是统计工作的前提和基础。根据统计研究的目的和要求,选择不同的分类标准可以将数据分成不同的类别。

(一) 按照所采用的计量尺度划分

按照所采用的计量尺度不同,可以将统计数据分为定类数据、定序数据、定距数据和定比数据。统计数据是采用某些计量尺度对事物进行计量的结果,但采用不同的计量尺度会得到不同类型的统计数据。就上述四种计量尺度计量的结果来看,大体上可以将统计数据分为两种类型:定性数据和定量数据。

定性数据(qualitative data),又称品质数据,是说明事物的品质特征表现的具体类别,不能用数值表示。因这类数据由定类尺度和定序尺度计量形成,故又可细分为分类数据和顺序数据。

定量数据(quantitative data),又称数量数据或数值型数据,是说明现象数量特征表现的,能够甚至必须用数值来表现。因这类数据由定距尺度和定比尺度计量形成,故又可细分为区间数据和比例数据。

对于不同类型的数据可采用不同的统计方法来处理和分析,例如,对定性数据一般只采用分组法计算,分析各组的频数或频率,而对定量数据则可用更多的统计方法去处理,计算、分析更多的统计指标或统计量。

(二) 按照收集方法划分

按照收集方法划分,可将统计数据分为观测数据和实验数据。观测数据是通过调查或观测而收集到的数据,这类数据是在没有对事物进行人为控制的条件下而得到的,社会经济现象的统计数据几乎都是观测数据。试验数据是在实验中控制实验对象而收集到的数据,如医药研究试验数据、动植物杂交品种试验数据等。自然科学领域的大多数据都是试验数据。

(三) 按照被描述对象与时间的关系划分

按照被描述对象与时间的关系,可以将统计数据分为截面数据和时间数据。截面数据是指同一时间不同空间上的数据。时间数据是指同一空间不同时间点上的数据。

第二节 统计数据的搜集

统计数据的获取过程即为统计数据的搜集,数据质量直接影响统计分析的结果,所以,统计数据的搜集是统计工作的重中之重。

一、统计资料搜集概述

统计资料搜集,就是根据统计研究的目的要求,采用一定组织形式与科学方法,进行采集与研究问题有关的各类信息资料的工作过程。统计资料搜集，在总体范围上可大可小，在搜集的内容上可以简单亦可复杂，可以是直接资料也可以是间接资料，搜集的方式、方法可以灵活多样。

按照统计资料的获取途径不同，统计资料可分为直接获取的资料（直接资料）和间接获取的资料（间接资料）。直接资料也称为一手资料，是反映被调查对象原始状况的资料。如原始记录、统计台账、调查问卷答案、实验结果等。间接资料也称为二手资料，是已经存在的经他人整理分析过的资料，如期刊、报纸、广播、电视以及互联网上的资料，各级政府机构公布的资料，企业内部记录和报告等。一般在可能的情况下，尽量使用一手资料，它比二手资料更加丰富、准确。使用二手资料一般是出于资料搜集时间要求和经济成本方面的考虑。

一般而言，统计调查是获取统计资料的主要形式，搜集到的主要是一手资料（这也是本书的主要研究对象）；查阅文献、年鉴，通过互联网进行搜索等是获取统计资料的辅助形式，搜集到的主要是二手资料。

二、直接资料来源

统计调查是一项复杂的工作，要搞好统计调查必须按照统计任务的要求，运用科学的方法，有组织、有计划地进行。

（一）统计调查方案的设计

为使统计调查得以顺利进行，在组织调查之前，必须首先设计一个周密、可行的调查方案，主要包括以下内容。

▶ 1. 明确调查目的

明确调查目的，就是要明确统计调查要解决什么问题，为什么要进行统计调查。只有明确了调查目的才能有的放矢，根据调查目的搜集与之相关的资料。这样，既可以降低调查成本，又可以保证调查资料的时效性。例如，我国进行了六次人口普查，其目的均不一样，因此，每次调查的项目数也不相同。第一次，只设 6 个项目；第二次，设有 9 个项目；第三次，设有 19 个项目；第四次，设有 21 个项目；第五次，增加到了 26 个项目；而第六次人口普查又增加到了 45 个项目。总之，列入计划的调查项目是依据调查目的而确定的。

▶ 2. 确定调查对象和调查单位

调查对象和调查单位是根据调查目的而确定的。所谓调查对象，是指需要调查和研究的由许多性质相同的调查单位所组成的现象总体。所谓调查单位，是指所要研究的个体，也就是我们所要调查的具体单位，它是进行调查登记的标志承担者。例如，调查目的是获取国有企业的改制状况，那么，所有的国有企业就是调查对象，而且具体的每一个国有企业就是调查单位。

确定调查对象是一个比较复杂的问题，因此，必须明确总体界限，划清调查的范围，区分应调查和不应调查的现象。例如，调查城镇居民家庭收入状况，必须把城镇居民家庭与农村居民家庭区分开来；调查城镇家庭中工人收入状况，除了明确城镇家庭的范围外，还必须区分工人的界限。确定调查单位，既是一个理论问题，也是一个实际问题，从理论角度出发，就是要赋予调查单位以科学的定义。从实际工作出发，还要区分调查单位与报告单位。调查单位是调查项目的承担者，而报告单位则是负责上报调查资料的单位。两者有时一致，有时不一致。在上面例子中，当收集城镇居民家庭收入状况资料时，每一个城镇家庭既是调查单位，也是报告单位；当收集居民家庭中工人收入状况资料时，城镇居民家庭中的工人则是调查单位，而城镇居民家庭则是报告单位。

▶ 3. 确定调查项目

调查项目就是调查中所要登记的调查单位的特征，即调查单位所承担的基本标志，它由一系列品质标志和数量标志所构成。调查项目所要解决的问题是：向被调查者调查什么，即需要被调查者回答什么问题。在拟定调查项目时应注意四个问题：①调查少而精；②需要和可能相结合；③调查项目之间应具有联系性；④有的项目可拟定"选择式"。

▶ 4. 调查表与调查问卷的设计

把若干调查项目按照一定的顺序排列在表格上，就形成了调查表。调查表一般有两种：一览表和单一表。一览表是在调查项目不多时采用，它是将许多调查单位填写在一张表上；单一表一般用于项目较多的调查，该表可容纳较多的标志，每个调查单位填写一份。调查时应采用的表式需根据调查的目的和任务确定。利用调查表，能够有条理地搜集到所需要的资料，便于资料的汇总与整理。

问卷调查是一种特殊的调查形式，根据调查目的，在调查对象中随机选择或有意识地确定调查单位。问卷是以书面文字或表格的形式了解被调查者的意见，被调查者可自愿、自由地回答问卷中所提出的问题。

在设计调查表和问卷时，应尽可能地简明扼要，便于被调查者回答，以保证所收集资料的准确性。

▶ 5. 确定调查时间和调查期限

调查时间是指调查资料所属的时间。在统计调查中，有的资料所反映的现象是在某一时点上的状态，这时必须规定统一的时点；有的资料所反映的现象是在某一时期内发展过程的结果，这时则必须明确所要收集资料所属时期的起止时间，即所登记的资料应是该时期第一天到最后一天的累计数字。例如，我国第六次人口普查的调查标准时点是2010年11月1日零点；调查某年第二季度全国钢铁产量，则调查时间应该从该年的4月1日起至6月30日止。调查期限是指进行调查工作的时限，即调查工作的起止时间，包括收集资料和报送资料的工作所需要的时间。为保证资料的时效性，调查时限应尽可能地缩短。例如，我国第六次人口普查规定的时限为2010年11月1日至10日登记完毕，则调查时限为10天。

▶ 6. 制订调查的组织实施计划

制订严密细致的实施计划，是统计调查得以顺利进行的必要保证。调查工作的组织计划包括的内容是：建立调查机构，组织与培训调查人员，确定调查步骤，明确调查方式、方法及调查地点，落实调查经费的来源与经费使用计划，确定调查资料的报送方法和公布调查结果的时间等。

(二) 统计调查方法

统计调查是统计工作的基础阶段，也是统计成果质量保障的基本前提。统计调查需要根据数据资料的性质和统计工作的具体要求采用恰当的方法获取一手资料。常用的主要统计调查方法如下：

▶ 1. 现场观察法

现场观察法是观察者带有明确目的亲临现场，借助人的视觉、听觉或者录音录像设备，对调查对象进行直接观察而获得信息资料的一种搜集方法，又称为直接观察法。其优点是：能够保证所搜集资料的准确性；其缺点是：观察成本较大（耗用人力、物力、财力、时间等较大），由于观察者认识事物的能力不同，并带有主观见解，其结果往往因人而异。采用该种方法应遵循客观性、全方位性、深入性、持久性等基本原则。同时，统计人员还须克己自律、遵纪守法、坚守道德底线。

▶ 2. 报告法

报告法又称通信法，是指被调查者根据统计报表的格式要求，按照隶属关系，逐级向有关部门上报统计资料的一种调查方法。这种方法是根据《中华人民共和国统计法》的规定，要求各地区、各部门、各单位必须对国家履行的一种义务。现行统计报表制度就是采用的这种方法。

▶ 3. 问卷法

问卷法，是指资料搜集者运用统一设计的问卷向被调查者了解情况、征询意见的资料搜集方法。问卷法的优点是：省时、省钱、省力，所得资料便于定量处理与分析，可以避免主观偏见、减少误差，具有很好的匿名性；问卷法的缺点是：回收率以及资料的质量均难以保证。运用此法在设计问卷时，应注意所提问题要简短、准确，避免重复提问，提问应避免带有倾向性和诱导性，更不要直接提出具有敏感性或威胁性的问题。

▶ 4. 访谈法

访谈法是有目的、有计划、有方向地运用口头交谈的方式向被调查者了解问题的一种统计资料的搜集方法。它的基本性质是具有显著的目的性、计划性与方向性。该种方法的优点是：被调查对象的回答率大大高于问卷法，适应性强，调查内容机动性大，访谈者对资料收集过程可进行有效的控制。其缺点是：访谈成本大，匿名性差，访谈结果与访谈人员的素质、能力及其现场表现直接相关。

▶ 5. 实验采集法

实验采集法，是指资料搜集者通过实验对比获取统计资料的一种方法。一般做法是从影响问题的诸多因素中选出一至若干个因素，在一定的实验条件下观察其反映，然后对实验结果进行对比分析，并确定是否大规模推广。

实验采集法的应用范围较广，例如，对某一商品在改变其品种、价格、包装、广告等任何因素时，均可采用此方法。一般是先做小规模的实验性改变，以观察顾客的各种反应。具体的试验方法有试用、试穿、试听、现场表演等。利用该种方法可以取得较为正确的直接资料，但其成本高、研究周期长。

（三）统计调查的组织方式

统计调查主要包括统计报表和专门调查两大类组织方式。其中，统计报表是统计人员常规统计调查工作；而专门调查则是为了特定的统计任务而专门组织的统计调查。

▶ 1. 统计报表

统计报表是指依照国家统计局或国家各行政管理部门的规定，自上而下地统一布置，以一定的原始记录为依据，按照统一的表式、统一的指标项目、统一的报送时间与报送程序，自下而上地逐级定期提供基本统计资料的一种调查方式。

统计报表是进行统计调查所经常使用的一种组织方式，是适应我国经济发展要求的。统计报表主要是为制定国家经济发展规划服务的。

▶ 2. 专门调查

专门调查是为特定目的而组织的非定期的统计调查方式，主要包括普查、抽样调查、重点调查、典型调查等。

1）普查

普查（census）是专门组织的一次性的全面调查，用来调查属于一定时点上或时期内的社会经济现象的总量。其突出特点在于它是一次性的、专门组织的全面调查。普查主要用来调查属于一定时点上的现象总量，用来全面、系统地掌握重要的国情国力方面的统计资料。由于普查涉及面广，需要耗费人力、财力、物力比较多，而且组织工作繁重，因此不能经常组织，只能按一定周期进行。

普查的具体方式有两种：一种是通过专门组织的普查机构自上而下地对被调查单位直接进行登记，如我国的人口普查就采用这种形式；另一种是利用被调查单位的原始记录与核算资料，调查单位分发一定的调查表，由被调查单位自行填报，如我国在1955年对私营商业及饮食业的普查就采用这种形式。

各个国家对普查都给予了充分的重视，甚至把普查看作仅次于战争的"运动"。西方国家几乎没有统计报表制度，所以全面的资料只能依靠普查获得。美国有专门的普查局负责各类普查，并有专门网页提供相关信息与资料。表2-1是我国六次人口普查的基本资料。

表2-1 新中国成立至今的六次全国人口普查基本资料

次别	主要目的	普查对象	标准时间	调查项目
第一次	配合人民代表大会的选举，为制定第一个五年计划提供依据	常住人口	1953年7月1日零时	6项：地址、姓名、性别、年龄、民族，以及与户主关系
第二次	为制定第三个五年计划和长远规划提供依据	常住人口	1964年7月1日零时	9项：新增本人成分、文化程度和职业
第三次	结束动乱，为国家制定政策和计划提供数据	常住人口	1982年7月1日零时	19项：新增人数、出生人数、死亡人数等项目
第四次	检验"七五"执行情况，为制定"八五"提供数据	常住人口	1990年7月1日零时	21项：新增五年前常住地状况、迁来本地原因等项目
第五次	为制定社会发展规划提供数据	常住人口	2000年11月1日零时	短表9项，长表26项，增加生育、婚姻、学业、职业等项目
第六次	为制定国民经济和社会发展规划提供统计信息	我国境内的自然人；在境外但未定居的中国公民	2010年11月1日零时	短表6项，长表45项。增加健康状况、住房情况等项目

2）抽样调查

抽样调查（sampling survey）是按随机性原则从调查对象中抽取一部分单位作为样本进行观察，然后根据所获得的样本数据，对调查对象总体特征做出具有一定可靠程度的推算。抽样调查依据概率论和数理统计的有关定理进行推断，抽样过程中始终坚持随机性原则。

抽样调查适用于不可能或不必要进行全面调查的社会现象，以及对普查资料进行必要的修正。

抽样调查的特点有：①按随机性原则抽取样本；②根据部分调查的实际资料对调查对象总体的数量特征做出估计；③抽样误差可以事先设定、计算并加以控制。

抽样调查是唯一的一种能够计算和控制误差的非全面调查。因此，它同时具备了统计调查要求的准确性和经济性。在统计学中抽样调查占有重要的作用，关于抽样调查我们将在第五章统计推断中详细阐述，此处不再赘述。

3）重点调查

重点调查（key-point survey）是指在调查对象中，选择一部分重点调查单位搜集统计资料的一种非全面调查。所谓重点调查单位，是指那些被调查的总体单位中数目不多，所占比重不大，但其调查的标志值却在总量中占有很大比重，在总体中具有举足轻重作用的单位。通过对这部分重点单位的调查，可以从数量上说明总体在该标志总量方面的基本情况。当调查任务只要求掌握基本情况，而部分单位又能比较集中地反映所要研究的问题时，采用重点调查较为适宜。例如，对钢铁行业的调查，由于大型的钢铁企业为数不多，但产出量却很大，因此可以通过对少数企业的调查，而掌握整个行业的大致情况。

4）典型调查

典型调查（model survey）是指根据调查目的与要求，在对所研究现象全面分析的基础上，有意识地选择有代表性的典型单位进行深入细致的调查，以便认识事物的本质与发展变化规律的一种非全面调查。所谓典型单位，是指那些能充分、集中地体现调查对象总体某些方面共性特征的最有代表性的单位。

典型调查方式有两种：一是"解剖麻雀"式调查，调查对象总体单位之间的差异较小时适用，这时只选择个别典型单位进行深入细致的调查，以便通过对典型单位特征的认识来找出同类事物的一般情况及其发展变化规律；二是"划类选典"式的调查，在调查对象总体各单位之间的差异较大时适用。这时，先对调查对象总体进行分类，然后从各类中选择少数具有代表性的典型单位进行深入细致的调查，以便找出事物的发展变化规律并以此对调查对象总体进行推断估计。

统计学是一门应用型科学，统计调查方式也将不断更新和发展。在具体的统计调查工作中，统计人员应根据自己的统计任务与要求在各种统计资料搜集的组织方式中灵活选用。

三、间接资料来源

如果能够通过直接的调查或试验取得所需的直接资料当然是最好的，但是在许多情况下，甚至是大多数情况下我们无法亲自调查或试验，从而无法直接获取一手资料。这时，我们只能从其他渠道获得别人调查或试验结果，即获取二手资料。

一般而言，可以通过下列渠道收集到比较可靠的二手资料：

（1）统计部门和政府部门公布的有关资料，如各类统计年鉴。

(2) 各类经济信息中心、信息咨询机构、专业调查机构等提供的数据。
(3) 各类专业期刊、报纸、书籍所提供的资料。
(4) 各种会议，如博览会、展销会、交易会及专业性、学术性研讨会上交流的有关资料。
(5) 从互联网或图书馆查阅到的相关资料。

随着通信技术的发展，网络成为各种信息传播的主要工具，导致人们越来越多地依赖网络获取二手资料。表 2-2 所示为常用的中美两国统计机构的网址，可为基本统计资料的搜集提供方便。

表 2-2　中美相关统计机构的网址

	相关机构	网　　址	数 据 内 容
国内统计机构	国家统计局	http://www.stat.gov.cn	统计年鉴、统计月报等
	国务院发展研究中心信息网	http://www.drcnet.com.cn	宏观经济、财经、货币金融等
	中国经济信息网	http://www.cei.gov.cn	经济信息及各类网站
	华通数据中心	http://data.acmr.com.cn	国家统计局授权的数据中心
	中国决策信息网	http://www.juece.gov.cn	决策知识及案例
	三农数据网	http://www.sannong.gov.cn	三农信息、论坛及相关网站
美国统计机构	人口普查局	http://www.census.gov	人口和家庭等
	联邦储备局	http://www.bog.frb.fed.us	货币供应、信誉、汇率等
	预算编制办公室	http://www.whitehouse.gov/omb	财政收入、支出、债券等
	商务部	http://www.doc.gov	商业、工业等

利用二手资料既经济又方便，因此得到了很多人的青睐，但是二手资料在使用时应特别注意统计数据的含义、计算口径和方法的调整。同时，引用二手资料应注明出处，以尊重别人的劳动成果。

第三节　统计数据的整理

统计调查搜集的是一些零散的、无序的资料，它们不能直接反映出总体的特征，也无法对事物现象的本质与规律进行深入的认识与分析。这些数据资料需要经过加工、整理，成为系统化、条理化的资料才能反映出事物的本质与规律。统计整理就是使统计数据系统化、条理化的过程。

一、统计整理的意义和步骤

（一）统计整理的意义

统计整理，就是根据统计研究的目的，对所搜集到的资料进行科学的加工，使之系统化、条理化的工作过程。统计整理既包括对统计调查所得到的原始资料的加工整理，也包括对加工过的综合资料进行处理，即对次级资料进行再整理。

统计整理是统计工作中最重要的环节，是对统计方法的具体落实，在整个统计中占有极其重要的作用。统计整理的每一个工作细节都会对统计结果产生直接的影响。

统计整理在整个统计研究中占有重要的地位。统计整理的正确与否，直接影响和决定整个统计研究任务能否完成。如果采用的整理方法不科学、不完整，即使搜集到准确、全面的统计资料，失去这些资料的应用价值，掩盖客观现象的本质，也难以得出正确的结论。因此，必须十分重视统计整理工作。

（二）统计资料整理的步骤

统计整理是整个统计工作的具体承担者，它贯穿统计工作的全过程，必须采用科学的方法和严格的程序。统计资料整理的具体步骤如下：

（1）设计和制订统计整理方案。
（2）对原始资料进行审核。
（3）对经过审核的资料进行分组、并结合汇总，计算出总体总量指标。
（4）将汇总计算的结果，以统计表或统计图的形式表现出来。
（5）对统计资料妥善保存，系统积累。

二、数据的录入与预处理

数据的预处理是数据整理的先前步骤，主要内容包括数据的审核与筛选、排序。随着科技的发展和计算机的广泛应用，如今数据的预处理工作大部分由计算机来完成。在进行数据预处理之前，应首先完成数据的录入工作。

（一）数据文件的建立与数据的录入

目前统计分析软件很多，Excel 是 Microsoft Office 软件提供的电子表格处理软件，它是目前最常用的统计分析工具。严格来说它并不是统计软件，只是具有一定的统计计算功能。对于简单分析，Excel 比较方便，但对于复杂的统计分析，它就无能为力了。另外，国际上比较著名的统计软件有 GAS、SPSS、SAS、S-plus、Minitab、Statistica 和 Eviews 等。其中，SAS 是目前国际上最为流行的一种大型统计分析系统，被誉为统计分析的标准软件，但是，该软件需要一定的训练才可以使用，主要适合统计工作者和科研工作者使用。在我国，国家信息中心、国家统计局、卫生部、中国科学院等都是 SAS 系统的大用户。SPSS 是仅次于 SAS 的统计软件工具包，在社会科学领域有着广泛的应用。由于它容易操作、输出漂亮、功能齐全，成为世界上应用最广泛的专业统计软件。S-plus、Minitab、Statistica 也是统计学家喜爱的软件，功能强大而齐全、操作简便，但在我国不如 SAS 与 SPSS 普遍。Eviews 是一个主要处理回归和时间序列的软件。

▶ 1. 一般数据文件的建立与数据录入

建立一个正确的数据文件是统计分析的重要前提。在 Excel 中建立数据文件和数据录入比较简单，只需打开 Excel 电子表格，按原始资料的信息输入变量名称、录入数据即可。

在常用的统计软件中可用数据编辑器来键入数据并产生一个数据文件。在数据编辑窗中打开变量编辑对话框，定义变量的名称、类型及属性等。关于变量属性的定义和修改需要注意以下几点。

1) 定义变量标签

定义变量标签有两项内容，定义解释变量名称含义的变量标签和定义变量值的标签。定义变量名标签在对话框中输入对变量的简短说明作为变量标签；以 SPSS 软件为例，定义变量值标签须在对话框的 Value 文本框中分别输入变量值和对应的值标签，并将其添加到值标签清单中，如图 2-1 所示。

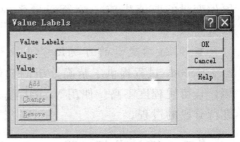

图 2-1　定义变量值标签对话框

2) 变量的测量尺度

在统计软件中使用 Measure 属性对变量的测量尺度进行定义。定距尺度和定比尺度在绝大多数统计分析中没有本质的差别，因此，大多数统计软件将两者合并为一类，统称为定量尺度(scale)。一般系统默认的变量测量尺度就是定量尺度。

定义了变量就可以开始输入数据了。输入数据的方法是多种多样的，可以定义了一个变量就先输入这个变量的值(纵向进行)，也可以定义完所有变量后按记录来输入(横向输入)。

▶2. 多选题录入技巧

问卷调查是最常见的统计调查方法之一。将调查问卷转化成数据文件是数据录入的常态工作，其中多项选择题的录入需要掌握一定的技巧。多项选择，又称多重应答，是社会调查和市场调研中极为常见的一种数据记录类型。由于每题可能有一个以上的答案，因此不能直接编码，需要使用几个变量来进行记录。常用的处理方法有两种：多重二分法(multiple dichotomy method)和多重分类法(multiple category method)。

多重二分法是指在编码的时候，每一个选项都定义一个变量，有几个选项就有几个变量，这些变量均为二分变量，它们各自代表一个选项的选择结果；多重分类法也是利用多个变量反映一个多选题的答案进行定义，需要多少个变量应由被访者实际可能给出的最多答案数来确定。而且，这些变量应为数值型变量，利用值标签将答案标出，所有变量采用相同的值标签。在多选题录入时，只需将相应的变量设定好后即可进行操作，但在分析前应首先定义多选题集，把全部变量当成一道题目，然后进行分析。

▶3. 根据已有变量建立新变量

在进行数据的分析处理时往往仅根据原始测量的变量值是不够的，常常需要根据已经存在的变量建立新变量，这一工作可以直接通过软件完成。

(二)数据的预处理

▶1. 数据的排序

按一定顺序将数据排列，以发现一些明显的特征或趋势，找到解决问题的线索，有助于对数据检查纠错，以及为重新归类或分组等提供依据。在某些场合，排序本身就是分析的目的之一。

▶2. 对变量进行分组合并

数据分析中，Recode 过程可以很好地完成将连续变量转换为定序变量，或将分类变量不同的变量级别进行等级合并的工作。其中，把新值赋给原变量(recode into same variable)是对原始变量的取值进行修改；而生成新变量(recode into different variable)是根据原始变量的取值生成一个新变量来表示分组情况。为了保存原始信息的完整一般选择后者。

▶ 3. 连续变量的可视化分段

Recode 过程提供了精确分组的功能，但如果希望分组是较有规律的，就显得比较麻烦，且可视程度不高。使用 Visual Bander 过程可以完成可视化分段，它用于将连续变量进行分段的过程。

三、统计分组

筛选和经过预处理的数据是统计分析所需的资料，从这些资料中仍然不能得出统计结论。统计分组是统计整理的基本工作，也是统计整理的第一步。

（一）统计分组的概念

统计分组就是根据统计研究的需要，将统计总体按照一定的标志分为若干个组成部分的一种统计方法。例如，将某一班级的全体同学按照性别划分为男生和女生两个组；对某市 100 家大型零售企业按照零售额、职工人数进行分组等。

统计分组具有两个方面的含义：一方面，对总体而言，是"分"，即将同质总体区分为性质有别的不同组成部分；另一方面，对总体单位而言，是"组"，即将性质相同或相近的不同总体单位组合在一起，构成一个组。

例如，要了解我国人口状况，只知道总人口数量是不够的，而应将人口总体按照年龄、性别、民族、城乡、文化程度等分组，才能进一步地深入了解我国人口总体的年龄结构、性别比例、民族构成、城乡差异、受教育程度等。

（二）统计分组的作用

统计分组在统计分析中具有重要的作用，主要表现在以下方面。

▶ 1. 区分现象的不同类型（国民经济分组）

统计分组可以将复杂的社会经济现象划分为性质不同的各种类型。在复杂的社会经济现象中往往要将社会经济现象总体划分为不同的类型，它是统计工作中应用最广泛、最主要的分组。它不仅具有重要的经济意义，也具有重要的政治意义；不仅可以反映经济基础的变化情况，也可以反映上层建筑变化的情况。

▶ 2. 研究总体的内部结构

将社会经济现象总体按某种标志分为若干组成部分，并计算其总体内部各组成部分占总体的比重，揭示总体内部构成，表明部分与总体、部分与部分之间的关系。它是分析国民经济各部门比例关系的一种重要方法，在实际工作中应用广泛。

▶ 3. 分析现象间的依存关系

社会经济现象不是孤立的，而是相互联系、相互依存和相互制约的，利用分组法可以看到它们的联系。

（三）统计分组的方法

统计分组应在遵循穷尽原则和互斥原则的基础上解决两个关键问题：一是正确地选择分组标志；二是划分各组界限。前者主要是指品质标志分组，后者主要是指数量标志分组。

▶ 1. 分组标志选择的原则

正确地选择分组标志不仅直接影响分组的科学性与资料整理的准确性，也影响着统计分组结果的真实性。

1）根据研究的目的与任务选择分组标志

任何一个统计总体都有许多特征（标志）。分组时应依据研究的目的选择适当的分组标志。例如，商业企业（总体）有商品销售额、职工人数、流动资产、固定资产等特征（标志），若以企业规模为研究目的，则应选择职工人数或商品销售额为分组标志。

2）选择能够反映事物本质或主要特征的标志

在总体的若干特征中，有些标志是重要标志，反映现象的本质特征。这里的重要标志是指与统计研究的内容密切相关的标志。例如，在研究城市居民家庭生活水平时，居民家庭的人均收入、人均消费、食品消费支出比例都是重要指标，可以将它们作为研究该问题的分组标志。

3）根据现象所处的历史条件选择分组标志

社会是不断发展变化的，历史条件和经济条件也不断变化。在不同的历史条件下，分组标志的选择也应相应地发生变化。

▶ 2. 统计分组的方式方法

选择分组标志是统计分组的关键问题。分组时选择的分组标志可能是品质标志也可能是数量标志。

按照品质标志分组就是采用反映事物的属性、性质的标志作为分组标志，它可以将总体单位划分为若干性质不同的组成部分。例如，人口按性别、文化程度、民族、籍贯等标志分组；企业按经济类型、轻重工业、隶属关系、企业规模等标志分组等。

按数量标志分组就是采用反映事物数量差异的标志作为分组标志，将总体各单位划分为若干个组成部分。例如，地区经济按国内生产总值分组、企业按销售收入分组等。

（四）统计分组体系

统计分组根据选择分组标志的数量，分为简单分组和复合分组，进而形成了不同形式的分组体系。

▶ 1. 简单分组与平行分组体系

将社会经济总体只选择一个标志的分组称为简单分组。对同一总体选择两个或两个以上的标志分别进行简单分组，排列起来，即称为平行分组体系。例如，分别按性别和生源对学生进行分组中，某一辽宁籍的男生在性别分组中应在男生组，在生源分组中应在辽宁组。

▶ 2. 复合分组与复合分组体系

复合分组是用两个或两个以上分组标志重叠起来对总体进行的分组。例如，将人口先按性别分成男、女两组，然后在男性和女性两组中分别按照文化程度分为大学生及大学以上、高中、初中、文盲及半文盲四组。

多个复合分组组成的体系就形成了复合分组体系。例如，某高校为了解新生的基本状况，可以同时选择性别、考生类别、外语语种三个标志进行复合分组，体系如图 2-2 所示。

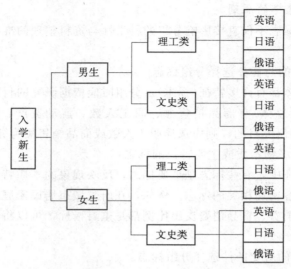

图 2-2　入学新生复合分组体系

四、分配数列

(一) 分配数列的概念与种类

在统计分组的基础上,将总体中的所有单位按其所属的组别归类整理,并且按照一定的顺序排列,形成总体单位数在各组分布的一系列数字,称为分配数列,又称次数分配或次数分布。

在分配数列中,分布在各个组的总体单位数,称为次数,又称频数。如果将分组标志序列与各组相对应的频率按照一定的顺序排列,就形成频率分布数列。

分配数列有两个组成要求:一是分组;二是次数或比率。根据分组标志的性质不同,分配数列可以分为品质数列与变量数列。

▶ 1. 品质数列

品质数列是将总体按品质标志分组而形成的分配数列,用来观察总体单位中不同属性的单位分布情况。表 2-3 就是一个品质数列。品质数列的编制比较简单,选择了分组标志,各组的界限随即产生,无须特别划分各组的界限。但要注意,在分组时,应包括分组标志的所有表现,不能有遗漏,各种表现相互独立,不得相融。

表 2-3　某年我国人口性别构成情况

人口性别分组	人口数(万人)	占人口的比重(%)
男	65 355	51.63
女	61 228	48.37
合计	126 583	100
(分组名称)	(次数)	(频率)

变量数列是将总体按数量标志分组后形成的各组变量值与该组中所分配的次数或频

率，按照一定的顺序相对应排列所形成的分配数列，如表 2-4 所示。

表 2-4　某班级统计学成绩分布表

考试分数（分）	人数（人）	比率（%）
60 以下	2	20.0
60～70	7	30.0
70～80	11	27.0
80～90	12	17.0
90～100	8	5.0
合计	40	100.0
（各组变量值）	（次数）	（频率）

变量数列按数量分组标志的各组界限划分方式不同，分为单变量数列和组距数列。其中，单变量数列是将数量分组标志的每一个变量值划分为一组；而组距数列则是将分组的数量标志的一个区间作为一组的分组方式（俗称组距式分组）形成的数列。

组距式分组中将变量依次划分为几段区间，一段区间表现为"从……到……"的距离，把一段区间内所有变量值归为一组，形成组距式变量数列。在组距式变量数列中，需要明确以下概念。

1）组限

在组距式变量数列中，每组区间两端的极值称为组限。每一组的两个组限中，较大者叫上限，较小者叫下限，如果各组的组限都齐全，称为闭口组；组限不齐全，即最小组缺下限或最大组缺上限，称为开口组。

2）组距

在组距式变量数列中，各组区间的距离就是组距，即每组下限与上限之间的距离。组距式变量数列中，根据各组组距是否相等可分为等距数列和不等距（异距）数列。组距的计算公式为

$$组距 = 上限 - 下限 \tag{2-1}$$

3）组中值

在组距式分组中，各组上下限中点数值称为组中值。在计算平均指标或进行其他统计分析时，常以组中值来代替各组标志值的平均水平。组中值的计算公式为

$$组中值 = \frac{上限 + 下限}{2} \tag{2-2}$$

式（2-2）适用于闭口组组中值的计算，但是在统计实践中，常遇到开口组的情形，开口组组中值的计算方式为

$$缺下限组的组中值 = 上限 - \frac{邻组组距}{2} \tag{2-3}$$

$$缺上限组的组中值 = 下限 + \frac{邻组组距}{2} \tag{2-4}$$

注意，用组中值代替各组标志值的计算是一种近似计算。式（2-3）和式（2-4）是在缺乏

下限(或上限)的情况下,近似地计算组中值,其计算结果不能要求像数学公式一样精确,故应灵活使用。

(二)变量数列的编制

变量数列的编制不同于品质数列,它不仅要选择分组标志,还须考虑各组界限的确定问题。单项式变量数列与组距式变量数列的编制方法也有所不同。

▶ 1. 单项式变量数列

单项式变量数列的编制比较明确、容易,可以直接将每一变量值作为一组,如表 2-5 所示。它的编制方法与品质数列的编制没有本质区别,但是用连续变量分组来编制分配数列,或者虽是离散变量,但数值很多,变化范围很大时,单项数列不能适用时,就需要考虑编制组距数列了。

表 2-5 某工厂生产车间工人按日产量分布

日产量(个)	工人数(人)	比率(%)
20	3	10.0
21	7	23.3
22	10	33.3
23	6	20.1
24	4	13.3
合计	30	100.0
(各组变量值)	(次数)	(频率)

▶ 2. 组距式变量数列

相对于单项式变量数列,组距式变量数列的编制方法要复杂一些,其关键问题是要确定组距和组限,也就是说组距数列的编制实质上就是组距和组限的确定过程。下面我们结合一个例题来说明组距式变量数列的编制过程。

[例 2-1] 对某企业 30 名工人完成劳动定额的情况进行调查,编制合理的组距式变量数列。原始资料如下(单位为%):

  98 81 95 84 93 86 91 102 100 103
  105 100 104 108 107 108 106 109 112 114
  109 117 125 115 120 119 118 116 129 113

解:编制组距式变量数列需要确定组距和组限,确定组限首先要了解数据的总体区间范围。

(1)计算数据总体的区间范围,即全距,将各变量值由小到大排序得:

  81 84 86 91 93 95 98 100 100 102
  103 104 105 106 107 108 108 109 109 112
  113 114 115 116 117 118 119 120 125 129

最大值 $X_{max}=129\%$,最小值 $X_{min}=81\%$。

全距=最大值-最小值=$X_{max}-X_{min}=129\%-81\%=48\%$

(2)确定组数和组距。由于个人完成劳动定额数据分布一般是均匀的,故常用等距分组。另外,一般评价工人劳动成绩通常分为优、良、中、及格和不及格五个等级,确定组数为5。在等距分组时,计算组距如下:

$$组距=\frac{全距}{组数}=\frac{48\%}{5}=9.6\%$$

为了符合习惯和计算方便,组距近似地取10%。

(3)确定组限。关于组限的确定,应注意以下几点:

① 最小组的下限(起点值)应低于最小变量值,最大组的上限(终点值)应高于最大变量值;

② 组限的确定应有利于表现出总体分布的特点,应反映出事物质的变化。就本例题而言,100%应作为一个组限。

③ 为了方便计算组限应尽可能取整数,最好是5或10的整倍数;

④ 由于变量有连续型变量和离散型变量两种,其组限的确定方法是不同的。当分组标志是离散变量时,相邻组的组限要求是不重叠的。而当分组标志是连续变量时,相邻组的组限必须是重叠的。

⑤ 编制频数(频率)分布表,如表2-6所示。

表2-6　某企业30个工人劳动定额完成情况分布表

劳动定额完成程度(%)	频数(人)	频数(%)
80~90	3	10.0
90~100	4	13.3
100~110	12	40.0
110~120	8	26.7
120~130	3	10.0
合计	30	100.0

几乎所有的统计软件都提供了频数分布过程,以SPSS为例,打开Frequencies频数分析对话框,如图2-3所示。它可以方便地对数据按组进行归类整理,形成各变量的不同水平(分组)的频数分布表和图形。

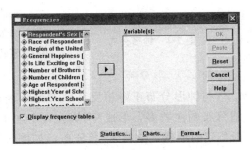

图2-3　SPSS的频数分析对话框

(三)累计频数和累计频率

为了统计分析的需要,有时需要观测某一个数值以下或以上的频数之和,这就需要在分组的基础上计算累计频数和累计频率,编制累计频数和累计频率数列。累计频数和累计频率有向上累计频数(频率)和向下累计频数(频率)两种。

以变量值大小为依据,由变量值小的组向变量值大的组累计频数和频率,称为向上累计频数和向上累计频率,向上累计数的意义是小于该组上限的各组的频数或频率之和;由变量值大的组向变量值小的组累计各组的频数或频率,称为向下累计频数或向下累计频率,向下累计数的意义是大于该组下限的各组的频数或频率之和。

根据例2-1编制企业工人完成劳动定额的向上累计频数(频率)和向下累计频数(频率)分布如表2-7所示。

表2-7 某企业工人完成劳动定额累计分布表

劳动定额完成情况(%)	频数(人)	频率(%)	向上累计		向下累计	
			频数(人)	频率(%)	频数(人)	频率(%)
80～90	3	10.0	3	10.0	30	100.0
90～100	4	13.3	7	23.3	27	90.0
100～110	12	40.0	19	63.3	23	76.7
110～120	8	26.7	27	90.0	11	36.7
120～130	3	10.0	30	100.0	3	10.0
合计	30	100.0	—	—	—	—

表2-7提供了该企业工人完成劳动定额的更为详细的信息,从表2-7中数据可以看出该企业有7名(或23.3%)工人,没有完成劳动定额(向上累计至100%的累计频数或频率);同理从向下累计中得出有23名(或76.7%)工人完成了劳动定额。

(四)次数分布的主要类型

将分配数列以图形的方式显现,根据图形的形状可将次数分布分为三种类型,分别为钟形分布、U形分布和J形分布。

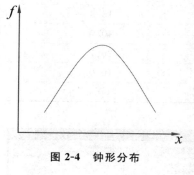

图2-4 钟形分布

▶ 1. 钟形分布

钟形分布的特征是"两头小、中间大",即靠近中间的变量值分布的次数较多,靠近两端的变量值分布的次数少,如果将变量值与其对应的频数画在平面直角坐标系中对应的点连接起来绘制成曲线图,宛如一口钟,所以又称钟形分布,如图2-4所示。

在自然或社会现象中,大多数次数分布是属于钟形分布的。例如,人体体重、身高,学生的成绩,居民货币收入,单位面积的农产品产量,市场价格等现象都属于钟形分布。

▶ 2. U形分布

与钟形分布正好相反,U形分布是靠近中间的变量值分布的次数少,靠近两端的变量值分布的次数多,形成"两头大,中间小"的分布特征。将这种分布绘制成曲线,像英文字母"U"的形状,故称U形分布,如图2-5所示。在社会经济现象中,U形分布比较少见,但也是确实存在的。

例如,人口死亡率的分布一般是婴幼儿死亡率和老年人死亡率均较高,而中年人死亡率最低,所以人口年龄分组的死亡率是呈U形分布的。另外,失业人口按年龄的分布等也是呈U形分布。

▶ 3. J形分布

J形分布的特征是"一边小,一边大",即大部分变量值集中在某一端的分布,有正J形分布和反J形分布两种类型。

正J形分布是次数随着变量值的增大而增多,如图2-6(a)所示。例如,投资额按利润率大小分布,一般是正J形分布。

反J形分布是次数随着变量值的增大而减小,如图2-6(b)所示。例如,成年人数量按年龄大小分组,表现出年龄越高,人数越少的趋势。

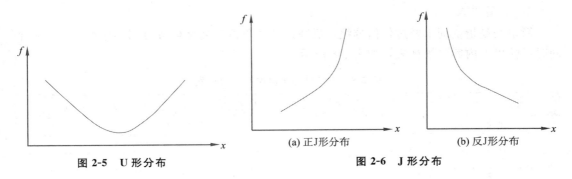

图 2-5　U 形分布　　　　　　　图 2-6　J 形分布

第四节　统计数据的显示

统计资料整理的结果可以用不同的形式表现,其中统计表和统计图是最常用的统计资料的表现形式。

一、统计表

统计表是应用最广泛、最普遍的数据表现形式。统计表有广义和狭义之分。广义的统计表包括统计工作各阶段所用的一切表格;狭义的统计表是表明统计整理结果的表格,即我们通常所说的统计表。

统计表是表现统计资料的一种形式,经过调查得来的大量统计资料经过汇总整理后,按照一定的规定和要求填列在相应的表格内,就形成了统计表。

(一)统计表的作用

统计表是统计整理的重要形式,对表现统计资料具有十分重要的作用。它利用表格的形式,合理地安排统计资料,清晰、简明地反映出现象总体的数量特征。统计表科学、合理地表现统计资料,便于对统计资料进行对照比较和分析,有利于计算统计分析指标。在统计分析报告中使用统计表,能节省文字叙述篇幅,达到简明易懂、紧凑有力的显示效果。统计表还是汇总和积累统计资料,进行统计分析的重要工具。

(二)统计表的结构

从外表形式上看,统计表由四部分构成:①总标题,是表的名称,用于概括统计表中要说明的内容;②横行标题,是各组的名称,反映总体的各个组成部分;③纵栏标题,是分组标志或指标的名称,说明纵行所列各项资料的内容;④指标数值,也称数字资料,是统计表的具体内容。

从统计表的内容来看,由主词和宾词两个部分组成。主词是统计表所说明的总体,总体的各组或各组的名称。宾词用于说明主词的各种指标。通常，统计表的主词列在表的左方，宾词列在表的右方。

（三）统计表的种类

统计表按照主词是否分组和分组的程度不同，可分为简单表、分组表和复合表三类。

▶ 1. 简单表

简单表是指主词未经过任何分组，反映总体各单位的名称或按时间顺序简单排列，或同时反映以上内容的统计表，如表 2-8 所示。

表 2-8　各地区经济发展基础数据表

地　区	人 口 总 数	人 均 收 入	人 均 产 值
北京			
上海			
……			
辽宁			

▶ 2. 分组表

分组表是指主词按照某一个标志分组的统计表，也称简单分组表。它可以揭示出现象的不同类型的特征，研究现象的内部结构，如表 2-9 所示。

表 2-9　某地税收收入及构成表

按税种分组	税收收入（亿元）
增值税和消费税收入	1019.28
个人所得税收入	96.65
关税收入	130.99
其他	536.74

▶ 3. 复合表

复合表是主词按照两个或两个以上的标志层叠分组所形成的统计表，如表 2-10 所示。

表 2-10　国内生产总值及其分组表

国内生产总值按行业和产业分组	国内生产总值（亿元）	比重（%）
第一产业		
……		
第二产业		
工业		
建筑业		
……		
第三产业		
交通、运输、仓储、邮电、通信业		
批发、零售、贸易、餐饮业		
……		
合计		

（四）统计表的编制规则

为清楚地展现统计数据，需要合理地设计统计表。统计表的设计要尽可能标准化、规范化，应遵循以下原则：

（1）统计表的各类标题要力求简单、明确，用最简练、精确的文字充分表达统计资料的全部内容及资料所属的时间和空间范围。

（2）统计表的内容要简明扼要，分组层次和宾词指标不宜过多，一般分组不宜超过三个分组标志。

（3）当统计表的纵栏较多时，可加编号（需要说明其相互关系）。习惯上，主词栏部分以"甲、乙、丙……"为序号；宾词栏则以"（1）、（2）、（3）……"为序号。

（4）表中的数字填写要整齐、位数要对齐，同栏数字的单位、小数位要一致。相同数字应全部填写，不可以用"同上"等字样代替，没有的数字在表格中用"—"表示，缺少的数字用"……"注明。

（5）表中的数字用一种计量单位时，在表的右上端注明，单位不统一时横行的计量单位可设计专门的计量单位栏，纵栏的计量单位可与纵栏标题写在一起。

（6）统计表的表式一般是"敞开式"的，即表的左右两端不画纵线。如果需要说明资料的来源或者解释统计表的其他信息，可以在统计表的左下端注释，但其内容不宜过多。

二、统计图

统计图是以图形方式形象地表现统计资料的一种形式。用统计图展现统计资料具有鲜明醒目、富于表现、易于理解的特点，因此绘制统计图是统计整理的重要内容之一。

统计图可以揭示现象的内部结构和依存关系，显示现象的发展趋势和分布状况，有利于进行统计分析与研究。常用的统计图主要有条形图、面积图、曲线图、象形图等。

（一）条形图

条形图是用宽度相同的条形的高度或长短来表示数据多少的图形。条形图可以横置或纵置，纵置时也称为柱形图。条形图可用于显示离散型变量的次数分布，最主要是显示顺序数据和分类数据的频数分布。此外，条形图有单式、复式等形式。

单式条形图是用一组条形表现一个变量的分布情况，如图 2-7 所示。复式条形图是用几组（两组或两组以上）条形并列表现几个变量的分布情况，如图 2-8 所示。

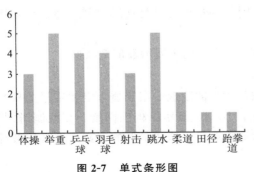

图 2-7　单式条形图

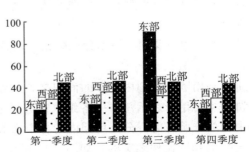

图 2-8　复式条形图

绘制条形图应注意以下几个问题：
(1) 图形中条形的宽度、条形之间的距离要相等。
(2) 图形上的尺度必须以 x 轴或 y 轴为等线。
(3) 图形中要注明相应的数字。
(4) 各条形的排列应有一定的顺序，如果比较现象在时间上的变动时，条形应按时间顺序排列。

（二）直方图和折线图

直方图是用矩形的宽度和高度（即面积）来表示频数分布的图形。在平面直角坐标中，用横轴表示数据分组，纵轴表示频数或频率，这样，各组数据与相应的频数就形成了一个矩形，即直方图。直方图中，实际上是用矩形的面积来表示各组的频数分布。用于显示连续型变量的次数分布。在直方图的基础上添加趋势线，就形成折线图。

[例 2-2] 某生产车间 50 名工人日加工零件数原始资料（单位：个）如下：

```
117  122  124  129  139  107  117  130  122  125
108  131  125  117  122  133  126  122  118  108
110  118  123  126  133  134  127  123  118  112
112  134  127  123  119  113  126  123  127  135
137  114  120  128  124  115  139  128  124  121
```

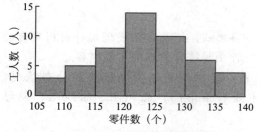

图 2-9　50 名工人日加工零件频数分布直方图　　图 2-10　50 名工人日加工零件频数分布折线图

直方图和条形图的绘图方法和反映数据的内容有许多相同之处，两者的不同之处表现在以下三方面。

(1) 条形图是用条形的长度（横置时）表示各类别频数的多少，其宽度（表示类别）则是固定的；而直方图则是用面积表示各组频数的多少，矩形的高度表示每一组的频数或频率，宽度则表示各组的组距，其高度与宽度均有意义。

(2) 由于分组数据具有连续性不同，直方图的各矩形通常是连续排列，而条形图则是分开排列。

(3) 条形图主要用于展示分类数据，而直方图主要用于展示数值型数据。

（三）饼图和环形图

饼图是用圆形及圆内扇形的面积来表示数值大小的图形，用于显示定类变量的次数分布。饼图主要用于表示总体中各组成部分所占的比例，显示结构性问题。在绘制饼图时，总体中各部分所占的百分比用圆内的各个扇形面积表示，这些扇形的中心角度是按各部分比占 360°的相同比例确定的，如图 2-11 所示。

环形图与饼形图类似，但又有区别。环形图中间有一个"空洞"，总体或样本中的每一

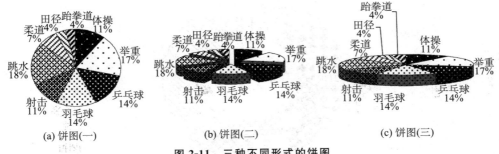

图 2-11 三种不同形式的饼图

部分数据用环中的一段表示。饼形图只能显示一个总体和样本各部分所占的比例,而环形图则可以同时绘制多个总体或样本的数据系列,每一个总体或样本的数据系列为一个环。因此环形图可显示多个总体或样本各部分所占的相应比例,从而有利于进行比较研究。例如,根据表 2-11 和表 2-12 资料绘制成的环形图如图 2-12 所示,表示甲乙两个城市的家庭对住房满意程度的比较。

表 2-11 甲城市的家庭对住房状况满意程度表

满意程度	户数(户)	百分比(%)	向上累计		向下累计	
			户数(户)	百分比(%)	户数(户)	百分比(%)
非常不满意	24	8	24	8	300	100
不满意	108	36	132	44	276	92
一般	93	31	225	75	168	56
满意	45	15	270	90	75	25
非常满意	30	10	300	100	30	10
合计	300	100	—	—	—	—

表 2-12 乙城市的家庭对住房状况满意程度

满意程度	户数(户)	百分比(%)	向上累计		向下累计	
			户数(户)	百分比(%)	户数(户)	百分比(%)
非常不满意	21	7.0	21	7.0	300	100.0
不满意	99	33.0	120	40.0	279	93.0
一般	78	26.0	198	66.0	180	60.0
满意	64	21.3	262	87.3	102	34.0
非常满意	38	12.7	300	100.0	38	12.7
合计	300	100.0	—	—	—	—

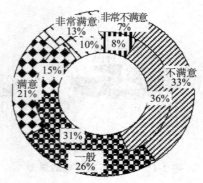

图 2-12 环形图

(四)线图

线图是在平面直角坐标系中用折线表现数量变化特征和规律的图形,主要用于显示连续型变量的次数分布和现象的动态变化。例如,根据表 2-12 资料绘制成的乙城市的家庭对住房状况的评价线图,如图 2-13(a)、(b)所示。

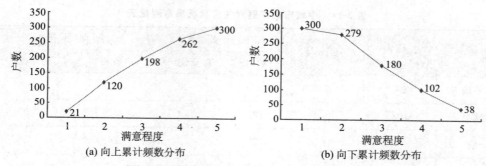

图 2-13 乙城市的家庭对住房状况的评价线图

(五)散点图

散点图指在平面直角坐标系中,以横轴和纵轴分别代表两个变量,找到数据点在坐标系上的分布图,如图 2-14 所示。它主要用来观察变量间的相关关系,也可显示数量随时间变化分布情况。

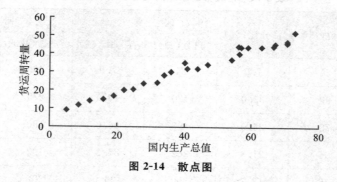

图 2-14 散点图

(六)箱图

箱图,也称箱线图,是由一组数据的最大值、最小值、中位数和两个四分位数 5 个特征值绘制成一个箱子和两条线段的图形,如图 2-15 所示。这种图形不仅能够直观地反映出一组数据的分布特征,还可以进行多组数据的比较分析。

图 2-15　不同分布类型的箱图

(七) 茎叶图

茎叶图由"茎"和"叶"两部分构成,其图形是由数字组成。通过茎叶图可以看出数据的分布形状及其离散状况。

绘制茎叶图的关键是设计好"茎",通常以本组的高位数值为茎,相应的低位数值就是"叶"了。例如,根据例 2-2 资料绘制的茎叶图如图 2-16 所示。

茎	叶	频数
10.	7 8 8	3
11.	0 2 2 3 4	5
11.	5 7 7 7 8 8 8 9	8
12.	0 0 1 2 2 2 3 3 3 4 4 4	14
12.	5 5 6 7 7 7 8 8 9	10
13.	0 1 3 3 4	6
13.	5 7 9 9	4

图 2-16　根据例 2-2 资料绘制的茎叶图

从图 2-16 可以看出,茎叶图好像放横的柱状图,而且它保留了数据的原始形态。

本章要点

统计资料的搜集与整理是对数据的直接处理与分析,目的是计算数据的特征值。它是整个统计分析的基础工作。

统计调查方案的设计与统计资料的搜集,主要介绍用数据对客观事物进行测度、获得数据、评价数据质量的方法。这部分要求学生掌握数据的计量尺度,理解统计调查的概念、作用和意义。统计调查方案设计的成功与否直接关系到调查工作的效率和成效。统计调查方法包括普查、抽样调查、典型调查、重点调查等。学生应明确重点调查、典型调查与抽样调查的区别与联系。

统计整理是根据统计研究的目的,将调查所得的资料进行科学的分组、汇总,并对总体的数量特征进行描述,为统计分析准备系统的、条理化的综合资料的工作过程。本部分要求在理解统计资料整理的概念和意义的基础上,掌握统计分析的基本方法统计分组的基本知识。同时,要掌握分配数列的概念、组成要素与种类。重点掌握变量数列的构成要素和种类及组中值的计算。

统计资料的结果可以用不同形式表现,统计表和统计图是表现统计资料的常用形式。此部分应掌握统计表的基本结构和设计统计表的注意事项,以及条形图、直方图、线图、饼形图等常用统计图的绘制方法和适用范围等。

关键词

定性数据(qualitative data)　　直方图(histogram)　　频数(frequency)
定量数据(quantitative data)　　条形图(bar graph)　　累计频数(cumulative frequency)
比率(ratio)　　　　　　　　　　饼形图(pie chart)　　频数分布(frequency distribution)
比例(proportion)　　　　　　　　线图(line chart)　　　偏斜分布(skewed distribution)
组距(class width)　　　　　　　 箱图(box plot)　　　　对称分布(symmetric distribution)
组中值(class midpoint)　　　　　散点图(scatter)　　　　茎叶图(stem-and-leaf display)

思考题

1. 什么是统计调查？它有何意义？
2. 重点调查、典型调查和抽样调查的区别与联系是什么？
3. 什么是统计分组？统计分组有什么作用？
4. 统计分组的方法有哪些？
5. 分组标志的选择原则有哪些？
6. 什么是次数分配？分配数列的组成要素有哪些？
7. 组距式变量数列中，组距、组限、组中值的计算方法分别是什么？

习题

1. 某商店有员工9人，其月工资(单位：元)分别如下：
   2 200　2 400　2 700　2 800　3 000　3 100　3 200　3 400　3 500
   请利用分组法，将上述9人的工资分成三个组，并说明其工资特征。

2. 为评价家电行业售后服务的质量，随机抽取了由100个家庭构成的一个样本。服务质量的等级为：A. 好；B. 较好；C. 一般；D. 差；E. 较差。调查结果如下：

```
B E C C A D C B A E
D A C B C D E C E E
A D B C C A E D C B
B A C D E A B D D C
C B C E B C B C B C
D A C B C D C E B D
B E C C A D C B A E
B A C D E A B D D C
A D B C C A E D C B
C B C E D B C C B C
```

(1) 指出上面的数据属于什么类型？

(2)选择一种统计软件,绘制上述资料的频数分布表。
(3)绘制一张条形图,反映评价等级的分布。
3. 为了确定灯泡的使用寿命(单位:小时),在一批灯泡中随机抽取 100 只进行测试,所得结果如下:

700	716	728	719	685	709	691	684	705	718
706	715	712	722	691	708	690	692	707	701
708	729	694	681	695	685	706	661	735	665
668	710	693	697	674	658	698	666	696	698
706	692	691	747	699	682	698	700	710	722
694	690	736	689	696	651	673	749	708	727
688	689	683	685	702	741	698	713	676	702
701	671	718	707	683	717	733	712	683	692
693	697	664	681	721	720	677	679	695	691
713	699	725	726	704	729	703	696	717	688

(1)利用计算机对上面的数据进行排序。
(2)以 10 为组距进行等距分组,整理成频数分布表。
(3)编制向上和向下累计频数、频率数列。
(4)根据所编制的次数分配数列画出直方图、折线图和曲线图。
(5)根据累计频数和累计频率数,求耐用时数在 720 小时以上的灯泡有多少,占多大的比例?灯泡耐用时数在 680 小时以下的有多少,占多大的比例?
(6)根据频数分布曲线说明灯泡耐用时数的分布属于哪一种类型。
4. 北方某城市 1—2 月各天气温(单位:℃)的记录数据如下:

−3	2	−4	−7	−11	−1	7	8	9	−6	−7
−14	−18	−15	−9	−6	−1	0	5	−4	−9	−3
−6	−8	−12	−16	−19	−15	−22	−25	−24	−19	−21
−8	−6	−15	−11	−12	−19	−25	−24	−18	−17	−24
−14	−22	−13	−9	−6	0	−1	5	−4	−9	−3
−3	2	−4	−4	−16	−1	7	5	−6	−5	

(1)指出上面的数据属于什么类型。
(2)对上面的数据进行适当的分组。
(3)绘制直方图,说明该城市气温分布的特点。
5. 下面是 A、B 两个班级学生的数学考试成绩数据。
A 班:

44	57	59	60	61	61	62	63	63	65
66	66	67	69	70	70	71	72	73	73
73	74	74	74	75	75	75	75	76
76	77	77	77	78	78	79	80	80	82
85	85	86	86	90	92	92	92	93	96

B班：

```
35  39  40  44  44  48  51  52  52  54
55  56  56  57  57  57  58  59  60  61
61  62  63  64  66  68  68  70  70  71
71  73  74  74  79  81  82  83  83  84
85  90  91  91  94  95  96  100 100 100
```

要求根据两个班的考试成绩画出一个公共的茎制成茎叶图，并比较两个班考试成绩分布的特点。

6. 某家商场为了解前来该商场购物的顾客的学历分布情况，随机抽取了 100 名顾客。其学历表示为：1. 初中；2. 高中/中专；3. 大专；4. 本科及以上学历。调查结果如下：

```
4 2 2 2 4 3 4 4 1 4
2 2 4 4 4 3 2 4 2 2
3 1 2 1 4 4 1 4 2 4
2 3 3 2 1 4 3 4 4 4
3 3 1 2 4 2 4 3 2 4
2 3 2 2 2 1 2 2 4 4
2 1 2 3 3 3 3 3 4 4
2 3 4 3 3 1 3 2 3 2
4 3 1 3 4 3 4 2 1 4
2 2 4 2 3 3 4 1 2 1
```

（1）制作一张频数分布表。

（2）绘制一张条形图，反映学历分布。

7. 某行业管理局所属 40 个企业某年的产品销售收入（单位：万元）数据如下：

```
152 124 129 116 100 103  92  95 127 104
105 119 114 115  87 103 118 142 135 125
117 108 105 110 107 137 120 136 117 108
 97  88 123 115 119 138 112 146 113 126
```

（1）根据上面的数据进行适当的分组，编制频数分布表，并计算出累计频数和累计频率。

（2）如果销售收入在 125 万元以上为先进企业，115 万～125 万元为良好企业，105 万～115 万元为一般企业，105 万元以下为落后企业，按先进企业、良好企业、一般企业、落后企业进行分组。

（3）计算各组的组距和组中值。

第三章 数据分布特征的描述

通过调查获得并经过整理后展现的数据可以初步反映被研究对象的一些状态与特征，但认知程度还比较肤浅，反映的精确度不够。为此，我们需要使用各类代表性的数量特征值准确地描述这些数据。对单变量截面数据的特征描述主要有四个方面：集中趋势、离散程度、偏斜程度与峰度。

第一节 数据分布集中趋势的测度

集中趋势（central tendency）反映的是一组数据向某一中心值靠拢的倾向，在中心附近的数据数量较多，而远离中心的较少。对集中趋势进行描述就是寻找数据一般水平的中心值或代表值。根据取得这个中心值的方法不同，我们把测度集中趋势的指标分为两类：数值平均数和位置平均数。

一、数值平均数

数值平均数是同质总体内各个个体某一数量标志在一定时间、地点、条件下所达到的一般水平，是反映现象总体综合数量特征的重要指标，又称为平均指标。

研究总体中，各个个体的某个数量标志是各不相同的。例如，某个生产小组10名工人，如果按件取酬，则他们的工资分别是1 000元、1 480元、1 540元、1 600元、1 650元、2 650元、2 740元、2 800元、2 900元、3 500元。要说明这10名工人工资的一般水平，显然不能用某一个工人的工资作代表，而应该计算他们的平均工资，用它作为代表值。

$$平均工资 = \frac{1\,000+1\,480+\cdots+3\,500}{10} = 2\,186（元）$$

2 186元是在这10名工人工资的基础上计算出来的，其差异在计算过程中被抽象化了，结果得到的就是这10名工人工资的一般水平，即找到了一个代表值。

数值平均数有三种形式：算术平均数、调和平均数和几何平均数。

（一）算术平均数

算术平均数（arithmetic mean）是总体中各个体的某个数量标志的总和与个体总数的比值，一般用符号 $\bar{x}$ 表示。算术平均数是集中趋势中最主要的测度值，基本公式为

$$算术平均数 = \frac{某数量标志的总和}{对应的个体总数}$$

由于所掌握的资料形式不同，算术平均数可以推导出两组公式。

▶ **1. 简单算术平均数**

根据未经分组整理的原始数据计算算术平均数，设一组数据为 $x_1, x_2, x_3, \cdots, x_n$，则其算术平均数为

$$\bar{x} = \frac{x_1 + x_2 + \cdots + x_n}{n} = \frac{\sum_{i=1}^{n} x_i}{n} \tag{3-1}$$

[**例 3-1**] 五名学生的身高分别为 1.65 米、1.69 米、1.70 米、1.71 米和 1.75 米，求他们的平均身高。

解：$\bar{x} = \dfrac{\sum_{i=1}^{n} x_i}{n} = \dfrac{1.65+1.69+1.70+1.71+1.75}{5} = 1.70(米)$

简单算术平均数之所以简单，就是因为各个变量值出现的次数相同，在例 3-1 中，每个变量值出现的次数都是 1，只要把各项变量值简单相加再用项数去除就求出平均数了。但是，当各变量值出现的次数不同时，情况就会发生变化。

▶ **2. 加权算术平均数**

根据分组整理的数据计算平均数。设原始数据被分成 n 组，各组的变量值分别为 $x_1, x_2, x_3, \cdots, x_n$，各组变量值出现的次数分别为 $f_1, f_2, f_3, \cdots, f_n$，则这时的算术平均数为

$$\bar{x} = \frac{x_1 f_1 + x_2 f_2 + \cdots + x_n f_n}{f_1 + f_2 + \cdots + f_n} = \frac{\sum_{i=1}^{n} x_i f_i}{\sum_{i=1}^{n} f_i} \tag{3-2}$$

计算加权算术平均数运用的变量数列资料有两种：单项变量数列和组距变量数列。单项变量数列直接对各组变量值进行加权平均计算即可；而组距变量数列需要先求出各组变量值的组中值，然后对组中值进行加权平均计算。

[**例 3-2**] 某车间 200 名工人加工零件的资料如表 3-1 所示，要求计算工人加工零件的平均数。

表 3-1　某车间工人加工零件平均数计算表

按零件数分组（个）	工人人数（人）f	人数比重	组中值 x	xf
40～50	20	0.10	45	900
50～60	40	0.20	55	2 200
60～70	80	0.40	65	5 200
70～80	50	0.25	75	3 750
80～90	10	0.05	85	850
合计	200	1.00	—	12 900

解：根据式(3-2)得

$$\bar{x} = \frac{\sum_{i=1}^{n} x_i f_i}{\sum_{i=1}^{n} f_i} = \frac{12\,900}{200} = 64.5(个)$$

从以上计算过程可以看出次数 f 的作用：当变量值比较大的次数多时，平均数就接近于变量值大的一方；当变量值比较小的次数多时，平均数就接近于变量值小的一方。可见，次数对变量值在平均数中的影响起着某种权衡轻重的作用，因此被称为权数。

但是，如果各组的次数（权数）均相同时，即 $f_1 = f_2 = f_3 = \cdots = f_n$ 时，则权数的权衡轻重作用也就消失了。这时，加权算术平均数会变成简单算术平均数，即

$$\bar{x} = \frac{\sum_{i=1}^{n} x_i f_i}{\sum_{i=1}^{n} f_i} = \frac{f \sum_{i=1}^{n} x_i}{nf} = \frac{\sum_{i=1}^{n} x_i}{n} \tag{3-3}$$

可见，简单算术平均数实质上是加权算术平均数在权数相等条件下的一个特例。

简单算术平均数数值的大小只与变量值的大小有关。加权算术平均数数值的大小不仅受各组变量值大小的影响，而且还受各组变量值出现的次数即权数大小的影响。

权数既可以用绝对数表示，也可以用相对数（比重）来表示。因此，加权算术平均数也可用式(3-4)的形式来表示。

$$\bar{x} = \sum_{i=1}^{n} x_i \frac{f_i}{\sum_{i=1}^{n} f_i} \tag{3-4}$$

[**例 3-3**] 仍以表 3-1 资料为例，当已知各组工人人数占全部工人人数的比重时，计算工人加工零件的平均数。

解：根据式(3-4)得

$$\bar{x} = \sum_{i=1}^{n} x_i \frac{f_i}{\sum_{i=1}^{n} f_i}$$

$$= 45 \times 0.1 + 55 \times 0.2 + 65 \times 0.4 + 75 \times 0.25 + 85 \times 0.05$$

$$= 64.5(个)$$

针对统计调查获取资料的不同形式，计算评价指标的公式形式也不同，但可得到异曲同工的效果。用比重（频率）公式计算出来的平均指标与用绝对数次数作权数计算的结果是完全相同的。这是因为权数的两种形式，其计算公式在内容上是一样的。

▶ **3. 算术平均数的数学性质**

算术平均数在统计学中有着重要的地位，它是进行统计分析和统计推断的基础，下面两个有关算术平均数的命题是算术平均数的两个重要的数学性质。

(1) 各变量值与其算术平均数离差之和等于零，即

$$\sum_{i=1}^{n} (x_i - \bar{x}) = 0 \tag{3-5}$$

式(3-5)证明如下：

$$\sum_{i=1}^{n}(x_i-\bar{x})=\sum_{i=1}^{n}x_i-\sum_{i=1}^{n}\bar{x}=\sum_{i=1}^{n}x_i-n\bar{x}=\sum_{i=1}^{n}x_i-n\cdot\frac{\sum_{i=1}^{n}x_i}{n}=\sum_{i=1}^{n}x_i-\sum_{i=1}^{n}x_i=0$$

(2) 各变量值与其算术平均数离差平方之和等于最小值，即

$$\sum_{i=1}^{n}(x_i-\bar{x})^2=最小值(\min) \tag{3-6}$$

式(3-6)证明如下：

设 x_0 为任意数，c 为常数($c\neq 0$)，并令 $x_0=\bar{x}\pm c$，则

$$\sum_{i=1}^{n}(x_i-x_0)^2=\sum_{i=1}^{n}[x_i-(\bar{x}\pm c)]^2=\sum_{i=1}^{n}[(x_i-\bar{x})\pm c]^2$$

$$=\sum_{i=1}^{n}(x_i-\bar{x})^2\pm 2c\sum_{i=1}^{n}(x_i-\bar{x})+nc^2$$

$$=\sum_{i=1}^{n}(x_i-\bar{x})^2+nc^2$$

因为 $nc^2>0$，所以

$$\sum_{i=1}^{n}(x_i-x_0)^2>\sum_{i=1}^{n}(x_i-\bar{x})^2$$

即 $\sum_{i=1}^{n}(x_i-\bar{x})^2$ 为最小值。

（二）调和平均数

在统计分析中，有时会由于种种原因没有频数的资料，只有每组的变量值和相应的标志总量。这种情况下就不能直接运用算术平均方法来计算了，而需要以迂回的形式，即用每组的标志总量除以该组的变量值推算出各组的单位数，才能计算出平均数。这时，我们可以用调和平均的方法完成这个计算。

调和平均数(harmonic mean)是各变量值倒数的算术平均数的倒数。由于它是根据变量值倒数计算的，所以又称作倒数平均数，通常用 $\bar{x}_H$ 表示。根据掌握的资料不同，调和平均数可分为简单调和平均数和加权调和平均数两种。

▶ 1. 简单调和平均数

简单调和平均数是根据未经分组资料计算的调和平均数。我们先来看一个最简单的例子。

[例3-4] 假如某种蔬菜在早、中、晚市场中，每市斤的单价分别为1.5元、1.4元、1.2元，若在早、中、晚市场中各买一市斤，其平均价格用简单算术平均数计算，结果是1.37元。但若早、中、晚市场各买一元钱，其平均价格是多少呢？

解：计算方法应先把总重量计算出来，然后再将总金额除以总重量，即

$$平均价格=\frac{总金额}{总重量}=\frac{1+1+1}{\frac{1}{1.5}+\frac{1}{1.4}+\frac{1}{1.2}}=\frac{3}{2.21}=1.35(元/斤)$$

用公式表达为

$$\bar{x}_H=\frac{n}{\frac{1}{x_1}+\frac{1}{x_2}+\cdots+\frac{1}{x_n}}=\frac{n}{\sum_{i=1}^{n}\frac{1}{x_i}} \tag{3-7}$$

事实上,简单调和平均数是权数均相等条件下的加权调和平均数的特例。当权数不等时,就需要进行加权处理了。

▶ 2. 加权调和平均数

设 m 为加权调和平均数的权数,加权调和平均数公式为

$$\bar{x}_H = \frac{m_1 + m_2 + \cdots + m_m}{\frac{m_1}{x_1} + \frac{m_2}{x_2} + \cdots + \frac{m_n}{x_n}} = \frac{\sum_{i=1}^{n} m_i}{\sum_{i=1}^{n} \frac{m_i}{x_i}} \tag{3-8}$$

[例3-5] 承上例,如果早、中、晚市场中购买蔬菜的金额不再是一元钱,而是如表3-2所示的情形,求购进的该种蔬菜的平均价格。

表 3-2 调和平均数计算表

时 间	单价(元/斤)x	购买金额(元)m	购买量(斤)m/x
早市	1.5	4	2.67
中市	1.4	3	2.14
晚市	1.2	2	1.67
合计	—	9	6.48

解:根据式(3-8)计算蔬菜的平均价格为

$$\bar{x}_H = \frac{\sum_{i=1}^{n} m_i}{\sum_{i=1}^{n} \frac{m_i}{x_i}} = \frac{9}{6.48} = 1.40(元)$$

▶ 3. 调和平均数是算术平均数的变形

调和平均数是算术平均数的变形,推导如下:

$$\bar{x}_n = \frac{\sum_{i=1}^{n} m_i}{\sum_{i=1}^{n} \frac{m_i}{x_i}} = \frac{\sum_{i=1}^{n} x_i f_i}{\sum_{i=1}^{n} \frac{x_i f_i}{x_i}} = \frac{\sum_{i=1}^{n} x_i f_i}{\sum_{i=1}^{n} f_i} = \bar{x}$$

调和平均数与算术平均数在本质上是一致的,不同之处在于统计调查获取的资料形式不同。在计算平均数时,应根据具体情况选择不同的公式。

(三) 几何平均数

几何平均数(geometric mean)是 n 个变量值连乘积的 n 次方根。几何平均数是计算平均比率和平均速度最适用的一种方法。通常用 $\bar{x}_G$ 表示。根据掌握的数据资料不同,几何平均数可分为简单几何平均数和加权几何平均数两种。

▶ 1. 简单几何平均数

简单几何平均数是根据未经分组资料计算的平均数,计算公式为

$$\bar{x}_G = \sqrt[n]{x_1 \cdot x_2 \cdot \cdots \cdot x_n} = \sqrt[n]{\prod_{i=1}^{n} x_i} \tag{3-9}$$

[例3-6] 某产品生产需要经过六道工序,每道工序的合格率分别为98%、91%、

93%、98%、98%、91%,求这六道工序的平均合格率。

解:因为成品的合格率等于各道工序产品合格率的连乘积,所以要用几何平均数来计算这六道工序的平均合格率,即

$$\bar{x}_G = \sqrt[6]{98\% \times 91\% \times 93\% \times 98\% \times 98\% \times 91\%} = 94.78\%$$

▶ 2. 加权几何平均数

当掌握的数据资料为分组资料,且各个变量值出现的次数不相同时,就要用加权方法计算几何平均数。加权几何平均数的公式为

$$\bar{x}_G = \sqrt[f_1+f_2+\cdots+f_n]{x_1^{f_1} \cdot x_2^{f_2} \cdot \cdots \cdot x_n^{f_n}} = \sqrt[\sum f]{\prod_{i=1}^{n} x_i^{f_i}} \quad (3-10)$$

[例 3-7] 某市从 2003—2016 年各年的工业增加值的增长率如表 3-3 所示,计算这 14 年的平均增长率。

表 3-3 某市一定时期的工业增加值的增长率

时　　间	年　　数	工业增加值的增长率(%)
2003—2006 年	4	10.2
2007—2011 年	5	8.7
2012—2016 年	5	9.6
合计	14	—

解:首先根据式(3-10)计算平均发展速度:

$$\bar{x}_G = \sqrt[f_1+f_2+\cdots+f_n]{x_1^{f_1} \cdot x_2^{f_2} \cdot \cdots \cdot x_n^{f_n}}$$

$$= \sqrt[4+5+5]{110.2\%^4 \times 108.7\%^5 \times 109.6\%^5} = 109.45\%$$

再还原成平均增长率:

平均增长率=平均发展速度$-100\%=109.45\%-100\%=9.45\%$

(四)切尾均值

切尾均值(trimmed mean)为去掉大小两端的若干数值后计算中间数据的均值。这种方法在电视大奖赛、体育比赛及需要人们进行综合评价的比赛项目中已得到广泛应用,其计算公式为

$$\bar{x}_\alpha = \frac{x_{(n\alpha+1)} + x_{(n\alpha+2)} + \cdots + x_{(n+n\alpha)}}{n - 2 \times n\alpha} \quad 0 \leq \alpha \leq \frac{1}{2}$$

式中,n 为观察值的个数;α 为切尾系数。

[例 3-8] 某次歌手比赛共有 11 名评委,对某位选手的打分结果如下:

x_1	x_2	x_3	x_4	x_5	x_6	x_7	x_8	x_9	x_{10}	x_{11}
9.22	9.25	9.20	9.30	9.65	9.30	9.27	9.20	9.28	9.25	9.24

经整理得到顺序统计量值为

$x_{(1)}$	$x_{(2)}$	$x_{(3)}$	$x_{(4)}$	$x_{(5)}$	$x_{(6)}$	$x_{(7)}$	$x_{(8)}$	$x_{(9)}$	$x_{(10)}$	$x_{(11)}$
9.20	9.20	9.22	9.24	9.25	9.25	9.27	9.28	9.30	9.30	9.65

去掉一个最高分和一个最低分,取 $\alpha=1/11$,计算该选手的平均得分为

$$\overline{x}_{1/11} = \frac{x_{(11\times 1/11+1)} + x_{(11\times 1/11+2)} + \cdots + x_{(11-11\times 1/11)}}{11-2\times 11\times 1/11} = \frac{x_{(2)} + x_{(3)} + \cdots + x_{(10)}}{11-2}$$

$$= \frac{9.2 + 9.22 + \cdots + 9.3}{9} = 9.26$$

二、位置平均数

数值平均数是通过计算得出的反映变量集中趋势的指标,位置平均数则是通过定位找到的集中趋势指标。位置平均数包括中位数和众数两种。

(一) 中位数

中位数是将一组数据按大小顺序排列后,处于中间位置的那个变量值,通常用 M_e 表示。其定义表明,中位数就是将某变量的全部数据均等地分为两半的那个变量值。其中,一半数值小于中位数,另一半数值大于中位数。中位数是一个位置代表值,因此它不受极端变量值的影响。

▶ 1. 未分组数据中位数的确定

对未分组数据资料,需先将各变量值按大小顺序排列,并按公式 $(n+1)/2$ 确定中位数的位置。当一个序列中的项数为奇数时,则处于序列中间位置的变量值就是中位数。例如,根据 7、6、8、2、3 这五个数据求中位数,先按大小顺序排成 2、3、6、7、8。在这个序列中,选取中间一个数值 6,小于 6 的数值有两个,大于 6 的数值也有两个,所以 6 就是这五个数值中的中位数。

当一个序列的项数是偶数时,则应取中间两个数的中点值作为中位数,即取中间两个变量值的平均数为中位数。例如一个按大小顺序排列的序列 2、5、7、8、11、12,其中位数的位置在 7 与 8 之间,中位数就是 7 与 8 的平均数,即 $M_e = (7+8)/2 = 7.5$。

▶ 2. 单项数列中位数的确定

根据单项数列资料确定中位数与根据未分组资料确定中位数的方法基本一致,首先计算各组的累计次数(或频数),再按公式 $(\sum_{i=1}^{n} f_i + 1)/2$ 确定中位数的位置,并对照累计次数确定中位数。

[例 3-9] 某班同学按年龄分组资料如表 3-4 所示,求中位数。

表 3-4 某班同学按年龄分组资料

年龄(岁)	学生人数(人)	向上累计	向下累计
17	5	5	50
18	8	13	45
19	26	39	37
20	9	48	11
21	2	50	2
合计	50	—	—

解:年龄中位数的位置为 $(50+1)/2 = 25.5$,说明位于第 25 与第 26 位同学之间,根

据累计次数可确定中位数为第三组的变量值19岁。

▶ 3. 组距数列中位数的确定

根据组距数列资料确定中位数,应先按 $(\sum_{i=1}^{n} f_i)/2$ 的公式求出中位数所在组的位置,然后运用内插法按比例推算出中位数的近似值。

下限公式:

$$M_e = L + \frac{\frac{\sum_{i=1}^{n} f_i}{2} - S_{m-1}}{f_m} \times i \tag{3-11}$$

上限公式:

$$M_e = U - \frac{\frac{\sum_{i=1}^{n} f_i}{2} - S_{m+1}}{f_m} \times i \tag{3-12}$$

式中,L 为中位数所在组的下限;U 为中位数所在组的上限;s_{m-1} 为向上累计至中位数所在组下一组(中位数组下限所在临组)的累计频数;s_{m+1} 为向下累计至中位数所在组上一组(中位数组上限所在临组)的累计频数;f_m 为中位数所在组的次数;i 为中位数所在组的组距。

上限公式和下限公式都是以中位数所在组内的次数均匀分布为前提的,在这种情况下才可以按比例推算中位数的近似值。

[例 3-10] 利用表 3-5 的资料,计算中位数。

表 3-5 中位数计算示例资料

按零件数分组(个)	职工人数(人)	向上累计	向下累计
40~50	20	20	200
50~60	30	50	180
60~70	90	140	150
70~80	50	190	60
80~90	10	200	10
合 计	200	—	—

解:首先计算累计次数如表 3-5 所示,然后确定中位数所在组的位置为"60~70"组。将表 3-5 的资料代入中位数的上限公式和下限公式进行计算,所得结果一致。

按下限公式(3-11)计算:

$$M_e = L + \frac{\frac{\sum_{i=1}^{n} f_i}{2} - S_{m-1}}{f_m} \times i = 60 + \frac{\frac{200}{2} - 50}{90} \times 10 = 65.6(个)$$

按上限公式(3-12)计算:

$$M_e = U - \frac{\frac{\sum_{i=1}^{n} f_i}{2} - S_{m+1}}{f_m} \times i = 70 - \frac{\frac{200}{2} - 60}{90} \times 10 = 65.6(\text{个})$$

从上面分析可知，中位数实际上就是位于累计次数达到 $(\sum_{i=1}^{n} f_i)/2$ 的这一组中的某个数值。该数值就是这一组下限加上按一定几何比例分割组距所得的一段组距，或这一组上限减去按一定几何比例分割组距所得的一段组距。有兴趣的同学可以根据图 3-1 对公式进行推导。

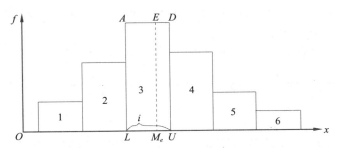

图 3-1　中位数计算公式推导示意图

提示：所谓中位数，就是有一半数据小于它，一半数据大于它，而直方图就是用面积表示次数的，所以以 EM_e 分界的两边面积应该相同。

▶ **4. 分位数**

中位数是将统计分布从中间分成相等的两部分。同理，若将变量数列平均分成若干等份的等分点称为分位数。常用的分位数有四分位数、八分位数、十分位数和百分位数等。

三个数值可以将变量数列划分为项数相等的四部分，这三个数值就定义为四分位数（quartiles），分别称为第一四分位数、第二四分位数和第三四分位数，记作 Q_1、Q_2 和 Q_3。对于不分组数据而言，三个四分位数的位置 Q_1 在 $(n+1)/4$ 处，Q_2 在 $(n+1)/2$ 处，Q_3 在 $[3(n+1)]/4$ 处，可见 Q_2 就是中位数。

同理，十分位数（decile）和百分位数（percentile）分别是将变量数列十等分和一百等分的数值。

（二）众数

众数（mode）是一组数据中出现次数最多的那个变量值，通常用 M_o 表示。众数具有普遍性，在统计实践中，常利用众数来近似反映社会经济现象的一般水平。例如，说明某次考试学生成绩最集中的水平，或者说明城镇居民最普遍的生活水平等。

众数的确定要根据掌握的资料而定，未分组资料或单项数列资料众数的确定比较容易，不需要计算，可直接观察确定，即在一组数列或单项数列中，次数出现最多的那个变量值就是众数。如表 3-4 中，19 岁出现的人数最多，为 26 人，所以 19 岁就是众数。

根据组距数列确定众数比较复杂。首先要确定众数所在的组，若为等距数列，次数最多的那个组就是众数所在组；若为异距数列，需将其换算为次数密度（或标准组距次数），换算后次数密度最多的一组即为众数所在组。然后按公式近似求出众数。

下限公式：

$$M_0 = L + \frac{f_m - f_{m-1}}{(f_m - f_{m-1}) + (f_m - f_{m+1})} \times i \tag{3-13}$$

上限公式：

$$M_0 = U - \frac{f_m - f_{m+1}}{(f_m - f_{m-1}) + (f_m - f_{m+1})} \times i \tag{3-14}$$

式中，L 为众数所在组的下限；U 为众数所在组的上限；i 为众数所在组的组距；f_m 为众数所在组的次数；f_{m-1} 为众数组下限所在临组的次数；f_{m+1} 为众数组上限所在临组的次数。

[例 3-11] 利用表 3-5 的资料，计算众数。

解：根据众数的概念确定众数所在组的位置为"60～70"组。将表 3-5 的资料代入众数的下限公式和上限公式，所得结果一致。

按下限公式(3-13)计算：

$$M_0 = L + \frac{f_m - f_{m-1}}{(f_m - f_{m-1}) + (f_m - f_{m+1})} \times i = 60 + \frac{90 - 30}{(90 - 30) + (90 - 50)} \times 10 = 66(\text{个})$$

按上限公式(3-14)计算：

$$M_0 = U - \frac{f_m - f_{m+1}}{(f_m - f_{m-1}) + (f_m - f_{m+1})} \times i = 70 - \frac{90 - 50}{(90 - 30) + (90 - 50)} \times 10 = 66(\text{个})$$

从上面的计算中可知，众数的数值要受到众数所在组相邻两组次数多少的影响。当众数组前一组次数大于众数所在组后一组次数时，众数接近众数组的下限；反之，当众数组前一组次数小于众数所在组后一组次数时，众数接近众数组的上限；而当众数所在组前后两组次数相等或当该数列次数呈对称分布时，众数所在组的组中值就是众数。有兴趣的同学可以根据图 3-2 对公式进行推导。

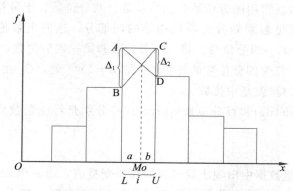

图 3-2　众数计算公式推导示意图

提示：用相似三角形原理证明，其中，$\Delta_1 = f_m - f_{m-1}$，$\Delta_2 = f_m - f_{m+1}$，$a = M_0 - L$，$b = U - M_0$。

（三）众数、中位数和算术平均数的比较

▶ 1. 众数、中位数和算术平均数的关系

大部分数据都属于单峰分布，其众数、中位数和算术平均数之间具有以下关系：

(1) 如果数据的分布是对称的，则 $M_0 = M_e = \overline{x}$，如图 3-3(a)所示。

(2) 如果数据是左偏分布，说明数据中偏小的数较多，这就必然拉动算术平均数向小

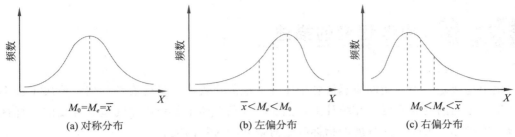

(a) 对称分布　　　　　(b) 左偏分布　　　　　(c) 右偏分布

图 3-3　众数、中位数和算术平均数的关系

的一方靠，而众数和中位数由于是位置代表值，不受极端值的影响，因此三者之间的关系表现为 $M_0 > M_e > \bar{x}$，又叫负偏，如图 3-3(b)所示。

(3) 如果数据是右偏分布，说明数据中偏大的数较多，必然拉动算术平均数向大的一方靠，则 $M_0 < M_e < \bar{x}$，又叫正偏，如图 3-3(c)所示。

▶ 2. 众数、中位数和算术平均数的特点与应用场合

众数是一组数据分布的峰值，是位置代表值，其优点是易于理解，不受极端值的影响。当数据的分布具有明显的集中趋势时，尤其是对于偏态分布，众数的代表性比算术平均数要好。另外，众数不仅适用于定量测度水平的集中趋势分析，还适用于定类测度和定序测度水平的集中趋势评价。其特点是具有不唯一性，对于一组数据可能有一个众数，也可能有两个或多个众数，也可能没有众数。

中位数是一组数据中间位置上的代表值，其特点是不受极端值的影响。对于具有偏态分布的数据，中位数代表性要比算术平均数好。同时，中位数是定序测度变量集中趋势的最佳评价指标，但它不能用于定类测度水平的集中趋势度量。

算术平均数由全部数据的计算所得，具有优良的数学性质，是实际中应用最广泛的集中趋势测度值。其主要缺点是易受极端值的影响，对于偏态分布的数据，算术平均数的代表性较差。作为算术平均数变形的调和平均数和几何平均数是适用于特殊数据的代表值，调和平均数主要用于不能直接计算算术平均数的数据，几何平均数则主要用于计算比例数据的平均数，这两类平均数与算术平均数一样，易受极端值的影响。注意，数值平均数只适用于定量测度水平的数据，不能用于定类和定序数据。

在 SPSS 的 Frequencies 频数分析对话框中(见图 3-4)单击 Statistics 按钮，打开 Frequency：Statistics(统计量选择)对话框(见图 3-5)。图 3-5 中的 Central Tendency 选项列表中可选择集中趋势各项指标，包括算术平均数(Mean)、中位数(Median)、众数(Mode)和总和(Sum)。

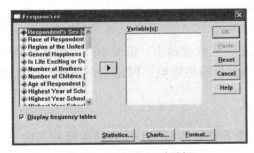

图 3-4　频数分析对话框

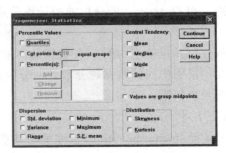

图 3-5　选择输出统计量对话框

第二节 离散程度的描述

集中趋势是一个说明同质总体各个体变量值的代表值,其代表性如何,取决于被平均的变量值之间的变异程度。在统计上,把反映现象总体中各个体之间差异程度的指标称为离散程度指标。反映离散程度的指标有绝对数和相对数两类。

一、离散程度的绝对指标

离散程度的绝对指标是用一个绝对数来反映总体中个体间的差异程度,主要包括极差、平均差、标准差等。

(一)极差与分位差

▶ 1. 极差

极差(range)也叫变异全距,是一组数据的最大值与最小值之离差,即

$$R = \max(x_i) - \min(x_i) \tag{3-15}$$

式中,R 为极差;$\max(x_i)$ 和 $\min(x_i)$ 分别为一组数据的最大值和最小值。

对于组距分组数据,极差也可近似表示为

$$R \approx 最大组(变量值最大组)的上限值 - 最小组(变量值最小组)的下限值 \tag{3-16}$$

根据表 3-4,极差 $R = 21 - 17 = 4$(岁);根据表 3-1,极差 $R \approx 90 - 40 = 50$(个)。

极差值越大说明总体中个体之间的差异越大。反之,极差值小则说明总体中个体间的差异也小。极差是描述数据离散程度的最简单测度值,它计算简单、易于理解,但只是说明两个极端变量值的差异范围,因此不能准确反映总体中个体间的差异程度,易受极端数值的影响。在企业的质量控制中,极差又称为"公差",是对产品质量制定的一个容许变化的界限。

▶ 2. 分位差

分位差(divided difference)是计算剔除部分极端值后剩余数列的极差,是数列最大分位点与最小分位点之差。分位差是对极差指标的改进,常用的分位差有四分位差、八分位差、十分位差、十六分位差、三十二分位差以及百分位差等。

四分位差(interquartile range)是第三四分位数与第一四分位数之差,也称为内距或四分间距,用 Q_d 表示。四分位差的计算公式为

$$Q_d = Q_3 - Q_1$$

四分位差反映了中间 50% 数据的离散程度,其数值越小,说明中间的数据越集中;数值越大,说明中间的数据越分散。四分位差不受极端值影响,因此,在某种程度上弥补了极差的一个缺陷。

(二)平均差

平均差(mean deviation)也称平均离差,是各变量值与其平均数离差绝对值的平均数,通常用 M_D 表示。由于各变量值与其平均数离差之和等于零,所以,在计算平均差时是取绝对值形式的。平均差的计算根据掌握数据资料的不同而采用两种不同的形式。

▶ 1. 简单式

对未经分组的数据资料，采用简单式，公式为

$$M_D = \frac{\sum_{i=1}^{n} |x_i - \bar{x}|}{n} \tag{3-17}$$

[例 3-12] 计算 5、11、7、8、9 的平均差。

解：先计算其算术平均数为 8，则代入式(3-17)得

$$M_D = \frac{|5-8| + |11-8| + |7-8| + |8-8| + |9-8|}{5} = 1.6$$

▶ 2. 加权式

根据分组整理的数据计算平均差，应采用加权式，公式为

$$M_D = \frac{\sum_{i=1}^{n} |x_i - \bar{x}| f_i}{\sum_{i=1}^{n} f_i} \tag{3-18}$$

[例 3-13] 承例 3-2 的资料，计算平均差。

解：根据例 3-2 的资料和结论 $\bar{x} = 64.5$，将有关信息整理得表 3-6，代入式(3-18)中计算得：

$$M_D = \frac{\sum_{i=1}^{n} |x_i - \bar{x}| f_i}{\sum_{i=1}^{n} f_i} = \frac{1\,540}{200} = 7.7(个)$$

表 3-6　平均差计算示例表

按零件数分组(个)	职工人数(人)f_i	组中值 x_i	$x_i - \bar{x}$	$|x_i - \bar{x}| f_i$
40~50	20	45	−19.5	390
50~60	40	55	−9.5	380
60~70	80	65	0.5	40
70~80	50	75	10.5	525
80~90	10	85	20.5	205
合 计	200	—	—	1 540

在可比的情况下，一般平均差的数值越大，则其平均数的代表性越小，说明该组变量值分布越分散；反之，平均差的数值越小，则其平均数的代表性越大，说明该组变量值分布越集中。

由于平均差是采用离差的绝对值形式进行数学计算，因此，在应用上有较大的局限性，因而不如标准差应用广泛。

(三) 标准差

标准差(standard deviation)又称均方差，它是各单位变量值与其平均数离差平方的均值的平方根，通常用 σ 表示。它是测量数据离散程度的最主要的方法。标准差具有量纲，

与变量值的计量单位相同。

标准差的本质是求各变量值与其平均数的距离和,即先求出各变量值与其平均数离差的平方,再求其平均数,最后对其开方。之所以称其为标准差,是因为在正态分布条件下,它和平均数有明确的数量关系,是真正度量离中趋势的标准。

根据掌握的数据资料不同,有简单式和加权式两种。

▶ 1. 简单式

对未经分组的数据资料,采用简单式,公式为

$$\sigma = \sqrt{\frac{\sum_{i=1}^{n}(x_i - \overline{x})^2}{n}} \quad (3-19)$$

[例 3-14] 计算 5、11、7、8、9 的标准差。

解:先计算其算术平均数为 8,则代入式(3-19)得

$$\sigma = \sqrt{\frac{(5-8)^2+(11-8)^2+(7-8)^2+(8-8)^2+(9-8)^2}{5}} = 2$$

▶ 2. 加权式

根据分组整理的数据计算标准差,应采用加权式,公式为

$$\sigma = \sqrt{\frac{\sum_{i=1}^{n}(x_i - \overline{x})^2 f_i}{\sum_{i=1}^{n} f_i}} \quad (3-20)$$

[例 3-15] 承例 3-2 的资料,计算标准差。

解:根据例 3-2 的结论整理得表 3-7,代入式(3-20)可得 $\sigma = \sqrt{\frac{20\ 950}{200}} = 10.23$(个)。

表 3-7 标准差计算示例表

按零件数分组(个)	职工人数(人)f_i	组中值 x_i	$x_i - \overline{x}$	$(x_i - \overline{x})^2$	$(x - \overline{x})^2 f_i$
40~50	20	45	−19.5	380.25	7 605
50~60	40	55	−9.5	90.25	3 610
60~70	80	65	0.5	0.25	20
70~80	50	75	10.5	110.25	5 512.5
80~90	10	85	20.5	420.25	4 202.5
合计	200	—	—	—	20 950

标准差是根据全部数据计算的,它反映了每个数据与其均值离差平方的平均数。因此,它能准确地反映出数据的离散程度。与平均差相比,标准差在数学处理上是通过平方消去离差的正负号,更便于数学上的处理。因此,标准差是实际中应用最广泛的离散程度测度值。

标准差有总体标准差与样本标准差之分,上述标准差公式是总体的标准差,样本标准差,需要在分母上减 1。一般用 S 表示样本标准差,其计算公式如下。

对简单式而言，

$$S = \sqrt{\frac{\sum_{i=1}^{n}(x_i - \overline{x})^2}{n-1}} \tag{3-21}$$

对加权式而言，

$$S = \sqrt{\frac{\sum_{i=1}^{n}(x_i - \overline{x})^2 f_i}{\sum f_i - 1}} \tag{3-22}$$

方差(variance)是各变量值与其算术平均数离差平方和的平均数，即是标准差的平方，用 σ^2 表示总体方差，用 S^2 表示样本方差。

二、离散程度的相对指标

前面介绍的极差、平均差和标准差都是反映数据离散程度的绝对指标，其数据的大小一方面取决于原变量值的水平高低的影响，也就是与变量的平均数大小有关，变量值绝对水平高的，离散程度的测度值自然也就大，绝对水平低的，离散程度的测度指标自然也就小；另一方面，它们与原变量值的计量单位相同，采用不同计量单位计量的变量值，其离散程度的测度指标也就不同。

因此，对于平均数不等或计量单位不同的不同组别的变量值，就不能直接用离散程度的绝对指标来比较其离散程度。为了消除变量平均数不等和计量单位不同对离散程度的测度指标的影响，需要计算离散程度的相对指标，即离散系数，其一般公式为

$$离散系数 = \frac{离散程度的绝对指标}{对应的平均指标}$$

离散程度通常是就标准差来计量的，因此，离散系数也称为标准差系数(coefficient of variation)，它是一组数据的标准差与其对应的平均数之比，是测度数据离散程度的相对指标，其计算公式为

$$V_\sigma = \frac{\sigma}{\overline{x}} \times 100\% \tag{3-23}$$

[**例 3-16**] 某地两个不同类型的企业全年平均月产量资料如表 3-8 所示，计算标准差系数。

表 3-8　企业平均月产量资料

企　业	计量单位	月平均产量 $\overline{x}$	标准差 σ
炼钢厂	吨	500	10
纺纱厂	锭	200	5

解：炼钢厂的标准差比纺纱厂大，却不能直接断定炼钢厂的平均月产量的代表性就比纺纱厂的小。这是因为：首先这两个厂的平均月产量相差悬殊，其次两个厂属于性质不同（计量单位不同）的两个企业，因此只能根据离散系数的大小来判断。根据式(3-23)得

$$炼钢厂的离散系数\ V_\sigma = \frac{\sigma}{\overline{x}} \times 100\% = \frac{10}{500} = 2\%$$

纺纱厂的离散系数 $V_\sigma = \dfrac{\sigma}{\bar{x}} \times 100\% = \dfrac{5}{200} = 2.5\%$

两个企业的离散系数的计算结果表明,炼钢厂的平均月产量的代表性就比纺纱厂的大,生产比较稳定。其结果与用标准差判断的结果正好相反。

常用统计软件都有描述性统计功能,其中就包括各种离散程度指标。如图 3-5 所示的 Percentile Values 选项列表中给出了计算分位数选项:①四分位数(Quartils),即 25%、50%、75%的位数;②任意分位数(Cut points for _ equal groups);③百分位数[Percentile(s)]。Dispersion 选项列表中给出了变异指标选项:标准差(Std. Deviation)、方差(Variance)、极差(Range)、最小值(Minimum)、最大值(Maximum)、均值的标准误差(S. E. mean)。

三、数据的标准化

在计算了算术平均数和标准差之后,可以对一组数据中各个变量值进行标准化处理,以测度每个个体在总体中的相对位置,并可以用它来判断一组数据中是否存在异常值。标准化值是变量值与其平均数的离差与其标准差的比值,也称为 z 分数或标准分数。

设标准化数值为 z,则有

$$z = \frac{x_i - \bar{x}}{\sigma} \text{ 或 } z = \frac{x_i - \bar{x}}{s} \tag{3-24}$$

[例 3-17] 如果几个学生的考试分数分别是 99、85、73、60、45、16,计算每位同学考试成绩的标准分数。

解:假定这次考试参加考试的所有学生考试成绩的算术平均数和标准差分别是: $\bar{x} = 70.00$,$\sigma = 15.00$。则根据式(3-24)计算这几位同学考试成绩的标准分数如下。

第一位同学考试成绩的标准分数为 $z = \dfrac{x_i - \bar{x}}{\sigma} = \dfrac{99 - 70}{15} = 1.93$。

同理,计算出其他同学考试成绩的标准分数分别为 1.00、0.20、-0.67、-1.61、-3.60。

标准分数给出了一组数据中各数值的相对位置。例如,99 对应的标准分数为 1.93,显示出该生的考试成绩高于平均分 1.93 倍标准差。通常一组数据中高于或低于算术平均数三倍标准差的数值是很少的,即在算术平均数加减三个标准差的范围内几乎包含了全部数据,而在三倍标准差之外的数据,统计上称为离群点。例如,例 3-17

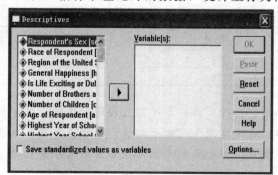

图 3-6 描述统计量分析对话框

中，考试成绩为 16 分的同学，其标准分数为 -3.60，就是一个离群值，表明该生的考试成绩特别差。

标准化值在统计分析中的意义重大，统计软件的基本描述统计分析功能一般都能计算标准化值。SPSS 中标准化值的计算在描述统计量分析（Descriptives）对话框中，如图 3-6 所示。选中 Save standardized values as variables 复选项，即可对所选择的每一个变量进行标准化产生相应的 z 得分（标准化值），作为新变量保存在数据窗中。

标准化后数据就没有量纲了，但不会改变其在原序列中的位置。在对多个具有不同量纲的变量进行比较分析时，常常需要对变量数值进行标准化处理。

四、是非标志标准差

是非标志是按照某一个品种标志，将总体划分为具有某一特征和不具有某一特征的两组。是非标志只有两种不同表现，可用 1 表示具有某一特征的标志，用 0 表示不具有某一特征的标志。总体的个体总数用 N 表示，具有某一特征标志的个体数用 N_1 表示，不具有某一特征标志的个体数用 N_0 表示，则 $N=N_1+N_0$，这两部分个体数占总体中的个体总数的比重可表示为

$$\pi=\frac{N_1}{N};\ 1-\pi=\frac{N_0}{N}$$

π 是一个比率，它表示具有某种特征的个体的数量占总体中个体总数的比重，称为总体成数（或总体比率）。

是非标志的平均数为

$$\mu=\frac{\sum_{i=1}^{n}x_i f_i}{\sum_{i=1}^{n}f_i}=\frac{1\cdot\pi+0(1-\pi)}{\pi+(1-\pi)}=\pi \tag{3-25}$$

是非标志的标准差为

$$\sigma=\sqrt{\frac{\sum_{i=1}^{n}(x_i-\overline{x})^2 f_i}{\sum_{i=1}^{n}f_i}}=\sqrt{\frac{(1-\pi)^2\cdot\pi+(0-\pi)^2(1-\pi)}{1}}$$
$$=\sqrt{\pi-2\pi^2+\pi^3+\pi^2-\pi^3}$$
$$=\sqrt{\pi(1-\pi)} \tag{3-26}$$

从上述计算可以看出，是非标志的均值就是总体比率；是非标志的标准差就是具有某一特征标志的单位数在总体中的比重和不具有某一特征标志的单位数在总体中的比重两者的乘积的平方根（即两者的几何平均数）。

对于样本，样本容量用 n 表示，具有某一特征标志的个体数用 n_1 表示，不具有某一特征标志的个体数用 n_0 表示，则 $n=n_1+n_0$。若假定 p 为样本成数，则

$$\overline{x}=p \tag{3-27}$$
$$s=\sqrt{p(1-p)} \tag{3-28}$$

第三节 分布偏态与峰度的测度

集中趋势和离散程度是数据分布的两个重要特征，但要全面了解数据分布的特点，还需要掌握数据分布的形状是否对称、偏斜的程度以及扁平程度等。反映这些分布特征的测度指标是用来测度偏斜程度的偏态系数和用来测度平坦程度的峰度系数。

一、原点矩与中心矩

矩，又称为动差，来源于物理学中的"力矩"。物理学中的力矩用以测定转动趋势，说明某一点的作用力大小，它受作用力的大小和力臂的长度的影响。统计学中的"矩"是具有广泛意义的随机变量的数字特征。

（一）原点矩

以标志值 0 点为原点或支点，以各组标志值 x_i 为力臂的距离，以 $f_i/\sum_{i=1}^{n} f_i$ 为作用力的大小，则构成统计的一阶原点矩 u_1，即

$$\mu_1 = \frac{\sum_{i=1}^{n} x_i f_i}{\sum_{i=1}^{n} f_i} \tag{3-29}$$

如果将作用力臂分别采用各变量值的不同次方，如 x^2，x^3，…，x^k，则构成 k 阶原点矩，其一般式为

$$\mu_k = \frac{\sum_{i=1}^{n} x_i^k f_i}{\sum_{i=1}^{n} f_i} \tag{3-30}$$

（二）中心矩

若把原点移到算术平均数处，以 $x_i - \bar{x}$ 的各次方作为力臂的距离 $f_i/\sum_{i=1}^{n} f_i$ 为各作用力的大小，则构成统计的 k 阶中心矩 v_k，即

$$v_k = \frac{\sum_{i=1}^{n} (x_i - \bar{x})^k f_i}{\sum_{i=1}^{n} f_i} \tag{3-31}$$

在实际统计分析中，次数分布的一些统计特征值，如算术平均数和方差，可分别用一阶原点矩和二阶中心矩表示。在计算分布的特征状态偏斜度和峰度时，需要计算三阶、四阶原点矩和中心矩。

二、分布的偏态

偏态（skewness）是对分布偏斜方向和程度的测度。有些变量值出现的次数往往是非对

称型的，如收入分配、市场占有份额、资源配置等。变量分组后，总体中各个体在不同的分组变量值下分布并不均匀对称，而呈现出偏斜的分布状况，统计上将其称为偏态分布。

利用众数、中位数和平均数之间的关系就可以判断分布是对称、左偏还是右偏，但要测度偏斜的程度则需要计算偏态系数。统计分析中测定偏态系数的方法很多，一般采用矩的概念计算，其计算公式为三阶中心矩 v_3 与标准差的三次方之比，具体公式为

$$\alpha = \frac{v_3}{\sigma^3} = \frac{\sum_{i=1}^{n}(x_i-\overline{x})^3 f_i}{\sum_{i=1}^{n} f_i \cdot \sigma^3} \tag{3-32}$$

式中，α 为偏态系数。

从式(3-32)可以看到，它是离差三次方的平均数再除以标准差的三次方。当分布对称时，离差三次方后正负离差可以相互抵消，因此 α 的分子等于 0，则 $\alpha=0$；当分布不对称时，正负离差不能抵消，就形成了正与负的偏态系数 α。当 α 为正值时，表示正偏离差值较大，可以判断为正偏或右偏；反之，α 为负值时，表示负偏离差值较大，可以判断为负偏或左偏。

偏态系数 α 的数值一般在 0 与 ± 3 之间，α 越接近 0，分布的偏斜度越小；α 越接近 ± 3，分布的偏斜度越大。

[例 3-18] 某管理局所属 30 个企业 2016 年 3 月的利润额统计资料如表 3-9 所示，要求计算该变量数列的偏斜状况。

表 3-9 偏斜系数计算示例表

利润额（万元）	企业数 f	组中值 x	$(x-\overline{x})^2 f$	$(x-\overline{x})^3 f$	$(x-\overline{x})^4 f$
10～30	2	20	2 312	−78 608	2 672 672
30～50	10	40	1 960	−27 440	384 160
50～70	13	60	468	2 808	16 848
70～90	5	80	3 380	87 880	2 284 880
合计	30	—	8 120	−15 360	5 358 560

解：利用表 3-9 中有关数据计算有关信息如表 3-9 中加粗部分数字。

根据式(3-20)计算标准差为

$$\sigma = \sqrt{\frac{\sum_{i=1}^{n}(x_i-\overline{x})^2 f_i}{\sum_{i=1}^{n} f_i}} = \sqrt{\frac{8\ 120}{30}} = 16.45(万元)$$

根据式(3-31)计算三阶中心距为

$$v_3 = \frac{\sum_{i=1}^{n}(x_i-\overline{x})^3 f_i}{\sum_{i=1}^{n} f_i} = \frac{-15\ 360}{30} = -512$$

根据式(3-32)计算偏态系数为

$$\alpha = \frac{v_3}{\sigma^3} = \frac{-512}{16.45^3} = -0.12$$

计算结果表明该管理局所属企业利润额的分布状况呈轻微负偏分布。

三、分布的峰度

峰度(kurtosis)是分布集中趋势高峰的形状。在变量数列的分布特征中，常常以正态分布为标准，观察变量数列分布曲线顶峰的尖平程度，统计上称之为峰度。如果分布的形状比正态分布更高更瘦，则称为尖峰分布，如图 3-7(a)所示；如果分布的形状比正态分布更矮更胖，则称为平峰分布，如图 3-7(b)所示。

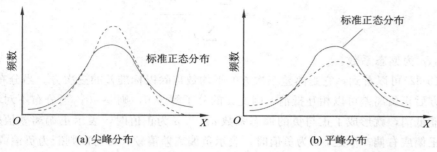

图 3-7　尖峰、平峰分布

测度峰度的方法，一般采用矩的概念计算，即运用四阶中心矩 v_4 与标准差的四次方之比，以此来判断各分布曲线峰度的尖平程度。公式为

$$\beta = \frac{v_4}{\sigma^4} - 3 = \frac{\sum_{i=1}^{n}(x_i - \overline{x})^4 f_i}{\sum_{i=1}^{n} f_i \cdot \sigma^4} - 3 \tag{3-33}$$

式中，β 为峰度系数。

峰度系数是统计中描述次数分布状态的又一个重要特征值，测定邻近数值周围变量值分布的集中或分散程度。它以四阶中心矩为测量标准，除以 σ^4 是为了消除单位量纲的影响，而得到以无名数表示的相对数形式，以便在不同的分布曲线之间进行比较。正态分布的 $\frac{v_4}{\sigma^4}$ 值为 3，通常情况下将标准系数定义为 0 或 1，故峰度系数计算公式为 $\beta = \frac{v_4}{\sigma^4} - 3$。则标准正态分布的峰度系数为 0，当 $\beta > 0$ 时为尖峰分布，当 $\beta < 0$ 时为平坦分布。

[例 3-19] 承上例，计算该变量数列的峰度。

解：利用例 3-18 的计算结果和表 3-9 中有关数据计算峰度系数为

$$\beta = \frac{v_4}{\sigma^4} - 3 = \frac{\sum_{i=1}^{n}(x_i - \overline{x})^4 f_i}{\sum_{i=1}^{n} f_i \cdot \sigma^4} - 3$$

$$= \frac{5\,358\,560}{30 \times 16.45^4} - 3 = 2.44 - 3 = -0.56$$

计算结果表明，上述企业间利润额的分布属于平坦分布(与标准正态分布比)，表明各变量值分布较为均匀。

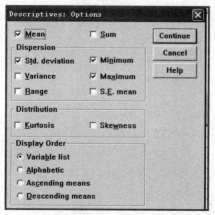

图 3-8　描述统计量分析对话框

数据的分布特征可以通过多个途径获得。例如，在 SPSS 中，频数分析的统计量（Frequencies Statistics）对话框（见图 3-5）和描述统计量分析（Descriptives Options）对话框（见图 3-8）都给出了分布特征选项（Distribution），提供了偏态系数（Skewness）和峰度系数（Kurtosis）。

[例 3-20] 27 个工人分别看管机器的台数如下：

5 4 2 4 3 4 4 2 4 3 4 3 2 6 4 4 2 2 3 4 5 3 2 4 3

试分析计算这 27 人平均每人看管机器的台数。

要求：(1)指出这 27 人最多一人看管几台机器，最少看管几台机器？

(2)指出看管机器台数的众数、中位数和标准差指标。

(3)结合偏态系数和峰度系数说明看管机器台数的分布情况。

解：用 SPSS 的 Analyze→Descriptive Statistics→Frequencies 功能，选择机器台数作为分析变量后，单击 Statistics 按钮，打开统计量对话框，在 Dispersion 栏中选择 Std. Deviation、Maximum、Minimum；在 Central Tendency 中选择 Mean、Median、Mode；在 Distribution 中选择 Skewness 和 Kurtosis。

然后，在主对话框中单击 Charts 按钮，打开 Charts 对话框，选择 Histograms 项和 With normal curve 复选项，最后在主对话框中单击 OK 按钮。运行结果如图 3-9 和图3-10所示。

N	Valid	27
	Missing	0
Mean		3.44
Median		4.00
Mode		4
Std. Deviation		1.050
Skewness		0.266
Std. Error of Skewness		0.448
Kurtosis		−0.119
Std. Error of Kurtosis		0.872
Minimum		2
Maximum		6

图 3-9 看管机器台数统计表

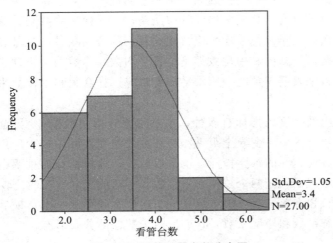

图 3-10 看管机器台数分布图

图 3-9 为不同看管台数的统计量。N 表示记录的个数其中分合法值的数量（valid）与缺失值的数量（missing），各统计量的计算结果为 $\bar{x}=3.44$、$x_{\max}=6$、$x_{\min}=2$、$M_e=4$、$M_o=4$、$\sigma=1.05$、$\alpha=0.266$、$\beta=-0.119$。

从计算结果得知：$\alpha=0.266>0$（Skewness 为 0.266），说明变量看管台数，数列分布为正偏（即右偏）有一个右尾；$\beta=-0.119<0$（Kurtosis 为 -0.119），此值为负说明看管台数数列分布的峰度低于标准正态分布。该数列分布呈平坦的正偏（右偏）分布，这与图 3-10 显示的结果是一致的。

如果使用 Analyze→Descriptive Statistics→Descriptives 解决该问题的话，应在选好分析变量后单击 Options 按钮，在 Options 对话框中选择统计量 Mean，Dispersion 中的 Std. Deviation、Maximum 和 Minimum，Distribution 中的 Skewness 和 Kurtosis。最后在主对话框中单击 OK 按钮。运行结果如表 3-10 所示。结论与使用 Analyze→Descriptive Statistics→Frequencies 的分析结果一致。

表 3-10 使用 Descriptives 计算的看管台数基本统计量

	N	Minimu	Maxl	Mean	Std.	Skewness		Kurtosis	
	Statist	Statist	Statis	Statist	Statist	Statist	Std. Error	Statist	Std. Error
看管台数	27	2	6	3.44	1.050	0.266	0.448	-0.119	0.872
Valid N(listwise)	27								

本章要点

数据描述性指标主要分为两大类：一类测量数据的集中趋势；另一类测量数据的变异程度。在绝大多数情况下，特别是在正态分布情况下，掌握分布的集中趋势和离散程度就掌握了分布的所有特征。

反映分布的集中趋势的指标有三种：平均数、众数和中位数。在这三种指标中，平均数是最重要的，又细分为算术平均数、调和平均数和几何平均数。本章要求重点掌握算术平均数的计算形式和应用条件，即资料未分组的简单算术平均数的计算和分组后形成了变量数列（次数不等时）的加权算术平均数的计算。调和平均数是算术平均数的变形，应重点区分它与算术平均数的应用条件。几何平均数是计算平均发展速度等指标的重要方法，关于几何平均数应特别注意它的应用条件。从某种意义上讲，平均数是数据的平衡点。众数和中位数都是位置平均数，当数列中出现了极端值时，不宜采用算术平均数来表明现象的一般水平，此时应选众数和中位数来表明现象的一般水平。

反映分布的离散程度的指标有多种，本章主要介绍了极差（变异全距）、分位差、标准差和变异系数。其中，变异全距（极差）和分位差在实际中较少应用，而标准差和方差是测量平均数代表性的重要指标，也是以后进行抽样估计的重要指标，应重点掌握。变异系数一般用于判断两个总体在平均数不等时的变异程度的比较。

均值（平均数）和方差一起反映了数据分布的位置和形状。本章最后介绍了反映分布形态的指标偏态系数和峰度系数，它们反映了数据的分布形态。

关键词

均值(mean)
几何平均数(geometric mean)
极差(range)
标准差(standard deviation)
偏度(skewness)

众数(mode)
中位数(median)
方差(variance)
变异系数(cofficient of variation)
峰度(kurtosis)

思考题

1. 反映总体集中趋势的指标有哪几种？离散趋势指标有哪几种？并说明它们各自的特点和作用。
2. 在计算平均指标时，算术平均数、调和平均数和几何平均数分别适用于什么样的数据资料或应用条件？
3. 简单算术平均数和加权算术平均数的影响因素有哪些？
4. 数值平均数和位置平均数的区分依据是什么？两类平均数的应用有什么不同？
5. 说明算术平均数、众数和中位数三者的数量关系。
6. 标志变异指标有什么作用？
7. 变异系数与一般变异指标有什么区别？如何应用？
8. 偏度和峰度指标的作用及其与平均指标和变异指标的区别。

习题

1. 某地区共有 50 万人，其中市区占 85%，郊区人口占 15%。为了了解该市居民的收入水平，在市区抽查了 1 500 户居民，每人年平均收入为 24 000 元；在郊区抽查了 1 000 户居民，每人年平均收入为 23 800 元。若这两个抽样数据均具有代表性，则该市居民年平均收入应为多少？

2. 某时期甲乙两农贸市场农产品交易资料如表 3-11 所示，计算并比较两市场农产品的平均价格。

表 3-11　甲乙两农贸市场农产品交易资料

品　　种	价格(元/千克)	甲市场成交额(元)	乙市场成交量(千克)
A	1.2	1.2	2
B	1.4	2.8	1
C	1.5	1.5	1
合计	—	5.5	4

3. 某车间有甲乙两个生产组，甲组平均每个工人日产量为 36 件，标准差为 9.6 件；乙组工人日产量资料如表 3-12 所示。

(1) 计算乙组平均每个工人的日产量和标准差。
(2) 比较甲乙两个生产组哪一组的日产量更具有代表性。

4. 某企业的工资资料如表 3-13 所示，计算该企业的职工平均工资。

表 3-12　乙组工人日产量

日产量（件）	工人数（人）
15	15
25	38
35	34
45	13

表 3-13　某企业的工资资料

工资水平（元）	职工比重（%）
3 000 以下	6
3 000～4 000	15
4 000～5 000	40
5 000～6 000	25
6 000 以上	14
合　　计	100

5. 随机抽取 25 个网络用户，他们的年龄数据如下：

　　　　　　19　15　29　25　24
　　　　　　23　21　38　22　18
　　　　　　30　20　19　19　16
　　　　　　23　27　22　34　24
　　　　　　41　20　31　17　23

(1) 计算均值、众数和中位数。
(2) 计算四分位数。
(3) 计算标准差、偏态系数和峰度系数。
(4) 对网民的年龄分布特征进行综合分析。

6. 某公司下属三个企业的销售资料如表 3-14 所示，计算三个企业的平均利润率。

表 3-14　三个企业的销售资料

企　　业	销售利润率（%）	销售额（万元）
甲	10	1 500
乙	12	2 000
丙	13	3 000

7. 某种产品的生产需要经过 10 道工序的流水作业，有 2 道工序的合格率是 90%，有 3 道工序的合格率是 92%，有 4 道工序的合格率是 94%，有 1 道工序的合格率是 98%，试计算该产品总的平均合格率。

8. 某酒店到三个农贸市场买草鱼，每千克的单价分别为 19 元、19.4 元、20 元，若各买 5 千克，则草鱼的平均价格是多少？若各买 100 元钱的，那么草鱼平均价格又是多少？

9. 某地区有一半家庭的月平均收入低于 600 元，一半高于 600 元，众数为 700 元，试估计算术平均数的近似值并说明其分布态势。

10. 有两个生产小组都有 5 个工人，某天，甲组的日产量件数为 8、10、11、13、15，乙组的日产量件数为 10、12、14、15、16。计算各组的算术平均数、全距、平均差、标准差和标准差系数，并说明哪组的平均数更具有代表性。

11. 某企业 6 月奖金如表 3-15 所示，计算算术平均数、众数、中位数并比较位置说明月奖金的分布特征。

12. 某地区农民的年收入资料如表 3-16 所示，计算农民年收入的众数和中位数。

表 3-15　某企业 6 月奖金

月奖金(元)	职工人数(人)
200～400	6
400～600	10
600～800	12
800～1 000	35
1 000～1 100	15
1 100～1 200	8
合　　计	86

表 3-16　某地区农民的年收入资料

按人均年收入分组(元)	户数(户)
20 000 以下	30
20 000～30 000	150
30 000～30 000	400
40 000～50 000	950
50 000～60 000	500
60 000～70 000	200
70 000～80 000	100
80 000 以上	50
合计	2 380

13. 对某企业甲乙两名工人当日产品中各抽取 10 件产品进行质量检查，产品的标准尺寸为 10mm，质量检查资料如表 3-17 所示，比较两名工人谁生产的零件尺寸更符合要求，谁的技术水平比较稳定。

14. 某笔投资收益的年利率资料如表 3-18 所示。

(1) 按复利计算，该笔投资收益的平均年利率为多少？

(2) 按单利计算，该笔投资收益的平均年利率为多少？

表 3-17　某企业产品质量检查资料

零件尺寸(mm)	零件数(件)	
	甲工人	乙工人
9.6 以下	1	1
9.6～9.8	2	2
9.8～10.0	3	2
10.0～10.2	3	3
10.2～10.4	1	2
合计	10	10

表 3-18　某笔投资收益的年利率资料

年利率(%)	年　　数
2	1
4	3
5	6
7	3
8	2

15. 2007—2016 年我国某城市职工平均工资和居民消费价格增长指数如表 3-19 所示，根据数据比较职工工资增长指数与平均居民消费价格指数的平均增长速度。

表 3-19　2007—2016 年我国职工工资和居民消费价格增长指数

年份	2007	2008	2009	2010	2011	2012	2013	2014	2015	2016
职工工资增长指数(%)	118.5	124.8	135.4	121.7	112.1	103.6	100.2	106.2	107.9	111.0
居民消费价格指数(%)	106.4	114.7	124.1	117.1	108.3	102.8	99.2	98.6	100.4	100.7

16. 某楼盘一年的出租情况如表 3-20 所示，计算平均租金和平均出租率。

表 3-20 某楼盘一年的出租情况

社　区	外租套数 x	出租率(%) f	租金(元) y
A	516	95	400
B	481	97	450
C	364	92	600
D	427	89	520

17. 气象局为研究我国的气温变化，对我国北方两个城市 1—2 月的气温做了记录，如表 3-21 所示。

表 3-21 我国北方两城市 1—2 月气温记录

气温(℃)	城市 A 的天数	城市 B 的天数
$-30 \sim -25$	6	1
$-25 \sim -20$	12	4
$-20 \sim -15$	20	9
$-15 \sim -10$	10	15
$-10 \sim -5$	4	16
$-5 \sim 0$	3	7
$0 \sim 5$	3	4
$5 \sim 10$	1	3
合计	59	59

(1) 计算两城市的气温的均值。
(2) 计算两城市气温的标准差。
(3) 比较两城市气温离散程度的大小，并说明哪个城市的气候条件更适合居住。

第四章 概率与概率分布

第一章中介绍过，统计学分为理论统计和应用统计，本章内容应归属于理论统计范畴，它是《概率论与数理统计》的主要内容，同时又是推断统计的理论基础。

第一节 随机事件与概率

概率分布是概率论中最基本的概念，用以表述随机变量取值的概率规律。为了便于使用，根据随机变量所属类型的不同，概率分布取不同的表现形式。因此，研究概率分布应从随机事件开始。

一、随机事件

（一）随机事件的相关概念

与随机事件相关的概念有随机试验、基本事件和复合事件、样本点和空间样本、随机事件和必然事件等。

▶ 1. 随机试验

通常情况下，我们把根据某一研究目的，在一定条件下对自然现象所进行的观察或试验统称为试验。而一个试验如果满足三个特性：①试验可以在相同条件下多次重复进行；②每次试验的可能结果不止一个，并且事先知道可能会出现哪些结果；③每次试验总是恰好出现这些可能结果中的一个，但在一次试验之前却不能肯定这次试验会出现哪一个结果，则称其为一个随机试验，简称试验。

▶ 2. 基本事件和复合事件

在随机试验中，每一个最简单不能分解的观察结果称为基本随机事件，简称基本事件，也称为样本点。例如，在编号为 1、2、…、10 的 10 头猪中随机抽取 1 头，有 10 种不同的可能结果，这 10 个事件都是不可能再分的事件，都是基本事件。又如，掷一次骰子有 6 种可能的点数，S={1, 2, 3, 4, 5, 6}，其中{1}、{2}、{3}、{4}、{5}和{6}都是基本事件。

由若干个基本事件组合而成的事件称为复合事件。例如，在抽猪试验中抽取一个编号是2的倍数的猪是一个复合事件，它由编号是2、4、6、8、10的5个基本事件组合而成。在掷骰子的试验中，A={2,4,6}为掷得偶数点的复合事件，B={3,4,5,6}为掷得点数大于等于3的复合事件。

▶ 3. 样本点与样本空间

随机试验的每个结果称作样本点，一切可能结果的全体称为样本空间。如果用集合论的观点来描述随机事件，将每一个基本随机事件用一个样本点表示，所有样本点的集合，即所有基本随机事件的集合，称为样本空间。

▶ 4. 随机事件与必然事件

自然现象和社会现象有许多，按对结果的观察可分为必然现象（也称确定性现象）和随机现象。在一定条件下，每次观察都得到相同结果的现象，叫必然现象。例如，1标准大气压下，水在100℃时一定沸腾；早晨，太阳必然从东方升起；一颗石子掷到河中，必然要沉到河底。而在相同条件（条件组）下重复进行试验，结果可能不止一个，试验前无法预料是哪一个结果出现的现象叫随机现象或不确定性现象。例如，掷一枚硬币，得到正面或反面；从一批产品中抽取一件，抽到正品或次品；用枪射击一只鸟，鸟被击中等。

在随机试验中，产生的各种试验可能的结果（随机试验的每一种可能结果，在一定条件下都可能发生，也可能不发生）称为随机事件，简称事件，通常用 A、B、C 等来表示；在一定条件下必然会发生的事件称为必然事件，用 Ω 表示。在一定条件下不可能发生的事件称为不可能事件，用 Φ 表示。

必然事件与不可能事件实际上是确定性现象，即它们不是随机事件，但是为了方便起见，我们把它们看作两个特殊的随机事件。

（二）事件间的关系与运算

厘清事件之间的关系是概率运算的基础。事件的关系主要包括包含、相等、互斥和对立等；事件的运算包括和、积和差等。

▶ 1. 事件的包含

若事件 A 的发生必导致事件 B 发生，则称事件 B 包含事件 A，记为 $A \subset B$（读作 A 包含于 B）或 $B \supset A$（读作 B 包含 A），如图 4-1 所示。例如，在掷骰子事件中，令 A 为"掷出 2 点"的事件，即 $A=\{2\}$，B 为"掷出偶数"的事件，即 $B=\{2,4,6,\cdots\}$，则 $A \subset B$。

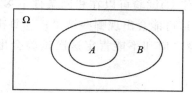

图 4-1 事件的包含（$A \subset B$）

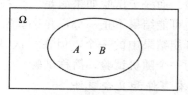

图 4-2 相等事件（$A=B$）

▶ 2. 相等事件

若 $A \subset B$ 且 $B \subset A$，则称事件 A 等于事件 B，记为 $A=B$，如图 4-2 所示。例如，从一副 54 张的扑克牌中任取 4 张，令 A 为"取得至少有 3 张红桃"的事件；B 为"取得至多有一张不是红桃"的事件,显然 $A=B$。

▶ 3. 事件的和(并)

若事件 A 与事件 B 至少有一个发生的事件,称为 A 与 B 的和事件,简称为和,记为 $A \cup B$ 或 $A+B$,如图 4-3 所示。例如,甲、乙两人向目标射击,令 A 为"甲击中目标"的事件,B 为"乙击中目标"的事件,则 $A \cup B$ 表示"目标被击中"的事件。

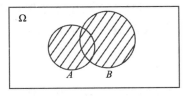 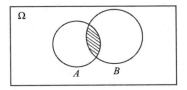

图 4-3　事件和(并)($A \cup B$)　　　图 4-4　事件的交(积)($A \cap B$)

▶ 4. 事件的交(积)

若事件 A 与事件 B 同时发生的事件,称为 A 与 B 的积事件,简称为积,记为 $A \cap B$ 或 AB,如图 4-4 所示。

▶ 5. 事件的差

若事件 A 发生但事件 B 不发生的事件,称为 A 与 B 的差事件,简称为差,记为 $A-B$,如图 4-5 所示。例如,在 1~10 这 10 个自然数中任取一数,令 $A=\{$能被 2 整除的数$\}$,$B=\{$能被 3 整除的数$\}$,则 $A-B=\{$能被 2 整除但不能被 3 整除的数$\}$。

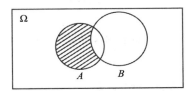 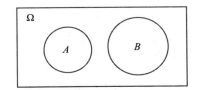

图 4-5　事件的差($A-B$)　　　图 4-6　不相容(互斥)事件($AB=\varnothing$)

▶ 6. 互不相容(互斥)事件

若事件 A 与事件 B 不能同时发生,即 $AB=\varnothing$,则称 A 与 B 是互不相容的,如图 4-6 所示。例如,观察某路口的红绿灯,若 $A=\{$红灯亮$\}$,$B=\{$绿灯亮$\}$,则 A 与 B 便是互不相容的。

▶ 7. 对立(逆)事件

称事件 A 不发生的事件为 A 的对立事件,记为 $\bar{A}$,显然,$A \cup \bar{A}=\Omega$,$A \cap \bar{A}=\varnothing$,如图 4-7 所示。例如,从有 3 个次品,7 个正品的 10 个产品中任取 3 个,若令 $A=\{$取得的 3 个产品中至少有一个次品$\}$,则 $\bar{A}=\{$取得的 3 个产品均为正品$\}$。

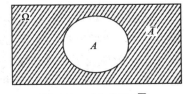

图 4-7　对立事件($\bar{A}$)

二、随机事件的概率

随机事件发生可能性的测度用概率、隶属度、证据等描述。进行随机试验时,有些是必然会发生的,称为必然事件,$P(S)=1$。有些是必然不会发生的,称为不可能事件,$P(\varphi)=0$,但一般随机事件发生的可能性是介于 0 与 1 之间的。将事件 A 发生的可能性称为事件 A 的概率。概率有多种定义法。

（一）概率的古典定义

有很多随机试验具有以下特征：①试验的所有可能结果只有有限的几个，即样本空间中的基本事件数量有限；②各个试验的可能结果出现的可能性相等，即所有基本事件的发生是等可能的；③试验的所有可能结果两两互不相容。具有上述特征的随机试验，称为古典概型（概率模型）。对于古典概型，概率的定义如下：设样本空间由 n 个等可能的基本事件所构成，其中事件 A 包含有 m 个基本事件，则事件 A 的概率为 m/n，即

$$P(A)=m/n \tag{4-1}$$

这样定义的概率称为古典概率或先验概率。

[**例 4-1**] 已知一箱产品共 100 件，其中有 5 件次品，从中任取一件，试求取到次品的概率是多少？

解：设事件 A 为次品，则 $A=\{1,2,3,4,5\}$；事件 S 为产品，$S=\{1,2,\cdots,100\}$。

故 $P(A)=5/100=5\%$，故取到次品的概率为 5%。

（二）概率的统计定义

在相同条件下进行 n 次重复试验，如果随机事件 A 发生的次数为 m，那么 m/n 称为随机事件 A 的频率；当试验重复数 n 逐渐增大时，随机事件 A 的频率越来越稳定地接近某一数值 p，那么就把 p 称为随机事件 A 的概率。这样定义的概率称为统计概率，又称后验概率。

例如，为了确定抛掷一枚硬币发生正面朝上这个事件的概率，历史上有人做过成千上万次抛掷硬币的试验，试验记录如表 4-1 所示。

表 4-1　抛掷一枚硬币发生正面朝上的试验记录

实 验 者	投掷次数	发生正面朝上的次数	频率(m/n)
蒲丰	4 040	2 048	0.5 069
K. 皮尔逊	12 000	6 019	0.5 016
K. 皮尔逊	24 000	12 012	0.5 005

从表 4-1 可看出，随着实验次数的增多，正面朝上这个事件发生的频率越来越稳定地接近 0.5，我们就把 0.5 作为这个事件的概率。

在一般情况下，随机事件的概率 p 是不可能准确得到的。通常以试验次数 n 充分大时随机事件 A 的频率作为该随机事件概率的近似值，即

$$P(A)=p\approx m/n \quad (n \text{ 充分大}) \tag{4-2}$$

（三）概率的主观定义

概率的主观定义是人们根据自己的经验和掌握的有关信息，对事件发生可能性给出的主观根据，这样确定的概率称为主观概率。例如，某位教师认为学生甲考上大学的概率为 0.9，而学生乙考上大学的概率为 0.7，这是这位教师根据自己对两名学生学习情况的了解和自己多年来的教学经验而给出的估计。

三、概率的性质与运算法则

(一) 概率的性质

概率的上述三种定义都有其特定的应用范围,同时也都有一定的局限性。在概率论中给出了概率的三条基本性质:

(1) 对于任何一个随机事件 A,都有 $P(A) \geqslant 0$;

(2) 必然事件的概率为 1,即 $P(\Omega)=1$;

(3) 对于两两互斥的事件 $A_i(i=1,2,\cdots)$,则有 $P(A_1+A_2+\cdots)=P(A_1)+P(A_2)+\cdots$。

(二) 概率的运算法则

利用概率的三条基本性质,可以推导出概率的多个运算法则。

▶ 1. 概率的加法定理(公式)

加法定理 1:两个互斥事件 A、B 之和的概率,等于两个事件的概率之和。即

$$P(A+B)=P(A)+P(B) \tag{4-3}$$

可以推广到有限多个两两互斥事件之和的概率为

$$P(A_1+A_2+\cdots+A_n)=P(A_1)+P(A_2)+\cdots+P(A_n) \tag{4-4}$$

加法定理 2:对任意两个随机事件 A、B 有

$$P(A+B)=P(A)+P(B)-P(AB) \tag{4-5}$$

由于 A、B 互斥时,$P(AB)=0$,所以式(4-4)是式(4-5)的特例。

▶ 2. 概率的乘法定理(公式)

在事件 A 已经发生的条件下,求事件 B 发生的概率,称为在事件 A 发生条件下 B 发生的条件概率,记作 $P(B|A)$;同样,在事件 B 发生条件下,A 发生的条件概率用 $P(A|B)$ 表示,且

$$P(B|A)=\frac{P(AB)}{P(A)}, \quad P(A) \neq 0 \tag{4-6}$$

$$P(A|B)=\frac{P(AB)}{P(B)}, \quad P(B) \neq 0 \tag{4-7}$$

乘法定理 1:两个事件 A、B 同时发生的概率,等于一个事件发生的概率乘以该事件发生条件下另一事件发生的条件概率,即

$$P(AB)=P(A)P(B|A)=P(B)P(A|B) \tag{4-8}$$

乘法公式也可以推广到有限多个事件的情形:

$$P(A_1 A_2 \cdots A_n)=P(A_1)P(A_2|A_1)\cdots P(A_1)P(A_n|A_1 A_2 \cdots A_{n-1}) \tag{4-9}$$

一般地,对于任意两个事件 A、B,若 $P(AB)=P(A)P(B)$,即 $P(B|A)=P(B)$ 或 $P(A|B)=P(A)$ 成立,则称 A、B 相互独立。

乘法公式定理 2:两个独立事件乘积的概率等于两事件概率的乘积,即

$$P(AB)=P(A)P(B) \tag{4-10}$$

同样,公式(4-10)也可以推广到有限多个事件的情形。若 $A_1, A_2, \cdots, A_n$ 相互独立,则

$$P(A_1 A_2 \cdots A_n)=P(A_1)P(A)\cdots P(A_{n-1}) \tag{4-11}$$

(三) 全概率公式与贝叶斯公式

▶ 1. 全概率公式

对于复杂事件，单独使用加法公式或乘法公式可能无法计算其概率，可把复杂事件分解为若干个互斥的简单事件，再将加法公式和乘法公式结合使用，即使用全概率计算公式。

全概率公式：设事件 A_1，A_2，…，A_n 两两互斥（$A_iA_j=\varphi$，$i\neq j$）且 $P(A_i)>0$（$i=1$，2，…，n），$A_1+A_2+\cdots+A_n=\Omega$（即事件 B 仅当事件 A_1，A_2，…，A_n 中任意事件发生时才能发生，于是有 $B=A_1B+A_2B+\cdots+A_nB$）。则对任意事件 B，皆有

$$P(B)=\sum_{i=1}^{n}P(A_i)P(B\mid A_i) \tag{4-12}$$

▶ 2. 贝叶斯公式

与全概率公式所解决的问题相反，贝叶斯公式用于已知结果（事件 B）发生的条件下，去求该事件由某个原因（A_i）所引起的条件概率 $P(A_i\mid B)$，它可以帮助我们确定引起事件 B 发生的最可能原因。

贝叶斯公式：设事件 A_1，A_2，…，A_n 两两互斥（$A_iA_j=\varphi$，$i\neq j$），$A_1+A_2+\cdots+A_n=\Omega$（即事件 B 仅当事件 A_1，A_2，…，A_n 中任意事件发生时才能发生），且 $P(A_i)>0$（$i=1$，2，…，n），$P(B)>0$，则

$$P(A_i\mid B)=\frac{P(A_iB)}{P(B)}=\frac{P(A_i)P(B\mid A_i)}{\sum_{i=1}^{n}P(A_i)P(B\mid A_i)} \tag{4-13}$$

式（4-13）即为贝叶斯公式，也称逆概率公式，其中，$P(A_i)$、$P(A_i\mid B)$ 分别称为原因 A_i 的先验概率和后验概率。

▶ 3. 概率计算

假设袋中有 a 只白球和 b 只黑球，采用放回及不放回两种方式从中取出 n 个球，问恰好有 k 个黑球的概率各不相同。此处，用 A 表示"取 n 个球中恰有 k 个黑球"的事件。

不放回抽取方式：不放回时，基本事件总数为从 $a+b$ 个球中随机取出 n 个的所有可能取法的种数 C_{a+b}^{n}，而 n 个中恰有 k 个黑球应有 $C_b^k \cdot C_a^{n-k}$ 种取法。所以，事件 A 的概率为

$$P(A)=\frac{C_b^k \cdot C_a^{n-k}}{C_{a+b}^{n}} \tag{4-14}$$

有放回抽取方式：有放回地取球，就是取出一个球，记下它的颜色后再放回袋中，再取第二个……这种方式，每次从中取一个球时都是从 $a+b$ 个球中摸取，从 $a+b$ 个球中摸取一个球有 $a+b$ 种方法，取 n 次共 $(a+b)^n$ 种方法，故取 n 个球的所有可能取法为 $(a+b)^n$ 种。分子：从选取的 n 个球中选 k 个位置放黑球，有 C_n^k 种选法，对每一种这种选法，每一个黑球有 b 种选法，k 个黑球有 b^k 种选法，每一个白球有 a 种选法，$n-k$ 个白球有 a^{n-k} 种选法，所以，恰有 k 个黑球的取法为 $C_n^k b^k a^{n-k}$ 种取法。所以，事件 A 的概率为

$$P(A)=\frac{C_n^k b^k a^{n-k}}{(a+b)^n}=C_n^k\left(\frac{b}{a+b}\right)^k\left(\frac{a}{a+b}\right)^{n-k} \tag{4-15}$$

注意，在总体单位数为 N 的总体中抽取容量为 n 的样本，样本个数可能有：

(1) 考虑顺序的不重复抽样为 $N(N-1)(N-2)\cdots(N-n+1)$。

(2) 考虑顺序的重复抽样为 N^n。

(3) 不考虑顺序的不重复抽样为 $C_{N+n-1}^n = \dfrac{(N+n-1)!}{n!(N-1)!}$。

(4) 不考虑顺序的重复抽样为 $C_N^n = \dfrac{N!}{n!(N-n)!}$。

不放回抽取方式实际上是一种超级几何分布，有放回抽取方式则是一种二项分布。

[例4-2] 已知袋中有5个白球，3个黑球，分别按下列三种取法在袋中取球，试分析各种取球方法中 $A = \{$恰好取得2个白球$\}$ 的概率。

(1) 放回取球：从袋中取三次球，每次取一个，看后放回袋中，再取下一个球。

(2) 不放回取球：从袋中取三次球，每次取一个，看后不再放回袋中，再取下一个球。

(3) 一次取球：从袋中任取3个球。

解：(1) 放回取球。因为袋中八个球，无论什么颜色，取到每个球的概率相等，所以有 $N_\Omega = 8 \times 8 \times 8 = 8^3 = 512$。在放回取球方法下，从三个球里取两个白球，第一次取白球有5种可能，第二次取白球还有5种可能，第三次取黑球只有3种可能，故

$$N_A = \binom{3}{2} 5 \times 5 \times 3 = \binom{3}{2} 5^2 3^1 = 225$$

所以，第一种取球方法下 A 的概率为

$$P(A) = \frac{N_A}{N_\Omega} = \frac{225}{512} = 0.44$$

(2) 不放回取球，则

$$N_\Omega = 8 \times 7 \times 6 = A_8^3 = 336, \quad N_A = \binom{3}{2} 5 \times 4 \times 3 = \binom{3}{2} A_5^2 A_3^1 = 180$$

故 $P(A) = \dfrac{N_A}{N_\Omega} = \dfrac{180}{336} = 0.54$。

(3) 一次取球，则

$$N_\Omega = \binom{8}{3} = \frac{8!}{3!\,5!} = 56, \quad N_A = \binom{5}{2}\binom{3}{1} = 30$$

故 $P(A) = \dfrac{N_A}{N_\Omega} = \dfrac{\binom{5}{2}\binom{3}{1}}{\binom{8}{3}} = \dfrac{30}{56} = 0.54$。

第二节 随机变量与概率分布

本节将用随机变量表示随机事件，以便采用高等数学的方法描述、研究随机现象。

一、随机变量

为了能以统一形式表示各种不同性质试验中的事件,并能将微积分等数学工具引进概率论,须引入随机变量的概念。基本思想是将样本空间数量化,即用数值来表示试验的结果(有些随机试验的结果可直接用数值来表示)。

随机变量:设试验的样本空间为 Ω,在 Ω 上定义一个单值实函数 $X=X(e)$,$e\in\Omega$,对试验的每个结果 e,$X=X(e)$ 有确定的值与之对应。由于试验结果是随机的,那 $X=X(e)$ 的取值也是随机的,我们便称此定义在样本空间 Ω 上的单值实函数 $X=X(e)$ 为一个随机变量。通俗讲,随机变量就是依照试验结果而取值的变量。或设随机试验的样本空间为 Ω,如果对于每一个样本点 $\omega\in\Omega$,均有唯一的实数 $X(\omega)$ 与之对应,称 $X=X(\omega)$ 为样本空间 Ω 上的随机变量。

(一)随机变量的特征

随机变量应具备以下特征:①它是一个变量;②随机变量的取值随试验结果而改变;③随机变量在某一范围内取值,表示一个随机事件。

例如,在掷骰子试验中,结果可用 1、2、3、4、5、6 来表示。有些随机试验的结果不是用数量来表示,但可数量化;而掷硬币试验,其结果是用汉字"正面"和"反面"来表示的,我们可规定用 1 表示"正面朝上",用 0 表示"反面朝上"。假设箱中有 10 个球,其中有 2 个红球,8 个白球,从中任意抽取 2 个,观察抽球结果。取球结果为:两个白球、两个红球、一红一白。如果用 X 表示取得的红球数,则 X 的取值可为 0、1、2。此时,"两只红球"记为 $\{X=2\}$;"一红一白"记为 $\{X=1\}$;"两只白球"记为 $\{X=0\}$。

最终目的或特点:试验结果数量化,试验结果与数据的对应关系。

(二)随机变量的类型

随机变量分为离散型变量和非离散型变量,其中非离散型变量又分为连续型变量、混合型变量和奇异型变量三种。

如果表示试验结果的变量 x,其可能取值可逐一列出,并以各种确定的概率取这些不同的值,则称 x 为离散型随机变量(discrete random variable);如果表示试验结果的变量 x,其可能取值为某范围内的任何数值,并且 x 在其取值范围内的任一区间中取值时,其概率是确定的,则称 x 为连续型随机变量(continuous random variable)。

(三)概率分布

要全面了解试验,则必须知道试验的全部可能结果及各种可能结果发生的概率,即必须知道随机试验的概率分布(probability distribution)。一般,若 X 的分布律为 $P\{X=x_i\}=p_i$,$i=1,2,\cdots$,则 X 落在区间 I 内的概率便为 $P\{X\in I\}=\sum_{x_i\in I}p_i$,从而,$X$ 的分布函数与分布律的关系便为 $F(x)=\sum_{x_i\leqslant x}p_i$。引入随机变量的概念后,对随机试验的概率分布的研究就转为对随机变量概率分布的研究了。

▶ 1. 离散型随机变量概率分布

如果我们将离散型随机变量 x 的一切可能取值 $x_i(i=1,2,\cdots)$,及其对应的概率 p_i

记作

$$P(x=x_i)=p_i, \quad i=1, 2, \cdots \tag{4-16}$$

则称式（4-16）为离散型随机变量 x 的概率分布或分布。常用分布列（distribution series）来表示离散型随机变量：

$$x_1, x_2, \cdots, x_n \cdots$$
$$p_1, p_2, \cdots, p_n \cdots$$

显然，离散型随机变量的概率分布具有 $p_i \geqslant 0$ 和 $\sum p_i = 1$ 这两个基本性质。

▶ 2. 连续型随机变量概率分布

连续型随机变量的概率分布不能用分布列来表示，因其可能取的值是不可数的，故改用随机变量 x 在某个区间内取值的概率 $P(a \leqslant x < b)$ 来表示。连续型随机变量概率分布还具有以下性质：

（1）分布密度函数总是大于或等于 0，即对于任何事件 A，有 $0 \leqslant P(A) \leqslant 1$。

（2）当随机变量 x 取某一特定值时，其概率等于 0，或者说，不可能事件的概率为 0，即 $P(\varphi)=0$。

（3）在一次试验中随机变量 x 的取值必在 $-\infty < x < +\infty$ 范围内，为必然事件，或者说，必然事件的概率为 1，即 $P(\Omega)=1$。

[例 4-3] 袋中装着分别标有 $-1, 2, 2, 2, 3, 3$ 数字的六个球，现从袋中任取一球，令 X 表示取得球上所标的数字，求 X 的分布律。

解：X 的可能取值为 $-1, 2, 3$，且容易求得 $P\{X=-1\}=1/6$，$P\{X=2\}=3/6=1/2$，$P\{X=3\}=2/6=1/3$，故 X 的分布律如表 4-2 所示。

表 4-2 X 的分布律

X	-1	2	3
P	1/6	1/2	1/3

[例 4-4] 机房内有两台设备，令 X 表示某时间内发生故障的设备数，并知 $P\{X=0\}=0.5$，$P\{X=1\}=0.3$，$P\{X=2\}=0.2$，求 X 的分布函数 $F(x)$。

解：由于 X 的可能取值为 0，1，2，故应分情况讨论：

（1）当 $x<0$ 时，$F(x)=P\{X \leqslant x\}=0$。

（2）当 $0 \leqslant x < 1$ 时，$F(x)=P\{X \leqslant x\}=P\{X=0\}=0.5$。

（3）当 $1 \leqslant x < 2$ 时，$F(x)=P\{X \leqslant x\}=P\{X=0\}+P\{X=1\}=0.5+0.3=0.8$。

（4）当 $x \geqslant 2$ 时，$F(x)=P\{X \leqslant x\}=P\{X=0\}+P\{X=1\}+P\{X=2\}=0.5+0.3+0.2=1$。

即 $F(x)=\begin{cases} 0, & x<0 \\ 0.5, & 0 \leqslant x < 1 \\ 0.8, & 1 \leqslant x < 2 \\ 1, & x \geqslant 2 \end{cases}$

分布函数如图 4-8 所示。该分布函数的性质如下：

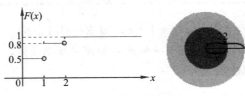

图 4-8 分布函数 $F(x)$

(1) $F(x)$是单调不减的,即对任意$x_1 < x_2$,有$F(x_1) \leqslant F(x_2)$。
(2) $0 \leqslant F(x) \leqslant 1$且$F(-\infty)=0$,$F(+\infty)=1$。
(3) $F(x)$为右连续的,即对任意x,有$F(x+0)=F(x)$。

二、离散型随机变量及其分布

(一) 离散变量

离散型随机变量:如果随机变量X的所有可能取值为有限个或可列个,则称随机变量X为离散型随机变量。

随机变量的分布函数:设X为随机变量,对任意实数x,则称函数$F(x)=P\{X \leqslant x\}$为随机变量X的分布函数。

设X的所有可能取值为$x_1, x_2, \cdots, x_n$,则称下列一组概率$P\{X=x_i\}=P_i$,$i=1, 2, \cdots, n$为X的分布律(列)或概率分布。分布律也常常写成表格形式,如表4-3所示。

表4-3 概率分布的表格形式

X	x_1	x_2	$\cdots$	x_n
p	p_1	p_2	$\cdots$	p_n

(二) 离散型随机变量的概率分布

1. 0-1分布(二点分布)

如果随机变量X的分布律为

X	0	1
P	q	p

其中,$0<p<1$,$q=1-p$则称X服从参数为p的$(0-1)$两点分布,简称为两点分布,记为$X \sim B(1, p)$。

实际背景:样本空间只有两个样本点的情况,都可以用两点分布来描述。在贝努利试验中,设事件A的概率为$p(0<p<1)$如果所定义的随机变量X表示A发生的次数,即

$$X = \begin{cases} 1, & A\text{发生} \\ 0, & A\text{不发生} \end{cases} \tag{4-17}$$

显然X的分布律为

X	0	1
P	q	p

其中,$q=1-p$,即$X \sim B(1, p)$。

[例4-5] 一批产品的废品率为5%,从中任取一个进行检查,若令X表示抽得废品的数目,即

$$X = \begin{cases} 1, & \text{抽得废品} \\ 0, & \text{抽得正品} \end{cases}$$

X	0	1
P	95%	5%

则 X 的分布律为 $X \sim B(1, 0.05)$。

▶ 2. 二项分布

一般情况下，在 n 重贝努利试验中，若以 X 表示事件 A 发生的次数，则 X 可能的取值为 $0, 1, 2, 3, \cdots, n$，随机变量 X 的分布律 $P\{X=x\} = C_n^x p^x (1-p)^{n-x}$，其中 $x = 0, 1, \cdots, n$，$0 < p < 1$。

定义：如果随机变量 X 的分布如下：

$$P\{X=x\} = C_n^x p^x (1-p)^{n-x} \quad x = 0, 1, \cdots, n \tag{4-18}$$

则称 X 服从参数为 n、p 的二项分布（也称 Bernoulli 分布），记为 $X \sim B(n, p)$。

二项分布的数学期望，方差分别为

$$E(X) = \mu = np$$
$$D(X) = \sigma^2 = np(1-p)$$

实际背景：在 n 重贝努利实验中，如果每次实验事件 A 出现的概率为 p $(0 < p < 1)$，则在 n 次独立重复实验中 A 恰好出现 $k (\leq n)$ 次的概率为

$$p_n(k) = \binom{n}{k} p^k q^{n-k} \quad k = 0, 1, 2, \cdots, k \tag{4-19}$$

于是，在此 n 重贝努利实验中，如果定义随机变量 X 表示事件 A 出现的次数，则有

$$P\{X=k\} = p_n(k) = \binom{n}{k} p^k q^{n-k} \quad k = 0, 1, 2, \cdots n$$

即 $X \sim B(n, p)$。

[例 4-6] 从一批由 9 件正品、3 件次品组成的产品中，有放回地抽取 5 次，每次抽一件，求恰好抽到两次次品的概率。

解：有放回地抽取 5 件，可视为 5 重贝努利试验，$A = $ "一次实验中抽到次品"，$P(A) = 3/12$，$n = 5$，$p = 1/4$，记 X 为共抽到的次品数，则

$$X \sim B\left(5, \frac{1}{4}\right) \quad P\{X=2\} = C_5^2 \left(\frac{1}{4}\right)^2 \left(1 - \frac{1}{4}\right)^{5-2} \approx 0.2637$$

[例 4-7] 一大批种子发芽率为 90%，今从中任取 10 粒。求播种后：
(1) 恰有 8 粒发芽的概率。
(2) 不小于 8 粒发芽的概率。

解：$X \sim B(10, 0.9)$
(1) $P\{X=8\} = C_{10}^8 \, 0.9^8 \times 0.1^2 \approx 0.1937$。
(2) $P\{X \geq 8\} = C_{10}^8 \, 0.9^8 \times 0.1^2 + C_{10}^9 \, 0.9^9 \times 0.1 + C_{10}^{10} \, 0.9^{10} \approx 0.1937 + 0.0387 + 0.3487$
$= 0.5811$。

[例 4-8] 一批产品的废品率为 0.03，进行 20 次独立重复抽样，求出现废品的频率为 0.1 的概率。

解：令 X 表示 20 次独立重复抽样中出现的废品数，则 $X \sim B(20, 0.03)$。注意，不

能用 X 表示频率，若 X 表示频率，则它就不服从二项分布，所求的概率为

$$P\{X/20=0.1\}=P\{X=2\}=\binom{20}{2}(0.03)^2(0.97)^{18}=0.0988$$

▶ 3. 泊松分布

如果离散型随机变量 X 的概率分布为

$$P\{X=k\}=\frac{\lambda^k e^{-\lambda}}{k!} \quad k=0,2,\cdots \tag{4-20}$$

其中，$\lambda>0$（λ 是常数），$e=2.71827\cdots$是自然对数的底，则称 X 服从以 λ 为参数的泊松分布，记作 $P(\lambda)$。

现实生活中有许多随机现象服从泊松分布。例如，一周内送货车队轮胎爆胎次数、每平方米土地上的害虫个数、一页书上错别字的个数等。

泊松分布作为二项分布的近似由法国数学家泊松（Poisson）首先提出。二项分布中的 n 大、p 小（一般要求 $n\geq 20$，$p\leq 0.25$）直接用二项分布求概率太烦琐时可用泊松分布近似计算其概率（其中，$\lambda=np$）。

泊松分布的数学期望和方差分别为

$$E(X)=\mu=\lambda \tag{4-21}$$

$$D(X)=\sigma^2=\lambda \tag{4-22}$$

▶ 4. 超几何分布

如果有 N 个产品，其中有 M 个次品，从中随机抽取（不放回）n 个，则这 n 个产品中含有次品的个数是一个离散型随机变量，其概率分布为

$$P(X=k)=\frac{C_M^k C_{N-M}^{n-k}}{C_N^n} \quad k=0,1,\cdots,\min(M,n) \tag{4-23}$$

则称 X 服从超几何分布。

当有限总体采用不重复抽样时，有关贝努利试验独立性的条件已不满足，即抽样过程中事件 A 发生的概率 p 要发生变化，此时应用超几何分布的概率模型。

超几何分布的数学期望和方差分别为

$$E(X)=\mu=np \tag{4-24}$$

$$D(X)=\sigma^2=np(1-p)\frac{N-n}{N-1} \tag{4-25}$$

超几何分布的方差比二项分布多了 $\frac{N-n}{N-1}$。当 N 很大，而 n 相对很小时（一般要求 $\frac{n}{N}\leq 0.1$），可用二项分布作为超几何分布的近似。

三、连续型随机变量的概率分布

由于连续型随机变量的取值不能一一列举，其概率分布无法像离散型随机变量那样用点的概率表示，故须用数字的函数形式来描述。

（一）概率密度函数

定义：设 $f(x)$ 为随机变量 $X(-\infty<x<+\infty)$，如果存在非负可积函数 $f(x)$ 对任意实数 x，都有：

$$P(x_1 < X \leqslant x_2) = P(x_1 \leqslant X < x_2) = P(x_1 \leqslant X \leqslant x_2) = \int_{x_1}^{x_2} f(x) \mathrm{d}x \quad (4\text{-}26)$$

则称 $f(x)$ 为 X 的概率密度。

除了用概率密度描述概率分布外，还可以用分布函数来描述连续型随机变量的概率密度，如图 4-9 所示。

设 X 为连续型随机变量，称函数 $F(x) = P\{X \leqslant x\} = \int_{-\infty}^{x} f(x)\mathrm{d}x \, (-\infty < x < +\infty)$ 为 X 的累计分布函数。在实践中，常用的概率密度 $f(x)$ 和分布函数 $F(x)$ 统称为连续型随机变量的概率分布，其性质如下：

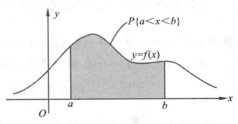

图 4-9 连续型随机变量的概率密度

(1) 非负性，即 $f(x) \geqslant 0$，表明密度曲线 $y = f(x)$ 在 x 轴上方。

(2) $\int_{-\infty}^{+\infty} f(x)\mathrm{d}x = 1$ 表明密度曲线 $y = f(x)$ 与 x 轴所夹图形的面积为 1。

(3) $P\{a \leqslant X \leqslant b\} = \int_{a}^{b} f(x)\mathrm{d}x = F(b) - F(a)$，表明 X 落在区间 $[a, b]$ 内的概率等于以区间 (a, b) 为底，以密度曲线 $y = f(x)$ 为顶的曲边梯形面积。

(4) 连续型随机变量的概率密度是其分布函数的导数，即 $F(x) = \int_{-\infty}^{x} f(t)\mathrm{d}t, f(x) = F'(x)$（在 $f(x)$ 点处连续）。

连续型随机变量的数学期望与方差分布为

$$E(x) = \mu = \int_{-\infty}^{+\infty} x f(x) \mathrm{d}x \quad (4\text{-}27)$$

$$D(x) = \sigma^2 = \int_{-\infty}^{+\infty} [x - E(x)]^2 f(x) \mathrm{d}x \quad (4\text{-}28)$$

[例 4-9] 已知连续型随机变量 X 的概率密度为 $f(x) = \begin{cases} kx + 1, & 0 \leqslant x \leqslant 2 \\ 0, & 其他 \end{cases}$，求系数 k 及分布函数 $F(x)$，并计算概率 $P\{1.5 < X < 2.5\}$。

解：(1) 因为 $\int_{-\infty}^{+\infty} f(x)\mathrm{d}x = 1$，故 $1 = \int_{0}^{2}(kx+1)\mathrm{d}x = \left(k\dfrac{x^2}{2} + x\right)\bigg|_{0}^{2} = 2k + 2$，解得 $k = -\dfrac{1}{2}$。于是 X 的概率密度为 $f(x) = \begin{cases} -\dfrac{1}{2}x = 1, & 0 \leqslant x \leqslant 2 \\ 0, & 其他 \end{cases}$

(2) 当 $x < 0$ 时，$F(x) = 0$，当 $0 \leqslant x \leqslant 2$ 时，$F(f) = \int_{-\infty}^{x} \cdot f(t)\mathrm{d}t = \int_{-\infty}^{x}\left(-\dfrac{1}{2}t + 1\right)\mathrm{d}t = \left(-\dfrac{1}{4}t^2 + t\right)\bigg|_{0}^{x} = -\dfrac{1}{4}x^2 + x$；当 $x > 2$ 时，$F(x) = \int_{-\infty}^{x}f(t)\mathrm{d}t = \int_{0}^{2}\left(-\dfrac{1}{2}t + 1\right)\mathrm{d}t = 1$，即

$$F(x) = \begin{cases} 0 & x < 0 \\ -\dfrac{x^2}{4} + x, & 0 \leqslant x \leqslant 2 \\ 1, x > 2 \end{cases}$$

(3) $P\{1.5 < x < 2.5\} = F(2.5) - F(1.5) = 1 - \left[-\frac{(1.5)^2}{4} + 1.5\right] = 0.0625$。

[**例 4-10**] 一种电子管的使用寿命为 X 小时，其概率密度为 $f(x) = \begin{cases} \frac{100}{x^2}, & x \geq 100 \\ 0, & x < 100 \end{cases}$ 某仪器内装有三个这样电子管，试求使用 150 小时内只有一个电子管需要换的概率。

解：首先计算一个电子管使用寿命不超过 150 小时的概率，此概率为

$$P\{X \leq 150\} = \int_{100}^{150} \frac{100}{x^2} dx = -\frac{100}{150} = \frac{1}{3}$$

令 Y 表示工作 150 小时内损坏的电子管数，则 $Y \sim B\left(3, \frac{1}{3}\right)$ 服从二项分布，于是此仪器工作 150 小时内仅需要更换一个电子管的概率为

$$P(Y=1) = \binom{3}{1}\left(\frac{1}{3}\right)^1 \left(\frac{2}{3}\right)^2 = \frac{4}{9} = 0.44$$

（二）常用的连续型随机变量的分布

▶ 1. 正态分布

如果连续型随机变量 X 的概率密度为

$$f(x) = \frac{1}{\sqrt{2\pi}\sigma} e^{-\frac{(x-\mu)^2}{2\sigma^2}}, \quad -\infty < x < +\infty \tag{4-29}$$

则称 X 服从参数 μ、$\sigma^2(-\infty < \mu < +\infty)$ 的正态分布，记为 $X \sim N(\mu, \sigma^2)$。正态分布的分布函数为

$$F(x) = P\{X \leq x\} = \frac{1}{\sqrt{2\pi}\sigma} \int_{-\infty}^{x} e^{-\frac{(y-\mu)^2}{2\sigma^2}} dy, \quad -\infty < x < +\infty \tag{4-30}$$

正态分布的数学期望、方差分别为 $E(X) = \mu$；$D(X) = \sigma^2$。

正态分布是最重要、最常用的一种连续型随机变量分布，它在统计和抽样理论与实践应用中具有非常重要的作用。正态分布之所以重要，一是因为很多随机变量服从或近似地服从正态分布，如同龄人的身高、体重、肺活量等；二是它具有特殊的数学性质，许多分布可以用正态分布近似计算（如二项分布的正态近似），平均数服从或渐近服从正态分布，由正态分布可以导出许多有用的分布（如 χ^2 分布、t 分布、F 分布）。正态分布将在下一节中专门讲解，此处不再赘述。

▶ 2. χ^2（卡方）分布

如果随机变量 X 的概率密度为

$$f(x) = \begin{cases} \frac{1}{2^{\frac{n}{2}} \Gamma\left(\frac{n}{2}\right)} x^{\frac{n}{2}-1} e^{-\frac{x}{2}}, & x \leq 0 \\ 0, & x > 0 \end{cases} \tag{4-31}$$

则称 X 服从自由度为 n 的 χ^2 分布，记作 $X \sim \chi^2(n)$。

χ^2 分布是由海尔墨特（Hermert）和皮尔逊（K. Pearson）分别于 1875 年和 1900 年导出的，它是正态分布派生出来的分布，在统计学中占有重要的地位，广泛地应用于各领域。

χ^2 分布的数学期望、方差分布为 $E(X) = n$；$D(X) = 2n$。

χ^2 分布适用于总体方差的统计推断、拟合优度评价、独立性检验等。它是以自由度 n 为参数的分布族，自由度 n 决定了分布的形状，对于不同的 n，χ^2 分布的密度曲线也不同，它不是一个对称分布，随自由度的增大，χ^2 分布逐渐趋近于正态分布。

χ^2 分布的重要结论：

(1) 若 X，Y 相对独立，且都服从自由度为 n_1，n_2 的 χ^2 分布，则 $X+Y$ 服从自由度为 n_1+n_2 的 χ^2 分布，即 $X+Y \sim \chi^2(n_1+n_2)$。

(2) 若随机变量 $X_1, X_2, \cdots, X_n$ 相互独立，且都服从 $N(0,1)$，它们的平方和 $\sum X_i^2$ 服从自由度为 n 的 χ^2 分布，记作 $\sum x_i^2 \sim \chi^2(n)$。

(3) 若随机变量 X_1，X_2，$\cdots$，X_n 相互独立，且都服从 $N(\mu, \sigma^2)$，则

$$\frac{\sum_{i=1}^{n}(X_i-\overline{X})^2}{\sigma^2} = \frac{(n-1)S^2}{\sigma^2} \sim \chi^2(n-1)$$

其中，$\overline{X}=\frac{\sum X_i}{n}$ 与 $S^2=\frac{1}{n-1}\sum(X_i-\overline{X})^2$ 相互独立。

▶ 3. t 分布

如果随机变量 X 的概率密度为

$$f(x) = \frac{\Gamma\left(\frac{n+1}{2}\right)}{\Gamma\left(\frac{n}{2}\right)\sqrt{n\pi}} \left(1+\frac{x^2}{n}\right)^{-\frac{n+1}{2}} \quad -\infty < x < \infty \tag{4-32}$$

则称 X 服从自由度为 n 的 t 分布，记作 $X \sim t(n)$。

t 分布的数学期望、方差分别为 $E(X)=0$；$D(X)=n/(n-2)$。

t 分布密度曲线的形状取决于自由度 n。t 分布与正态分布的密度曲线相似，都是对称分布，且取值范围为 $(-\infty, +\infty)$。但 t 分布曲线的顶部低于标准正态分布，而尾部又高于标准正态分布，自由度越小这种区别越明显，随着自由度的增大，t 分布趋于标准正态分布。

t 分布的重要结论：

(1) 若随机变量 $X \sim N(0, 1)$，$Y \sim \chi^2(n)$，且 X、Y 相对独立，则

$$t = \frac{X}{\sqrt{Y/n}} \sim t(n)$$

(2) 若随机变量 X_1，X_2，$\cdots$，X_n 相互独立，且都服从 $N(\mu, \sigma^2)$，则

$$t = \frac{\overline{X}-\mu}{S/\sqrt{n}} \sim t(n-1)$$

(3) 若随机变量 X_1，X_2，$\cdots$，X_{n_1} 相互独立，且都服从 $N(\mu_1, \sigma_1^2)$；Y_1、$Y_2 \cdots$、Y_{n_2} 相互独立，且都服从 $N(\mu_2, \sigma_2^2)$，则

$$t = \frac{(\overline{X}-\overline{Y})-(\mu_1-\mu_2)}{S_w\sqrt{\frac{1}{n_1}+\frac{1}{n_2}}} \sim t(n_1+n_2-2)$$

其中，$S_w = \sqrt{\frac{(n_1-1)S_1^2+(n_2-1)S_2^2}{n_1+n_2-2}}$。

▶ 4. F 分布

如果随机变量 X 的概率密度为

$$f(x)=\begin{cases}\dfrac{\Gamma\left(\dfrac{n_1+n_2}{2}\right)}{\Gamma\left(\dfrac{n_1}{2}\right)\Gamma\left(\dfrac{n_2}{2}\right)}\left(\dfrac{n_1}{n_2}\right)^{\frac{n_1}{2}}x^{\frac{n_1-1}{2}}\left(1+\dfrac{n_1}{n_2}x\right)^{\frac{n_1+n_2}{2}}, & x\leqslant0\\ 0, & x>0\end{cases} \tag{4-33}$$

则称 X 服从第一自由度为 n_1、第二自由度为 n_2 的 F 分布，记作 $X\sim F(n_1,n_2)$。

F 分布的数学期望、方差分别为

$$E(X)=\frac{n_2}{n_2-2} \quad (n_2>2) \tag{4-34}$$

$$D(X)=\frac{2n_2^2(n_1+n_2-2)}{n_1(n_2-2)^2(n_2-4)} \quad (n_2>4) \tag{4-35}$$

F 分布的重要结论：

(1) 若随机变量 X、Y 分别服从自由度为 n_1、n_2 的分布，且 X、Y 相对独立，则

$$F=\frac{X/n_1}{Y/n_2}\sim F(n_1,n_2)$$

(2) 若随机变量 $X_1,X_2,\cdots,X_n$ 相互独立，且都服从 $N(\mu_1,\sigma_1^2)$；$Y_1,Y_2,\cdots,Y_{n2}$ 相互独立，且都服从 $N(\mu_2,\sigma_2^2)$，则

$$F=\frac{S_1^2/\sigma_1^2}{S_2^2/\sigma_2^2}\sim F(n_1-1,n_2-1)$$

F 分布还有一个重要的性质：如果 F 变量服从 $F(n_1,n_2)$ 分布，则 $\dfrac{1}{F}\sim F(n_2,n_1)$。

第三节 正态分布和正态逼近

正态分布是最重要、最常用的一种连续型随机变量分布，它在统计和抽样理论与实践应用中占有非常重要的地位。正态分布最早是由法国数学家德·莫弗(De Moivre，1667—1754)于1733年提出的。德国数学家高斯(Gauss，1777—1855)在研究误差理论时曾用它来刻画误差，因此有时也称为高斯分布。

一、正态分布曲线

正态分布的概率密度所对应的图形简称为正态分布曲线。

(一) 正态分布曲线的特征

(1) 正态分布曲线呈钟形，并以 $x=\mu$ 为对称轴的对称分布。

(2) 曲线在 $x=\mu$ 处达到极大值 $f(\mu)=\dfrac{1}{\sigma\sqrt{2\pi}}$，当 x 趋于无穷大时，曲线以 x 轴为渐近线。

（3）曲线在 $x=\mu\pm\sigma$ 处有拐点，如图 4-10 所示。

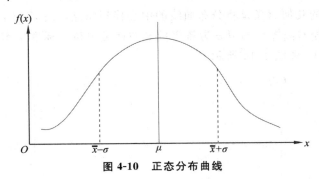

图 4-10　正态分布曲线

（二）参数 μ、σ^2 对密度曲线的影响

（1）当 σ^2 不变，而 μ 改变时，密度曲线 $y=f(x)=\dfrac{1}{\sqrt{2\pi}\sigma}e^{-\frac{(x-\mu)^2}{2\sigma^2}}$ 形状不变，但位置要沿 x 轴方左右平移，当 μ 减小时，曲线左移，反之曲线右移，如图 4-11 所示。

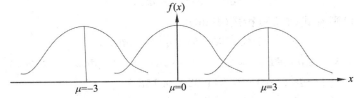

图 4-11　不同均值的正态分布

（2）当 μ 不变，σ^2 改变时，曲线基本位置不变，但陡缓程度发生变化，σ^2 变大，曲线变尖窄（陡峭）；反之，曲线变平坦，如图 4-12 所示。

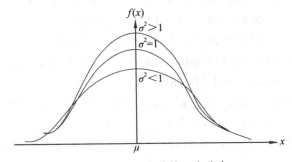

图 4-12　不同方差的正态分布

（三）标准正态分布

正态分布的数学期望、方差为 $E(X)=\mu$；$D(X)=\sigma^2$。

当正态分布的 $\mu=0$，$\sigma^2=1$ 时，称 X 服从为标准正态分布，记为 $X\sim N(0,1)$，常用 $\varphi(x)$、$\Phi(x)$ 表示概率密度、分布函数，概率密度 $\varphi(x)=\dfrac{1}{\sqrt{2\pi}}e^{-\frac{x^2}{2}}$，$-\infty<x<+\infty$；分布函数 $\varphi(x)=\dfrac{1}{\sqrt{2\pi}}\int_{-\infty}^{x}e^{-\frac{t^2}{2}}dt$。

服从标准正态分布的随机变量 X 在某一区间的概率，即 $P\{x_1<X<x_2\}=\Phi(x_2)-$

$\Phi(x_1)$ $(x_1 < x_2)$，$\Phi(x)$的值可查标准正态分布函数表求得。

标准正态分布的几何意义是将分布曲线的中心移到原点，使 $\overline{Z}=0$，并对 $x-\overline{x}$ 的离差化为以 σ 为单位的相对离差，即以 σ 为新变量 z 的计量单位。标准正态密度函数和标准正态分布函数如图 4-13 和图 4-14 所示。

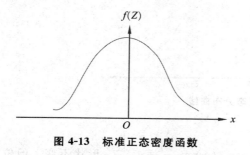

图 4-13　标准正态密度函数　　　　图 4-14　标准正态分布函数

由于标准正态分布是以 $x=0$ 为轴的对称分布，且分布曲线同横轴所包围的面积为 1，则

$$\Phi(-x) = 1 - \Phi(x) \tag{4-36}$$

若 $X \sim (0, 1)$ 则有式(4-35)和式(4-36)：

$$P(a \leqslant X \leqslant b) = \Phi(b) - \Phi(a) \tag{4-37}$$

$$P(|X| \leqslant a) = P(-a \leqslant X \leqslant a) = \Phi(a) - [1 - \Phi(a)] = 2\Phi(a) - 1 \tag{4-38}$$

例如，$\Phi(-1) = 1 - \Phi(1) = 1 - 0.841\,35 = 0.158\,7$

$P(-1 \leqslant X \leqslant 1) = 2\Phi(1) - 1 = 2 \times 0.841\,35 - 1 = 0.682\,7 = 68.27\%$

$P(-2 \leqslant X \leqslant 2) = 2\Phi(2) - 1 = 2 \times 0.977\,25 - 1 = 0.954\,5 = 95.45\%$

$P(-3 \leqslant X \leqslant 3) = 2\Phi(3) - 1 = 2 \times 0.998\,65 - 1 = 0.997\,3 = 99.73\%$

[例 4-11] 设 $X \sim N(0, 1)$，求 $p\{-1 < x < 2\}$ 及 $p\{|x| < 1\}$。

解：$p\{-1 < x < 2\} = \Phi(2) - \Phi(-1) = \Phi(2) - [1 - \Phi(1)]$
$= \Phi(2) + \Phi(1) - 1 = 0.977\,25 + 0.841\,3 - 1 = 0.818\,55$

$p\{|x| < 1\} = p\{-1 < x < 1\} = \Phi(1) - \Phi(-1) = \Phi(1) - [1 - \Phi(1)] = 2\Phi(1) - 1$
$= 2 \times 0.841\,3 - 1 = 0.682\,6$

[例 4-12] 设 $X \sim N(0, 1)$，要使 $p\{|x| \geqslant \lambda\} = 0.05$ 问 λ 应为何值？

解：由于 $p\{|x| \geqslant \lambda\} = 1 - p\{|x| < \lambda\} = 1 - p\{-\lambda < x < \lambda\} = 1 - [\Phi(\lambda) - \Phi(-\lambda)] = 1 - [2\Phi(\lambda) - 1] = 2 - 2\Phi(\lambda) = 0.05$，即 $\Phi(\lambda) = 0.975$，反查表使得 $\lambda = 1.96$。

二、一般正态分布与标准分布的关系

若 $x \sim N(\mu, \sigma^2)$，其分布函数为 $F(X)$，则有 $F(x) = \Phi\left(\dfrac{x-\mu}{\sigma}\right)$ 也就是如果 $x \sim N(\mu, \sigma^2)$，令 $z = \dfrac{x-\mu}{\sigma}$，则有 $z \sim N(0, 1)$。

也就是说，对于一般正态分布 $Z(\mu, \sigma^2)$，只需设

$$Z = \frac{X - \mu}{\sigma} \tag{4-39}$$

通过对 X 的线性交换后得到新的随机变量 Z 是服从标准正态分布的，即 $z \sim N(0, 1)$，

有

$$P(X \leqslant x) = P\left(\frac{X-\mu}{\sigma} \leqslant \frac{x-\mu}{\sigma}\right) = P\left(Z \leqslant \frac{x-\mu}{\sigma}\right) = \Phi\left(\frac{x-\mu}{\sigma}\right) \tag{4-40}$$

$$P(X > x) = 1 - P(X \leqslant x) = 1 - \Phi\left(\frac{x-\mu}{\sigma}\right) \tag{4-41}$$

$$P(a \leqslant X \leqslant b) = \Phi\left(\frac{b-\mu}{\sigma}\right) - \Phi\left(\frac{a-\mu}{\sigma}\right) \tag{4-42}$$

由式(4-36)~(4-42)和 $P(-1 \leqslant X \leqslant 1) \sim P(-3 \leqslant X \leqslant 3)$ 结果可以计算出：

$P(|X-\mu| \leqslant \sigma) = P(\mu-\sigma \leqslant X \leqslant \mu+\sigma) = 68.27\%$

$P(|X-\mu| \leqslant 2\sigma) = 95.45\%$

$P(|X-\mu| \leqslant 3\sigma) = 99.73\%$

[**例 4-13**] 设 $X \sim N(2.3, 4)$，试求 $P\{2 < X < 4\}$。

解：$P\{2 < X < 4\} = \Phi\left(\frac{4-2.3}{2}\right) - \Phi\left(\frac{2-2.3}{2}\right) = \Phi(0.85) - \Phi(-0.5)$

$= \Phi(0.85) - [1 - \Phi(0.15)] = 0.8023 + 0.5596 - 1 = 0.3619$

[**例 4-14**] 从某地乘车前往火车站搭火车，有两条路可走：①走市区路程短，但交通拥挤，所需时间 $X_1 \sim N(50, 100)$；②走郊区路程长，但意外阻塞少，所需时间 $X_2 \sim N(60, 16)$。问若有 70 分钟可用，应走哪条路线？

解：走市区及时赶上火车的概率为

$$P\{0 \leqslant X_1 \leqslant 70\} = \Phi\left(\frac{70-50}{10}\right) - \Phi\left(\frac{0-50}{10}\right) = \Phi(2) - \Phi(-5) = \Phi(2) = 0.97725$$

走郊区及时赶上火车的概率为

$$P\{0 \leqslant X_2 \leqslant 70\} = \Phi\left(\frac{70-60}{4}\right) - \Phi\left(\frac{0-60}{4}\right) = \Phi(2.5) - \Phi(-12.5) = \Phi(2.5) = 0.9938$$

故应走郊区路线。

如果还有 65 分钟可用情况又如何呢？同样计算，走市区及时赶上火车的概率为

$$P\{0 \leqslant X_1 \leqslant 65\} = \Phi\left(\frac{65-50}{10}\right) - \Phi\left(\frac{0-50}{10}\right) = \Phi(1.5) = 0.9332$$

而走郊区及时赶上火车的概率便为

$$P\{0 \leqslant X_2 \leqslant 65\} = \Phi\left(\frac{65-60}{4}\right) - \Phi\left(\frac{0-60}{4}\right) = \Phi(1.25) = 0.8944$$

此时便应该走市区路线。

第四节 大数定律及中心极限定理

根据前面的介绍我们了解到，随着观察次数的增多，随机事件发生的频率趋近于一个稳定的值，就是概率。同时也提到正态分布的广泛应用，但是没有解释为什么大量的随机现象服从或近似服从正态分布及其需要的条件。这些问题都需要用本节当中的大数定律和中心极限定理来说明。

一、大数定律

大数定律是阐述大量随机变量的平均结果具有稳定性的一系列定律的总称。本节介绍两种常用的大数定律。

(一)独立同分布大数定律

独立随机变量 X_1,X_2,…,X_n 具有相同的分布,且存在有限的数学期望 $E(x_i)=\mu$ 和方差 $D(x_i)=\sigma^2$,则对任意小的正数 ε 有

$$\lim_{n\to\infty} p\left\{\left|\frac{1}{n}\sum_{i=1}^{n}X_i-\mu\right|<\varepsilon\right\}=1 \tag{4-43}$$

该定律表明:当样本容量 n 充分大时,独立同分布的一系列随机变量的算术平均数接近于(依概率收敛于)数学期望,即平均数具有稳定性。故可以用样本平均数估计总体平均数。

(二)贝努利大数定律

设 m 是 n 次独立随机试验中事件 A 发生的次数,p 是事件 A 在每次试验中发生的概率,则对任意小的正数 ε 有

$$\lim_{n\to\infty} p\left\{\left|\frac{m}{n}-p\right|<\varepsilon\right\}=1 \tag{4-44}$$

该定律表明:当试验次数 n 充分大时,事件 A 发生的频率接近于(依概率收敛于)事件 A 发生的概率,即频率具有稳定性,故可以用频率代替概率。

(三)大数定理的意义

个别现象受偶然因素影响。但是,对总体的大量观察后进行平均,就能使偶然因素的影响相互抵消,从而使总体平均数稳定下来,反映出事物变化的一般规律,也就是说当时,样本均值趋近于总体均值。

二、中心极限定理

中心极限定律是阐述大量随机变量之和的极限分布是正态分布的一系列定理的总称。本节仅介绍两个最常用的中心极限定理。

(一)独立同分布中心极限定理

独立随机变量 X_1,X_2,…,X_n 具有相同的分布,且存在有限的数学期望 $E(x_i)=\mu$ 和方差 $D(x_i)=\sigma^2$,当 $n\to\infty$ 时,随机变量的总和趋近于均值为 $n\mu$,方差为 $n\sigma^2$ 的正态分布(或算术平均数趋近于均值为 μ,方差为 $\frac{\sigma^2}{n}$ 的正态分布)。即 $n\to\infty$ 时有 $\sum x_i \sim N(n\mu,n\sigma^2)$ 或 $\bar{x} \sim N\left(\mu,\frac{\sigma^2}{n}\right)$。

该定理表明:不论总体服从何种分布,只要它的数学期望和方差存在,从中抽取容量为 n 的样本,则样本的总和或均值是随机变量。当样本容量 n 充分大时,总和或均值趋于正态分布。

(二)德莫佛—拉普拉斯中心极限定理

如果用 X 表示 n 次独立随机试验中,事件 A 发生的次数,p 是事件 A 在每次试验中

发生的概率，q 是事件 A 在每次试验中不发生的概率，则 X 服从二项分布 $B(n, p)$，当 $n \to \infty$ 时，X 趋于均值为 np，方差为 npq 的正态分布，即 $X \sim (np, npq)$。

该定理提供了近似计算二项分布概率的另一种简便方法（正态分布和泊松分布都是二项分布的极限分布）：当试验次数 n 充分大时，可用正态分布近似计算，当 n 足够大且 p 小时用泊松分布近似计算。

[例 4-15] 某地区职工家庭的人均年收入平均为 12 000 元，标准差为 2 000 元。若知该地区家庭的人均年收入服从正态分布，现采用重复抽样从总体中随机抽取 25 户进行调查，问出现样本平均数等于或超过 12 500 元的可能性有多大？

解：$\mu = 12\,000$，$\sigma = 2\,000$，$n = 25$，$\sigma(\overline{X}) = \dfrac{\sigma}{\sqrt{n}} = \dfrac{2\,000}{\sqrt{25}} = 400$

$$p(\overline{X} \geqslant 12\,500) = p\left(Z \geqslant \dfrac{12\,500 - 12\,000}{400}\right) = p(Z \geqslant 1.25)$$

$$= 0.5 - \dfrac{F(1.25)}{2} = 0.109\,4$$

[例 4-16] 某商场推销一种洗发水。据统计，本年度购买此种洗发水的有 10 万人，其中 6 万是女性。如果按不重复随机抽样方法，从购买者中抽出 100 人进行调查，问样本中女性比例超过 50% 的可能性有多大？

解：$p = \dfrac{6}{10} = 60\%$，$\sigma(p) = \sqrt{p(1-p)}$

$$\sigma(P) = \sqrt{\dfrac{p(1-p)}{n}\left(1 - \dfrac{n}{N}\right)} = \sqrt{\dfrac{0.6 \times 0.4}{100}\left(1 - \dfrac{100}{100\,000}\right)} = 0.004\,89$$

$$z = \dfrac{P - p}{\sigma(P)} = \dfrac{50\% - 60\%}{0.004\,89} = -2.04$$

$$p(P \geqslant 50\%) = p(Z \geqslant -2.04) = \dfrac{F(2.04)}{2} + 0.5 = 0.979\,3$$

本章要点

本章应重点掌握随机事件的概念，随机事件的关系、运算及事件的概率；概率的性质与运算法则，全概率公式与贝叶斯公式的应用；随机变量的分布，包括随机变量的概念及概率分布；随机变量的数学特征；常用随机变量分布。

在常用离散变量分布中，重点掌握二项分布和泊松分布的密度函数、均值和方差公式。在连续型随机变量的分布中，应掌握正态分布、卡方分布、t 分布及 F 分布的应用统计，其中，正态分布是最重要的。因此，对于正态分布的密度函数、分布函数及其均值和方差都应重点掌握。同时，还应掌握关于标准正态分布的均值、方差及其应用。另外，应能灵活地进行各种分布的检验临界值的应用和查表。掌握大数定律和中心极限定理的基本内容。

关键词

事件(event)　　　　　　　　　　　概率(probability)
随机变量(random variable)　　　　概率分布(distribution)
连续型随机变量(continuous random variable)　二项分布(binomial distribution)
离散型随机变量(discrete random variable)　　泊松分布(poisson distribution)
数学期望(expected value)　　　　超几何分布(hypergeometric distribution)
方差(variance)　　　　　　　　　正态分布(normal distribution)
大数定律(law of larger numbers)　标准正态分布(standard normal distribution)
中心极限定理(central limit theorem)　卡方分布(chi-square distribution)
密度函数(density function)　　　t 分布(t distribution)
分布函数(distribution function)　F 分布(F distribution)

思考题

1. 简述概率的古典主义定义和统计定义,并举例说明。
2. 离散型概率分布有什么特点? 试举例说明。
3. 什么是二项分布? 请写出二项分布函数。
4. 连续型概率分布有什么特点? 试举例说明。
5. 正态分布密度函数怎样表达? 它有哪些特点? 正态分布的期望值和方差对分布起什么作用?
6. 试用图形说明事件之和与事件之积。

习题

1. 一次投掷两颗骰子,求出现的点数之和为奇数的概率。

2. 一个自动报警器由雷达和计算机两个部分组成,两部分有任何一个失灵,这个报警器就失灵。若使用 100 小时后,雷达部分失灵的概率为 0.1,计算机失灵的概率为 0.3,若两部分失灵与否是相互独立的,求这个报警器使用 100 小时而不失灵的概率。

3. 对同一目标进行 3 次射击,命中概率分别为 0.4、0.5、0.7,求:
(1) 在这 3 次射击中,恰好有 1 次击中目标的概率;
(2) 在这 3 次射击中,至少有 1 次击中目标的概率。

4. 已知 A、B、C 为三个相互独立的事件,若事件 A 发生的概率为 1/2,事件 B 发生的概率为 2/3,事件 C 发生的概率为 3/4,求下列事件的概率:
(1) 事件 A、B、C 都不发生;
(2) 事件 A、B、C 不都发生;
(3) 事件 A 发生且 B、C 恰好发生一个。

5. 甲、乙两个乒乓球运动员进行乒乓球单打比赛，已知每一局甲获胜的概率为 0.6，乙获胜的概率为 0.4。求：

(1) 赛满 3 局，甲胜 2 局的概率是多少？

(2) 若比赛采用三局两胜制，先赢两局为胜，求甲获胜的概率。

6. 某种项目的射击比赛规则是：开始时在距目标 100m 处射击，如果命中记 3 分，同时停止射击；若第一次射击未命中，可以进行第二次射击，但目标已在 150m 远处，这时命中记 2 分，同时停止射击；若第二次仍未命中，还可以进行第三次射击，此时目标已在 200m 远处，若第三次命中则记 1 分，同时停止射击；若三次都未命中，则记 0 分，已知射手甲在 100m 处击中目标的概率为 0.5，他命中目标的概率与目标的距离的平方成反比，且各次射击都是独立的。求：

(1) 射手甲在 200m 处命中目标的概率。

(2) 设射手甲得 k 分的概率为 P_k，求 P_3、P_2、P_1、P_0 的值。

(3) 求射手甲在三次射击中击中目标的概率。

7. 袋子里有大小相同的 3 个红球和 4 个黑球，今从袋子里随机取出 4 个球。

(1) 求取出的红球数 ξ 的概率分布列和数学期望。

(2) 若取出每个红球得 2 分，取出每个黑球得 1 分，求得分不超过 5 分的概率。

8. 有甲、乙两个盒子，甲盒子中有 8 张卡片，其中两张写有数字 0，三张写有数字 1，三张写有数字 2；乙盒子中有 8 张卡片，其中三张写有数字 0，两张写有数字 1，三张写有数字 2。

(1) 如果从甲盒子中取两张卡片，从乙盒子中取一张卡片，那么取出的三张卡片都写有 1 的概率是多少？

(2) 如果从甲、乙两个盒子中各取一张卡片，设取出的两张卡片数字之和为 ξ，求 ξ 的分布列和期望值。

9. 一名学生每天骑车上学，从他家到学校的途中有 6 个交通岗，假设他在各个交通岗遇到红灯的事件是相互独立的，并且概率都是 1/3。

(1) 设 ξ 为这名学生在途中遇到红灯的次数，求 ξ 的分布列。

(2) 设 η 为这名学生在首次停车前经过的路口数，求 η 的分布列。

(3) 求这名学生在途中至少遇到一次红灯的概率。

10. 某公司"咨询热线"电话共有 8 路外线，经长期统计发现，在 8:00—10:00 这段时间内，外线电话同时打入情况如表 4-4 所示。

表 4-4 某公司 8:00—10:00 外线电话打入情况

电话同时打入个数 ξ	0	1	2	3	4	5	6	7	8
P	0.13	0.35	0.27	0.14	0.08	0.02	0.01	1	0

(1) 若这段时间内公司只安排了 2 位接线员（一个接线员一次只能接一个电话），①求至少一种电话不能一次接通的概率；②在一周五个工作日中，如果至少有三个工作日的这段时间(8:00—10:00)内至少一路电话不能一次接通，那么公司的形象将受到损害，现用该事件的概率表示公司形象的"损害度"，求上述情况下公司形象的"损害度"。

(2) 求一周五个工作日的这段时间(8:00—10:00)内，电话同时打入数 ξ 的期望。

第五章 统计推断

在日常生活中，常会遇到根据历史资料或经验估计和预判客观事物的内在规律，并以此指导某种现象，用分布函数形式已知的某随机变量来描述分布函数中的未知参数的问题。这就需要对该现象分布情况进行分析，对分布函数中的未知参数进行推断。来自总体的样本反映了总体的信息，利用样本资料对总体的未知情况进行推断具有重要的理论和实际价值。统计推断既是统计学研究的基本内容也是统计学科的最重要内容之一。

统计推断面临的是总体问题，而推断的出发点在于样本。统计推断的基本问题可以分为两大类，一类是估计问题，另一类是假设检验问题。其中，估计问题是利用样本对总体分布中的未知参数进行估计；而假设检验问题则是利用样本对提出的关于总体的某种假设进行检验。

第一节 参数估计的基本理论

总体参数估计是以样本统计量作为未知总体参数的估计量，并通过对样本各单位的实际观测取得样本数据，计算样本统计量的取值作为被估计参数的估计值。

在许多实际问题中，总体参数被理解为我们所研究的统计指标，它在一定范围内所取的数值是以一定的概率取各种数值的，从而形成一个概率分布，但是这个概率分布往往是未知的，例如，为了制定绿色食品的有关规定，需要研究蔬菜中残留农药的分布状况，对这个分布我们知之甚少，以致它属于何种类型我们都不清楚。有时我们可以断定分布的类型，例如，在农民收入调查中，根据实际经验和理论分析如概率论中的中心极限定理，可以断定收入服从正态分布，但分布中的参数取何值却是未知的，这就导致统计估计问题。统计估计就专门研究由样本估计总体的未知分布或分布中的未知参数。直接对总体的未知分布进行估计的问题称为非参数估计；当总体分布类型已知，仅须对分布的未知参数进行估计的问题称为参数估计。本节主要研究参数估计问题。本节及以后假定抽样方法为放回简单随机抽样（纯随机重复抽样），样本的每个分量都与总体同分布，它们之间相互独立。

一、抽样估计方法的基本条件

无论是社会经济生活还是科学试验，人们在做出某种决策之前总是要对许多情况进行估计。例如，销售人员要估计新产品为消费者接受（或喜好）的程度，商场经理要估计附近居民的购买能力，民意机关要估计竞选者的得票率等。这些估计常是在信息不完全、结果不确定的情况下做出的。参数估计提供了一套在满足一定精度要求下根据部分信息估计总体参数的真值，做出同这个估计相适应的误差说明的科学方法。因此，抽样估计方法必须满足下列基本条件。

（一）有合适的统计量作为估计量

统计量是样本变量的函数，根据样本变量可以构建多种统计量，但并不是所有的统计量都可以充当良好的估计量。例如，根据一个样本可以计算的统计量有平均数、中位数、众数等，在估计总体平均数时只有样本平均数是合适的统计量。在选择样本统计量作为总体参数估计量时需要回答下列问题：样本统计量与总体参数估计量存在什么样的内在联系，以样本统计量作为良好估计量的标准是什么等。只有这样才能通过样本的实际观测值来确定总体参数的估计值。

（二）有合理的允许误差范围

允许误差范围又称抽样极限误差，指样本统计量与被估计总体参数离差的绝对值可允许变动的上限和下限。统计量本身是随机变量，无误差的估计根本无法实现，但误差过大将失去参数估计的意义。因此，应根据研究对象的变异程度和分析任务的要求确定一个合理的允许误差范围，凡估计值与被估计值之间的离差不超过允许范围的估计就是有效的。

（三）有一个可接受的置信度

估计置信度也称估计推断的概率保证度，这是估计可靠性的问题。由于抽样是随机抽样、统计量是随机变量、估计区间也是随机的，所以在实际中并不能保证被估计的参数真值一定落在允许误差范围内。这就产生了一个新的问题：要冒多大的风险相信所做的估计？如果愿意冒10%的风险，就是说在重复100次的估计中，将有10次是错误的，90次估计是正确的。那么，90%就是置信度或概率保证度。因此，在估计的时候应根据研究问题的性质和工作的需要确定一个可接受的置信度。

二、抽样估计中的基本概念

在抽样推断中，常常要用到以下几个基本概念。

（一）总体和样本

总体也称全及总体或母体，是指所要研究对象的整体。一般情况下，总体的单位数很大，甚至是无限的。

样本又称子样或抽样总体，它是按随机性的原则从总体中抽出的作为代表的部分单位组成的集合体。样本的单位数是有限的。

（二）参数及统计量

参数即为全及指标，是指根据总体各单位的标志值或标志属性计算的，反映总体特征的综合指标。它是总体变量的函数，其值是唯一的、确定的，其主要指标有总体的均值、比率(成数)和方差(或标准差)等。

统计量是根据样本各单位标志值或标志属性计算的综合指标。统计量是变量的函数，是用来估计总体参数的，常和总体参数相对应，因此有样本平均数、比率(成数)和方差(或标准差)等。

(三) 样本容量和样本个数

样本容量是指一个样本中所包含的单位数，样本容量的大小关系到抽样调查的效果和抽样方法的应用。通常将样本容量大于 30 的样本称为大样本，容量小于 30 的样本称为小样本，一般的抽样调查多属于大样本调查。

样本个数又称为样本可能的数目，是指从一个总体中可能抽取的样本个数。一个总体可能抽取多少个样本和样本容量及抽样方法等因素有关。一个总体有多少个样本，样本统计量就有多少种取值，从而形成该统计量的分布，统计量的分布是抽样推断的基础。

(四) 重复抽样和不重复抽样

重复抽样又称为重置抽样或放回抽样，是指从总体中抽取样本时，随机抽取一个单位记录好其标志表现后，将其放回总体中，重新参与抽样，再从总体中抽取第二个单位记录其标志表现，依此类推，直到抽取出第 n 个单位为止。这样在每次抽选时，总体的待选单位数是不变的，每次抽样都相当于是一次独立的实验。

不重复抽样又称为不重置抽样或非放回抽样，是指从总体中抽取样本时，随机抽取一个单位记录好其标志表现后，不再放回总体中，从剩余的总体中抽取第二个单位记录其标志表现，依此类推，直到抽取出第 n 个单位为止。这样在每次抽选时，总体的待选单位数是不同的。

以上两种抽样方法对抽样调查的结果产生不同的影响：抽取的样本数目不同、样本的代表性不同导致抽样误差不同，因此抽样误差的计算公式也不尽相同。

(五) 估计量与估计值

估计量是指用来估计总体参数的统计量，如样本均值、样本比例、样本方差等都可以是一个估计量；估计值就是估计量的具体数值。参数估计就是用样本统计量去估计总体参数。

三、参数估计的基本方法

参数估计方法有点估计与区间估计两种方法。

(一) 点估计

点估计又称定值估计，它是直接以样本统计量作为相应的总体参数的估计量。点估计的优点在于提供了总体参数的具体估计值，作为决策的数量依据；其不足之处在于，它是非对即错的估计方式，不能提供误差情况的相关信息。

设总体 X 的分布类型已知，但包含有未知参数 θ，从总体中抽取一个简单随机样本 $(X_1, X_2, \cdots, X_n)$，欲利用样本提供的信息对总体未知参数 θ 进行估计。构造一个适当的统计量：

$$\hat{\theta} = T(X_1, X_2, \cdots, X_n)$$

作为 θ 的估计，称 $\hat{\theta}$ 为未知参数 θ 的点估计量(point estimate)。当有了一个具体的样

本观察值$(X_1, X_2, \cdots, X_n)$后,将其代入估计量中就得到估计量的一个具体观察值$T(X_1, X_2, \cdots, X_n)$,称为参数θ的一个点估计值。今后,点估计量和点估计值这两个名词将不强调它们的区别,通称为点估计,具体表示点估计量还是点估计值由上下文确定。

▶ **1. 评价估计量的标准**

估计总体参数需要选择一个恰当的统计量作为总体参数的估计量,一个优良的估计量应符合以下三个标准。

1) 无偏性

样本统计量的期望值(平均数)等于被估计的总体参数。设$\hat{\theta} = T(X_1, X_2, \cdots, X_n)$是未知参数$\theta$的一个点估计量,若$\hat{\theta}$满足$E(\hat{\theta}) = \theta$,即估计量的数学期望等于被估计参数,则称$\hat{\theta}$是$\theta$的无偏估计量(unbiased estimate),否则称为有偏估计量。

需要注意的是,由于估计量$\hat{\theta}$是样本$(X_1, X_2, \cdots, X_n)$的函数,样本量是n维随机变量,所以对$\hat{\theta}$求平均数是按样本$(X_1, X_2, \cdots, X_n)$的概率分布求平均。

无偏性是衡量点估计量好坏的一个评价标准,这个评价标准的直观意义如下:由于样本的出现带有随机性,所以基于一次具体抽样所得的参数估计值未必等于参数真值,这是由样本的随机性造成的。我们希望当大量使用这个估计量对总体参数进行估计时,一系列估计值的平均值应该与待估参数真值相等,这就从平均效果上对估计量的优劣给出一个评价标准。

2) 有效性

作为优良估计量的方差应该比其他估计量的方差小。设$\hat{\theta}_1 = T_1(X_1, X_2, \cdots, X_n)$,$\hat{\theta}_2 = T_2(X_1, X_2, \cdots, X_n)$均为未知参数$\theta$的无偏估计量,如果对参数$\theta$的一切可能取值有$Var(\hat{\theta}_1) \leq Var(\hat{\theta}_2)$且严格不等号至少对参数$\theta$的某个可能值成立,则称无偏估计量$\hat{\theta}_1$比$\hat{\theta}_2$更有效(efficiency)。

一个无偏估计量并不意味着它就非常接近被估计的参数,它还必须与总体参数的离散程度比较小。对同一总体参数的两个无偏点估计量,方差小者更有效。

3) 一致性

当样本的单位数(样本容量)足够大时,样本统计量就充分靠近总体参数。设容量为n的样本$(X_1, X_2, \cdots, X_n)$,$\hat{\theta}_n = T_n(X_1, X_2, \cdots, X_n)$是参数$\theta$的一个估计量,$n = 1, 2, \cdots$,若对任意$\varepsilon > 0$,$\lim_{n \to \infty} P\{|\hat{\theta}_n - \theta| < \varepsilon\} = 1$,则称$\{\hat{\theta}_n\}$是$\theta$的一个一致的估计量序列,或称此估计量序列$\{\hat{\theta}_n\}$具有一致性。

▶ **2. 均方误差准则**

对未知参数的两个无偏估计,可以通过比较它们的方差来判断哪个更好,但对于有偏估计,仅仅比较方差就很难说明哪个更好。由于我们所关心的是估计量取值"集中"于参数真值的程度,即整体上偏离其真值的大小,因此采用均方误差(mean square error)来描述估计量的好坏更为合理。

设$\hat{\theta}_1$、$\hat{\theta}_2$是参数θ的两个估计量,若对θ的一切可能值,$E(\hat{\theta}_1 - \theta)^2 \leq E(\hat{\theta}_2 - \theta)^2$且严

格不等号至少对参数 θ 的某个可能值成立，则称在均方误差意义下 $\hat{\theta}_1$ 优于 $\hat{\theta}_2$。其中，$E(\hat{\theta}-\theta)^2$ 称为均方误差，记为 $MSE(\hat{\theta})$。

（二）区间估计

在参数估计中，虽然点估计可以给出未知参数的一个估计，但不能给出估计的精度。为此，人们希望利用样本给出一个范围，要求它以足够大的概率包含被估计参数真值。这就涉及区间估计（interval estimation）的问题。

区间估计就是估计样本估计量以一定可靠度推断总体参数所在的区间范围。区间估计的特点是：不指出被估计参数的确定数值，仅给出了被估计参数可能的范围，同时给出了参数落在这一范围内的相应的概率保证程度。

设 θ 是未知参数，$(X_1, X_2, \cdots, X_n)$ 是来自总体的样本，构造两个统计量 $\hat{\theta}_1 = T_1(X_1, X_2, \cdots, X_n)$，$\hat{\theta}_2 = T_2(X_1, X_2, \cdots, X_n)$，对于给定的 $\alpha(0<\alpha<1)$，若 $\hat{\theta}_1$、$\hat{\theta}_2$ 满足 $P\{\hat{\theta}_1 \leqslant \theta \leqslant \hat{\theta}_2\} = 1-\alpha$，则称随机区间 $[\hat{\theta}_1, \hat{\theta}_2]$ 是参数 θ 的置信水平（confidence level）为 $1-\alpha$ 的置信区间（confidence interval），$1-\alpha$ 称为 $[\hat{\theta}_1, \hat{\theta}_2]$ 的置信度，$\hat{\theta}_1$，$\hat{\theta}_2$ 称为置信限（confidence limit）。这里有几点需要说明：

（1）区间 $[\hat{\theta}_1, \hat{\theta}_2]$ 的端点 $(\hat{\theta}_1, \hat{\theta}_2)$ 及长度 $\hat{\theta}_2 - \hat{\theta}_1$ 都是样本的函数，也都是随机变量，因此 $[\hat{\theta}_1, \hat{\theta}_2]$ 是一个随机区间。

（2）$P\{\hat{\theta}_1 \leqslant \theta \leqslant \hat{\theta}_2\} = 1-\alpha$ 是随机区间 $[\hat{\theta}_1, \hat{\theta}_2]$ 以 $1-\alpha$ 的概率包含未知参数真值，区间长度 $\hat{\theta}_2 - \hat{\theta}_1$ 描述估计的精度，置信水平 $1-\alpha$ 描述了估计的可靠度。

（3）因为未知参数 θ 是非随机变量，所以不能说 θ 落入区间 $[\hat{\theta}_1, \hat{\theta}_2]$ 的概率是 $1-\alpha$，而应是随机区间 $[\hat{\theta}_1, \hat{\theta}_2]$ 包含 θ 的概率是 $1-\alpha$。

通俗地说，在点估计的基础上，给出总体参数的一个范围称为区间估计。

四、抽样组织方式

抽样组织方式按抽样时对总体的加工整理形式不同，分为简单随机抽样、机械抽样、类型抽样和整群抽样。

（一）简单随机抽样

简单随机抽样又称纯随机抽样，是指不对总体作任何加工整理，直接从总体中抽取调查单位的抽样调查方式。它是抽样组织方式中最基本的形式，其他各种组织方式都是以其为依据而派生的。从理论上讲，这种方式是最符合随机性原则的。

这种方法简单易行，而且用被抽中的单位作为样本推断总体最具有代表性，它适用于总体单位数不太多的均匀总体。所谓均匀总体，是指具有某种特征的单位均匀地分布于总体的各个部分，且总体的各个部分都是同等分布的。除特殊说明外，本书所讲述的抽样概念均指简单随机抽样。

（二）机械抽样

机械抽样又称为等距抽样或系统抽样，它是先将总体按某一标志值排序，然后按固定的顺序和相同的间隔来抽选样本单位的抽样组织方式。机械抽样可以分为按有关标志排序抽样和按无关标志排序抽样两类。

机械抽样组织方式，特别是按有关标志排序的机械抽样能够使抽出的样本单位更均匀地分布在总体中，其抽样误差一般要小于简单随机抽样的误差，在被研究现象的总体变异程度较大时适于采用该方式。机械抽样均为不重复抽样。

（三）类型抽样

类型抽样又称分层抽样或分类抽样，它是先将所要调查的总体按某一主要的有关标志分组，然后再从各组中采取简单随机抽样或机械抽样的方法抽取样本单位。其主要应用于总体中各单位在被研究标志上有明显差别的抽样。类型抽样的特点是把统计分组与抽样原理有机结合在一起，保证了样本对总体具有更高的代表性。因此，抽样误差比简单随机抽样和机械抽样的误差要小一些。

（四）整群抽样

整群抽样也称分群抽样或集团抽样，是将总体划分为若干群，然后以群为单位从总体中随机抽取部分群，最后对被抽中的群进行全面调查的抽样组织方式。

整群抽样不需要编制总体单位框，只需要编制总体群的"抽样框"，因此工作量要小些。在大规模抽样调查中，如果总体单位太多，分布区域太广，又缺乏抽样框或不宜于编制抽样框时，可采用这种方式。

第二节 总体均值、比例及方差的区间估计

抽样调查不可避免地存在误差。点估计没有对抽样误差进行估计和分析，而区间估计则是在分析了抽样误差的基础上对总体参数进行的估计。

一、抽样误差

抽样调查之所以得到广泛的应用，主要在于它不仅可以根据样本资料来推断总体，还能够计算和控制抽样误差。对总体参数的区间估计离不开对抽样误差的分析。在实际应用中，关于抽样误差有三个与之密切相关的概念需要明确。

（一）实际抽样误差

实际抽样误差是指某一具体样本的样本估计值与总体参数真实值之间的离差。在实际抽样中，由于总体参数是未知的，因此实际抽样误差是无法计算的。但是，样本抽取的随机性决定了样本估计量的随机性，因此就某个既定的抽样方案而言，样本估计量的所有可能取值是有一定分布规律的。

（二）抽样平均误差

实际工作中，对抽样误差的计算和控制并不是针对实际抽样误差而言的，而是针对的抽样平均误差和抽样极限误差，其中抽样平均误差是基础。在统计学中，通常用标准差来反映总体之间的离散程度，因此，样本估计量的标准差实际上反映了所有可能样本的估计值与总体参数的平均差异程度，它反映了所有可能样本的实际抽样误差的一般水平，故把

样本估计量的标准差定义为抽样平均误差。即

$$\sigma_{(\hat{\theta})} = \sqrt{\frac{\sum (\theta - \hat{\theta})^2}{\text{可能样本个数}}} \tag{5-1}$$

抽样平均误差可以衡量样本对总体的代表性。抽样平均误差越小，平均来说样本对总体的代表性就越大。与抽样平均误差相对应的概念是抽样方差（即抽样平均误差的平方），它与抽样平均误差具有相同的作用。它们是抽样估计的计算基础。

（三）抽样极限误差

抽样极限误差是指在一定概率下抽样误差的可能范围，也称为允许误差，其表达式为 $|\hat{\theta} - \theta| \leq \Delta_{\hat{\theta}}$。在一定概率下，抽样极限误差是抽样误差的可能范围，其大小与估计概率紧密相连，这个概率叫置信度（也称可靠度、可信程度、把握度或概率保证度等），用 $1-\alpha$ 表示。抽样极限误差是抽样平均误差与概率保证度的函数，反映两者关系的计算公式为

$$\Delta_\theta = t \cdot \sigma_\theta \tag{5-2}$$

式（5-2）是进行区间估计的重要公式，其中的系数 t 与置信度具有对应关系，在总体分布形态已知的条件下，根据置信度的要求，可以查表确定 t 值。

二、总体均值的区间估计

（一）正态分布估计

总体服从正态分布且方差已知时，样本均值也服从正态分布；若总体方差未知或总体不服从正态分布（非正态总体），如果样本为大样本（$n \geq 30$），样本均值也近似地服从正态分布。在这种情况下，样本均值的抽样分布呈正态分布，其数学期望为总体均值 μ，方差为 $\frac{\sigma^2}{n}$。则 $\overline{X} \pm Z_{\frac{\alpha}{2}} \cdot \frac{\sigma}{\sqrt{n}}$ 称为总体均值在 $1-\alpha$ 置信水平下的置信区间。

设样本 $(X_1, X_2, \cdots, X_n)$ 来自正态总体 $N(\mu, \sigma^2)$，μ 是总体均值，σ^2 是总体方差，当 σ^2 已知时，数理统计证明 $\overline{X}$ 服从正态分布 $N\left(\mu, \frac{\sigma^2}{n}\right)$，从而 $\frac{\overline{X} - \mu}{\sigma/\sqrt{n}}$ 服从标准正态分布 $N(0, 1)$，对给定的置信系数 $1-\alpha$，查 $N(0, 1)$ 表可得上 $\frac{\alpha}{2}$ 分位点 $Z_{\frac{\alpha}{2}}$，使得 $P\left\{\left|\frac{\overline{X} - \mu}{\sigma/\sqrt{n}}\right| \leq Z_{\frac{\alpha}{2}}\right\} = 1-\alpha$ 从而有 $P\left\{\overline{X} - Z_{\frac{\alpha}{2}} \frac{\sigma}{\sqrt{n}} \leq \mu \leq \overline{X} + Z_{\frac{\alpha}{2}} \frac{\sigma}{\sqrt{n}}\right\} = 1-\alpha$，取

$$\hat{\mu}_1 = \overline{X} - Z_{\frac{\alpha}{2}} \frac{\sigma}{\sqrt{n}}, \quad \hat{\mu}_2 = \overline{X} + Z_{\frac{\alpha}{2}} \frac{\sigma}{\sqrt{n}} \tag{5-3}$$

根据式（5-3）得 $[\hat{\mu}_1, \hat{\mu}_2]$，即 $\hat{\mu}_1 \leq \mu \leq \hat{\mu}_2$，就是 μ 的置信水平为 $1-\alpha$ 的置信区间。

[例 5-1] 保险公司从投保人中随机抽取 36 人，计算这 36 人的平均年龄 $\overline{X} = 39.5$ 岁，已知投保人平均年龄近似服从正态分布，年龄的标准差为 7.2 岁试求：投保人平均年龄的置信水平为 99% 的置信区间。

解：$1-\alpha = 0.99$，$\alpha = 0.01$，查 $N(0, 1)$ 表得 $Z_{\frac{\alpha}{2}} = 2.575$，根据式（5-3）得

$$\hat{\mu}_1 = \overline{X} - Z_{\frac{\alpha}{2}} \frac{\sigma}{\sqrt{n}} = 39.5 - 2.575 \times \frac{7.2}{\sqrt{36}} = 36.41$$

$$\hat{\mu}_2 = \overline{X} + Z_{\frac{\alpha}{2}} \frac{\sigma}{\sqrt{n}} = 39.5 + 2.575 \times \frac{7.2}{\sqrt{36}} = 42.59$$

通过计算得知，全体投保人平均年龄的置信水平为 99% 的置信区间为 [35.41, 42.59]，即投保人的平均年龄在 36.41~42.59 岁。

[例 5-2] 例 5-1 中，如果保险公司从投保人中随机抽取 36 人，得到他们的年龄数据如下：

23	35	39	27	36	44
36	42	46	43	31	33
42	53	45	54	47	24
34	28	39	36	44	40
39	49	38	34	48	50
34	39	45	48	45	32

试求投保人年龄 90% 的置信区间。

解：已知 $n=36$，$1-\alpha=90\%$，查正态分布表得 $Z_{\frac{\alpha}{2}}=1.645$，由于总体方差 σ^2 未知，但样本容量 $n=36$，为大样本，故可用样本方差代替。

根据样本资料计算的样本均值和样本标准差为

$$\overline{X} = \frac{\sum x}{n} = \frac{1\,422}{36} = 39.5, \quad s = \sqrt{\frac{\sum(x-\overline{x})^2}{n-1}} = 7.77$$

样本均值和样本标准差的计算也可直接通过 Excel 软件中的描述统计功能完成。默认情况下，Excel 没有安装"分析工具库"，只有在安装后才能使用。在"数据分析"中，找到"描述统计"选项，在弹出的对话框中选择自己需要的选项，计算结果如图 5-1 所示。

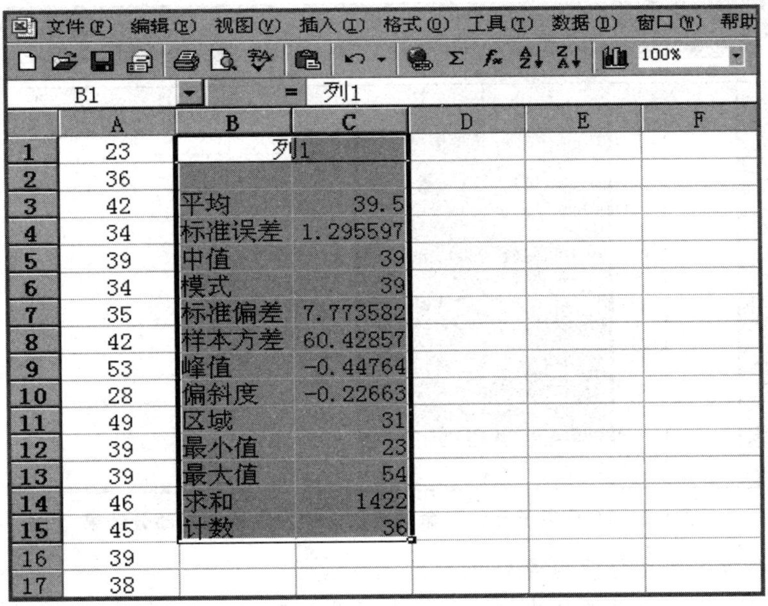

图 5-1 描述统计运行结果

根据式(5-3)计算得，置信区间为 $\overline{X} \pm Z_{\frac{\alpha}{2}} \cdot \frac{s}{\sqrt{n}} = 39.5 \pm 1.645 \times \frac{7.77}{\sqrt{36}}$，即 39.5 ± 2.13。所以，投保人平均年龄的 90% 的置信区间为 37.37~41.63 岁。

(二) t 分布估计

总体服从正态分布（正态总体），但方差未知且在小样本时，样本均值服从 t 分布。如果总体服从正态分布，而且总体方差已知，无论样本容量大小，样本均值的抽样分布都服从正态分布。即使在小样本情况下，也可以按式(5-3)计算总体均值的置信区间。但是，如果总体方差 σ^2 未知，就需用样本方差 S^2 代替，在小样本情况下，应用 t 分布来建立总体均值的置信区间。

t 分布是类似正态分布的一种对称分布，通常要比正态分布平坦和分散。随着自由度的增大，t 分布逐渐趋于正态分布。

因此，在正态总体、方差未知、小样本情况下，总体均值在 $1-\alpha$ 置信水平下的置信区间为

$$\overline{x} \pm t_{\frac{\alpha}{2}}^{(n-1)} \cdot \frac{s}{\sqrt{n}} \quad （重复抽样条件下） \tag{5-4}$$

$$\overline{x} \pm t_{\frac{\alpha}{2}}^{(n-1)} \cdot \frac{s}{\sqrt{n}} \sqrt{\frac{N-n}{N-1}} \quad （不重复抽样条件下） \tag{5-5}$$

式中，$t_{\frac{\alpha}{2}}(n-1)$ 为 t 分布临界值，可以查 t 分布临界值表得到，也可由 Excel 计算得到。

[例 5-3] 已知某种电子元件的寿命服从正态分布，现从一批电子元件中随机抽取 16 只，测得其寿命的原始数据如图 5-2A 列所示。

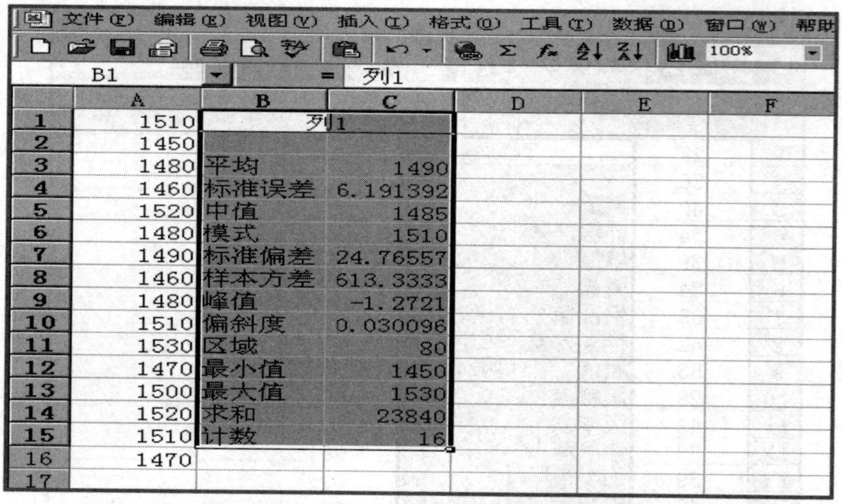

	A	B	C
1	1510	列1	
2	1450		
3	1480	平均	1490
4	1460	标准误差	6.191392
5	1520	中值	1485
6	1480	模式	1510
7	1490	标准偏差	24.76557
8	1460	样本方差	613.3333
9	1480	峰值	-1.2721
10	1510	偏斜度	0.030096
11	1530	区域	80
12	1470	最小值	1450
13	1500	最大值	1530
14	1520	求和	23840
15	1510	计数	16
16	1470		

图 5-2 16 只电子元件寿命的原始数据及描述统计部分结果

要求建立该批电子元件使用寿命 95% 的置信区间。

解：根据样本资料计算的样本均值和样本标准差为

$$\overline{X} = \frac{\sum x}{n} = \frac{23\,840}{16} = 1\,490, \quad s = \sqrt{\frac{\sum(x-\overline{x})^2}{n-1}} = 24.77$$

样本均值和样本标准差的计算，也可直接通过 Excel 软件中的描述统计功能计算，计算结果如图 5-2 中列 1 所示。

由 $1-\alpha=95\%$ 知，$t_{\frac{\alpha}{2}}^{(n-1)}=t_{0.025}^{(15)}=2.131$。

根据式(5-4)计算该批电子元件平均使用寿命 95% 的置信区间为

$$\overline{x}\pm t_{\frac{\alpha}{2}}^{(n-1)}\cdot\frac{s}{\sqrt{n}}=1\,490\pm2.131\times\frac{24.77}{\sqrt{16}}=1\,490\pm13.2$$

$$1\,490+13.2=1\,503.2,\ 1\,490-13.2=1\,475.8$$

所以，该批电子元件平均使用寿命在 95% 的置信水平下的置信区间为 1 475.8～1 503.2 小时。

现将总体均值的区间估计总结如表 5-1 所示。

表 5-1　不同情况下总体均值的区间估计

总体分布	样本容量	总体方差	估计区间
正态分布	大样本	已知	$\overline{x}\pm Z_{\frac{\alpha}{2}}\cdot\frac{\sigma}{\sqrt{n}}$
		未知	$\overline{x}\pm Z_{\frac{\alpha}{2}}\cdot\frac{s}{\sqrt{n}}$
	小样本	已知	$\overline{x}\pm Z_{\frac{\alpha}{2}}\cdot\frac{\sigma}{\sqrt{n}}$
		未知	$\overline{x}\pm t_{\frac{\alpha}{2}}(n-1)\cdot\frac{s}{\sqrt{n}}$
非正态分布	大样本	已知	$\overline{x}\pm Z_{\frac{\alpha}{2}}\cdot\frac{\sigma}{\sqrt{n}}$
		未知	$\overline{x}\pm Z_{\frac{\alpha}{2}}\cdot\frac{s}{\sqrt{n}}$

很多统计软件的基本统计功能就可以对数据进行初步的考察、核实，并估计其总体的基本参数。例如，SPSS 提供数据探索功能，打开 Descriptive Statistics 下的 Explore 对话框，如图 5-3 所示，完成相应的对话框选项后运行即可完成总体均值的参数估计。

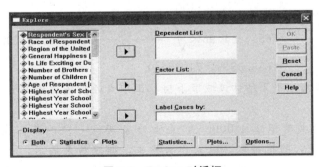

图 5-3　Explore 对话框

例 5-2 的分析结果如图 5-4。从图 5-4 可以看出，投保人员的平均年龄为 39.5 岁，其 90% 的置信区间为 37.3～41.7 岁。

			Statistic	Std. Error
年龄	Mean		39.500 0	1.295 60
	90% Confidence	Lower Bound	37.311 0	
	Interval for Mean	Upper Bound	41.689 0	
	5% Trimmed Mean		39.611 1	
	Median		39.000 0	
	Variance		60.429	
	Std. Deviation		7.773 58	
	Minimum		23.00	
	Maximum		54.00	
	Range		31.00	
	Interquartile Range		11.000 0	
	Skewness		−0.227	0.393
	Kurtosis		−0.448	0.768

图 5-4　投保人年龄 90% 的区间估计

三、总体比例的区间估计

在大样本（一般经验规则 $np \geqslant 5$ 和 $n(1-p) \geqslant 5$）条件下，样本比例的抽样分布可用正态分布近似表达。在这种情况下，数理统计已经证明如下结论。

置信水平为 $1-\alpha$ 的置信区间为

$$p \pm Z_{\frac{\alpha}{2}} \cdot \sqrt{\frac{p(1-p)}{n}} \quad \text{（重复抽样）} \tag{5-6}$$

$$p \pm Z_{\frac{\alpha}{2}} \cdot \sqrt{\frac{p(1-p)}{n}\left(\frac{N-n}{N-1}\right)} \quad \text{（不重复抽样）} \tag{5-7}$$

[例 5-4] 某城市想要估计下岗职工中女性所占的比例，采取重复抽样方法随机抽取了 100 名下岗职工，其中 65 人为女性。试以 95% 的置信水平估计该城市下岗职工中女性所占比例的置信区间。

解：已知 $n=100$，$z_{\frac{\alpha}{2}}=1.96$，$p=\frac{65}{100}=65\%$，根据式(5-6)得

$$p \pm Z_{\frac{\alpha}{2}} \cdot \sqrt{\frac{p(1-p)}{n}} = 65\% \pm 1.96 \times \sqrt{\frac{65\% \times (1-65\%)}{100}} = 65\% \pm 9.35\%$$
$$= (55.65\%, 74.35\%)$$

所以，95% 的置信水平下估计该城市下岗职工中女性所占比例的置信区间为 55.65%～74.35%。

[例 5-5] 某企业共有职工 1 000 人，企业准备实行一项改革，在职工中征求意见，采用不重复抽样方法，随机抽取 200 人作为样本，调查结果显示，有 150 人表示赞成这项改革，有 50 人表示反对。试以 95% 的置信水平确定赞成改革的人数比例的置信区间。

解：已知 $n=200$，$z_{\frac{\alpha}{2}}=1.96$，$p=\frac{150}{200}=75\%$，根据式(5-7)得

$$p \pm Z_{\frac{\alpha}{2}} \cdot \sqrt{\frac{p(1-p)}{n}\left(\frac{N-n}{N-1}\right)} = 75\% \pm 1.96 \times \sqrt{\frac{75\%(1-75\%)}{200}\left(\frac{1\,000-200}{1\,000-1}\right)}$$
$$= 75\% \pm 5.37\% = (69.63\%, 80.37\%)$$

因此，赞成改革的人数比例的 95% 置信区间为 69.63%~80.37%。

四、总体方差的区间估计

数理统计证明，对于容量为 n 的正态分布总体，样本方差 S^2，若总体方差为 σ^2，则 $\frac{(n-1)S^2}{\sigma^2}$ 服从自由度为 $n-1$ 的 χ^2 分布。对给定的置信系数 $1-\alpha$，查 χ^2 分布表可得上 $\frac{\alpha}{2}$ 分位点 $\chi^2_{\frac{\alpha}{2}}(n-1)$ 和下 $1-\frac{\alpha}{2}$ 分位点 $\chi^2_{1-\frac{\alpha}{2}}(n-1)$，使得

$$P\left\{\chi^2_{1-\frac{\alpha}{2}}(n-1) \leqslant \frac{(n-1)S^2}{\sigma^2} \leqslant \chi^2_{\frac{\alpha}{2}}(n-1)\right\} = 1-\alpha$$

从而有

$$P\left\{\frac{(n-1)S^2}{\chi^2_{\frac{\alpha}{2}}(n-1)} \leqslant \sigma^2 \leqslant \frac{(n-1)S^2}{\chi^2_{1-\frac{\alpha}{2}}(n-1)}\right\} = 1-\alpha$$

取 $\hat{\sigma}_1^2 = \frac{(n-1)S^2}{\chi^2_{\frac{\alpha}{2}}(n-1)}$，$\hat{\sigma}_2^2 = \frac{(n-1)S^2}{\chi^2_{1-\frac{\alpha}{2}}(n-1)}$，则 $[\hat{\sigma}_1^2, \hat{\sigma}_2^2]$ 即是 σ^2 的置信水平为 $1-\alpha$ 的置信区间。即

$$\frac{(n-1)s^2}{\chi^2_{\frac{\alpha}{2}}(n-1)} \leqslant \sigma^2 \leqslant \frac{(n-1)s^2}{\chi^2_{1-\frac{\alpha}{2}}(n-1)} \tag{5-8}$$

[例 5-6] 食品厂从生产的罐头中随机抽取 15 个称其重量，得样本方差 $S^2 = 1.65^2$（克^2），设罐头重量服从正态分布，试求其方差的 90% 的置信区间。

解：$1-\alpha = 0.9$，$\alpha = 0.1$，查 χ^2 分布表得 $\chi^2_{\frac{\alpha}{2}}(n-1) = 23.685$；$\chi^2_{1-\frac{\alpha}{2}}(n-1) = 6.571$，根据式(5-8)计算得：

$$\frac{(n-1)S^2}{\chi^2_{\frac{\alpha}{2}}(n-1)} = \frac{14 \times 1.65^2}{23.685} = 1.61, \quad \frac{(n-1)S^2}{\chi^2_{1-\frac{\alpha}{2}}(n-1)} = \frac{14 \times 1.65^2}{6.571} = 5.8$$

因此，总体方差的置信水平为 90% 的置信区间为 [1.61, 5.8]。

第三节 样本容量的确定

在抽取样本时，样本容量应多大是一个很实际的问题。样本容量越大，收集的信息就多，从而估计精度就高，但进行观测所投入的费用、人力及时间也就多；同理，样本容量越小，投入的费用、人力及时间少，但收集的信息也少，从而估计精度也低。这说明精度和费用对样本容量的影响是矛盾的，不存在即使精度最高又使费用最省的样本容量。一个常用的准则是在保证精度的前提下，寻求费用最省的样本容量。由于费用通常是样本容量的正向线性函数，故费用最省的样本容量也就是精度得到保证的最小样本容量，通常也称必要抽样数目。

一、影响样本容量大小的因素

影响样本容量的因素很多,有客观因素也有主观因素,主要有以下几个。

(一) 总体中各单位间的离散程度

如果被研究总体中,各单位间的离散程度(即总体方差)较大,总体中单个单位的代表性较小,因此需要抽取较多的样本单位来提高样本的代表性;反之,总体间各单位的离散程度较小时,较小样本容量即可满足代表性的要求。

(二) 抽样允许的误差范围

允许的误差范围(即抽样极限误差)是要求的估计精度。如果允许的误差范围很小就是要求较高的估计精度,抽取的样本单位数应多些,来满足估计精度的要求;反之,如果允许的误差范围较大说明要求的估计精度不高,则较小的样本容量即可满足估计精度的要求。

(三) 抽样推断的可靠程度

抽样推断的可靠度即指估计的置信度,可靠度越高,抽取样本的单位数应越多;反之,如果要求抽样的可靠度不高,较小的样本容量即可满足可靠度的要求。

(四) 抽样方法和抽样的组织方式

一般来说,抽样组织方式的样本代表性越高,抽样误差就越小,则较小的样本容量就可满足抽样推断的要求。因此,在其他条件不变的情况下,重复抽样比不重复抽样的样本容量要大些;类型抽样可比简单随机抽样的样本容量小些。

二、估计总体均值时样本容量的确定

在简单随机重复抽样下,设样本$(X_1, X_2, \cdots, X_n)$来自正态总体$N(\mu, \sigma^2)$,总体均值μ的点估计为样本均值$\overline{X}$。如果要求以$\overline{X}$估计μ时的绝对误差为d,可靠度为$1-\alpha$,即要求$P\{|\overline{X}-\mu| \leqslant d\} = 1-\alpha$。

由$P\left\{\left|\dfrac{\overline{X}-\mu}{\sigma/\sqrt{n}}\right| \leqslant z_{\frac{\alpha}{2}}\right\} = 1-\alpha$得$P\left\{|\overline{X}-\mu| \leqslant z_{\frac{\alpha}{2}}\dfrac{\sigma}{\sqrt{n}}\right\} = 1-\alpha$,故只需取绝对误差$d = z_{\frac{\alpha}{2}}\dfrac{\sigma}{\sqrt{n}}$,从而得到样本容量公式为

$$n = \frac{z_{\frac{\alpha}{2}}^2 \sigma^2}{d^2} \text{(重复抽样条件下)} \tag{5-9}$$

同理,在简单随机不重复抽样条件下,可以得出估计总体均值时样本容量的计算公式为

$$n = \frac{N z_{\frac{\alpha}{2}}^2 \sigma^2}{(N-1)d^2 + z_{\frac{\alpha}{2}}^2 \sigma^2} \text{(不重复抽样条件下)} \tag{5-10}$$

[例5-7] 在某企业中,采用简单随机抽样调查职工月平均奖金额,设职工月奖金额服从标准差为10元的正态分布,要求估计的绝对误差为3元,可靠度为95%,试问应抽取多少名职工作为样本?

解:已知$\sigma = 10$,$d = 3$,$1-\alpha = 0.95$,$z_{\frac{\alpha}{2}} = 1.96$,则$n = \dfrac{z_{\frac{\alpha}{2}}^2 \sigma^2}{d^2} = \dfrac{1.96^2 \times 10^2}{3^2} = 42.68 \approx$

43，即须抽取43名职工作为样本进行调查。

三、估计总体比例时样本大小的确定

在简单随机重复抽样条件下，估计总体比例时，可以定义绝对误差 $d = Z_{\frac{\alpha}{2}}\sqrt{\frac{p(1-p)}{n}}$，从而得到样本容量为

$$n = \frac{Z_{\frac{\alpha}{2}}^2 \pi(1-\pi)}{d^2} \text{（重复抽样条件下）} \tag{5-11}$$

同理，在简单随机不重复抽样条件下，可以得出估计总体比例时样本容量的计算公式为

$$n = \frac{NZ_{\frac{\alpha}{2}}^2 \pi(1-\pi)}{(N-1)d^2 + Z_{\frac{\alpha}{2}}^2 \pi(1-\pi)} \text{（不重复抽样条件下）} \tag{5-12}$$

[例 5-8] 根据以往的生产统计，某种产品的合格率为90%，现要求绝对误差为5%，在置信水平为95%的置信区间时，求应抽取多少个产品作为样本？

解：已知 $\pi = 90\%$，$d = 5\%$，$Z_{\frac{\alpha}{2}} = 1.96$，则 $n = \frac{Z_{\frac{\alpha}{2}}^2 \pi(1-\pi)}{d^2} = \frac{1.96^2 \times 0.9 \times (1-0.9)}{0.05^2} = 139$。

第四节 假设检验

假设检验也称显著性检验，是指对未知总体的某一数量特征提出某种假设，再根据样本的实际资料来验证该假设是否成立的一种统计分析方法。当人们利用样本资料去推断总体时，其结果的正确性、可靠性经常会受到怀疑。在这种情况下，假设检验方法应运而生，它可以科学地对抽样估计结果的正确性、可靠性做出具有一定把握度的回答。它是论证抽样估计结果可靠性的有效手段。

一、假设检验的基本原理

（一）假设检验的基本思路

假设检验的基本思路是：先对研究的命题提出一种假设，称为原假设或0假设，即从原来总体没有变化出发，这样就有了一个总体参数，且其分布已知。先从实际总体中抽取样本观测其取值并计算统计量，然后通过样本统计量的取值与假设的总体参数比较来判断原假设正确与否。如果能够证明统计量和假设的总体参数的差异超过给定标准的可能性很小，那么就有理由用反证法认为原假设是错误的，从而拒绝原假设。否则，就没有理由拒绝原假设，而认为原假设是合理的。

（二）小概率原理

如果对总体的某种假设是真实的，那么不利于或不能支持这一假设的事件A（小概率事件）在一次试验中几乎不可能发生的；要是在一次试验中A竟然发生了，就有理由怀疑该假设的真实性，从而拒绝这一假设。

这里的关键问题是小概率的标准。在进行假设检验时事先规定的小概率标准称为显著性水平。显著性水平并不是一个固定不变的值，其值由研究问题的要求和性质而定，主要是依据拒绝区间可能承担的风险决定。统计上的显著性与现实生活中的显著性是不同的概念，在假设检验中设定显著性的目的是判别和比较两个总体是否存在差异，这种差异并不是在任何条件下对实际生产经营和商业活动都产生很大的影响。

（三）假设检验的基本命题形式

习惯上，把对总体未知特征的看法称为假设。假设一般包括两部分：原假设（H_0）和备择假设（H_1）。原假设是指根据已知资料或经过周密考虑后确定的，需要通过样本来推断其正确与否的命题，一般用 H_0 表示；备择假设是与原假设相对立的假设，即原假设被否定后要决定选择的假设，一般用 H_1 表示。

（四）双侧检验和单侧检验

▶ 1. 双侧检验

双侧检验（two-tailed test）又称双边检验或双尾检验，是指研究者关心的问题是被检验总体的参数是否等于某一给定数值的检验。其检验形式为：原假设——$H_0：\mu=\mu_0$，备择假设——$H_1：\mu\neq\mu_0$。

▶ 2. 单侧检验

单侧检验（one-tailed test）又称单边检验或单尾检验，是指研究者关心的问题是被检验总体参数是否大于或小于某一给定数值的检验。其检验形式有两种：左单检验和右单检验。其中，左单检验的检验形式为：原假设——$H_0：\mu\geq\mu_0$，备择假设——$H_1：\mu<\mu_0$，指研究者关心的问题是被检验总体参数是否小于某一给定的数值。右单检验的检验形式为：原假设——$H_0：\mu\leq\mu_0$，备择假设——$H_1：\mu>\mu_0$，指研究者关心的问题是被检验总体参数是否大于某一给定的数值。

二、假设检验规则与两类错误

（一）确定检验规则

检验过程是比较样本观察结果与总体假设的差异。差异显著，超过了临界点，就拒绝原假设（H_0）；反之，差异不显著，接受 H_0，检验规则如表 5-2 所示。

表 5-2　检验规则表

差　异	临　界　点	判　断
$\|\bar{x}-\mu_0\|\geq$	c	拒绝 H_0
$\|\bar{x}-\mu_0\|\leq$	c	接受 H_0

表 5-2 给出了假设检验的一般规则，在此需要解决的关键问题是临界值 c 的确定。当研究者确定了研究问题的显著性水平后，根据总体分布情况和显著性水平的基本要求即可求出检验临界点。具体临界值可查附录中各种分布不同显著性水平下的临界值表，即确定 α，就确定了临界点 c。

（二）两类错误

由于假设检验采用的方法是具有概率性质的反证法，所以无论是接受或是拒绝原假设 H_0，都是在一定概率基础上做出的判断，都可能犯错误。

▶ 1. 第一类错误（Ⅰ类错误）

拒绝了一个原本真实的假设是在假设检验中所犯的第一类错误，简称"弃真"或"拒真"错误。导致原假设被拒绝的概率就是假设检验的显著性水平，因此发生第一类错误的概率就是检验的显著性水平 α。

▶ 2. 第二类错误（Ⅱ类错误）

接受了一个原本不真实的假设是在假设检验中所犯的另一类错误，简称"取伪""纳伪"或"采伪"错误。发生第二类错误的概率一般记为 β。

在检验中，人们总是希望尽可能地少犯错误，然而这两种错误是有关联的，工作中根本无法同时降低这两类错误。在一定条件下严格控制第一类错误，就会增大犯第二类错误的概率；反之，严格控制第二类错误，又增加了犯第一类错误的可能性，两类错误的关系如表 5-3 所示。

表 5-3　两类错误关系表

检验决策	H_0 为真	H_0 非真
拒绝 H_0	犯Ⅰ类错误（α）	正确
接受 H_0	正确	犯Ⅱ类错误（β）

在假设检验中应坚持的基本原则是：力求在控制 α 的前提下减少 β。通常，显著性水平（α）的取值为 0.1、0.05、0.01 等。如果犯Ⅰ类错误损失更大，为减少损失，α 值取小；如果犯Ⅱ类错误损失更大，α 值取大。

三、假设检验的一般步骤

（一）提出原假设和备择假设

对于每一个假设问题，可同时提出两个相反的假设：原假设和备择假设，两者是相互对立的，检验的结果是两者必选其一。接受原假设就必须拒绝备择假设；反之，拒绝原假设就必须接受备择假设。

根据不能轻易放弃的原则，把没有充分理由不能轻易否定的命题设为原假设，而把相应的没有足够把握就不能轻易肯定的命题作为备择假设。一般假设有三种形式：

(1) $H_0: \mu = \mu_0$；$H_1: \mu \neq \mu_0$，双侧检验。
(2) $H_0: \mu \geq \mu_0$；$H_1: \mu < \mu_0$，左单检验。
(3) $H_0: \mu \leq \mu_0$；$H_1: \mu > \mu_0$，右单检验。

（二）选择恰当的统计量，并确定其分布

假设确定后，根据相应的统计量的数值服从概率的意义做出判断。设有总体：$X \sim N(\mu, \sigma^2)$，σ^2 已知，随机抽样的样本均值为 $\overline{X} \sim N(\mu, \sigma^2/n)$。

则采用样本统计量：

$$Z = \frac{\overline{X} - \mu}{\sigma/\sqrt{n}} \sim N(0, 1) \tag{5-13}$$

（三）确定显著性水平 α，确定临界值

假设检验的基本思想就是小概率推断原理。我们所规定的小概率即为显著性水平 α，显著性水平 α 应结合事物本身的特点来确定，在统计实践中一般以 0.1、0.05 或 0.01 为显著性水平。给出了显著性水平，就可以根据分布形态查概率表求得临界值。从而确定 H_0 的接受域和拒绝域。临界值是接受域和拒绝域的分界点。

不同形式的假设，H_0 的拒绝域和接受域也不同。双侧检验拒绝域位于统计量分布的两侧；左单检验的拒绝域位于统计量分布的左侧；右单检验的拒绝域位于统计量分布的右侧。具体形态如图 5-5 所示。

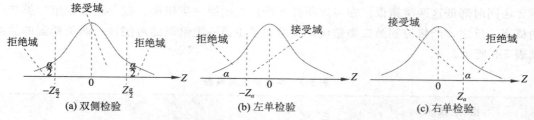

图 5-5　假设检验的接受域与拒绝域

（四）计算检验统计量，做出决策

根据式(5-13)计算出检验统计量，并将其与临界值比较，做出接受或拒绝原假设的决策。当检验统计量的值超过临界值时，原假设落入拒绝域中，则拒绝原假设，接受备择假设；反之，当检验统计量介于临界值范围内时，原假设落入接受域，则接受原假设，拒绝备择假设。

四、假设检验与参数估计的关系

参数估计和假设检验是统计推断的重要内容，两者关系密切，参数估计是根据样本资料估计总体参数的真值，当总体分布形式已知、总体参数未知时，统计推断问题归结为参数估计问题。而假设检验则是根据样本资料来验证对总体参数的先验假设是否成立。

区间估计通常要求以样本估计值为中心的双侧置信区间。当总体方差 σ^2 已知时，总体均值的置信区间为 $\left(\overline{x} - z_{\alpha/2}\frac{\sigma}{\sqrt{n}},\ \overline{x} + z_{\alpha/2}\frac{\sigma}{\sqrt{n}}\right)$；当 σ^2 未知时，通常用样本方差来替代总体方差，则总体均值的置信区间为 $\left(\overline{x} - t_{\alpha/2}^{(n-1)}\frac{s}{\sqrt{n}},\ \overline{x} + t_{\alpha/2}^{(n-1)}\frac{s}{\sqrt{n}}\right)$。区间估计是立足于大概率，以较大把握度来估计总体参数的。而假设检验可以是双侧检验，也可以是单侧检验，它立足于小概率，通常给定很小的显著性去检验对总体参数的先验假设是否成立。在假设经验中，更重视拒绝域。

虽然假设检验和区间估计各有其特点，两者的立足点也不相同，但它们都是依据样本信息对总体参数进行推断，都以抽样分布为理论依据并都是建立在概率基础上的推断。在实际工作中使用同一个样本、同一统计量、同一种分布的两者是可以互相转换的，即参数

估计和假设检验具有对偶性。

根据两者的对偶性进行双侧检验时,可以利用区间估计来进行假设检验:当总体的假设值 μ 在置信区间外时,即可拒绝原假设 H_0。

五、利用 P 值进行假设检验

P 是一个概率值,通常将拒绝原假设的最小显著性水平称为假设检验的 P 值。在假设检验中给出 P 值对于决策具有重要的意义。绝大部分统计软件中都给出了 P 值,供研究者判断。P 值给定后,将检验要求的显著性水平 α 与 P 值进行比较,即可据此做出决策:当 $\alpha > P$ 值时,拒绝原假设;当 $\alpha \leqslant P$ 值时,接受原假设。

第五节 总体均值的假设检验

一、一个总体均值的检验

总体均值的假设检验,根据总体的分布形态和从总体中抽取样本容量的大小,可以构建出不同的检验统计量,现分别就大样本和小样本分别对总体均值进行假设检验。

(一) 总体方差已知时正态总体的均值检验

当总体方差 σ^2 已知时,检验总体均值。从总体中抽出一个容量为 n 的样本可得样本均值,若原假设为真,则估计式(5-13)计算的统计量 Z 服从正态分布。故当总体方差已知时,检验总体均值时采用式(5-13)的检验统计量,这种检验称为 Z 检验,其具体步骤如下:

(1) 提出原假设和备择假设。根据检验的具体要求,双侧检验时,原假设 $H_0: \bar{x} = \mu_0$;备择假设 $H_1: \bar{x} \neq \mu$。左单检验时,原假设 $H_0: \bar{x} \geqslant \mu_0$;备择假设 $H_1: \bar{x} < \mu$。右单检验时,原假设 $H_0: \bar{x} \leqslant \mu_0$;备择假设 $H_1: \bar{x} > \mu$。

(2) 选择检验统计量。当总体呈正态分布,且总体方差已知时,检验统计量 Z 服从正态分布,计算公式为

$$Z = \frac{\bar{x} - \mu}{\sigma / \sqrt{n}}$$

(3) 确定显著性水平 α,并查标准正态分布表,确定 Z 的临界值。

(4) 比较分析得出结论。

[例 5-9] 某厂生产汽车轮胎,根据历史资料轮胎的平均寿命为 25 000 千米,标准差为 1 900 千米,现从新生产的轮胎中随机抽取 400 个测试其平均寿命为 25 300 千米。试以 0.05 的显著性水平判断这批轮胎的产品质量与其他轮胎是否有明显的差异。

解:该问题属于已知方差的正态总体的均值检验问题,讨论产品质量是否正常属于双侧检验,检验步骤如下。

(1) 建立原假设:原假设 $H_0: \bar{x} = 25\,000$;备择假设 $H_1: \bar{x} \neq 25\,000$。

(2) 计算检验统计量 $Z = \dfrac{\bar{x} - \mu_0}{\sigma / \sqrt{n}} = \dfrac{25\,300 - 25\,000}{1\,900 / \sqrt{400}} = 3.16$。

(3) 显著性水平 $\alpha=0.05$，查正态分布表 Z 的临界值为 $Z_{0.025}=1.96$。

(4) 比较分析，得出结论。因为 $Z=3.16>Z_{0.025}$，所以检验统计量落在了拒绝域中，故拒绝原假设。说明这批轮胎的质量与通常的不同。

[例 5-10] 根据历史资料，某种原件的使用寿命服从正态分布，使用寿命的标准差为 100 小时，按标准要求其使用寿命不能低于 1 000 小时，现质检部门抽查了部分产品（100 件），测得平均寿命为 980 小时，试问这批原件是否可以认定为不合格？（$\alpha=0.05$）

解：该问题属于已知方差的正态总体的均值检验问题，讨论产品质量是否合格属于单侧检验中的左单检验，检验步骤如下。

(1) 建立原假设：原假设 $H_0: \bar{x} \geq 1\,000$；备择假设 $H_1: \bar{x} < 1\,000$。

(2) 计算检验统计量 $Z=\dfrac{\bar{x}-\mu}{\sigma/\sqrt{n}}=\dfrac{980-1\,000}{100/\sqrt{100}}=-2$。

(3) 显著性水平 $\alpha=0.05$，查正态分布表 Z 的临界值为 $Z_{0.05}=1.645$。

(4) 比较分析，得出结论。因为 $Z=-2<-Z_{0.05}$，所以检验统计量落在了拒绝域中，故拒绝原假设。可以认定为这批原件不合格。

[例 5-11] 某地有 3 万户居民，根据历史资料其家庭每月收入服从正态分布，每月户平均收入为 1 500 元，标准差为 200 元。今年某社会经济调查队从该地随机抽取 100 户居民，调查测算其户平均月收入为 1 560 元，据此抽样结果可否断定该地居民的收入有明显提高？（显著性水平 $\alpha=0.05$）

解：该问题属于已知方差的正态总体的均值检验问题，讨论居民收入是否有明显的提高属于单侧检验中的右单检验，检验步骤如下。

(1) 建立原假设：原假设 $H_0: \bar{x} \leq 1\,500$；备择假设 $H_1: \bar{x} > 1\,500$。

(2) 计算检验统计量 $Z=\dfrac{\bar{x}-\mu}{\sigma/\sqrt{n}}=\dfrac{1\,560-1\,500}{200/\sqrt{100}}=3$。

(3) 显著性水平 $\alpha=0.05$，查正态分布表 Z 的临界值为 $Z_{0.05}=1.645$。

(4) 比较分析，得出结论。因为 $Z=3>Z_{0.05}$，所以检验统计量落在了拒绝域中，故拒绝原假设。可以断定该地居民的收入有了明显的提高。

(二) 总体方差未知时正态总体的均值检验

设总体 X 服从正态分布，但总体方差未知，此时就不能直接利用式(5-13)进行 Z 检验了，为了找到一个不含未知参数 σ^2 的检验统计量，自然会想到用样本方差 S^2 来代替总体方差，得到 t 检验统计量公式为

$$t=\frac{\bar{x}-\mu}{S/\sqrt{n}} \tag{5-14}$$

利用服从 t 分布的统计量去检验总体均值的方法称为 t 检验法。其具体步骤与 Z 检验基本相同，所不同的是，检验统计量的选择、计算和临界值的确定。下面通过例题来说明。

[例 5-12] 某厂用自动打包机包装牛奶，每袋牛奶的重量服从正态分布，其要求的标准重量为 500 克，某日开工后测得 9 袋牛奶的重量如表 5-4 所示。

要求以 0.05 的显著性水平，判断该包装机的工作是否正常。

表 5-4 牛奶的重量

编号	1	2	3	4	5	6	7	8	9
重量（克）	466	494	503	506	492	499	497	511	503

解：该问题属于方差未知的正态总体的均值检验问题，机器工作是否正常属于双侧检验，检验步骤如下。

(1) 建立原假设：原假设 H_0：$\bar{x}=500$；备择假设 H_1：$\bar{x}\neq 500$。

(2) 计算检验统计量：总体方差未知需用样本方差来替代总体方差，故采用 t 检验。

$$\bar{x}=\frac{\sum x}{n}=\frac{466+494+503+506+492+499+497+511+503}{9}=496.78$$

$$S=\sqrt{\frac{\sum(x-\bar{x})^2}{n-1}}=12.98$$

$$t=\frac{\bar{x}-\mu}{S/\sqrt{n}}=\frac{496.78-500}{12.978/\sqrt{9}}=-0.744$$

(3) 显著性水平 $\alpha=0.05$，查 t 分布表得 t 的临界值为 $t_{0.025}^{(8)}=2.3$。

(4) 比较分析，得出结论。因为 $t=-0.744$ 处于 $(-2.3, 2.3)$ 区间内，所以检验统计量落在了接受域中，故接受原假设。可以断定该包装机工作正常。

需要注意的是：随着样本容量的增大，t 分布趋近于标准正态分布，因此在大样本 ($n>30$) 情况下，t 分布可以近似地看作正态分布。所以 t 检验法仅适用于小样本情况下总体方差未知的正态总体均值的假设检验；在大样本情况下，总体方差未知的假设检验亦可采用 Z 检验法。

一个总体均值的假设检验也可以利用统计软件中的单一样本 T 检验完成，如 SPSS 中的 One-Sample T Test 对话框，如图 5-6 所示。

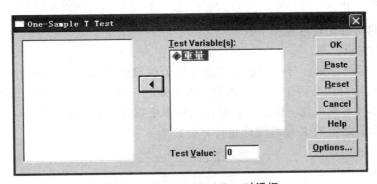

图 5-6 One-Sample T Test 对话框

利用该过程解决例 5-12 的问题，须将重量作为检验变量，将 500 作为检验标准，检验的概率保证度为 95%，其输出结果如图 5-7 和图 5-8 所示。

	N	Mean	Std. Deviation	Std. Error Mean
重量	9	496.777 8	12.978 61	4.326 20

图 5-7 牛奶平均重量统计量

图 5-7 给出了牛奶平均重量的基本统计量,即 $\bar{x}=496.78$、$S=12.98$。图 5-8 给出了均值检验的信息:利用 P(软件给出的 Sig.)值进行检验时,$P=0.478>\alpha$ 故接受原假设;利用估计区间进行检验时,差异的置信区间为[−13.20,6.75]包括 0,故接受原假设,其结论与用 P 值检验的结果相同。

	Test Value=500				95% Confidence Interval of the Difference	
	t	df	Sig. (2-tailed)	Mean Difference	Lower	Upper
重量	−0.745	8	−0.478	−3.222 2	−13.198 5	6.754 0

图 5-8 牛奶平均重量的假设检验

单一样本 T 检验过程也可用于总体均值的区间估计。只需将检验值即 Test Vale,定义为"0"即可。

二、两个总体均值比较的假设检验

两个总体均值比较的假设检验与一个总体均值的假设检验类似,也要根据总体分布状况、总体方差是否已知,以及样本容量的大小来选择统计量,其检验过程基本相同只是假设命题、统计量的计算和根据显著性水平确定临界值的方法有所不同。关于两个总体均值比较的问题,根据两个总体的关系不同,可以分为独立样本均值比较和配对样本均值比较问题。

(一)独立样本均值比较(两个总体均值之差的检验)

由抽样分布和数学期望的性质可知,两个样本均值之差和方差的数学期望分别是 $E(\bar{X}_1-\bar{X}_2)=\mu_1-\mu_2$ 和 $\mathrm{Var}(\bar{X}_1-\bar{X}_2)=\frac{\sigma_1^2}{n_1}+\frac{\sigma_2^2}{n_2}$。将 $\bar{x}_1-\bar{x}_2$ 标准化计算检验统计量。因此,独立样本的均值比较过程如下:

(1)建立原假设:$H_0: \bar{x}_1-\bar{x}_2=\mu_1-\mu_2$,$H_1: \bar{x}_1-\bar{x}_2 \neq \mu_1-\mu_2$。

(2)选择检验统计量:与一个总体正态的均值假设检验相同,当两个正态总体的方差已知时,采用 Z 检验;当两个正态总体的方差未知时,两个总体的均值比较检验还须看样本容量,若是小样本则采用 t 检验,如果是大样本应选择 Z 检验。

两个总体均值之差的 Z 检验统计量计算公式为

$$Z=\frac{(\bar{x}_1-\bar{x}_2)-(\mu_1-\mu_2)}{\sqrt{\frac{\sigma_1^2}{n_1}+\frac{\sigma_2^2}{n_2}}} \tag{5-15}$$

两个总体均值之差的 t 检验统计量计算公式为

$$t=\frac{(\bar{x}_1-\bar{x}_2)-(\mu_1-\mu_2)}{\sqrt{\frac{1}{n_1}+\frac{1}{n_2}} \cdot \sqrt{\frac{(n_1-1)S_1^2+(n_2-1)S_2^2}{n_1+n_2-2}}} \tag{5-16}$$

(3)根据显著性水平查 t 分布表,得 t 的临界值为 $t_{\frac{\alpha}{2}}^{(n_1+n_2-1)}$。

(4)比较分析,得出结论。

[例 5-13] 某厂原有两条生产线生产同一种产品,其日产量服从正态分布,分别为 50

台和35台,标准差分别为7台和9台。现改造甲生产线使其日产量比乙生产线多3台。为验证效果,在两条生产线上各取一个样本,甲生产线随机抽取了30天,平均日产量为60台;乙生产线随机抽取25天,平均日产量为55台。请以0.05的显著性水平检验生产线改造是否实现了预期目标。

解:该问题属于方差已知的两个正态总体均值之差的检验问题,生产线改造目标是否达到问题属于单侧检验中的右侧检验,故检验步骤如下。

(1) 建立原假设:原假设 H_0:$\bar{x}_1-\bar{x}_2\leqslant 3$;备择假设 H_1:$\bar{x}_1-\bar{x}_2>3$。

(2) 计算检验统计量:

$$Z=\frac{(\bar{x}_1-\bar{x}_2)-(\mu_1-\mu_2)}{\sqrt{\frac{\sigma_1^2}{n_1}+\frac{\sigma_2^2}{n_2}}}=\frac{(60-55)-3}{\sqrt{\frac{7^2}{30}+\frac{9^2}{25}}}=0.905$$

(3) 显著性水平 $\alpha=0.05$,查正态分布表得 Z 的临界值为 $Z_{0.05}=1.64$。

(4) 比较分析,得出结论。因为 $Z=0.905$ 处于 $(-\infty,1.64)$ 区间内,所以检验统计量落在了接受域中,故接受原假设。说明生产线改造没有实现预期目标。

[例5-14] 为检测两台机器生产的零件尺寸是否有明显的差异,某日从两台加工的同一种零件中分别抽取10个和9个样品,测得其尺寸如下。

甲机器:6.25,5.78,6.45,6.00,5.88,5.76,6.00,5.85,5.94,5.79。

乙机器:6.08,6.25,5.94,5.94,5.79,6.03,5.85,6.10,5.93。

根据以往经验,甲乙机器生产零件尺寸均服从正态分布。设显著性水平为0.05,试分析两台机器生产零件尺寸的均值有无显著差异。

解:该问题属于方差未知的两个正态总体均值之差的检验问题,生产零件均值是否有显著性差异问题属于双侧检验,故检验步骤如下。

(1) 建立原假设:H_0:$\bar{x}_1-\bar{x}_2=0$,H_1:$\bar{x}_1-\bar{x}_2\neq 0$。

(2) 选择检验统计量:总体方差未知,小样本,则采用 t 检验,根据式(5-16)计算检验统计量。

$$t=\frac{(\bar{x}_1-\bar{x}_2)-(\mu_1-\mu_2)}{\sqrt{\frac{1}{n_1}+\frac{1}{n_2}}\cdot\sqrt{\frac{(n_1-1)S_1^2+(n_2-1)S_2^2}{n_1+n_2-2}}}$$

式中,$\bar{x}_1=5.97$,$\bar{x}_2=5.99$;$S_1=0.2227$,$S_2=0.1404$;$n_1=10$;$n_2=9$。则

$$t=\frac{5.97-5.99}{\sqrt{\frac{1}{10}+\frac{1}{9}}\cdot\sqrt{\frac{(10-1)0.22^2+(9-1)0.14^2}{10+9-2}}}=-0.231$$

(3) 显著性水平 $\alpha=0.05$,查 t 分布表,得 t 的临界值为 $t_{0.025}^{(17)}=2.11$。

(4) 比较分析,得出结论。因为 $|t|=0.231<2.11$,所以检验统计量接受原假设,即两台机器生产零件尺寸的均值没有显著性差异。

SPSS的独立样本T检验过程能够完成独立样本的均值比较工作,Independent-Sample T Test对话框如图5-9所示。

该过程的操作关键是在确定分组(Define Groups)对话框中定义分组变量的值标签(连续变量确定分组点)。

例5-14用统计软件完全可以摆脱烦琐的计算过程,但操作时应注意,建立数据文件

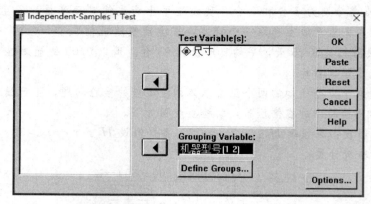

图 5-9　Independent-Sample T Test 对话框

时，变量应包括零件尺寸(连续变量)和机器型号(分类变量)，其中，机器型号分甲、乙两组并分别定义值标签，如图 5-10 所示。

	尺寸	机器型号	变量	变量	变量	变量
7	6.00	1				
8	5.85	1				
9	5.94	1				
10	5.79	1				
11	6.08	2				
12	6.25	2				
13	5.94	2				
14	5.94	2				
15	5.79	2				
16	6.03	2				
17	5.85	2				
18	6.10	2				
19	5.93	2				
20						

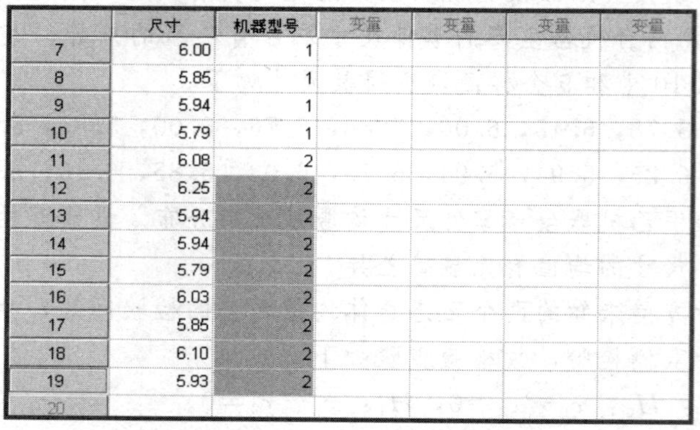

图 5-10　独立样本数据文件的形式

按图 5-9 的设置进行独立样本 T 检验，输出结果如表 5-5 所示。

表 5-5　独立样本 T 检验分析结果

		Levene's Test for Equality of Variances		T-test for Equality of Means						
									95% Confidence Interval of the Difference	
		F	Sig.	t	df	Sig. (2-tailed)	Mean Difference	Std. Error Difference	Lower	Upper
尺寸	Equal variances assumed	1.005	0.330	−0.231	17	0.820	−0.020 00	0.086 62	−0.202 75	0.162 75
	Equal variances not assumed			−0.237	15.334	0.816	−0.020 00	0.084 56	−0.199 90	0.159 90

由表 5-5 得 $t=-0.231$ 与用式(5-16)计算的结果一致。同时 $P(\text{Sig.})=0.820>\alpha(0.05)$，所以接受原假设，即两台机器生产零件尺寸的均值没有显著性差异。这与用按

步骤和公式计算分析结果也一致。

(二) 两个配对样本的均值比较检验

进行配对样本的 T 检验要求被比较的两个样本具有配对关系，并且两个样本均来自正态分布总体。配对样本 T 检验实际上是先求出每对测量值之差，再对差值求均值。

检验配对变量均值之间差异是否显著，其实质检验的假设是差值的均值与零均值之间差异的显著性。如果差值的均值与零均值无显著性差异，则说明配对变量均值之间无显著性差异，即原假设为 $H_0: \bar{d}=0$；$H_1: \bar{d} \neq 0$，其中：$d = x_1 - x_2$。

这样，配对样本的均值比较问题就转化成了对单一样本($d = x_1 - x_2$)的均值检验问题。

在此，配对样本数据差值(d)的方差为：$s_d^2 = \dfrac{\sum\limits_{i=1}^{n} d_i}{n}$，则检验统计量为

$$t = \frac{\bar{d} - (\mu_1 - \mu_2)}{\dfrac{s_d}{\sqrt{n}}} \tag{5-17}$$

[**例 5-15**] 为了比较一种新型安眠药（甲药）与现有常用安眠药（乙药）的疗效，让 10 个失眠患者分别服用甲、乙两种安眠药，观察延长睡眠时间的情况，得到如下配对数据。

甲药：1.90, 0.80, 1.10, 0.10, -0.10, 4.40, 5.50, 1.60, 4.60, 3.40。
乙药：0.70, -1.60, -0.02, -1.20, -0.10, 3.40, 3.70, 0.80, 0.00, 2.20。
要求：在显著性水平 0.05 下，检验甲药的疗效是否明显优于乙药。

解：(1) 设 $H_0: \bar{d} \leq 0$；$H_1: \bar{d} > 0$，其中：$d = x_1 - x_2$。

(2) 计算检验统计量 $t = \dfrac{\bar{d} - (\mu_1 - \mu_2)}{\dfrac{s_d}{\sqrt{n}}}$，其中：$\bar{d} = 1.54$；$s_d = 1.24$，则 $t = \dfrac{1.54 - 0}{\dfrac{1.24}{\sqrt{10}}} = 3.93$。

(3) 显著性水平 $\alpha = 0.05$，查 t 分布表，得 t 的临界值为 $t_{0.05}^{(18)} = 1.734$。

(4) 比较分析，得出结论。因为 $t_{0.05}^{(18)} = 3.93 > t_{0.05}^{(18)}$，所以拒绝原假设，即甲药的疗效明显优于乙药。

在统计软件的配对样本 T 检验中，Paired-Samples T Test 对话框如图 5-11 所示。

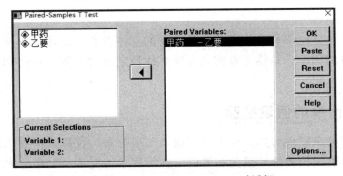

图 5-11 Paired-Samples T Test 对话框

需要注意的是，配对样本数据文件要求至少有一对配对变量，即对同一条记录的不同变量进行配对。

	甲药	乙药	变量	变量	变量	变量	变量
1	1.90	0.70					
2	0.80	-1.60					
3	1.10	-0.02					
4	0.10	-1.20					
5	-0.10	-0.10					
6	4.40	3.40					
7	5.50	3.70					
8	1.60	0.80					
9	4.60	0.00					
10	3.40	2.20					
11							
12							

图 5-12 配对样本 T 检验的数据形式

用 SPSS 解决例 5-15 的问题，建立数据文件，如图 5-12 所示，对甲药和乙药变量（即同一患者先后服用甲药和乙药）观测睡眠情况，输出结果如表 5-6 所示。

表 5-6 甲、乙两种安眠药疗效配对比较表

		Paired Differences				t	df	Sig. (2-tailed)
		Mean	Std. Deviation	Std. Error Mean	95% Confidence Interval of the Difference			
					Lower	Upper			
Pair 1	甲药-乙药	1.542 00	1.240 37	0.392 24	0.654 69	2.429 31	3.931	9	0.003

由表 5-6 得出 $t=3.931$ 与例 5-15 计算结果一致。另外，双侧检验的 P 值为 0.003，本题是单侧检验问题，所以 $P=0.006<\alpha(0.05)$ 拒绝原假设（$H_0: \bar{d} \leqslant 0$），新药的疗效确实明显优于乙药。

第六节 总体比率和总体方差的假设检验

除了均值外，总体比率和总体方差也是重要的总体参数。总体比率反映总体中具备某一特性的单位所占的比率。总体方差则是反映总体稳定性的参数。对这两个参数的检验有助于对总体的全面认识。

一、总体比率的假设检验

由比率的抽样分布定理可知，样本比率服从二项分布，这样，根据二项分布表和检验的显著性水平便可确定检验统计量的临界值。在大样本情况下，二项分布近似服从正态分布，因此，对总体比率的假设检验通常在大样本的条件下采用 Z 检验法进行，其检验步骤与均值检验相同，只是检验统计量的计算公式略有差异。

前述已经介绍了比率标准差的计算公式为 $\sigma_p = \sqrt{p(1-p)}$，与总体均值的检验类似，

总体比率的假设检验也有对一个总体的比率检验和对两个总体比率之差的检验。下面用几个例题分别说明一个总体比率的假设检验和两个总体比率之差的假设检验。

（一）一个总体比率的假设检验

根据检验统计量的确定与比率标准差的计算方法，一个总体比率假设检验统计量的计算公式为

$$Z=\frac{p-\rho}{\sigma_p/\sqrt{n}}=\frac{p-\rho}{\sqrt{\frac{\rho(1-\rho)}{n}}} \tag{5-18}$$

[例 5-16] 某地估计当地大型企业中利润增长的企业比率不低于所有大型企业的 75%，为验证其估计的正确性，随机抽取了 60 家大型企业进行调查，其中有 51 家企业利润实现了增长。试以 0.05 的显著性水平检验估计的准确性。

解：该问题属于一个总体比率的假设检验，研究利润增加的企业是否低于 75%，属于单侧检验中的左侧检验，故检验步骤如下。

(1) 建立原假设：原假设 H_0：$p \geqslant 75\%$；备择假设 H_1：$p < 75\%$。

(2) 计算检验统计量：计算样本比率 $p=\frac{51}{60}=85\%$，根据式(5-18)得

$$Z=\frac{p-\rho}{\sqrt{\frac{\rho(1-\rho)}{n}}}=\frac{85\%-75\%}{\sqrt{\frac{75\%(1-75\%)}{60}}}=1.789$$

(3) 显著性水平 $\alpha=0.05$，查正态分布表得 Z 的临界值为 $Z_{0.05}=1.64$。

(4) 比较分析，得出结论。因为 $Z=1.789$ 处于 $(-1.64,+\infty)$ 区间内，所以检验统计量落在了接受域中，故接受原假设。说明该地利润增长的大型企业不低于全部大型企业数量的 75%。

（二）两个总体比率之差的假设检验

根据检验统计量的确定与比率标准差的计算方法，两个总体比率之差假设检验统计量的计算公式应为

$$Z=\frac{(p_1-p_2)-(\rho_1-\rho_2)}{\sqrt{\frac{\sigma_{\rho_1}}{n_1}}+\sqrt{\frac{\sigma_{\rho_2}}{n_2}}}=\frac{(p_1-p_2)-(\rho_1-\rho_2)}{\sqrt{\frac{\rho_1(1-\rho_1)}{n_1}}+\sqrt{\frac{\rho_2(1-\rho_2)}{n_2}}} \tag{5-19}$$

[例 5-17] 某家电企业对某地农村和城市家庭使用其产品的情况进行调研，调查农村 60 户农户家庭，其中有 18 户使用其产品；调查城市 40 户家庭，有 14 户使用其产品。请根据调查结果，判断农村和城市使用该产品的比率是否有明显的差异。（显著性水平 $\alpha=0.05$）

解：该问题属于两个总体比率之差的假设检验，研究两地是否有明显差异属于双侧检验，故检验步骤如下：

(1) 建立原假设：H_0：$p_1-p_2=0$（或 $p_1=p_2$）；H_1：$p_1-p_2 \neq 0$（或 $p_1 \neq p_2$）。

(2) 计算检验统计量：计算样本比率 $p_1=\frac{18}{60}=30\%$，$p_2=\frac{14}{40}=35\%$，根据式(5-19)得

$$Z=\frac{(p_1-p_2)-(\rho_1-\rho_2)}{\sqrt{\frac{\rho_1(1-\rho_1)}{n_1}}+\sqrt{\frac{\rho_2(1-\rho_2)}{n_2}}}=\frac{30\%-35\%}{\sqrt{\frac{30\%\times 70\%}{60}}+\sqrt{\frac{35\%\times 65\%}{40}}}=-0.37$$

(3) 显著性水平 $\alpha=0.05$，查正态分布表得 Z 的临界值为 $Z_{0.025}=1.96$。

(4) 比较分析，得出结论。因为 $|Z|=0.37<Z_{0.25}$，即 $Z=-0.37$ 处于 $(-1.96, +1.96)$ 区间内，所以检验统计量落在了接受域中，故接受原假设。说明农村和城市使用该产品的比率没有明显的差异。

二、总体方差的假设检验

与均值和比率一样，总体方差的假设检验也分为一个总体的检验和两个总体的检验。不同的是，两个总体方差的检验不是检验两个总体方差之差，而是检验方差之比。

（一）一个总体方差的假设检验

总体方差的假设检验过程在遵循假设检验的一般过程的基础上，应特别注意以下两点：一是在一个正态分布总体条件下，通过样本方差来推断总体方差时，根据总体均值是否已知应选用不同的统计量；二是样本方差的分布应服从卡方分布，则一个总体方差的检验统计量如下。

当总体均值已知时：

$$\chi^2 = \frac{\sum_{i=1}^{n}(x_i-\mu)^2}{\sigma^2} \tag{5-20}$$

当总体均值未知时：

$$\chi^2 = \frac{(n-1)S^2}{\sigma^2} \tag{5-21}$$

[**例 5-18**] 某钢厂的铁水含碳量服从正态分布，现改进操作工艺，抽出 5 炉铁水进行调查，测得含碳量分别为 4.412、4.052、4.287、4.683、4.357，据此是否可以认为新工艺炼出的铁水含碳量方差仍为 0.108^2？（显著性水平 $\alpha=0.05$）

解：该问题属于一个总体方差的假设检验，研究方差是否改变为双侧检验，检验步骤如下。

(1) 建立原假设：$H_0: \sigma^2=0.108^2$；$H_1: \sigma^2 \neq 0.108^2$。

(2) 计算检验统计量：该问题中，总体的均值未知，计算样本方差为

$$\bar{x} = \frac{\sum_{i=1}^{n} x_i}{n} = \frac{4.412+4.052+4.287+4.683+4.357}{5} = 4.3582$$

$$S^2 = \frac{\sum_{i=1}^{n}(x_i-\bar{x})^2}{n-1} = 0.2276^2 = 0.0518$$

根据式(5-21)得 $\chi^2 = \frac{(n-1)S^2}{\sigma^2} = \frac{(5-1)\times 0.0518}{0.108^2} = 17.766$。

(3) 显著性水平 $\alpha=0.05$，查 χ^2 分布临界值表得 χ^2 的临界值为 $\chi^2_{0.025}(4)=11.143$；$\chi^2_{0.975}(4)=0.484$。

(4) 比较分析，得出结论。因为 $\chi^2=17.766>11.143$，所以检验统计量落在了拒绝域中，故拒绝原假设。说明根据样本数据不能认为新工艺炼出的铁水含碳量方差仍为 0.108^2。

（二）两个总体方差的假设检验

两个正态总体，分别抽取相互独立的样本，其总体方差的比值服从 F 分布，则两个总体方差比较的假设检验统计量应为

$$F = \frac{S_1^2}{S_2^2} \tag{5-22}$$

[**例 5-19**] 某校用两种方法激发学生的学习热情，各选 7 个班级进行测试，结果学生的到课率提高情况如下。

方法 A：16.10　17.00　16.50　17.50　18.00　17.20　16.80
方法 B：17.00　16.40　15.80　16.40　16.00　17.10　16.90

要求：在显著性水平 $\alpha = 0.1$ 的条件下，检验两种激发方法效果的方差有没有明显的差异。

解：该问题属于两个总体方差比较的假设检验，研究激发方法的效果方差是否有差异为双侧检验，则检验步骤如下。

(1) 建立假设：$H_0: \sigma_A^2 = \sigma_B^2$；$H_1: \sigma_A^2 \neq \sigma_B^2$。

(2) 计算检验统计量：计算样本方差 $\bar{x}_A = 17.014\,3$、$S_A^2 = 0.630\,95$；$\bar{x}_B = 16.514\,3$、$S_B^2 = 0.504\,74$。

根据式(5-22)得样本统计量 $F = \dfrac{S_A^2}{S_B^2} = \dfrac{0.630\,95}{0.504\,74} = 1.563$。

(3) 显著性水平 $\alpha = 0.1$，查 F 分布临界值表，得 F 的临界值为 $F_{0.95}(6, 6) = 0.23$；$F_{0.05}(6, 6) = 4.28$。

(4) 比较分析，得出结论。因为 $F = 1.563$ 处于 $(0.23, 4.28)$ 区间内，所以检验统计量落在了接受域中，故接受原假设。即接受两种激发方法效果的方差没有明显差异的假设。

本章要点

抽样调查是按随机性原则从总体中抽取部分单位进行调查，用调查的指标数值对总体相应的参数做出具有一定可靠性的推断。统计推断中的两个基本问题是参数估计和假设检验。

抽样推断中常用的概念有总体和样本、参数和统计量、重复抽样和不重复抽样、抽样平均误差和抽样极限误差、显著性和概率保证度等。

参数估计问题可以分为点估计和区间估计。由于估计量是一个随机变量，不同的样本得到不同的参数估计值，故需要一定的标准来衡量点估计的优劣。其标准为无偏性、有效性和一致性。点估计不能反映估计的精度，需要引进区间估计。置信区间覆盖未知参数具有预先给定的高概率(置信度)。

统计推断的另一个主要问题就是假设检验。在假设检验问题的研究中，主要是如何构建检验统计问题的拒绝域。要求了解假设检验的基本思路和假设检验的两类错误，必须掌握检验的步骤和方法。

最后给出了参数的区间估计与假设检验之间的关系。

关键词

参数估计(estimation of parameters)　　矩估计量(moments estimator)
点估计(point estimation)　　极大似然估计(maximum likelihood estimator)
区间估计(interval estimation)　　假设检验(test of hypothesis)
原假设(null hypothesis)　　显著性检验(test of significance)
备择假设(opposite hypothesis)　　显著性水平(level of significance)
拒绝域(rejection region)　　检验统计量(test statistics)
接受域(region of acceptance)　　非参数假设检验(nonparametric hypothesis test)
第一类错误(error of first kind)　　符号检验(sign test)
第二类错误(error of second kind)　　秩和检验(rank sum test)
检验拟合优度检验(test of goodness of fit)

思考题

1. 什么是抽样估计？抽样估计的基本方法有哪些？
2. 什么是随机性原则？在抽样调查中为什么要遵循随机性原则？
3. 样本和总体有什么区别和联系？
4. 影响抽样误差的因素有哪些？抽样估计的优良标准是什么？
5. 什么是抽样平均误差、抽样极限误差和概率度，三者在抽样估计中发挥什么作用？它们之间有何关系？
6. 类型抽样中的分组和整群抽样中的分群有什么不同意义和不同要求？
7. 为什么说对总体指标的区间估计只能是一种可能范围估算，而不是绝对范围估算？
8. 什么是假设检验？其作用是什么？
9. 抽样推断与假设检验是一回事吗？若不是，两者关系如何？
10. 什么是零假设，零假设与备择假设有什么不同？
11. 第一类错误与第二类错误有何不同？
12. 如果"总体均值等于4"的零假设在研究过程中被错误地拒绝了，请问这是犯了第几类错误？

习题

1. 工商部门对某超市经销的小包装休闲食品进行重量合格抽查，规定每包重量不低于30克，在10 000包食品中抽1%进行检验，结果如表5-7所示。

试以95%的概率推算：

(1) 这批食品的平均每包重量是否符合规定要求？

表 5-7 食品质量检验数据

按重量分组（克）	频率（%）
26～27	10
27～28	30
28～29	30
29～30	20
30～31	10
合计	100

（2）若每包食品重量低于 30 克为不合格，求合格率的范围。

（3）若抽查比率为 0.1%，其他条件不变，上述（1）、（2）结果是否发生变化？如何变化？请解释原因。

2. 对某厂日产 10 000 个灯泡的使用寿命进行抽样调查，抽取 100 个灯泡，测得其平均寿命为 1 800 小时，标准差为 6 小时。要求：

（1）按 68.27% 的概率计算抽样平均数的极限误差。

（2）按以上条件，若极限误差不超过 0.4 小时，应抽取多少只灯泡进行测试？

（3）按以上条件，若概率提高到 95.45%，应抽取多少灯泡进行测试？

（4）若极限误差为 0.6 小时，概率保证度为 95.45%，应抽取多少灯泡进行测试？

（5）通过以上计算，说明允许误差、抽样单位数（样本容量）和概率保证度之间的关系。

3. 对某区 30 户家庭的月收支情况进行抽样调查，发现平均每户每月用于书报费支出为 45 元，抽样平均误差为 2 元，试问应以什么概率保证度才能保证每户每月书报费支出在 41.08～48.92 元？

4. 简单随机重复抽样中，若样本容量增加 3 倍，则抽样平均误差如何变化？若抽样允许误差扩大为原来的 2 倍，则抽样单位数应如何变化？若抽样允许误差缩小为原来的 1/2 时，抽样单位数又该如何变化？

5. 设总体服从正态分布，其标准差为 12，现抽取了一个样本容量为 400 的子样，计算得平均值为 21，试以显著性水平 $\alpha = 0.05$ 确定总体的平均值是否不超过 20。

6. 某食品厂用自动装袋机包装食品，每袋标准重量为 50 克，每隔一段时间抽取包装袋进行检验。现抽取 10 袋，测得其重量（单位为克）为 49.8、51、50.5、49.5、49.2、50.2、51.2、50.3、49.7、50.6，若每袋重量服从正态分布，每袋重量是否符合要求？（显著性水平 $\alpha = 0.10$）

7. 某种零件的尺寸方差为 $\sigma^2 = 1.21$，对一批这类零件抽取 6 件检验得尺寸数据（单位为毫米）为 32.56、29.66、31.64、30.00、31.87、31.03。取 $\alpha = 0.05$ 时，问这批零件的平均尺寸能否认为是 30.50 毫米？（设零件尺寸服从正态分布）

8. 五名学生彼此独立地测量同一块土地，分别测量得面积（单位为平方千米）为 1.27、1.24、1.21、1.28、1.23，设测定值服从正态分布，试根据这些数据检验这块土地的面积是否为 1.23 平方千米？（显著性水平 $\alpha = 0.05$）

9. 一种元件，要求其使用寿命不得低于 1 000 小时，现在从一批这种元件中随机抽取 25 件，测得其寿命平均值为 950 小时，已知该种元件寿命服从标准差 $\sigma=100$ 小时的正态分布，试在显著性水平 $\alpha=0.05$ 下确定这批元件是否合格。

10. 某工厂欲引入一台新机器，由于价格较高，故工程师认为只有在引入该机器能使产品的生产时间平均缩短 8.05% 方可采用，现随机进行 6 次试验，测得平均节约时间 4.4%，样本标准差为 0.32%，设新机器能使生产时间缩短的时数服从正态分布，问该厂是否应引进这台新机器？（显著性水平 $\alpha=0.05$）

11. 某商店人员到工厂去验收一批产品，双方协议产品中至少要有 60% 的一级品，今抽查了 600 件产品，其中有一级品 346 件，问可否接收这批产品？（显著性水平 $\alpha=0.05$）

12. 某香烟厂生产两种香烟，独立地随机抽取容量大小相同的烟叶标本测其尼古丁含量的毫克数，分别做了 6 次试验测定，数据记录如下。

甲： 27　28　23　26　30　22

乙： 28　23　30　25　21　27

已知显著性水平 $\alpha=0.05$，假定香烟尼古丁含量服从正态分布，且方差齐性，试问这两种尼古丁含量有无显著差异？

13. 为了降低成本，想变更机件的材质，原来材质的零件外径标准差为 0.33 毫米，材质变更后，$\alpha=0.05$，零件外径尺寸的数据为 32.54、35.08、34.88、35.71、33.98、34.96、35.17、35.26、34.77、35.47。试研究：材质变化后，零件外径的方差是否改变了？

14. 据以往经验，在某机床上加工的一种零件的内径尺寸，服从正态分布，标准差为 $\sigma=0.033$，某日开工后，抽取 15 个零件测量内径，样本标准差 $S=0.050$，问这天加工的零件方差与以往相比有无显著差异？（显著性水平 $\alpha=0.05$）

15. 某铁矿有 10 个样品，每一个样品用两种方法各化验一次，测得含铁量如表 5-8 所示。

表 5-8　样品含铁量数据

样品号	1	2	3	4	5	6	7	8	9	10
方法 A(%)	28.22	33.95	38.25	42.52	37.62	37.84	36.12	35.11	34.45	32.86
方法 B(%)	28.27	33.99	38.20	42.42	37.64	37.85	36.21	35.20	34.45	32.83

设两组数据来自正态总体，试检验两总体的方差齐性（显著性水平 $\alpha=0.05$），即检验 $H_0: \sigma_A^2 = \sigma_B^2$ 是否成立。

16. 某纺织厂进行轻浆试验，根据长期正常生产积累的资料，知道该厂单台布机的经纱断头率（平均每小时断经根数）的数学期望为 9.73 根，均方差为 1.60 根。现把经纱上浆率降低 20%，抽取 200 台布机进行试验，结果平均每台布机的经纱断头率为 9.89 根，如果认为上浆率降低后均方差不变，问断头率是否受到显著影响？（显著性水平 $\alpha=0.05$）

17. 某厂用自动包装机装箱，在正常情况下，每箱重量服从正态分布 $N(100, \sigma^2)$。某日开工后，随机抽查 10 箱，重量（单位：斤）为 99.3、98.9、100.5、100.1、99.9、99.7、100.0、100.2、99.5、100.9。问包装机工作是否正常，即该日每箱重量的数学期望与 100

是否有显著差异？（显著性水平 $\alpha=0.05$）

18. 某电器厂生产一种云母片，根据长期正常生产积累的资料得到云母片厚度服从正态分布，厚度的数学期望为 0.13 毫米。如果在某日的产品中，随机抽查 10 片，算得子样观察值的均值为 0.146 毫米，均方差为 0.015 毫米。问该日生产的云母片厚度的数学期望与往日是否有显著差异？（显著性水平 $\alpha=0.05$）

19. 某维尼龙厂根据长期正常生产积累的资料得到所生产的维尼龙纤度服从正态分布，它的均方差为 0.048。某日随机抽取 5 根纤维，测得其纤度为 1.32、1.55、1.36、1.40、1.44。问该日所生产的维尼龙纤度的均方差是否有显著变化？（显著性水平 $\alpha=0.1$）

20. 某项考试要求成绩的标准为 12，先从考试成绩单中任意抽出 15 份，计算样本标准差为 16，设成绩服从正态分布，问此次考试的标准差是否符合要求？（显著性水平 $\alpha=0.05$）

21. 为检验 X、Y 两架光测高温计所确定的温度读数之间有无显著差异，设计了一个试验，用两架仪器同时对一组 10 只热炽灯丝做观察，得数据如表 5-9 所示。

表 5-9　X、Y 两架仪器测量结果

序号	1	2	3	4	5	6	7	8	9	10
X 仪器测量结果	1 050	825	918	1 183	1 200	980	1 258	1 308	1 420	1 550
Y 仪器测量结果	1 072	820	936	1 185	1 211	1 002	1 254	1 330	1 425	1 545

其中，假设 X 和 Y 仪器所测得的结果都从正态分布，且方差相同，试根据这些数据来确定这两只高温计所确定得温度读数之间有无显著差异？（显著性水平 $\alpha=0.05$）

22. 由历史资料得到甲、乙两煤矿的含灰率分别服从 $N(\mu_1, \sigma_1^2)$ 及 $N(\mu_2, \sigma_2^2)$。现从两矿各抽取几个样品进行试验，分析其含灰率如下：

甲矿：24.3、20.8、23.7、21.3、17.4。

乙矿：18.2、16.9、20.2、16.7。

问甲、乙两矿所采煤的平均含灰率是否有显著差异？（显著性水平 $\alpha=0.05$）

第六章 方差分析

> 方差分析(analysis of variance，ANOVA)是对试验数据进行分析的一种常用方法。它由英国统计学家费歇尔(R. A. Fisher)于 20 世纪 20 年代创立，能够解决多个均值是否相等的检验问题。费歇尔在进行田间试验时为了分析试验的结果发明了方差分析法，于 1932 年首先使用，之后，方差分析被广泛应用到许多研究领域，成为一种重要的统计分析工具。事实上，方差分析所研究的并非方差，而是数据间的变异。

第一节 方差分析概述

在农业、商业、医学、社会学、经济学等诸多领域的数量分析研究中，方差分析已经发挥了极其重要的作用。这种从数据差异入手的分析方法，有助于研究者从另一个角度发现事物的内在规律性。例如，在制订商品广告宣传策略时，不同组合方案所获得的广告效果是不一样的。广告效果可能受到广告的形式、地区规模、选择栏目、播放时间段、播放频率等因素的影响。人们需要研究在影响广告效果的众多因素中，哪些因素是主要的，各因素如何搭配最合理等问题。

一、方差分析中的有关术语

方差分析通过检验总体均值是否相等，判断研究分类型自变量对数值型因变量影响的显著性。方差分析中常用的术语如下。

(一) 观测变量(因变量)

观测变量，又称观测因素，是指在方差分析中研究者重点关心的变量，如广告效果等。表 6-1 中销售数据为观测变量。

表 6-1　不同品牌的彩电在各地区的销售数据　　　　　单位：台

品牌\地区	地区 1	地区 2	地区 3	地区 4	地区 5
品牌 1	365	350	343	340	323
品牌 2	345	368	363	330	333
品牌 3	358	323	353	343	308
品牌 4	288	280	298	260	298

（二）控制变量（自变量）

控制变量，是指在方差分析中，影响观测变量变化的变量，例如，广告形式、地区规模、选择栏目、播放时间段、播放的频率等都可称为控制变量（自变量）。表 6-1 中地区和品牌为控制变量（自变量）。

控制变量根据其性质可以细分为因素和处理。因素是指影响因变量变化的客观条件；处理则是影响因变量变化的人为条件。通常情况下，因素和处理不做严格区分，统称为因素（或因子）。

（三）水平

水平，是指每个因素的不同表现。表 6-1 中，品牌 1、品牌 2、品牌 3 和品牌 4，以及地区 1、地区 2、地区 3、地区 4 和地区 5 分别为品牌和地区的水平。注意，在各种数据分析软件的数据文件中，作为因素出现的变量必须是数值型变量，其计量类型应该是定类变量或定序变量，不能是字符型变量。

（四）单元

单元（cell），是指方差分析中，因素的水平之间的每个组合。表 6-1 中，品牌和地区的不同组合为单元。如"品牌 1"和"地区 1"组合为一个单元，"品牌 3"和"地区 2"也组合为一个单元……品牌的每一个水平与地区的每一个水平分别组成一个单元，共有 $4 \times 5 = 20$ 个单元。

（五）观测值

观测值，是指在方差分析中每个因素水平下（单元中）得到的样本数据，如广告效果的具体指标值。表 6-1 中，各种品牌和地区组合的销售量即为观察值，如品牌 1 在地区 1 的销售量为 365 台，则这个"365"就是一个观测值。

（六）因素间的交互效应

因素间的交互效应，是指在方差分析中，各因素之间的相互作用。如果因素间没有交互效应存在，说明两个因素是相互独立的；若因素间有交互效应存在，则说明因素间不是相互独立的。

（七）均值比较

均值比较，是指在方差分析中，各因素对因变量的效应的大小的相对比较。

二、方差分析的基本思想与原理

方差分析是从观测变量的方差入手，从诸多控制变量中筛选出对观测变量有显著性影响的控制变量,并研究对观测变量有显著性影响的各个控制变量不同水平的交互搭配对观测变量的影响,进而对控制变量各水平对观测变量的影响程度进行剖析。

(一) 误差分解

在总体中,因变量的观测值是不完全相同的。这种差异可能是偶然的(由随机因素引起的),也可能是必然的(由不同因素影响产生的)。要分析这种不同的原因,就要将数据的误差分解。

▶ 1. 组内误差

组内误差(within groups),又称随机误差,是指在因素的同一水平下,样本数据的误差,如测量误差等。它反映同一样本内部数据的离散程度。组内误差的大小用组内平方和(也称误差项平方和),即变量在各组的均值与该组内变量值偏差平方和的总和来衡量。组内平方和记作 SSE。

▶ 2. 组间误差

组间误差(between groups),又称系统误差,是指不同的处理方法造成的差异,称为组间差异。它反映了不同样本之间数据的离散程度。组间误差既包括随机误差也包括系统误差,它用组间平方和(也称水平项误差平方和),即变量在各组的均值与总均值偏差平方和来衡量。组间平方和记作 SSA。

▶ 3. 组内误差、组间误差和总误差的关系

总误差反映全部数据的离散程度,用全部数据与总体均值之差的平方和来衡量,称为总误差平方和,记作 SST。方差分析的基本原理就是认为总体的误差来源于两方面:不同的处理和随机产生,即组内误差与组间误差构成了全部样本数据的总误差。因此,总误差、内误差和组间误差三者之间的关系为

$$\text{SST} = \text{SSE} + \text{SSA} \tag{6-1}$$

▶ 4. 组内方差与组间方差

根据方差的概念,SSE、SSA 除以各自的自由度即可得到其方差,即组内方差和组间方差计算公式为

$$\text{MSE} = \frac{\text{SSE}}{\text{组内自由度}} \tag{6-2}$$

$$\text{MSA} = \frac{\text{SSA}}{\text{组间自由度}} \tag{6-3}$$

这样,对于总体的分析有两种情况:一种情况是处理没有作用,各样本均来自同一总体,总体误差完全是偶然的(由随机因素引起的),组内方差和组间方差相等,即 MSE=MSA。考虑到抽样误差的存在,则有 MSE≈MSA;另一种情况是处理确实有作用,总体误差是必然的(因素的不同水平引起总体误差),组间方差主要是由不同处理共同导致的结果,即各样本来自不同总体。那么,组间方差远远大于组内方差,即 MSA≫MSE。

(二) 方差分析基本思想与检验统计量

根据上述分析,第一种情况处理没有作用,也就是控制变量(自变量)的变化对观测变量(因变量)没有影响,这时,MSA≈MSE;第二种情况处理确实有作用,也就是自变量的取值对因变量有显著的影响,这时,MSA≫MSE。因此,方差分析的基本思路是:比较组间方差与组内方差的关系,用 F 值表示两者之比用以判断自变量对因变量的影响程度。

$$F = \frac{\text{MSA}}{\text{MSE}} \tag{6-4}$$

组间方差与组内方差之比（F）是一个统计量。这个统计量服从 F 分布（F-distribution）即 MSA/MSE 比值构成 F 分布。用 F 值与其临界值比较，推断各样本是否来自相同的总体。

F 分布具有如下特征：

(1) 统计量 F 是一个大于零的正数。

(2) F 分布曲线为正偏态，其尾端以横轴为渐进趋于无穷。

(3) F 分布是一个连续的概率分布，不同的自由度组合有不同的 F 分布曲线，如图 6-1 所示。

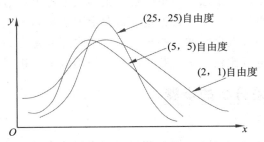

图 6-1　不同自由度组合的 F 分布曲线

（三）方差分析的基本假定

方差分析中有三个基本假定：

(1) 每个总体都应服从正态分布。也就是说，对于因素的每个水平，其观测值都是来自于正态分布总体的简单随机样本。例如，表 6-1 中的每个品牌的销量均服从正态分布。

(2) 各个总体的方差 σ^2 必须相同。也就是说，对于各组观察数据，是从具有相同方差的正态分布总体中抽取的。例如，表 6-1 中的每个品牌或每个地区，彩电销量的方差都是相同的。

(3) 观测值是独立的。例如，表 6-1 中每个地区彩电的销量与其他地区的销量是相互独立的。

在上述假定条件下，分析自变量对因变量影响的显著性，形式上就转化为因变量观测值在自变量各个水平的均值是否相等的问题。例如，表 6-1 中，分析销售地区对彩电销量是否有显著性影响，就是检验方差相同的 5 个地区彩电销量的均值是否相等。

（四）问题的一般提法

设因素有 k 个水平，每个水平的均值分别用 $\mu_1, \mu_2, \cdots, \mu_k$ 表示，要检验 k 个水平（总体）的均值是否相等，需要提出如下假设：

$H_0: \mu_1 = \mu_2 = \cdots = \mu_k$　　自变量对因变量没有显著性影响

$H_1: \mu_1, \mu_2, \cdots, \mu_k$ 不全等　　自变量对因变量有显著性影响

例如，表 6-1 中，分别检验品牌和地区对彩电销量的影响是否显著时，需要提出的假设是：

品牌对销量的影响：$H_0: \mu_1 = \mu_2 = \mu_3 = \mu_4$　　品牌对销量没有显著性影响

$H_1: \mu_1, \mu_2, \mu_3, \mu_4$ 不全等　　品牌对销量有显著性影响

地区对销量的影响：$H_0: \mu_1 = \mu_2 = \mu_3 = \mu_4 = \mu_5$　　地区对销量没有显著性影响

$H_1: \mu_1, \mu_2, \mu_3, \mu_4, \mu_5$ 不全等　　地区对销量有显著性影响

第二节 单因素方差分析

单因素方差分析(也称一维方差分析),是研究一个分类型自变量对一个数值型因变量影响的分析。单因素方差分析只考虑一个因素的不同水平对因变量的影响。它检验由单一因素影响的一个或几个相互独立的因变量按因素各水平分组的均值之间的差异是否具有统计意义。还可以对该因素的若干水平分组中哪一组与其他各组均值间具有显著性差异进行分析,即进行均值的多重比较。单因素方差分析要求因变量属于正态分布总体。单因素方差分析的基本思想是,用方案之间的方差与所有方案内部方差之和的比值,与给定的显著性水平所决定的临界值进行比较,来判断不同方案的均值是否相等。

一、单因素方差分析的步骤

▶ 1. 建立假设

原假设:H_0:$\mu_1 = \mu_2 = \cdots = \mu_n$,即自变量对因变量没有显著性影响

备择假设:$\mu_1, \mu_2, \cdots, \mu_n$ 不完全相等,即自变量对因变量有显著性影响

▶ 2. 计算平均值

水平均值:设 $\overline{x_j}$ 为第 j 种水平的样本均值,则 $\overline{x_j} = \dfrac{\sum\limits_{i=1}^{n_j} x_{ij}}{n_j}$。式中,$x_{ij}$ 是第 j 种水平下的第 i 个观测值,n_j 表示第 j 种水平的样本容量。

总均值 $\overline{x} = \dfrac{\sum\limits_{j=1}^{k}\sum\limits_{i=1}^{n_j} x_{ij}}{n} = \dfrac{\sum\limits_{j=1}^{k} n_j \overline{x_j}}{n}$,式中,$n = \sum n_j$。

▶ 3. 计算误差平方和

如前所述,在单因素方差分析中,误差分为三种:总误差、组内误差和组间误差,相应的离差平方和分别为总离误差平方和、误差项离差平方和及水平项离差平方和。

总误差平方和:$\text{SST} = \sum\limits_{j=1}^{k}\sum\limits_{i=1}^{n_j} (x_{ij} - \overline{x})^2$ \hfill (6-5)

误差项平方和:$\text{SSE} = \sum\limits_{j=1}^{k}\sum\limits_{i=1}^{n_j} (x_{ij} - \overline{x_j})^2$ \hfill (6-6)

水平项误差平方和:$\text{SSA} = \sum\limits_{j=1}^{k} n_j (\overline{x_j} - \overline{x})^2$ \hfill (6-7)

上述三者的关系为 SST=SSE+SSA,即

$$\sum_{j=1}^{k}\sum_{i=1}^{n_j} (x_{ij} - \overline{x})^2 = \sum_{j=1}^{k}\sum_{i=1}^{n_j} (x_{ij} - \overline{x_j})^2 + \sum_{j=1}^{k} n_j (\overline{x_j} - \overline{x})^2 \quad (6\text{-}8)$$

▶ 4. 计算方差

用误差平方和除以各自的自由度即可得到相应的均方(mean square),即方差。各误

差平方和的自由度分别为：SST 反映全部数据的差异情况，它只有一个约束条件 $\sum_{j=1}^{k}\sum_{i=1}^{n_j}(x_{ij}-\overline{x})=0$，因此它的自由度为 $n-1$；SSA 反映的是各组间的差异情况，也只有一个约束条件 $\sum_{j=1}^{k}n_j(\overline{x_j}-\overline{x})=0$，因此它的自由度为 $k-1$（k 表示因素的水平数或所分的组数）；SSE 反映的是组内的差异程度，每个组（或每一水平）有一个约束 $\sum_{i=1}^{n_j}(x_{ij}-\overline{x_j})=0$，组数为 k（即 j 的取值为 $1\sim k$），故 SSE 共有 k 个约束。因此，它的自由度为 $n-k$，得到总方差如下。

总方差：$\text{MST}=\dfrac{\text{SST}}{n-1}$ (6-9)

组间方差：$\text{MSA}=\dfrac{\text{SSA}}{k-1}$ (6-10)

组内方差：$\text{MSE}=\dfrac{\text{SSE}}{n-k}$ (6-11)

▶ 5. 计算 F 统计量

根据 F 分布的公式得

$$F=\dfrac{\text{组间方差}}{\text{组内方差}}=\dfrac{\text{MSA}}{\text{MSE}}$$

▶ 6. 均值的 F 检验

计算出的 F 统计量值与检验的显著性水平 α 要求的 F 临界值 $F_\alpha(k-1,n-k)$ 进行比较，若 $F>F_\alpha(r-1,n-r)$ 就拒绝原假设；反之则接受原假设。

二、单因素方差例题分析

[例 6-1] 某企业准备用三种方法组装一种新产品，为确定哪种方法组装的产品数量最多，将随机抽取的 30 名工人分为 3 组，分别用指定的一种方法进行组装。每人组装的产品数如表 6-2 所示，请分析每种组装方法组装的产品数量是否相同（$\alpha=0.05$）。

表 6-2 三种方法组装产品数　　　　　　　　　　单位：个

工人序号	方法一	方法二	方法三
1	99	73	55
2	94	100	77
3	87	93	93
4	66	73	100
5	59	97	93
6	86	95	83
7	88	92	91
8	72	86	90
9	84	100	85
10	75	91	73

解：该问题为研究组装速度受组装方法的影响问题，依题意分析如下。
1. 建立假设
原假设：$H_0: \mu_1 = \mu_2 = \mu_3$，即三种组装方法组装产品的数量相等；
备择假设：μ_1、μ_2、μ_3 不完全相等，即三种组装方法组装产品的数量不完全相等。
2. 计算平均值

水平均值：$\overline{x_1} = \dfrac{\sum\limits_{i=1}^{10} x_{i1}}{n_1} = \dfrac{99 + 94 + \cdots + 75}{10} = 81$

$\overline{x_2} = \dfrac{\sum\limits_{i=1}^{10} x_{i2}}{n_2} = \dfrac{73 + 100 + \cdots + 91}{10} = 90$

$\overline{x_3} = \dfrac{\sum\limits_{i=1}^{10} x_{i3}}{n_3} = \dfrac{99 + 94 + \cdots + 75}{10} = 84$

总均值 $\overline{x} = \dfrac{\sum\limits_{j=1}^{k}\sum\limits_{i=1}^{n_j} x_{ij}}{n} = \dfrac{99 + \cdots + 75 + 73 + \cdots + 91 + 99 + \cdots + 75}{30} = 85$

3. 计算离差平方和
误差项离差平方和：

$\text{SSE} = \sum\limits_{j=1}^{k}\sum\limits_{i=1}^{n_j}(x_{ij} - \overline{x})^2$
$= (99 - 81)^2 + \cdots + (75 - 81)^2 + (73 - 90)^2 + \cdots +$
$(91 - 90)^2 + (99 - 85)^2 + \cdots + (75 - 84)^2 = 3\,836$

水平项离差平方和：

$\text{SSA} = \sum\limits_{j=1}^{k} n_j(\overline{x_j} - \overline{x})^2 = 10(81 - 85)^2 + 10(90 - 85)^2 + 10(84 - 85)^2 = 420$

4. 计算方差

组间方差：$\text{MSA} = \dfrac{\text{SSA}}{k-1} = \dfrac{420}{3-1} = 210$

组内方差：$\text{MSE} = \dfrac{\text{SSE}}{n-k} = \dfrac{3\,836}{30-3} = 142.074$

5. 计算 F 统计量

根据 F 分布的公式得 $F = \dfrac{\text{组间方差}}{\text{组内方差}} = \dfrac{\text{MSA}}{\text{MSE}} = \dfrac{210}{142.074} = 1.478$。

6. 均值的 F 检验
查 F 分布表得 $F_{0.05}(2, 27) = 3.35$。因为 $1.478 < 3.35$ 即 $F < F_\alpha(r-1, n-r)$，因此接受原假设，即三种组装产品的组装速度没有明显的差异。

三、方差分析表

虽然，方差分析的计算步骤和过程清晰明了，但其数据烦琐、计算量大，为人工处理带来巨大障碍。随着计算技术的发展和统计软件的广泛使用，现在的方差分析工作都用软件完成。统计软件将分析结果以表格形式显示,掌握方差分析的基本原理后,分析者只须读懂软件的输出结果即可。方差分析表(analysis of variance table)的一般形式如表 6-3 所示。

表 6-3 方差分析表的一般形式

误差来源	平方和 SS	自由度 df	均方 MS	F 值	P 值	F 临界值
组间(因素影响)	SSA	$k-1$	MSA	MSA/MSE		
组内(误差项)	SSE	$n-k$	MSE			
综合	SST	$n-1$	MST			

Excel 工具栏下的数据分析功能可以完成许多统计分析过程,用数据分析中的单因素方差分析即可完成例 6-1 的要求,其分析结果如表 6-4 所示。

表 6-4 例 6-1 数据的单因素方差分析表(方差分析)

组	观测数	求和	平均	方差	
列 1	10	810	81	159.777 8	
列 2	10	900	90	98	
列 3	10	840	84	168.444 4	
差异源	SS	df	MS	F	P-value	F crit
组间	420	2	210	1.478 102	0.245 946	3.354 131
组内	3 836	27	142.074 1			
总计	4 256	29				

用 Excel 做单因素方差分析,可以得到两张表格:一是方差分析概述表(见表 6-4),列出了影响因素的每个水平下样本容量(观测数)、水平观测值总和、水平均值、水平方差;二是方差分析表(见表 6-4)。从中可知 SSA=420、SSE=383 6、SST=425 6;MSA=210、MSE=142;$F=1.48$,$F_{0.05}(2, 27)=3.35$ 等信息。其中,1.48<3.35 即 $F<F_{0.05}(2, 27)$,因此接受原假设,与例 6-1 的计算结果相同。同时,表中还给出了 P 值(0.246),其值大于 $\alpha(0.05)$ 也可以得出接受原假设的结论,分析结果一致。

SPSS 的一元方差分析对话框,如图 6-2 所示,根据分析要求指定方差分析的因变量和因素变量,即可完成分析过程。

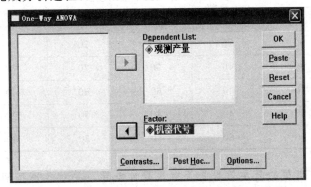

图 6-2 One-Way ANOVA 对话框

用 SPSS 的一元方差分析过程分析例 6-1 得到表 6-5，其结果与前述利用公式计算和用 Excel 处理得出的结果均一致。

表 6-5　用 SPSS 解例 6-1 的方差分析表（组重数量）

	Sum of Squares	df	Mean Square	F	Sig.
Between Groups	420.000	2	210.000	1.478	.246
Within Groups	3 836.000	27	142.074		
Total	4 256.000	29			

四、方差分析中的多重比较

在前述分析中，方差分析的备择假设是自变量对因变量有显著性影响，即 μ_1，μ_2，…，μ_n 不完全相等。但是，究竟是哪些均值不等，并没有给出结论。要弄清因素的各种水平下因变量的差异，需要进一步分析进行多重比较（multiple comparison procedures）。它通过对总体均值之间的配对比较，进一步检验总体均值间的差异。

多重比较的方法很多，本书着重介绍费希尔提出的最小显著差异法（least significant difference，LSD）。

（一）LSD 法检验的具体步骤

(1) 建立假设：H_0：$\mu_i = \mu_j$，H_1：$\mu_i \neq \mu_j$。

(2) 计算检验统计量：$\bar{x}_i - \bar{x}_j$。

(3) 计算 LSD 值，计算公式为

$$\text{LSD} = t_{\frac{\alpha}{2}}^{(n-k)} \sqrt{\text{MSE}\left(\frac{1}{n_i} + \frac{1}{n_j}\right)} \tag{6-12}$$

(4) 做出决策。若 $|\bar{x}_i - \bar{x}_j| > \text{LSD}$，拒绝原假设 H_0，反之接受原假设 H_0。

（二）例题分析

[例 6-2] 比较 5 种班型（班级容量分别为 10 人、20 人、30 人、40 人和 50 人）的教学效果。将 30 名同学随机分成 5 组，每组 6 个学生，让同组的学生在班级容纳量相同的班级学习，并记录下学生的考试成绩，如表 6-6 所示。

表 6-6　5 种班型学生成绩表

班型	考试成绩					
10 人班	60	80	70	70	100	80
20 人班	90	40	50	70	70	60
30 人班	70	40	50	60	30	50
40 人班	60	40	40	50	20	30
50 人班	40	60	60	30	50	60

要求：比较各种班型的教学效果是否有显著性差异，并对各班型间的教学效果进行均值的详细比较分析。（$\alpha = 0.05$）

解：1. 建立假设

检验 1：$H_0: \mu_1 = \mu_2$，$H_1: \mu_1 \neq \mu_2$

检验 2：$H_0: \mu_1 = \mu_3$，$H_1: \mu_1 \neq \mu_3$

检验 3：$H_0: \mu_1 = \mu_4$，$H_1: \mu_1 \neq \mu_4$

检验 4：$H_0: \mu_1 = \mu_5$，$H_1: \mu_1 \neq \mu_5$

检验 5：$H_0: \mu_2 = \mu_3$，$H_1: \mu_2 \neq \mu_3$

检验 6：$H_0: \mu_2 = \mu_4$，$H_1: \mu_2 \neq \mu_4$

检验 7：$H_0: \mu_2 = \mu_5$，$H_1: \mu_2 \neq \mu_5$

检验 8：$H_0: \mu_3 = \mu_4$，$H_1: \mu_3 \neq \mu_4$

检验 9：$H_0: \mu_3 = \mu_5$，$H_1: \mu_3 \neq \mu_5$

检验 10：$H_0: \mu_4 = \mu_5$，$H_1: \mu_4 \neq \mu_5$

2. 计算检验统计量

$\bar{x}_1 - \bar{x}_2 = 76.7 - 63.3 = 13.4$

$\bar{x}_1 - \bar{x}_3 = 76.7 - 51.7 = 25$

$\bar{x}_1 - \bar{x}_4 = 76.7 - 40 = 36.7$

$\bar{x}_1 - \bar{x}_5 = 76.7 - 50 = 26.7$

$\bar{x}_2 - \bar{x}_3 = 63.3 - 51.7 = 11.6$

$\bar{x}_2 - \bar{x}_4 = 63.3 - 40 = 23.3$

$\bar{x}_2 - \bar{x}_5 = 63.3 - 50 = 13.3$

$\bar{x}_3 - \bar{x}_4 = 51.7 - 40 = 11.7$

$\bar{x}_3 - \bar{x}_5 = 51.7 - 50 = 1.7$

$\bar{x}_4 - \bar{x}_5 = 40 - 50 = -10$

3. 计算 LSD 值

根据例 6-1 的单因素方差分析的原理计算得 MSE＝214、$n-k=30-5=25$，查 t 分布表得 $t_{0.025}^{25}=2.06$。

对于检验 1：$\text{LSD}_1 = t_{\frac{a}{2}}^{(n-k)} \sqrt{\text{MSE}\left(\frac{1}{n_1} + \frac{1}{n_2}\right)} = 2.06\sqrt{214\left(\frac{1}{6} + \frac{1}{6}\right)} = 17.4$。

同理，对于检验 2 和检验 3，$\text{LSD}_2 = \text{LSD}_3 = \text{LSD}_4 = \text{LSD}_5 = \text{LSD}_6 = \text{LSD}_7 = \text{LSD}_8 = \text{LSD}_9 = \text{LSD}_{10} = \text{LDS}_1 = 17.4$。

4. 做出决策

对于检验 1，$|\bar{x}_1 - \bar{x}_2| = 13.4 < \text{LSD}_1(17.4)$，故接受原假设 H_0，即 10 班与 20 人班教学效果没有显著性差异。同理，对于检验 5、7、8、9、10，也接受原假设，即 20 人班与 30 人班、20 人班与 50 人班、30 人班与 40 人班、30 人班与 50 人班、40 人班与 50 人班的教学效果没有显著性差异；而对于检验 2，$|\bar{x}_1 - \bar{x}_3| = 25 > \text{LSD}_2(17.4)$，故拒绝原假设 H_0，即 10 班与 30 人班教学效果有显著性差异。同理，对于检验 3、4、6，也拒绝原假设，即 10 班与 40 人班、10 人班与 50 人班、20 人班与 40 人班的教学效果有显著性差异。

如果进行多重比较，只需在单因素方差分析对话框中，打开两两比较对话框，如图 6-3 所示。

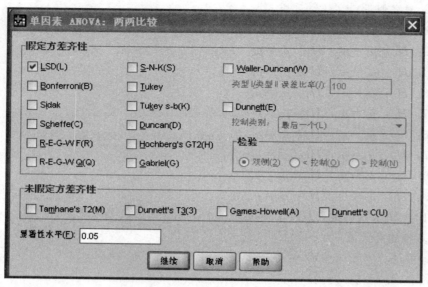

图 6-3 两两比较对话框

在方差齐次性(equal variance assumed)条件下,选择 LSD 均值多重比较的方法。此例用 SPSS 软件处理结果如表 6-7 所示。

表 6-7 各种班级容量学生成绩的均值多重比较表(考试成绩 LSD)

班级容量(I)	班级容量(J)	Mean Difference (I-J)	Std. Error	Sig.	95% Confidence Interval	
					Lower Bound	Upper Bound
10 人班	20 人班	13.333	8.446	0.127	−4.06	30.73
	30 人班	25.000*	8.446	0.007	7.61	42.39
	40 人班	36.667*	8.446	0.000	19.27	54.06
	50 人班	26.667*	8.446	0.004	9.27	44.06
20 人班	10 人班	−13.333	8.446	0.127	−30.73	4.06
	30 人班	11.667	8.446	0.179	−5.73	29.06
	40 人班	23.333*	8.446	0.011	5.94	40.73
	50 人班	13.333	8.446	0.127	−4.06	30.73
30 人班	10 人班	−25.000*	8.446	0.007	−42.39	−7.61
	20 人班	−11.667	8.446	0.179	−29.06	5.73
	40 人班	11.667	8.446	0.179	−5.73	29.06
	50 人班	1.667	8.446	0.845	−15.73	19.06
40 人班	10 人班	−36.667*	8.446	0.000	−54.06	−19.27
	20 人班	−23.333*	8.446	0.011	−40.73	−5.94
	30 人班	−11.667	8.446	0.179	−29.06	5.73
	50 人班	−10.000	8.446	0.248	−27.39	7.39

续表

班级容量(I)	班级容量(J)	Mean Difference (I-J)	Std. Error	Sig.	95% Confidence Interval	
					Lower Bound	Upper Bound
50人班	10人班	−26.667*	8.446	0.004	−44.06	−9.27
	20人班	−13.333	8.446	0.127	−30.73	4.06
	30人班	−1.667	8.446	0.845	−19.06	15.73
	40人班	10.000	8.446	0.248	−7.39	27.39

*. The mean difference is significant at the 0.05 level.

从表6-7可知，10人班与20人班的比较，$P=0.127>\alpha(0.05)$；10人班与30人、40人班与50人班的比较，P分别为0.007、0.000、0.004均小于α，说明10人班与20人班的教学效果没有显著性差异，而与30人以上的班型相比，教学效果有显著性差异。同理，20人班与30人和50人班的教学效果没有显著性差异，而与40人班的教学效果有显著性差异；30人以上班型（30人与40人班型、40人与50人班型、30人与50人班型）的教学效果均没有显著性差异。这与计算结果一致。

第三节 多因素方差分析

前一节介绍了单因素方差分析（即因变量仅受一个因素的影响），然而，在实际研究中因变量的变化往往要受到许多因素的影响。把几个影响因素同时作为自变量，不仅可以分析各个因素对因变量的影响，还可以分析各因素相互结合起来对因变量的影响作用。这种分析称为多因素分析。

一、双因素方差分析的类型

有两个影响因素的多因素方差分析称为双因素方差分析（two-way analysis of variance）。本节以双因素方差分析为例。阐述多因素方差分析的基本原理和方法。在多因素方差分析中，每个因素对因变量的影响是相互独立的。进行方差分析时，只需分别分析每个因素对因变量的影响，这时的多因素方差分析称为无交互作用的多因素方差分析。例如，表6-8所示为包装方式和销售地区对产品销售的影响，如果两者对产品销售量的影响是相互独立的，那么在研究时，只需分别研究包装方式和销售地区对产品销售量的影响。无交互作用的双因素方差分析，也称为无重复双因素（two-factor without replication）分析；如果影响因素对因变量的影响不是独立的，两个因素的搭配还会对因变量产生一种新的效应，例如，表6-8中，除了要研究销售地区和包装方式对产品销售的影响外，不同的销售地区和包装方式组合也会对产品销售产生新的影响。这种双因素方差分析称为有交互作用（interaction）的双因素方差分析，或称可重复双因素（two-factor with replication）分析。

表 6-8 四个超市的产品销售情况　　　　　　　　单位：件

项目		包装方式（B）				
		Ⅰ	Ⅱ	Ⅲ	Ⅳ	Ⅴ
销售地区（A）	1	20	12	20	10	14
	2	22	10	20	12	6
	3	24	14	18	18	10
	4	16	4	8	6	18
	5	26	22	16	20	10

二、无交互作用的双因素方差分析

无交互作用的双因素方差分析，是单独分析两个因素对因变量的影响，而不考虑两个因素的相互搭配影响，因此不需要重复观测数据。

（一）数据结构

双因素方差分析是分析两个分类因素变量对一个连续因变量的影响。因此，其数据结构应包含至少一个定量的因变量和两个定类或定序的因素变量，如表 6-9 所示。

表 6-9 双因素方差分析数据结构

双因素		因素 B_j			
		B_1	B_2	⋯	B_r
因素 A_i	A_1	X_{11}	X_{12}	⋯	X_{1r}
	A_2	X_{21}	X_{22}	⋯	X_{2r}
	⋯	⋯	⋯	⋯	⋯
	A_k	X_{k1}	X_{k2}	⋯	X_{kr}

（二）无交互作用双因素方差分析的步骤

▶ 1. 建立假设

对于各因素原假设：$H_0: \mu_1 = \mu_2 = \cdots = \mu_k$（研究因素对因变量没有影响）；备择假设 $H_1: \mu_1, \mu_2, \cdots, \mu_k$ 不完全相等（研究因素对因变量影响显著），H_0 不成立。

▶ 2. 计算平均值

首先计算总均值（$\bar{x} = \dfrac{\sum_{i=1}^{k}\sum_{j=1}^{r}x_{ij}}{kr}$），然后计算每个因素的各水平均值。

▶ 3. 计算平方和

与单因素方差分析类似，进行多因素方差分析，需要将总误差平方和分解，所不同的是组间误差包括各因素的组间误差，所以相应的误差平方和应为总误差平方和、误差项平方和 A 因素的水平项误差平方和、B 因素的水平项误差平方和等。

（1）总误差平方和：

$$\text{SST} = \sum_{i=1}^{k}\sum_{j=1}^{r}(x_{ij}-\overline{x})^2 = \sum_{i=1}^{k}\sum_{j=1}^{r}(\overline{x}_{i.}-\overline{x})^2 +$$
$$\sum_{i=1}^{k}\sum_{j=1}^{r}(\overline{x}_{.j}-\overline{x})^2 + \sum_{i=1}^{k}\sum_{j=1}^{r}(x_{ij}-\overline{x}_{i.}-\overline{x}_{.j}+\overline{x})^2 \qquad (6\text{-}13)$$

（2）误差项平方和：

$$\text{SSE} = \sum_{i=1}^{k}\sum_{j=1}^{r}(x_{ij}-\overline{x}_{i.}-\overline{x}_{.j}+\overline{x})^2 \qquad (6\text{-}14)$$

（3）A 因素水平项误差平方和：

$$\text{SSA} = \sum_{i=1}^{k}\sum_{j=1}^{r}(\overline{x}_{i.}-\overline{x})^2 = \sum_{i=1}^{k}r(\overline{x}_{i.}-\overline{x})^2 \qquad (6\text{-}15)$$

（4）B 因素水平项误差平方和：

$$\text{SSB} = \sum_{i=1}^{k}\sum_{j=1}^{r}(\overline{x}_{.j}-\overline{x})^2 = \sum_{j=1}^{k}r(\overline{x}_{.j}-\overline{x})^2 \qquad (6\text{-}16)$$

▶ 4. 计算方差

与单因素方差分析一样，各离差平方和除以相应的自由度即为其方差。其中：SST 的自由度为 $n-1$；各组间的自由度为各因素水平数减 1；而 SSE 反映的是组内的差异，它的自由度为总自由度减去组间自由度。

▶ 5. 计算 F 统计量

与单因素方差分析不同的是：多因素方差分析，需要计算每个因素的 F 值，因此：$F_A = \dfrac{\text{MSA}}{\text{MSE}}$ 表示因素 A 的 F 检验统计量，同理 $F_B = \dfrac{\text{MSB}}{\text{MSE}}$ 为 B 因素的 F 检验统计量。

▶ 6. 均值的 F 检验

将计算出的各因素 F 统计量值与 F 临界值进行比较，判断各因素对因变量影响的显著性。

（三）无交互作用双因素方差分析案例分析

[例 6-3] 某种商品在 5 个不同的地区（因素 A），有 5 种不同的包装（因素 B）销售，先从这些地区随机抽取一个规模相同的超级市场进行调研，销售资料如表 6-8 所示。

要求：分析销售量受包装方法和销售地区的影响。

1. 建立假设

对于因素 A（销售地区）原假设：H_0：$\mu_1=\mu_2=\mu_3=\mu_4=\mu_5$ 即包装方式不影响产品销售；备择假设包装方式影响产品销售。

对于因素 B（包装方式）原假设：H_0：$\mu_{\text{I}}=\mu_{\text{II}}=\mu_{\text{III}}=\mu_{\text{IV}}=\mu_{\text{V}}$ 即销售地区不影响产品销售；备择假设销售地区影响产品销售。

2. 计算平均值

总平均数：$\overline{x}=15.04$。

对于销售地区（因素 A）：$\overline{x}_1=\dfrac{20+12+20+10+14}{5}=15.2$，同理 $\overline{x}_2=14$、$\overline{x}_3=16.8$、$\overline{x}_4=10.4$、$\overline{x}_5=18.8$。

对于包装方式（因素 B）：$\bar{x}_I = \dfrac{20+22+24+16+26}{5} = 21.6$，同理 $\bar{x}_{II} = 12.4$、$\bar{x}_{III} = 16.4$、$\bar{x}_{IV} = 13.2$、$\bar{x}_V = 11.6$。

3. 计算误差平方和

总体误差平方和：根据式(6-12)得 SST=880.96。

销售地区水平误差平方和：根据式(6-14)得 SSA=199.36。

包装方式水平误差平方和：根据式(6-15)得 SSB=335.36。

水平内误差平方和：SSE=SST−SSA−SSB=346.24。

4. 计算方差

总体自由度为 25−1=24，因此，总体方差 $MST = \dfrac{880.96}{24} = 36.7$。

有 5 个销售地区，则其自由度为 5−1=4。因此，销售地区方差 $MSA = \dfrac{SSA}{4} = 49.84$。

同理，包装方式方差 $MSB = \dfrac{SSB}{4} = 83.84$。

水平内离差的自由度为 24−4−4=16，则组内方差 $MSE = \dfrac{SSE}{16} = 21.64$。

5. 计算 F 统计量

$F_A = \dfrac{MSA}{MSE} = \dfrac{49.84}{21.64} = 2.303$，同理 $F_B = \dfrac{MSB}{MSE} = \dfrac{83.84}{21.64} = 3.874$。

6. 均值的 F 检验

查 F 分布表得 $F_{0.05}(4,16) = 3.01$。因为 $F_A = 2.303 < 3.01$（接受原假设），而 $F_B = 3.874 > 3.01$（拒绝原假设），所以销售地区对销量没有明显的影响，而包装方式对销量有显著的影响。

上述例题用统计软件可以快速得到方差分析表。其中，Excel 的"无重复双因素分析"结果如表 6-11 所示；用 SPSS 的单因变量多因素方差分析过程的输出结果如表 6-10 所示。

表 6-10 Excel 无重复双因素方差分析输出表

差异源	SS	df	MS	F	P-value	F crit
行	199.36	4	49.84	2.303 142	0.103 195	3.006 917
列	335.36	4	83.84	3.874 307	0.021 886	3.006 917
误差	346.24	16	21.64			
总计	880.96	24				

从表 6-10 和表 6-11 均可看出：观测量总误差为 880.96，它被分解为三部分（包装引起的变差 335.36、地区引起的变差 199.36，以及由随机因素引起的变差 346.24），根据各自的自由度计算出包装方式的方差为 3.874、销售地区的方差为 2.303；同时软件给出了它们不相关的概率，包装方式的 P 值为 $0.022 < 0.05$；销售地区的 P 值为 $0.103 > 0.05$，据此可以得出结论：包装方式对销量有显著的影响，而销售地区对销量没有明显的影响。这与例 6-3 计算的结果是相同的。

表 6-11 SPSS 的单因变量多因素方差分析输出表（Dependent Variable：销售量）

Source	Type Ⅲ Sum of Squares	df	Mean Square	F	Sig.
Corrected Model	880.960[a]	24	36.707		
	5 655.040	1	5 655.040		
销售地区	199.360	4	49.840	2.303	0.103
包装方式	335.360	4	83.840	3.874	0.022
销售地区 * 包装方式	346.240	16	21.640		
Error	0.000	0			
Total	6 536.000	25			
Corrected Total	880.960	24			

a. R Squared = 1.000（Adjusted R Squared = . ）

用 SPSS 解决多因素方差分析问题，须使用一般线性模型下的单因变量多因素方差分析功能，如图 6-4 所示。

图 6-4 单因变量多因素方差分析对话框

三、有交互作用的方差分析

有交互作用的双因素方差分析，不仅要分析两个因素对因变量的影响，还须考虑两个因素的相互搭配影响，因此需要对数据进行重复观测。

有交互作用的方差分析过程与无交互作用的方差分析类似，所不同的是在提出假设、均值计算、误差分解和 F 检验时，增加因素各水平组合的项目。有交互作用的双因素方差分析的方差分析表基本结构如表 6-12 所示。

表 6-12 有交互作用的双因素方差分析表的结构

误差来源	平方和 SS	自由度 df	均方 MS	F 值	P 值	F 临界值
因素 A	SSA	$k-1$	$MSA=\dfrac{SSA}{k-1}$	$F_A=\dfrac{MSA}{MSE}$		
因素 B	SSB	$r-1$	$MSB=\dfrac{SSB}{r-1}$	$F_B=\dfrac{MSB}{MSE}$		

续表

误差来源	平方和 SS	自由度 df	均方 MS	F 值	P 值	F 临界值
交互作用	SSAB	$(k-1)(r-1)$	$\text{MSAB}=\dfrac{\text{SSAB}}{(k-1)(r-1)}$	$F_{AB}=\dfrac{\text{MSAB}}{\text{MSE}}$		
误差	SSE	$kr(m-1)$	$\text{MSE}=\dfrac{\text{SSE}}{kr(m-1)}$			
总和	SST	$n-1$				

[例 6-4] 城市交通管理部门研究不同路段和时间段对行车速度的影响,让一名交警分别在两个路段的高峰期和非高峰期亲自驾车进行试验,获得数据如表 6-13 所示。请分析路段和时间段对行车速度是否有显著性影响,两者相互作用对行车速度是否产生明显的影响。

表 6-13 不同时间段和路段的行车时间

路段(B)	时间段(A)									
	高峰期(Ⅰ)					非高峰期(Ⅱ)				
路段 1	26	24	27	25	25	20	17	22	21	17
路段 2	19	20	23	22	21	18	17	13	16	12

解:1. 建立假设

对于因素 A(时间段)原假设:$H_0:\mu_Ⅰ=\mu_Ⅱ$ 即时间段对行车时间没有影响;备择假设时间段对行车时间有显著性影响。

对于因素 B(路段)原假设:$H_0:\mu_1=\mu_2$ 即路段对行车时间没有影响;备择假设路段对行车时间有显著性影响。

交互作用原假设:$H_0:\mu_{1Ⅰ}=\mu_{1Ⅱ}=\mu_{2Ⅰ}=\mu_{2Ⅱ}$ 即时间段和路段对行车时间没有交互影响;备择假设时间段和路段对行车时间有交互影响。

2. 计算平均值

总平均数:$\bar{x}=20.25$。

对于时间段(因素 A):$\bar{x}_Ⅰ=\dfrac{26+24+\cdots+25+19+\cdots+21}{10}=23.2$,同理 $\bar{x}_Ⅱ=17.3$。

对于路段(因素 B):$\bar{x}_1=\dfrac{26+24+\cdots+25+20+17\cdots+17}{10}=22.4$,同理 $\bar{x}_2=18.1$。

对于因素 AB(因素 A 与因素 B 的各水平组合):$\bar{x}_{1Ⅰ}=\dfrac{26+24+27+25+25}{5}=25.4$,同理 $\bar{x}_{1Ⅱ}=19.4$、$\bar{x}_{2Ⅰ}=21$、$\bar{x}_{2Ⅱ}=15.2$。

3. 计算误差平方和

总体误差平方和:$\text{SST}=\sum\limits_{i=1}^{k}\sum\limits_{j=1}^{r}\sum\limits_{l=1}^{m}(x_{ijl}-\bar{x})^2=329.75$

时间段水平误差平方和:

$\text{SSA}=rm\sum\limits_{i=1}^{k}(\bar{x}_{i.}-\bar{x})^2=2\times5[(23.2-20.25)^2+(17.3-20.25)^2]=174.05$

路段水平误差平方和：

$$SSB = km\sum_{j=1}^{r}(\overline{x}_{\cdot j} - \overline{x})^2 = 2\times 5[(22.4-20.25)^2 + (18.1-20.25)^2] = 92.45$$

交互作用平方和：

$$SSAB = m\sum_{i=1}^{k}\sum_{j=1}^{r}(\overline{x}_{ij} - \overline{x}_{i\cdot} - \overline{x}_{\cdot j} + \overline{x})^2 = 0.05$$

水平内误差平方和：$SSE = SST - SSA - SSB - SSAB = 63.2$

4. 计算方差

总体自由度为 $20-1=19$。总体方差 $MST = \dfrac{329.75}{19} = 17.355$。

有 2 个时间段，则其自由度为 $2-1=1$。因此，时间段的方差 $MSA = \dfrac{SSA}{1} = 174.05$。

同理，路段方差 $MSB = \dfrac{SSB}{1} = 92.45$。

交互作用的自由度 $(k-1)(r-1)=1$，交互作用方差 $MSAB = \dfrac{SSAB}{1} = 0.05$。

水平内离差的自由度为 $k\times r(m-1) = 2\times 2\times(5-1) = 16$，则组内方差 $MSE = \dfrac{SSE}{16} = 3.95$。

5. 计算 F 统计量

$$F_A = \dfrac{MSA}{MSE} = \dfrac{174.05}{3.95} = 44.06,$$

同理：$F_B = \dfrac{MSB}{MSE} = \dfrac{92.45}{3.95} = 23.4$；$F_{AB} = \dfrac{MSAB}{MSE} = \dfrac{0.05}{3.95} = 0.013$。

6. 均值的 F 检验

查 F 分布表得 $F_{0.05}(1,16) = 4.494$，因为 $F_A = 44.06 > F_{0.05}(1,16)(4.494)$，所以拒绝原假设；$F_B = 23.4 > F_{0.05}(1,16)$，拒绝原假设；$F_{AB} = 0.013 < F_{0.05}(1,16)$ 接受原假设，所以时间段和路段对行车速度均有明显的影响，而两者的交互作用对行车速度没有显著性影响。

该问题用统计软件处理比较方便，用 Excel 的"方差分析：可重复的双因素方差分析"输出的结果如表 6-14 所示，其结果与例题计算一样。

表 6-14 Excel 的可重复双因素方差分析表

差异源	SS	df	MS	F	P value	F crit
样本	174.05	1	174.05	44.063 29	5.7E-06	4.493 998
列	92.45	1	92.45	23.405 06	0.000 182	4.493 998
交互	0.05	1	0.05	0.012 658	0.911 819	4.493 998
内部	63.2	16	3.95			
总计	329.75	19				

用 SPSS 进行有交互作用的双因素方差分析与无交互作用使用相同的对话框，不同的

是对数据的要求不同。前述已提到，有交互作用的方差分析需要数据重复测量，即同一因素组合需要重复测试收集数据，输出结果如表 6-15 所示。

表 6-15　用 SPSS 软件进行有交互作用方差分析(Dependent Variable：行车时间)

Source	Type Ⅲ Sum of Squares	df	Mean Square	F	Sig.
Corrected Model	266.550ª	3	88.850	22.494	0.000
	8201.250	1	8 201.250	2 076.266	0.000
时间段	174.050	1	174.050	44.063	0.000
路段	92.450	1	92.450	23.405	0.000
时间段 * 路段	0.050	1	0.050	0.013	0.912
Error	63.200	16	3.950		
Total	8 531.000	20			
Corrected Total	329.750	19			

a. R Squared = .808 (Adjusted R Squared = .772)

由表 6-15 可知：时间段和路段的 P 值均为 $0.000<0.05$，说明时间段和路段对行车时间都有显著性影响，而两者交互作用影响的 P 值为 $0.912>0.05$，说明两者的交互作用对行车时间没有显著性影响。结论与前述分析一致。

第四节　协方差分析

前述介绍的单因素方差分析和多因素方差分析均是分析人为可以控制的变量，而在实际工作中经常会碰到这样的情况，一些随机因素是无法人为控制的，它们对分析因素具有显著性的影响。如果不考虑这些因素的影响有可能使得结果失真，而考虑那些不可控的因素，这种方差分析就叫作协方差分析。协方差分析在 20 世纪 30 年代前后，由 R. A. Fisher 等人提出，其目的是比较一个因素在不同的水平上的差异，但这个变量却同时还受着另一个(或几个)与它有关的变量的影响。

一、协方差分析的基本原理

协方差分析(analysis of covariance)的基本原理是：为了分析控制变量对因变量的影响，在进行方差分析时，尽量排除其他因素对因变量的影响。协方差分析就是将那些难以控制的随机变量作为协变量，在分析中将其排除，然后再分析控制变量对因变量的影响，从而实现对控制变量效果的准确评价。例如，要研究评价 3 种教学方法的教学效果，教学效果须通过学生的考试成绩来反映，而学生的考试成绩是受学生自身知识基础的影响，在考察的时候就必须排除这种影响。将学习基础作为协变量，单纯研究教学方法对学习成绩的影响。

协方差分析是把回归分析和方差分析相结合的一种统计检验方法。它是利用线性回归方法消除混杂因素的影响后进行的方差分析。协方差分析中变量关系比较复杂，既包含控制变量，又包含协变量。协方差分析要求协变量是连续数值型。只有一个协变量时，协方差分析，称为一元协方差分析；当有两个或两个以上的协变量时，称为多元协方差分析。在多元协变量方差分析要求多个协变量间互相独立，且与控制变量之间没有交互影响。协方差分析是在扣除协变量的影响后再对修正后的主效应进行方差分析，它是一种把直线回归或多元线性回归与方差分析结合起来的方法，其中的协变量一般是连续性变量，并假设协变量与因变量间存在线性关系，且这种线性关系在各组一致，即各组协变量与因变量所建立的回归直线基本平行。

协方差分析的基本思路和方法与一般方差分析一致。其原假设是：协变量对因变量的线性影响是不显著的；在协变量影响扣除的条件下，控制变量不同水平下因变量的总均值无显著差异，无论是单因素方差分析还是多因素方差分析，控制因素都是可控的。但是，在实际问题中，有时有些控制因素很难真正得到控制，从而导致不正确的分析结论。协方差分析就是将很难控制的控制因素作为协变量，并在排除协变量对观测变量的影响下，分析控制变量对观测变量的影响，从而更加准确地对控制变量进行评价。

二、协方差分析需要满足的假设条件

协方差分析需要满足的假设条件如下：
（1）控制变量是分类变量，协变量是定距变量，因变量是连续变量。
（2）对连续变量或定距变量的协变量的测量不能有误差。
（3）协变量与因变量之间的关系是线性关系，可绘出协变量和因变量的散点图来检验是否违背这一假设。
（4）协变量的回归系数是相同的。在分类变量形成的各组中，协变量的回归系数（即各回归线的斜率）必须是相等的，即各组的回归线是平行线。如果违背了这一假设，就有可能犯第一类错误，即错误地接受虚无假设。

三、协方差分析过程及计算公式

协方差分析计算结构复杂，其详细意义、计算过程和作用可参见专业统计书籍，在此不再赘述。为便于理解，本章将协方差的计算公式进行简化，将计算公式归纳为三个步骤。控制变量不同水平对因变量的效应同时为零。

习惯上把所要比较的变量用 y 表示，而与它有关的变量用 x 表示。假设有 n 组数据，每组有 x 和 y 两个变量，n_i 组 m_i 个数据，用 X_{ij} 表示 n_i 组的第 j 个 x 值，y 表示法同 x 协方差分析步骤如下：

第一步，计算各组的均值、平方和及协方和；
第二步，计算公共组内的平方和及协方和；
第三步，计算总平均值、总平方和及总协方和；
最后，根据上述计算结果，列出协方差分析表。

以单因素协方差分析为例，总的变异平方和表示为

$$S_{总}^2 = S_{控制变量}^2 + S_{协变量}^2 + S_{随机变量}^2$$

协方差分析仍然采用 F 检验，其零假设 H_0 为多个控制变量的不同水平下，各总体平

均值没有显著差异。

F 统计量计算公式为

$$F_{控制变量} = \frac{S^2_{控制变量}}{S^2_{随机变量}} \quad ; \quad F_{协变量} = \frac{S^2_{协变量}}{S^2_{随机变量}}$$

以上 F 统计量服从 F 分布。统计软件都会自动生成 F 值，并给出相应的概率值。如果 $F_{控制变量}$ 的相伴概率小于或等于显著性水平，则控制变量的不同水平对观察变量产生了显著的影响；如果 $F_{协变量}$ 的相伴概率小于或等于显著性水平，则协变量的不同水平对观察变量产生了显著的影响。

四、协方差例题分析

[例 6-5] 为比较两种不同教材教学效果的差异，选择 2 个小班分别采用 A、B 两种教材，并对其使用前后的学习成绩进行对比例，记录的有关资料如表 6-16 所示。

表 6-16　学生使用不同教材的成绩变化资料

甲班	A 教材			乙班	B 教材		
学号	使用前	使用后	提高分数	学号	使用前	使用后	提高分数
1	60	73	13	1	56	66	10
2	78	86	8	2	66	76	10
3	64	73	9	3	66	74	8
4	66	79	13	4	60	66	6
5	78	87	9	5	54	65	11
6	78	91	13	6	66	68	2
7	70	76	6	7	54	63	9
8	66	79	13	8	60	67	7
9	68	79	11	9	52	60	8
10	72	81	9	10	64	72	8
11	64	71	7	11	64	71	7
12	62	71	9	12	70	80	10
13	60	70	10	13	62	68	6
14	64	75	11				
15	63	74	11				
16	66	77	11				

从表 6-16 中的数据可以得出，使用不同教材后，甲班的分数提高平均 10.2 分；而乙班的分数提高平均 7.8 分，是否可以得出结论，A 教材比 B 教材好呢？显然还不行，众所周知，即便是同样的教材，如果学生原来的基础不一样，基础好的学生可能因理解能力强等各方面的原因，使得成绩提高的幅度大一些。而数据表明，甲班使用前的平均成绩为

77.6 分，乙班使用前的平均成绩为 68.9 分，数据显示甲班的基础好于乙班。这样，用普通的方差分析就无法准确判断教材对教学效果的影响。要对教材的优劣进行评估，除了对比学生使用教材后的成绩，还应当比较两个班级使用不同教材前的基础成绩，此时应考虑将使用前学生的基础成绩作为协变量，进行协方差分析。

用 SPSS 的具体操作：打开方差分析对话框。将"提高分数"作为分析变量，移入 Dependent 文本框中；将"教材"作为控制变量移入 Fixed Factors 文本框中；将"使用前"作为协变量移入 Covariate(s) 文本框中，然后单击 OK 按钮进行协方差分析，分析结果如表 6-17 所示。

表 6-17　不同教材教学效果协方差分析表（Dependent Variable：提高分数）

Source	Type Ⅲ Sum of Squares	df	Mean Square	F	Sig.
Corrected Model	45.619^a	2	22.810	4.431	0.022
Intercept	46.192	1	46.192	8.974	0.006
使用前	6.301	1	6.301	1.224	0.279
教材	44.907	1	44.907	8.724	0.007
Error	133.829	26	5.147		
Total	2 601.000	29			
Corrected Total	179.448	28			

a. R Squared = .254 (Adjusted R Squared = .197)

由表 6-17 得，$F_{使用前}=1.224$，对用 P 值为 0.279，说明学生的学习基础对教学效果影响不显著。$F_{教材}=8.724$，对应 P 值为 0.007，说明消除了两组学生基础不同的影响后，两种教材的教学效果有差异。可见，学生提高成绩的差异是由于教材不同导致的。现有资料可以证明两种教材的优劣。

本章要点

在实践中，试验指标往往受到一种或多种因素的影响。方差分析就是通过对试验数据进行分析，检验方差相同的多个（多于 2 个）正态总体的均值是否相等，用以判断各因素对试验指标的影响是否显著。

单因素方差分析的基本思想是，通过将观测数据的总偏差平方和进行分解，利用假设检验的理论和方法，检验因素的各个水平所对应的试验结果有无显著性差异，从而拒绝或接受因素各水平对应的正态总体的均值相等这一原假设。

本章对双因素方差分析的基本思想与单因素方差分析类似，只是双因素方差分析更为复杂些，特别是因素之间有交互作用时的双因素方差分析。

方差分析事实上并非真正地对方差进行分析，而是用偏差平方和分析度量数据的变异程度。

关键词

方差分析(variance analysis)　　因素(factor)
效应(effect)　　交互作用(interaction)　　水平(level)

思考题

1. 什么是方差分析，其研究的内容是什么？
2. 简述方差分析的基本思想及应用条件。
3. 方差分析有哪些类型，各有什么特点？
4. 简述方差分析的一般步骤。
5. 为什么引入协方差分析？
6. 简述协方差分析的应用条件。
7. 简述协方差分析的步骤。

习题

1. 某课题研究四种衣料的棉花吸附十硼氢量。每种衣料各做五次测量，所得数据如表 6-18 所示。试检验各种衣料棉花吸附十硼氢量有无差异。

表 6-18　各种衣料的棉花吸附十硼氢量

次　数	衣料 1	衣料 2	衣料 3	衣料 4
第一次	2.33	2.48	3.06	4.00
第二次	2.00	2.34	3.06	5.13
第三次	2.93	2.68	3.00	4.61
第四次	2.73	2.34	2.66	2.80
第五次	2.33	2.22	3.06	3.60

2. 研究中国各地区 3 岁儿童的血浆维生素水平，分成三个地区：沿海、内陆、西部，数据如表 6-19 所示，问三个地区 3 岁儿童的血浆维生素水平有无差异？

表 6-19　3 岁儿童的血浆维生素水平测量数据

地　区	n	$\bar{X}$	S
沿海	20	1.10	0.37
内陆	23	0.97	0.29
西部	19	0.96	0.30

3. 将性别相同、体重相近的同一配伍组的 5 只大鼠，分别用 5 种方法染尘，共有 6 个配伍组 30 只大鼠，测得的各鼠全肺湿重如表 6-20 所示。问 5 种处理方法的全肺湿重有无差别？

表 6-20 大鼠经 5 种方法染尘后全肺湿重

区组	对照	A 组	B 组	C 组	D 组
第 1 区	1.4	3.3	1.9	1.8	2.0
第 2 区	1.5	3.6	1.9	2.3	2.3
第 3 区	1.5	4.3	2.1	2.3	2.4
第 4 区	1.8	4.1	2.4	2.5	2.6
第 5 区	1.5	4.2	1.8	1.8	2.6
第 6 区	1.5	3.3	1.7	2.4	2.1

4. 为了检验广告方案和广告媒体对产品销售的影响，某营销公司做了一项试验，考察 3 种广告方案和 2 种广告媒体得到的销售量数据如表 6-21 所示。

表 6-21 广告方案和广告媒体影响下的销售数据

广告方案	广告媒体	
	报纸	电视
A	8	12
	12	8
B	22	26
	14	30
C	10	18
	18	14

试检验广告方案、广告媒体或其交互效应对销售量的影响是否显著？

第七章 相关与回归分析

现实生活中，现象之间存在着各种各样的关系，导致一种现象的存在和发展在不同程度上受到其他现象或因素的制约和影响。相关与回归分析就是研究客观现象之间数量联系的重要统计方法。它可以从描述和推断两个角度对现象之间的关系进行统计分析。因此，相关与回归分析广泛地应用于企业管理、商业决策、金融分析等领域，并涵盖了自然科学与社会科学的研究领域。

第一节 相关与回归分析概述

一、函数关系与相关关系

客观现象之间普遍存在着相互的关系，它们或者相互制约，相互影响；或者相互依赖，相互决定。每一种现象的存在和发展都在不同程度地影响着其他事物的存在和发展，同时它又受到周围事物的制约和影响。变量与变量之间的关系分为确定性关系和非确定性关系两类。

(一) 确定性关系

确定性关系也称为函数关系，是指变量之间的关系可用数学函数来表达。它反映了现象之间的严格依存关系，即现象之间存在着由彼决定此的关系，这种关系可以用数学表达式来反应现象之间的关系。也就是说，当一个变量或几个变量取值一定时，与之相对应的变量有确定的值与之相对应。例如，我们在数学、物理等课程中所学的计算公式中，各变量之间都是存在函数关系的。常见的社会经济现象也有很多函数关系，如产品的销售量和销售额之间就存在函数关系。

(二) 非确定性关系

非确定性关系也称为相关关系，是指变量之间存在一定的依存关系，但与函数关系不同，它们不存在严格的确定和依存关系。例如，在农作物生长过程中，施肥量在一定范围内增加，农作物的产量也会随之增加，但不能根据施肥量确定农作物的产量。施肥量与产量之间的关系不能绝对地用一般的函数关系来表达。也就是说，相关关系是一个或几个变量取值一定时，与之相应的另一变量的值虽不确定，但它却按某种规律而发生变化。相关关系广泛存在于社会经济活动和生产实践中，例如，人体的身高与体重之间、产品销售量与企业经济效益等均存在着相关关系。

相关关系虽然不同于函数关系，但它们之间并不存在严格的界限。有时由于认识的偏差或计算误差的影响可能使函数关系通过相关关系表现出来，当现象间的内在规律被挖掘出来后，原来的相关关系也可能转化为函数关系。

二、相关关系的种类

现象之间的相关关系是非常复杂的，按不同的分类标准可划分为不同的类别。

（一）按相关程度划分

按相关程度划分，相关关系可分为完全相关、不完全相关和不相关三种。完全相关是指变量之间存在确定的函数关系，这是最高的相关程度；不完全相关是指变量之间存在不确定的相互影响和制约的相关关系，这是通常意义的相关关系；不相关是指变量之间不存在相互影响的独立关系，这种关系表示变量之间不存在内部联系，它是相关程度最低的相关关系。由此可见，完全相关和不相关都是相关关系的特例。

（二）按相关方向划分

按相关方向划分，相关关系可分为正相关和负相关。正相关是指变量之间的变化方向一致的相关关系，即一个变量增加受其影响的变量也相应地增加；反之，一个变量减少另一变量也随之减少。负相关是指存在相关关系的两变量之间的变化方向是相反的，一个变量增加，另一变量反而减少。

（三）按相关形式划分

按相关形式划分，相关关系可分为线性相关和非线性相关。线性相关是指两变量之间的关系大致是呈直线关系的相关关系；非线性相关是指变量之间的变化轨迹不呈直线形式而是接近于某种其他的曲线。

（四）按变量多少划分

按变量多少划分，相关关系可分为单相关、复相关和偏相关。单相关是指仅研究两个变量的相互关系，即仅研究一个变量对另一个变量的影响；复相关是指研究一个变量与两个或两个以上变量的相关关系；偏相关是指在现象变化受多个变量影响时，固定其他变量仅研究其中两个变量的相关关系。偏相关与单相关都是研究两个变量之间的相互关系，两者的区别在于：单相关只是简单地分析两个变量的相关情况（即一个变量仅受另一个变量的影响），而偏相关需要将其他影响因素固定（即一个变量的变化受到许多因素的影响，仅研究一个因素的影响作用），研究两变量的相关关系。

三、相关分析与回归分析

相关分析和回归分析是研究现象之间关系的两种基本方法。相关分析研究现象之间的密切程度，回归分析根据相关的具体形态选择数学模型，近似地表达变量间的平均变化关系。

相关分析与回归分析有密切的关系且有明显的区别。

相关分析与回归分析具有共同的研究对象，常常互相补充。相关分析需要依靠回归分析来反应数量相关的具体形式，而回归分析也需要依靠相关分析来表明数量变化的相关程度。研究变量之间既存在又不确定的相互关系及其密切程度的分析称为相关分析。如果把其中的一些因素作为自变量，而另一些随自变量的变化而变化的变量作为因变量，研究它们之间的非确定的因果关系，这种分析就称为回归分析。只有在相关的密切程度较高时，进行回归分析探求其具体形式才有实际意义。正是基于此，本书把相关与回归分析放在一章中进行介绍和讲解。

不可否认，相关与回归分析在研究目的和方法上有明显的区别。相关分析研究的重点是变量之间的相关方向和密切程度，它不能指出变量之间相关的具体形式，更无法根据一个变量推测另一个变量。而回归分析研究的重点是变量之间相关的具体形式，它可以根据一个变量来推测或预测另一个变量。因此，在相关分析中无须区分自变量和因变量，而回归分析一般需要区分自变量和因变量。

必须注意的是，相关与回归分析都是定量分析的手段。虽然可以从数量上反应现象之间的相关性和密切程度，但它仍无法准确地判断现象间的内在联系，也无法确定现象间的因果关系。变量间的内在联系和因果关系必须以有关的学科理论做指导来确定。只有结合专业知识和实际经验进行研究才能得出正确的结论，相关与回归分析才有实际意义。因此，在应用这两种方法时一定把定性分析与定量分析结合起来，在定性分析的基础上进行定量分析。

第二节 相关系数与相关分析

相关关系按相关程度划分为完全相关、不完全相关和不相关三种。其中，完全相关关系即为函数关系，属于数学研究领域；不相关说明变量之间没有相互联系，这种关系没有研究意义；不完全相关即是通常所说的相关关系，是统计学研究的重点。

一、相关关系的判定与相关指标的选择

相关分析是研究变量之间的相关程度的统计分析方法。在社会经济现象中，有许多指标可以测量现象之间的相关关系，但实际工作中究竟如何选择是一个需要注意的问题。选择相关指标首先要注意变量的测量层次，其次要注意变量间关系的对称性，最后要注意分析指标是否具有消减误差比例的意义。在众多指标中，一般选择具有消减误差比例意义的指标。

二、相关表与相关图

相关表和相关图是研究相关关系最直接的工具。一般在进行详细定量分析之前，需对变量间的相关方向、密切程度和具体形式进行简单的判断，这时相关表和相关图就是必不可少的。

相关表是反映相关关系的统计表，将一个变量按其取值大小排列，将其相关变量对应取值一一平行排列，即可得到一个简单的统计表，如表 7-1 所示。

表 7-1　某地居民人均收入与购买商品支出额相关表　　　　　　单位：元

编号	1	2	3	4	5	6	7	8	9	10
收入	8 805	9 858	11 324	12 682	13 896	15 279	16 286	17 423	18 147	20 175
支出	6 052	8 675	8 153	10 272	12 506	10 312	13 354	12 718	16 150	16 745

相关图又称散点图，是用来反映两变量相关关系的图形，以直角坐标系的横轴代表一个变量，纵轴代表另一个变量，将两个变量相应的变量值用坐标点表示，以此来反映两变量的相关关系，如图 7-1 所示。

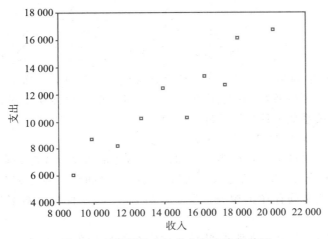

图 7-1　某地居民人均收入与支出相关图

三、相关系数

相关系数是描述两变量之间相关方向与相关密切程度的重要指标，样本间的相关系数用 r 表示，总体间的相关系数用 ρ 表示。相关系数的取值在 -1 和 $+1$ 之间。相关系数的符号可以表示变量间的相关方向：当相关系数为正时，两变量存在正相关；当相关系数为负时，两变量存在负相关。相关系数绝对值的大小反映变量间的相关程度：相关系数的绝对值越接近于 1，两变量的相关程度就越高；反之，相关系数越接近于 0，两变量的相关程度越低。

（一）积差相关

积差相关是英国统计学家皮尔逊提出的一种计算相关系数的方法，其使用条件是两变量呈线性相关，他主要研究两个变量间线性关系的程度。相关系数是描述这种线性关系的程度和方向的统计量，通常用 r 表示。如果一个变量 Y 可以确切地用另一个变量 X 的线性函数表示，那么，两个变量间的积差相关系数是 $+1$ 或 -1。如果变量 Y 随着变量 X 的增、减而进行增、减变化，即变化的方向一致，例如，在正常情况下企业的利润总额随销售收入的增加而增加，这种相关称为正向相关，其相关系数大于 0。如果变量 Y 随着变量 X 的增加而减少，即变化方向相反，例如，企业的利润率随产品成本的增加而较少，这种相关关系称为负相关，其相关系数小于 0。相关系数 r 没有单位，其值应在 -1 和 $+1$ 之

间。积差相关系数的基础公式为

$$\rho = \frac{\text{Cov}(x, y)}{\text{Var}(x)\text{Var}(y)} \quad (7-1)$$

式中，ρ 表示总体相关系数；$\text{Cov}(x, y)$ 表示 x，y 协方差，Var 表示方差。

在实际研究中，我们无法获得总体数据，只能通过抽样的方法对样本进行处理和分析。故在实际工作中，我们常用的是样本相关系数的实用公式：

$$r = \frac{\sum_{i=1}^{n}(x_i - \overline{x})(y_i - \overline{y})}{\sqrt{\sum_{i=1}^{n}(x_i - \overline{x})^2}\sqrt{\sum_{i=1}^{n}(y_i - \overline{y})^2}}$$

$$= \frac{n\sum_{i=1}^{n}x_i y_i - \sum_{i=1}^{n}x_i \sum_{i=1}^{n}y_i}{\sqrt{n\sum_{i=1}^{n}x_i^2 - (\sum_{i=1}^{n}x_i)^2} \cdot \sqrt{n\sum_{i=1}^{n}y_i^2 - (\sum_{i=1}^{n}y_i)^2}} \quad (7-2)$$

式中，r 表示样本的相关系数；其他符号含义同上。另外，r^2 通常用来表示反映模型拟合优度的指标——可决系数（有时用 R^2 表示）。当模型为线性模型时，其值应该等于相关系数的平方。相关系数 r 具有如下特性：

（1）$-1 \leqslant r \leqslant 1$，即 r 的取值在 -1 和 $+1$ 之间。

（2）$r=0$ 时，无线性关系，即当 $r=0$ 时，说明变量间没有线性关系。

（3）在大多数情况下，r 值介于 ± 1 之间，表明变量间存在线性相关。当 $r>0$ 时，直线的斜率为正，即变量间存在正相关；反之，当 $r<0$ 时，直线的斜率为负，即变量间存在负相关。

（4）$r=-1$ 或 $r=1$ 时，表明变量间存在完全线性相关，当 $r=1$ 时，称为完全正相关；当 $r=-1$ 称为完全负相关。

（5）r 是对变量间线性相关的度量。$r=0$ 仅表明两变量之间不存在线性关系，并不能说明现象间不存在其他类型的关系。对于变量间是否存在其他类型的关系还需利用其他指标来测度。

（二）等级相关系数

等级相关系数是以等级次序排列或以等级次序表示的变量之间的相关关系的测度，主要包括斯皮尔曼（Spearman）二列等级相关和肯德尔和谐系数（the Kandall coefficient of concordance）多列等级相关等。

斯皮尔曼等级相关系数适用于只有两列变量，且变量均为定序变量的资料。它并不要求总体呈正态分布，也不要求一定要大样本，因此，等级相关比积差相关应用范围更广。但是，其计算精度较差。因此，一般只有两变量中至少有一个变量的原始资料是属于定序变量或数据资料所属的总体分布形态难以确定时才采用。一般情况下，还是采用积差相关。斯皮尔曼等级相关系数常用 r_s 表示，其计算公式为

$$r_s = 1 - \frac{6\sum_{i=1}^{n}(x_i - y_i)^2}{n(n^2-1)} \quad (7-3)$$

与积差相关系数相同，等级相关系数的取值区间为 $-1 \leqslant r_s \leqslant 1$。$r_s$ 为正数时，表明变

量间存在正相关；r_s为负数时，表明变量间存在负相关。$r_s=1$时，变量间存在完全正相关的关系，$r_s=-1$时，变量间呈完全负相关。

(三) Lambda 相关测量

Lambda 相关测量法又称格特曼可预测度系数(Guttman's coefficient of predictability)，是测量两个定类变量之间的相关性的方法(也可用于测量一个定类变量和一个定序变量之间的相关关系)，其取值范围应为$-1\sim+1$。根据分析对象的变量关系是否对称，分为λ系数和λ_{yx}系数两种形式。

▶ 1. λ 系数

λ系数适用于对称性的两个定量变量，即x和y可以不区分自变量和因变量，其计算公式为

$$\lambda = \frac{\sum_{i=1}^{N} m_{xi} + \sum_{i=1}^{N} m_{yi} - (M_{xi} + M_{yi})}{2N - (M_x + M_y)} \tag{7-4}$$

式中，m_x代表y每个值下x的众数，m_y代表x每个值下y的众数，M_x代表x的众数，M_y代表y的众数值，N代表总次数。

▶ 2. λ_{yx} 系数

λ_{yx}系数适用于非对称性的两个定量变量，即x和y之间需要区分自变量和因变量。其计算公式为

$$\lambda_{y_i x_i} = \frac{\sum_{i=1}^{N} m_{yi} - M_{yi}}{N - M_{yi}} \tag{7-5}$$

式中，各符号含义同式(7-4)。

(四) 复相关系数和偏相关系数

▶ 1. 复相关系数

复相关系数是反映一个变量与其他多个变量之间线性相关程度的指标，计算公式为

$$R = \frac{\sum_{i=1}^{n}(y_i - \overline{y})(\hat{y}_i - \overline{y})}{\sqrt{\sum_{i=1}^{n}(y_i - \overline{y})^2 \sum_{i=1}^{n}(\hat{y}_i - \overline{y})^2}} \tag{7-6}$$

复相关系数的平方实际上就是多元线性回归模型的可决系数。复相关系数只取正值，即$0 \leqslant R \leqslant 1$。当$R=1$时，表明变量间存在严密的线性相关关系；当$R=0$时表明现象之间不存在任何线性相关关系。

▶ 2. 偏相关系数

相关分析计算两个变量间的相关系数，分析两个变量间线性关系的程度。往往因为第三个变量的作用，使相关系数不能真正反映两个变量间线性相关的程度。偏相关分析的任务就是在研究两个变量之间的线性相关关系时，控制可能对其产生影响的变量。

偏相关系数是在对其他变量的影响进行控制的条件下，衡量多个变量中某两个变量之间的线性相关程度的指标。偏相关系数等于两个相应的偏回归系数的几何平均数，其取值范围为$-1\sim1$，其符号与相应的偏回归系数相同。

四、相关分析

(一)选择并计算相关系数

相关分析的目的是根据相关指标判断相关性质。相关指标的选择是正确进行相关分析的基础。相关指标的选择应根据研究变量的性质、测度水平及原始资料的基本情况正确选择恰当的系数。一般情况下,连续变量间的线性相关应选择积差系数,定序变量的相关分析应选择等级相关系数,对于定类变量的相关分析应选择λ系数。

(二)判断方向相关程度

相关方向的判断可通过画相关图和利用相关系数两种方法来判断。画相关图(即散点图)可以通过图形的走向直观地判断。当图形走势向上时,两变量存在正相关关系;反之,则存在负相关关系。利用相关系数判断,即根据相关系数符号即可判断相关方向。当相关系数为正时,两变量存在正相关关系;当相关系数为负时,两变量存在负相关关系。

利用相关系数的特性可以判断相关关系的密切程度。当相关系数等于 0 时,变量间不存在关系;相关系数等于 1(或 -1)时,变量间存在完全相关关系(即存在函数关系)。相关系数的绝对值越接近于 1(或 -1),相关程度越高,据此进行回归分析越有意义。

[例 7-1] 某地 2001—2012 年的国内生产总值和固定资产投资额完成资料如表 7-2 所示,试分析国内生产总值与固定资产投资额的相关关系。

表 7-2 某地国内生产总值与固定资产投资资料 单位:亿元

年份	国内生产总值(y)	固定资产投资额(x)	xy	x^2	y^2
2001	195	20	3 900	400	38 025
2002	210	20	4 200	400	44 100
2003	244	26	6 344	676	59 536
2004	264	35	9 240	1 225	69 696
2005	294	52	15 288	2 704	86 436
2006	314	56	17 584	3 136	98 596
2007	360	81	29 160	3 561	129 600
2008	432	131	56 592	17 161	186 624
2009	481	149	71 699	22 201	231 361
2010	567	163	92 421	26 569	321 489
2011	655	232	151 960	53 824	429 025
2012	704	202	142 208	40 804	495 616
合计	4 720	1167	600 566	175 661	2 190 104

因国内生产总值和固定资产投资额都是连续变量,因此选用积差相关系数作为分析指标,根据式(7-2)得

$$r = \frac{n\sum_{i=1}^{n} x_i y_i - \sum_{i=1}^{n} x_i \sum_{i=1}^{n} y_i}{\sqrt{n\sum_{i=1}^{n} x_i^2 - (\sum_{i=1}^{n} x_i)^2} \cdot \sqrt{n\sum_{i=1}^{n} y_i^2 - (\sum_{i=1}^{n} y_i)^2}}$$

$$= \frac{12 \times 600\ 566 - 1\ 167 \times 4\ 720}{\sqrt{12 \times 175\ 661 - 1\ 167^2} \cdot \sqrt{12 \times 2\ 190\ 104 - 4\ 720^2}}$$

$$= \frac{1\ 698\ 552}{\sqrt{746\ 043} \cdot \sqrt{4\ 002\ 848}} = 0.982\ 9$$

故两者存在线性相关关系,而且相关度很高,相关方向为正相关。

(三) 相关分析的检验

在实际的相关分析研究中,相关系数多是利用样本数据计算出来的,它具有一定的随机性,对其可信度往往需要检验和论证,对相关关系的检验实质上就是对相关系数的显著性检验。相关系数的显著性检验可分为两类:一种是对相关关系是否成立的检验(即对总体相关系数是否等于0的检验);另一种是对相关系数可信度的检验(即相关系数是否等于根据样本计算出来的某个值的检验)。其原假设分别如下。

▶ 1. r 是否为 0 的检验

原假设:H_0:$\rho=0$

检验统计量:$t=\dfrac{r\sqrt{n-2}}{\sqrt{1-r^2}}$ (7-7)

在 $\rho=0$ 的检验中,可采用 t 检验(t 分布自由度 $v=n-2$),若 $t=\dfrac{r\sqrt{n-2}}{\sqrt{1-r^2}}>t$ 的临界值,则 r 是显著的,即两变量存在相关关系。

▶ 2. r 是否为一个不为 0 的确定值的检验

原假设:H_0:$\rho=\rho_0$

检验统计量:$t=\dfrac{(r-\rho_0)\sqrt{n-2}}{\sqrt{1-r^2}}$ (7-8)

在检验中,也采用 t 检验(t 分布自由度 $v=n-2$),若 $t=\dfrac{(r-\rho_0)\sqrt{n-2}}{\sqrt{1-r^2}}>t$ 的临界值,则假设的相关系数 ρ_0 是不可信的,即两变量间的相关关系数不应是 ρ_0。

使用 SPSS 软件可以轻松地完成相关分析。只需打开相关分析对话框,选择分析变量、相关指标并定义双侧或单侧检验即可。如例 7-1 选择国内生产总值(y)和固定资产投资额(x)作为分析变量,计算皮尔逊相关系数,根据经济学相关理论可知固定资产投资额与国内生产总值是正相关关系,所以相关检验选择单侧检验(见图 7-2),分析结果如表 7-3 所示。

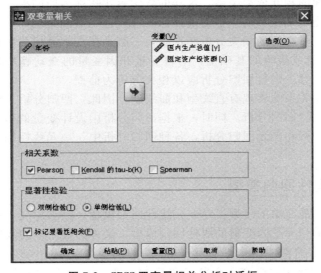

图 7-2 SPSS 双变量相关分析对话框

表 7-3 给出了两变量的相关矩阵，从中可得两变量的相关系数为 0.983，这与计算结果一致。单侧检验的 P 值趋近于 0，说明两变量之间存在密切的线性相关关系。

表 7-3 相关分析矩阵表   单位：亿元

		国内生产总值	固定资产投资额
国内生产总值	Pearson Correlation	1	0.983**
	Sig.（1-tailed）		0.000
	N	12	12
固定资产投资额	Pearson Correlation	0.983**	1
	Sig.（1－tailed）	0.000	
	N	12	12

** Correlation is significant at the 0.01 level (1-tailed).

第三节 一元线性回归分析

"回归"最初是遗传学中的一个名词，它由英国著名生物学家兼统计学家高尔顿（Galton，1822—1911，生物学家达尔文的表弟）在研究人类遗传问题时提出。高尔顿在研究父代与子代身高的关系时发现，父亲及其儿子身高的散点图大致呈直线状态，高尔顿对试验数据进行了深入分析，发现身高高于平均身高的父母，其子女的身高比他更高的概率要小于比他更矮的概率；而矮于平均身高的父母，其子女的身高比他更矮的概率要小于比他更高的概率。即从总体趋势来看，人的身高有回归人类平均身高的趋势，这就是所谓的回归效应。"回归"一词由此产生并为生物学与统计学所沿用。此后，回归分析方法逐渐广泛应用于社会经济生活的各个方面。

随着回归分析方法的应用，回归的现代含义与过去已大不相同。一般来说，回归是研究自变量与因变量之间的关系形式的分析方法。回归分析的主要任务就是确定一个数学表达式以反映变量之间的相互依存关系，这样的数学表达式称为回归模型，其目的在于根据已知变量估计和预测未知变量的总平均值。回归分析也是对现象之间相互关系的分析，主要适用于两个定距变量之间的相关分析和推断，一般是在皮尔逊相关系数 r（在回归分析中简称为相关系数）测量或检验的基础上，对自变量和因变量的变动趋势拟合数学模型的一种统计分析方法。注意，进行回归分析应以相关分析为前提。

现象之间的相关关系的表现有直线型和曲线型。因此，回归分析可分为线性（直线）回归分析和非线性（曲线）回归分析。同时，根据回归分析中设计变量的多少划分，回归分析又可分为一元回归分析和多元回归分析，各种回归分析中，一元线性回归分析是整个回归分析的基础。

一、一元线性回归模型

在回归分析中，最简单的模型就是一元线性回归模型。顾名思义，一元线性回归模型就是只有一个自变量和一个因变量的线性回归模型，又称为最简单的线性模型。

（一）总体回归函数

设因变量 Y 的变化主要受到自变量 X 的影响，那么 Y 与 X 之间的关系可近似表示为

$$Y = \beta_1 + \beta_2 X + \mu \tag{7-9}$$

式中，β_1、β_2 表示未知参数（回归系数）；X、Y 为变量 X 和 Y 的观测值；μ 为随机误差项。β_1 为直线的截距（即常数项），β_2 为直线的斜率（称为回归系数）。式(7.9)式即为总体的回归函数。

（二）样本回归函数

事实上，总体回归模型是未知的，需要根据样本信息来估计的。一般来说，根据样本信息拟合的模型称为样本回归模型。理论上，样本回归模型应与总体回归函数是一致的。因此，一元线性回归模型可表示为

$$\hat{y}_i = \hat{\beta}_1 + \hat{\beta}_2 x_i \tag{7-10}$$

式中，$\hat{y}_i$ 是回归直线上与 x_i 对应的 Y 的预测值，即 y_i 的估计值；而 $\hat{\beta}_1$ 和 $\hat{\beta}_2$ 分别是回归直线截距 β_1 和斜率 β_2 的估计值。实际观测到的因变量与其预测值并不相等，则有

$$y_i = \hat{\beta}_1 + \hat{\beta}_2 x_i + e_i \quad (e \text{ 为残差}) \tag{7-11}$$

式(7-11)称为样本回归函数。式中，e_t 称为残差，与总体的随机误差项 μ 相对应。

样本模型是估计总体模型的基础，两者之间的相互联系是显而易见的。但是，样本回归模型不同于总体回归模型，两者的区别在于：总体回归函数是未知的，且只有一个，而样本回归模型则是根据样本数据拟合的，每抽取一组样本就可拟合出一条回归线；总体回归函数中的回归系数是未知的，表现为常数。而样本回归模型中的回归系数则是随机变量；总体回归函数中的随机误差项是不可直接观测的，而样本回归模型中的残差可以计算其具体值。

总之，样本回归模型是总体回归函数的近似反映。回归分析就是要采用适当的方法，充分利用样本信息尽可能地拟合出接近于真实总体的回归函数。

（三）误差项的标准假定

既然变量间存在的是相关关系而不是函数关系，用函数来表示相关变量的数量关系的回归分析就不可避免地存在误差。而随机误差项 μ_t 是无法直接观测的，为更好地进行回归分析，需要对其概率分布提出一些假设。

假定 1：误差项的期望值为 0，即对所有的 t 总有 $E(\mu_t) = 0$；

假定 2：误差项的方差为常数，即对所有的 t 总有 $Var(\mu_t) = E(\mu_t^2) = \sigma^2$；

假定 3：误差项之间不存在序列相关关系，其协方差为零，即当 $t \neq s$ 时有 $Cov(\mu_t, \mu_s) = E(\mu_t, \mu_s) = 0$；

假定 4：自变量与随机误差项之间线性无关；

假定 5：随机误差项服从正态分布。

上述假定是德国数学家高斯（Johann Carl Friedrich Gauss，1777—1855）最早提出的，称为高斯假定或标准假定。满足标准假定的一元线性模型称为标准的一元线性模型。

值得注意的是在现实生活中，由于种种原因标准假定通常得不到满足。但同其他科学一样，对相关现象的分析方法的研究可以从标准的理想状态出发，首先研究标准状态下的基本方法与规律，然后再进一步研究非理想状态下可采用的方法（属计量经济学范畴，不再赘述）。

二、一元线性回归模型的建立与拟合

回归分析的主要任务就是建立一个能够近似地反映变量间相互关系的回归函数。在确定回归模型时总是希望因变量的估计值与实际值能尽可能地接近，即残差越小越好。但是，由于残差有正负之分，其累加值可互相抵消，因此，通常采用残差平方和 $\left(\sum e^2 \right)$ 作为衡量偏差的指标。最小二乘法就是根据这一思路来估计回归系数进行模型拟合。

(一) 回归系数的估计

如前所述,回归估计的基本方法是最小二乘法,最小二乘法的基本原理就是用残差指标,保证因变量的预测值尽可能地接近实际值。使残差的平方和为最小(即 $\sum e^2$ 最小)得

$$Q = \sum_{i=1}^{n} e_i^2 = \sum_{i=1}^{n}(y_i - \hat{y})^2 = \sum_{i=1}^{n}(y_i - \hat{\beta}_1 - \hat{\beta}_2 x_i)^2 \tag{7-12}$$

根据微积分中求极值的原理,$\sum_{i=1}^{n}(y_i - \hat{\beta}_1 - \hat{\beta}_2 x_i)^2$ 存在最小值,将 Q 分别对 $\hat{\beta}_1$ 和 $\hat{\beta}_2$ 求偏导,当导数等于 0 时,Q 值最小。

Q 对 $\hat{\beta}_1$ 的偏导数为

$$\sum_{i=1}^{n} y_i - n\hat{\beta}_1 - \hat{\beta}_2 \sum_{i=1}^{n} x_i = 0 \tag{7-13}$$

Q 对 $\hat{\beta}_2$ 的偏导数为

$$\sum_{i=1}^{n} x_i y_i - \hat{\beta}_1 \sum_{i=1}^{n} x_i - \hat{\beta}_2 \sum_{i=1}^{n} x_i^2 = 0 \tag{7-14}$$

将式(7-13)和式(7-14),组成方程组 $\begin{cases} \sum_{i=1}^{n} y_i - n\hat{\beta}_1 - \hat{\beta}_2 \sum_{i=1}^{n} x_i = 0 \\ \sum_{i=1}^{n} x_i y_i - \hat{\beta}_1 \sum_{i=1}^{n} x_i - \hat{\beta}_2 \sum_{i=1}^{n} x_i^2 = 0 \end{cases}$ 并整理得出

$$\begin{cases} \hat{\beta}_2 = \dfrac{n\sum_{i=1}^{n} x_i y_i - \sum_{i=1}^{n} x_i \sum_{i=1}^{n} y_i}{n\sum_{i=1}^{n} x_i^2 - (\sum_{i=1}^{n} x_i)^2} \\ \hat{\beta}_1 = \dfrac{\sum_{i=1}^{n} y_i - \hat{\beta}_2 \sum_{i=1}^{n} x_i}{n} \end{cases} \tag{7-15}$$

[**例 7-2**] 利用例 7-1 的资料表 7-2 分析国内生产总值受固定资产投资额的影响,并拟合适当的回归模型。

解:(1) 首先判断国内生产总值(y)和固定资产投资额(x)的关系。

根据例 7-1 的结果,相关系数 $r=0.9829$ 变量间存在高度的线性相关关系。

(2) 建立线性回归模型为 $\hat{y}_i = \hat{\beta}_1 + \hat{\beta}_2 x_i$。

(3) 拟合模型,估计模型参数。

根据式(7-15)得

$$\begin{cases} \hat{\beta}_2 = \dfrac{n\sum_{i=1}^{n} x_i y_i - \sum_{i=1}^{n} x_i \sum_{i=1}^{n} y_i}{n\sum_{i=1}^{n} x_i^2 - (\sum_{i=1}^{n} x_i)^2} = \dfrac{12 \times 600\ 566 - 1\ 167 \times 4\ 720}{12 \times 175\ 661 - 1\ 167^2} = \dfrac{1\ 698\ 552}{746\ 043} = 2.276\ 7 \\ \hat{\beta}_1 = \dfrac{\sum_{i=1}^{n} y_i - \hat{\beta}_2 \sum_{i=1}^{n} x_i}{n} = \dfrac{4\ 720 - 2.276\ 7 \times 1\ 167}{12} = 171.924\ 3 \end{cases}$$

(4) 得出结论,回归模型为 $\hat{y}_i = 172 + 2.28 x_i$。

(二) 总体方差的估计

对回归系数的估计是回归分析的最基本内容,除此之外,一元线性回归模型还有一个未知参数需要估计,就是总体随机误差项的方差 σ^2。它可以反映理论模型误差的大小,也是检验模型时的必要参数。随机误差项本身不能直接观测,需要用最小二乘法下的残差代替随机误差项来估计 σ^2。σ^2 的无偏估为

$$S^2 = \frac{\sum_{i=1}^{n} e_i^2}{n-2} \tag{7-16}$$

式中,分子是残差平方和;分母是自由度,n 是样本容量。因为在一元线性回归模型中,残差需要满足两个约束条件即式(7-13)和式(7-14),因此失去两个自由度,所以自由度为 $n-2$。S^2 的正平方根又称为回归估计的标准误差,其值越小说明实际观察值与用回归模型估计的预测值之间的差异就越小,即回归模型的代表性就越大;反之,回归模型的代表性就越差。直接根据式(7-16)计算 S^2 比较麻烦,而且误差较大,因此,可以采用式(7-17)计算残差平方和。

$$\sum_{i=1}^{n} e_i^2 = \sum_{i=1}^{n} y_i^2 - \hat{\beta}_1 \sum_{i=1}^{n} y_i - \hat{\beta}_2 \sum_{i=1}^{n} x_i y_i \tag{7-17}$$

因此,估计标准误差为

$$S = \sqrt{\frac{\sum_{i=1}^{n} e_i^2}{n-2}} = \sqrt{\frac{\sum_{i=1}^{n} y_i^2 - \hat{\beta}_1 \sum_{i=1}^{n} y_i - \hat{\beta}_2 \sum_{i=1}^{n} x_i y_i}{n-2}} \tag{7-18}$$

[例 7-3] 同样利用例 7-1 的资料,估计例 7-2 中拟合模型的估计值的标准误差。

解:根据式(7-16)计算估计值的标准误差为

$$S = \sqrt{\frac{\sum_{i=1}^{n} e_i^2}{n-2}} = \sqrt{\frac{\sum_{i=1}^{n} y_i^2 - \hat{\beta}_1 \sum_{i=1}^{n} y_i - \hat{\beta}_2 \sum_{i=1}^{n} x_i y_i}{n-2}}$$

$$= \sqrt{\frac{2\,190\,104 - 171.924 \times 4\,720 - 2.276\,7 \times 600\,566}{10-2}} = 33.634\,3$$

(三) 模型拟合优度评价

在运用回归模型时,分析自变量对因变量的解释力,判断模型的拟合优度是至关重要的。模型拟合优度的评价就是指样本集聚在样本回归线周围的紧密程度。判断回归模型拟合优度的常用的数量指标是可决系数,又称判定系数。为阐明可决系数需从对总体离差分析开始,一般可用方差分析的方法对二变量的关系进行分析和检验。

在回归分析过程中,因变量的实际观测值与样本均值的离差即为总离差 $(y_i - \bar{y})$,可以分解为回归离差(也称为解释离差)$(\hat{y}_i - \bar{y})$ 和残差(也称为剩余离差)$(y_i - \hat{y}_i)$,其关系为

$$(y_i - \bar{y}) = (\hat{y}_i - \bar{y}) + (y_i - \hat{y}_i) \tag{7-19}$$

由于 $\sum_{i=1}^{n}(y_i - \hat{y}_i) = 0$,故在进行离差分析时,应采用离差平方和来进行分析。对式(7-19)两边同时平方得

$$\sum_{i=1}^{n}(y_i - \bar{y})^2 = \sum_{i=1}^{n}(\hat{y}_i - \bar{y})^2 + \sum_{i=1}^{n}(y_i - \hat{y}_i)^2 + 2\sum_{i=1}^{n}(\hat{y}_i - \bar{y})(y_i - \hat{y}_i)$$

根据残差定义与标准模型假设条件可得交叉乘积项 $\sum_{i=1}^{n}(\hat{y}_i-\bar{y})(y_i-\hat{y}_i)=0$，则式(7-19)可以简化为

$$\sum_{i=1}^{n}(y_i-\bar{y})^2 = \sum_{i=1}^{n}(\hat{y}_i-\bar{y})^2 + \sum_{i=1}^{n}(y_i-\hat{y}_i)^2 \tag{7-20}$$

即 SST=SSR+SSE。

式中，$SST=\sum_{i=1}^{n}(y_i-\bar{y})^2$，表示总的离差平方和；$SSR=\sum_{i=1}^{n}(\hat{y}_i-\bar{y})^2$，表示回归平方和；$SSE=\sum_{i=1}^{n}(y_i-\hat{y}_i)^2$，表示残差平方和。等式两边同时除以 SST 可得

$$1 = \frac{SSR}{SST} + \frac{SSE}{SST} \tag{7-21}$$

显然，样本观测值越接近于样本回归线，SSR 在 SST 中所占的比例就越大，因此定义这一比例为可决系数，即

$$r^2 = \frac{SSR}{SST} = 1 - \frac{SSE}{SST} = 1 - \frac{\sum_{i=1}^{n}(y_i-\hat{y}_i)^2}{\sum_{i=1}^{n}(y_i-\bar{y})^2} = 1 - \frac{\sum_{i=1}^{n}e_i^2}{\sum_{i=1}^{n}(y_i-\bar{y})^2} \tag{7-22}$$

可决系数是衡量模型拟合优劣的主要数量指标，它是对回归模型拟合程度的综合度量，其值越大，模型的拟合程度就越高；反之，拟合程度较差。可决系数具有如下特征：

(1) 可决系数具有非负性。由于采用的方差分析的方法，利用离差平方和进行分析计算，其分子分母均为非负数，其值必然大于零。

(2) 可决系数的取值范围为[0, 1]。根据可决系数的公式可知，当残差等于零时，SSE=0 因变量的所有观测值都落在回归线上，此时 $r^2=1$ 达到最大值，可以表明变量之间存在着函数关系。

(3) 在一元线性回归分析中可决系数等于相关系数的平方。

（四）显著性检验

由于受到抽样误差的影响，根据样本资料拟合的回归模型应经过检验证明模型的可靠性才能应用其进行因变量的预测。回归分析中的显著性检验包括两方面的内容：一是对回归系数的显著性检验；二是对整个回归模型的显著性检验。回归系数的显著性检验通常采用 t 检验，而对回归模型的显著性检验则应在方差分析的基础上采用 F 检验。

▶ 1. 回归系数的显著性检验

在一元回归分析中，对 β_2 的 t 检验与对整个模型的 F 检验是等价的。在总体方差已知的情况下，利用正态分布并按照假设检验中的 z 检验方法对总体回归系数进行假设检验。可是，一般来说总体的方差往往是未知的，就需要用 S^2 来代替。这样当小样本时，回归系数的检验统计量为

$$t_{\hat{\beta}_i} = \frac{\hat{\beta}_i - \beta}{S_{\hat{\beta}_i}} \tag{7-23}$$

利用式(7-23)可以对回归系数进行显著性检验，其基本步骤如下。

(1) 提出假设。设 $H_0: \hat{\beta}_2 = \beta_2^*$，$H_1: \hat{\beta}_2 \neq \beta_2^*$，式中，$\beta_2^*$ 是回归系数 β_2 的真值，在回

归分析的显著性检验中，常常令 $\beta_2^* = 0$。

(2) 确定检验的显著性水平 α。一般情况下，取 $\alpha = 0.05$ 或 $\alpha = 0.01$。

(3) 计算检验统计量。

$$t_{\hat{\beta}_2} = \frac{\hat{\beta}_2 - \beta_2^*}{S_{\hat{\beta}_2}}$$

(4) 确定临界值。t 检验的临界值是由显著性水平和自由度（在一元线性回归分析中自由度为 $n-2$）决定的。需要注意的是，原假设和备择假设的方式不同，据以判断的接受和拒绝的区域也不同。

(5) 做出判断。当 $t_{\hat{\beta}_2}$ 的绝对值大于临界值时，拒绝原假设，接受备择假设；反之，接受原假设拒绝备择假设。

▶ **2. 回归模型的显著性检验**

样本的回归模型反映了在观察数据范围内，变量之间的依存关系。只有在模型通过检验后，模型才能具有实际意义。据此，进行的分析预测才具有可靠性。一般通过 F 检验对模型整体进行检验。

在上述离差分解中已经得到 $\sum_{i=1}^{n}(y_i - \bar{y})^2 = \sum_{i=1}^{n}(\hat{y}_i - \bar{y})^2 + \sum_{i=1}^{n}(y_i - \hat{y}_i)^2$，即 SST = SSR + SSE。式中，回归变差 SSR 是自变量变动引起的，剩余变差 SSE 是由随机因素或其他不明因素引起的，每项变差都有一个自由度与之联系。总变差的自由度也可以分解为回归变差的自由度和剩余变差的自由度。用 f 表示自由度，则有

$$f_{\text{SST}} = f_{\text{SSR}} + f_{\text{SSE}} \tag{7-24}$$

在一元线性回归分析中，式(7-24)中，f_{SST} 为总变差自由度为 $n-1$；f_{SSR} 为回归变差的自由度其值为自变量的个数，其值为 1；f_{SSE} 为剩余变差的自由度为 $n-2$，即 $n-1 = 1 + (n-2)$。

各变差分别除以各自的自由度得到平均变差如下。

平均总变差：$\text{MST} = \dfrac{\text{SST}}{n-1}$ \hfill (7-25)

平均回归变差：$\text{MSR} = \dfrac{\text{SSR}}{1}$ \hfill (7-26)

平均剩余变差：$\text{MSE} = \dfrac{\text{SSE}}{n-2}$ \hfill (7-27)

回归作用的大小取决于 MSR 和 MSE，现将两者进行对比，令 $F = \dfrac{\text{SSR}}{\text{SSE}}$ 不难看出 F 值越大，回归的作用就越大，线性关系就越显著；反之，F 值小，回归作用就越小，线性关系就越不显著。因此，F 值是一个反映模型优劣的重要测度。

在一元线性回归分析中，F 统计量服从自由度为 $(1, n-2)$ 的 F 分布，故可根据给定的显著性水平 α，在 F 分布表中查得临界值 F_α。当 $F \geq F_\alpha$ 时，模型线性关系显著；反之，模型线性关系不显著。这种将总变差分解为回归变差和剩余变差，并分别除以相应的自由度，然后通过 F 比率来检验模型显著性的方法称为方差分析。一般用表格形式表示回归模型的方差分析如表 7-4 所示。利用软件进行回归分析时，大部分软件都能根据需要给出回归分析的方差分析表。

表 7-4　一般线性回归方差分析表

变差来源	平方和	自由度	方差	F值
回归	$\sum_{i=1}^{n}(\hat{y}_i-\overline{y})^2$	1	$\dfrac{\sum_{i=1}^{n}(\hat{y}_i-\overline{y})^2}{1}$	MSR/MSE
剩余	$\sum_{i=1}^{n}(y_i-\hat{y}_i)^2$	$n-2$	$\dfrac{\sum_{i=1}^{n}(y_i-\hat{y}_i)^2}{n-2}$	
总和	$\sum_{i=1}^{n}(y_i-\overline{y})^2$	$n-1$	—	—

一般的回归分析在获得数据后,应将所得到的数据绘图,探索因变量随自变量变化的趋势。以便确定数据是否适合线性模型。如果数据之间大致呈线性关系,可以构建线性回归模型。

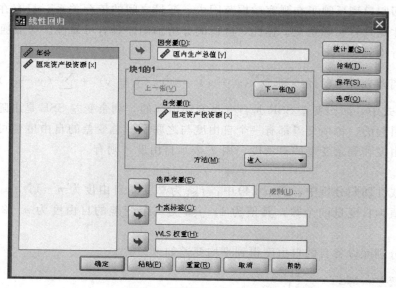

图 7-3　"线性回归"对话框

SPSS 的线性回归分析功能不仅可以完成一元线性回归分析还可完成多元线性回归分析,而且操作简便。模型的构建和评价可同时完成。例 7-2 和例 7-3 的操作如图 7-3 所示。分析结果如表 7-5～表 7-7 所示。

表 7-5　回归分析模型构建表

Model		Unstandardized Coefficients		Standardized Coefficients	t	Sig.
		B	Std. Error	Beta		
1	(Constant)	171.920	16.316		10.537	0.000
	固定资产投资额	2.277	0.135	0.983	16.883	0.000

a. Dependent Variable：国内生产总值。

例 7-2 模型构建结果从表 7-5 中可知：常数项 $\hat{\beta}_1=171.920$,回归系数 $\hat{\beta}_2=2.277$,则回归模型为 $\hat{y}_i=172+2.28x_i$。表 7-5 还给出了回归系数的检验结果：$t_{\hat{\beta}_1}=10.537$、$t_{\hat{\beta}_2}=$

16.883，它们的 P 值均趋近于 0，说明回归系数 $\hat{\beta}_1$ 和 $\hat{\beta}_2$ 均有实际意义。

表 7-6 模型拟合优度评价表

Model	R	R Square	Adjusted R Square	Std. Error of the Estimate
1	0.983[a]	0.966	0.963	33.624 51

a. Predictors：(Constant)，固定资产投资额。
b. Dependent Variable：国内生产总值。

例 7-3 中，模型估计误差如表 7-6 所示，即 $S=33.625$。同时，表 7-6 还给出了该模型的判定系数 $R^2=0.966$，说明回归模型对误差的解释程度达到 96.6%。表 7-7 给出了回归模型的检验结果——回归模型方差分析表。该模型的 $F=285.04$，P 值趋近于 0，说明模型线性关系显著。这与表 7-5 的回归系数检验结果和表 7-6 的模型拟合优度评价结果及例 7-2 和例 7-3 的计算结果均相同。

表 7-7 回归模型的方差分析表

Model		Sum of Squares	df	Mean Square	F	Sig.
1	Regression	322 264.590	1	322 264.590	285.037	0.000[a]
	Residual	11 306.077	10	1 130.608		
	Total	333 570.667	11			

a. Predictors：(Constant)，固定资产投资额。
b. Dependent Variable：国内生产总值。

三、一元线性回归模型的运用

回归分析的任务不仅仅是建立回归模型，更主要的任务是依据回归模型利用变量间的相互关系，根据自变量来预测因变量。如果拟合的模型经过检验，而且具有较高的拟合度，说明模型具有经济意义，且据此推断具有较高的准确性，可以用其进行预测分析。

(一) 测算估计标准误

估计标准误又称估计标准误差或剩余标准误差，是回归模型随机离差的均方根，反映以回归线为中心的观测值与估计值之间的平均离差程度。估计标准误除了进一步判断模型的拟合优劣外，还可以为确定预测值的置信区间提供依据，其计算公式为

$$S_y = \sqrt{\frac{\sum_{i=1}^{n}(y_i - \hat{y}_i)^2}{n-m}} \tag{7-28}$$

式中，S_y 代表估计标准误；$n-m$ 代表自由度；其余符号同上。

(二) 测算抽样平均误差

在进行回归分析时，由于模型本身的随机性，同时回归系数的估计值与真值的不一致导致因变量预测值与真值之间产生了误差。对抽样误差的讨论如下。

当给定 x_0 时，y 的真值为 y_0，$y_0 = \beta_1 + \beta_2 x_0 + \mu_0$，则 $e_0 = y_0 - \hat{y}_0 = (\beta_1 + \beta_2 x_0 + \mu_0) - (\hat{\beta}_1 + \hat{\beta}_2 x_0) = (\beta_1 - \hat{\beta}_1) + (\beta_2 - \hat{\beta}_2)x_0 + \mu_0$。式中，$e_0$ 是预测的残差。利用期望值与方差运算规则以及回归系数最小二乘估计量的期望值和方差可以证明式(7-29)成立。

$$\text{Var}(e_0) = \sigma^2 \left[1 + \frac{1}{n} + \frac{(x_0 - \overline{x})^2}{\sum_{i=1}^{n}(x_i - \overline{x})^2} \right] \tag{7-29}$$

(三)预测区间

由于式(7-29)中 σ 是未知的,通常用其无偏估计 S 来代替。用 S_{y_0} 来表示预测标准误差的估计值则有

$$S_{y_0} = S\sqrt{1 + \frac{1}{n} + \frac{(x_0 - \overline{x})^2}{\sum_{i=1}^{n}(x_i - \overline{x})^2}} \quad (7\text{-}30)$$

可以证明:$(y_0 - \hat{y}_0) \times S_{y_0}$ 服从于自由度为 $n-2$ 的 t 分布,可以得出 y_0 的预测值的抽样极限误差为 $t_{\frac{\alpha}{2}}^{n-2} \times S_{y_0}$,故 y_0 的预测区间为 $y_0 \pm t_{\frac{\alpha}{2}}^{n-2} \times S_{y_0}$。

[**例7-4**] 承例7-1,预测当固定资产投资额达到250亿元时,在 $\alpha=0.05$ 的显著性水平下估计该地区国内生产总值可能达到的区间。

(1)根据模型估计国内生产总值。

根据例7-2的结果,国内生产总值(y)与固定资产投资额(x)的关系为 $\hat{y}_i = 172 + 2.28 x_i$,将固定资产投资额250亿元(即 $x=250$)代入回归模型 $\hat{y}_i = 172 + 2.28 x_i$,得 $\hat{y}_0 = 172 + 2.28 \times 250 = 742$。

(2)测算抽样平均误差。根据式(7-30)计算 y 的抽样平均误差,式中,$S = 33.6343$(见例7-3计算结果)。

$$(x_0 - \overline{x})^2 = \left(250 - \frac{1\,167}{12}\right)^2 = 23\,332.562\,6$$

$$\sum_{i=1}^{n}(x_i - \overline{x})^2 = \sum_{i=1}^{n} x_i^2 - \frac{\left(\sum_{i=1}^{n} x_i\right)^2}{n} = 175\,661 - \frac{1\,167^2}{12} = 62\,170.25$$

因此,抽样平均误差为

$$S_{y_0} = S\sqrt{1 + \frac{1}{n} + \frac{(x_0 - \overline{x})^2}{\sum_{i=1}^{n}(x_i - \overline{x})^2}} = 33.634\,3 \sqrt{1 + \frac{1}{12} + \frac{23\,332.562\,6}{62\,170.25}} = 40.621\,5$$

(3)预测国内生产总值的区间。当显著性水平 $\alpha=0.05$,自由度 $n-m=12-2=10$ 时,查 t 分布表得 $t_{\frac{\alpha}{2}}^{n-2} = t_{0.025}^{10} = 2.228$,则抽样极限误差 $t_{\frac{\alpha}{2}}^{n-2} \times S_{y_0} = 2.228 \times 40.621\,5 = 90.5$。

当固定资产投资额达到250亿元时,国内生产总值的置信区间为 $y_0 \pm t_{\frac{\alpha}{2}}^{n-2} \times S_{y_0} = 742 \pm 90.5$。

因此,当固定资产投资额达到250亿元时,该地区的国内生产总值可能达到651.5亿~832.5亿元。

第四节 多元回归与非线性回归

一元线性回归分析是研究一个因变量和一个自变量之间的线性关系问题。但客观现象之间的联系是复杂的,许多现象的变动都涉及多个变量之间的数量关系,而且变量之间的关系也是多种多样的。因此,仅研究一元线性回归分析无法满足回归分析的要求。

一、多元线性回归

研究某一个因变量与多个自变量之间的相互关系的理论和方法称为多元回归,而研究

一个因变量与多个自变量之间线性关系的分析称为多元线性回归分析。多元线性回归比一元线性回归的计算要复杂很多,但其基本原理与一元线性回归分析相同。

多元线性回归的基本模型为

$$y_i = \beta_0 + \beta_1 x_{1i} + \beta_2 x_{2i} + \cdots + \beta_m x_{mi} + \varepsilon_i \tag{7-31}$$

式中,β_0、β_1、β_2、$\cdots$、β_m 是总体的回归系数,ε 是随机误差项。

多元线性模型回归系数的估计同样采用最小二乘法,即

$$Q = \sum_{i=1}^{n} e^2 = \sum_{i=1}^{n} (y_i - \hat{y})^2 = \sum_{i=1}^{n} (y_i - \beta_0 - \beta_1 x_{1i} - \cdots - \beta_m x_{mi})^2$$

同样,利用微积分求极值的原理,Q 分别对 β_0、β_1、$\cdots$、β_m 求偏导,并令其为零,整理得

$$\begin{cases} n\beta_0 + \beta_1 \sum_{i=1}^{n} x_{1i} + \beta_2 \sum_{i=1}^{n} x_{2i} + \cdots + \beta_m \sum_{i=1}^{n} x_{mi} = \sum_{i=1}^{n} y_i \\ \beta_0 \sum_{i=1}^{n} x_{1i} + \beta_1 \sum_{i=1}^{n} x_{1i}^2 + \beta_2 \sum_{i=1}^{n} x_{1i} x_{2i} + \cdots + \beta_m \sum_{i=1}^{n} x_{1i} x_{mi} = \sum_{i=1}^{n} x_{1i} y_i \\ \vdots \\ \beta_0 \sum_{i=1}^{n} x_{ni} + \beta_1 \sum_{i=1}^{n} x_{1i} x_{ni} + \beta_2 \sum_{i=1}^{n} x_{2i} x_{ni} + \cdots + \beta_m \sum_{i=1}^{n} x_{ni}^2 = \sum_{i=1}^{n} x_{ni} y_i \end{cases} \tag{7-32}$$

可以解方程组(7-32)得出 β_0、β_1、β_2、$\cdots\beta_m$。但是,在实际计算中,上述方程组的计算比较麻烦,一般需要借助计算机。为清晰起见,上述模型可用矩阵形式表达。矩阵形式的回归模型为:$Y = XB + \varepsilon$。其中,

$$Y = \begin{pmatrix} y_1 \\ y_2 \\ \vdots \\ y_n \end{pmatrix}, \quad X = \begin{pmatrix} 1 & x_{12} & \cdots & x_{1m} \\ 1 & x_{22} & \cdots & x_{2m} \\ \vdots & \vdots & & \vdots \\ 1 & x_{n2} & \cdots & x_{nm} \end{pmatrix}, \quad B = \begin{pmatrix} \beta_0 \\ \beta_1 \\ \vdots \\ \beta_m \end{pmatrix}, \quad \varepsilon = \begin{pmatrix} \varepsilon_1 \\ \varepsilon_2 \\ \vdots \\ \varepsilon_n \end{pmatrix}$$

用最小二乘法估计参数向量 B,整理得回归系数向量 B 的估计值为 $\hat{B} = (X'X)^{-1} X'Y$。

[例 7-5] 已知统计资料如表 7-8 所示。根据资料以销售额、费用额为自变量,拟合企业利润额的回归模型。

表 7-8 某地 10 个企业销售额、费用额及利润额统计表　　　　单位:万元

企 业 序 号	销售额(x_1)	费用额(x_2)	利润额(y)
1	40	4.8	1.8
2	43	4.9	2.0
3	48	5.7	2.1
4	42	5.0	1.9
5	41	4.8	1.9
6	45	5.0	2.1
7	47	5.7	2.2
8	50	5.7	2.4
9	52	6.1	2.5
10	56	6.5	2.6

解:(1)首先判断,利润额(y)与销售额(x_1)和费用额(x_2)的关系。

利用表中的数据绘制利润额—销售额和利润额—费用额的散点图,如图 7-4 和图 7-5 所示。

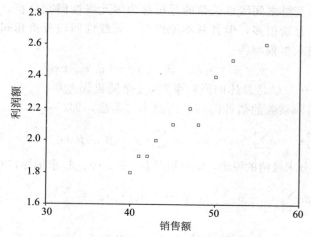

图 7-4　利润额—销售额关系散点图

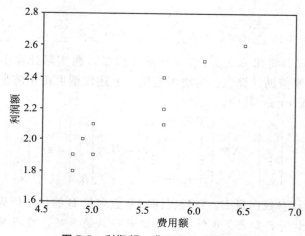

图 7-5　利润额—费用额关系散点图

从图 7-4 和图 7-5 可知，利润额与销售额和费用额均存在线性相关。

（2）建立回归模型 $\hat{y}_i = \alpha + \beta_1 x_{1i} + \beta_2 x_{2i}$。

（3）估计回归系数。运用最小二乘法，根据式（7-32）得：

$$\begin{cases} n\alpha + \beta_1 \sum_{i=1}^{n} x_{1i} + \beta_2 \sum_{i=1}^{n} x_{2i} = \sum_{i=1}^{n} y_i \\ \alpha \sum_{i=1}^{n} x_{1i} + \beta_1 \sum_{i=1}^{n} x_{1i}^2 + \beta_2 \sum_{i=1}^{n} x_{1i} x_{2i} = \sum_{i=1}^{n} x_{1i} y_i \\ \alpha \sum_{i=1}^{n} x_{2i} + \beta_1 \sum_{i=1}^{n} x_{1i} x_{2i} + \beta_2 \sum_{i=1}^{n} x_{2i}^2 = \sum_{i=1}^{n} x_{2i} y_i \end{cases}$$

解此方程组得：

$$\begin{cases} \alpha = -0.194 \\ \beta_1 = 0.069 \\ \beta_2 = -0.156 \end{cases}$$

故利润额与销售额和费用额的关系式为 $y=-0.194+0.069x_1-0.156x_2$。

事实上,方程组(7-32)解起来非常困难,甚至笔算无法解决,需要借助计算工具。因此,一般多元线性分析通常用统计软件拟合。用 SPSS 解决该例题只需在线性分析对话框中将销售额(x_1)和费用额(x_2)移入自变量框中,将利润额(y)移入因变量框中(见图 7-6),执行操作即可。分析结果如表 7-9~表 7-11 所示。

图 7-6　多元线性回归分析

用软件不仅可以轻松地拟合模型,还可以给出对模型的评价。表 7-9 是对模型的总体评价。表中显示可决系数(判定系数)$R^2=0.96$,说明模型的拟合度高,模型有实际意义。

表 7-9　回归模型摘要

Model	R	R Square	Adjusted R Square	Std. Error of the Estimate
1	0.980[a]	0.960	0.949	0.061

a. Predictors:(Constant),费用额,销售额。

表 7-10 是模型的方差分析表。由该表可知 $F=84.72$、$P=0.000$,说明自变量对因变量的解释程度高,模型通过 F 检验,说明模型有实际意义。

表 7-10　模型的方差分析表

Model		Sum of Squares	df	Mean Square	F	Sig.
1	Regression	0.639	2	0.319	84.721	0.000[a]
	Residual	0.026	7	0.004		
	Total	0.665	9			

a. Predictors:(Constant),费用额,销售额。

表 7-11 是回归分析结果。从表中可得:常数项(α)$=-0.194$、销售额系数(β_1)$=0.069$、费用额系数(β_2)$=-0.156$,故回归模型为 $y_i=-0.194+0.069x_{1i}-0.156x_{2i}$。同

时,表 7-11 还给出了回归系数的显著性检验结果:$t_a = -0.104$、$t_{\beta_1} = 4.062$、$t_{\beta_2} = -1.067$,相应的 $P_a = 0.332$、$P_{\beta_1} = 0.005$、$P_{\beta_2} = 0.321$,说明 $\beta_1 = 0$ 的概率低于 0.05,其余两个参数为零的概率在 0.3 左右,高于 0.05 的显著性水平。

表 7-11 回归分析表

Model		Unstandardized Coefficients		Standardized Coefficients	t	Sig.
		B	Std. Error	Beta		
1	(Constant)	−0.194	0.186		−1.042	0.332
	销售额	0.069	0.017	1.312	4.062	0.005
	费用额	−0.156	0.146	−0.345	−1.067	0.321

二、一元非线性回归

在社会经济生活中,线性关系固然重要,但是不能解决所有的问题。变量间的非线性关系是普遍存在的,例如,工业生产总值和企业职工人数的关系就不能用线性模型来表达。因此,学习非线性回归模型十分必要。在建立非线性模型时,最重要的是确定关系的类型和形式。这不仅需要对数据资料的观测与整理,还必须掌握相关的专业知识。在建立非线性模型时,必须坚持如下确定原则:

(1) 模型形式与经济学理论相一致。
(2) 拟合程度较高。
(3) 模型的数学形式尽可能简单。

(一) 常用的非线性函数形式

非线性曲线包含多种复杂的模型函数,在确定模型时往往无从下手,下面介绍几种在社会经济生活中常用的函数形式以供分析时参考。

▶ 1. 抛物线 $y = a + bx + cx^2$

抛物线函数中,a、b、c 为待定参数,函数图形如图 7-7 所示。抛物线模型的判断除根据散点图的形式外,还可以利用"差分法"。即计算 x 和 y 的一阶差分和 y 的二阶差分,如果 x 的一阶差分和 y 的二阶差分都接近于一个常数,则 y 与 x 之间近似地呈抛物线相关。

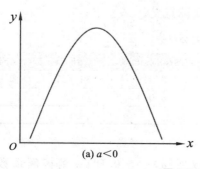

图 7-7 抛物线函数图形

▶ 2. 双曲线 $y = a + \dfrac{b}{x}$

当 y 随 x 变化先快后慢，最后趋于平稳时，可以考虑用双曲线模型来近似地反映二变量之间的关系，如图 7-8 所示。

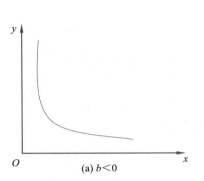
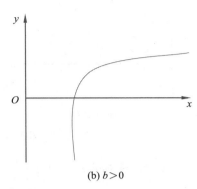

图 7-8　双曲线函数图形

▶ 3. 幂函数 $y = ax^b$

幂函数的优势在于可以直接反映因变量对某一自变量的变化弹性，因此，其广泛应用于生产和需求分析。幂函数图形如图 7-9 所示。

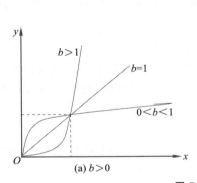
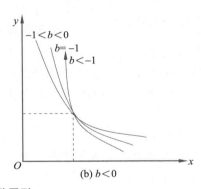

图 7-9　幂函数图形

▶ 4. 指数函数 $y = ab^x$

当 $a > 0$、$b > 1$ 时，曲线随 x 的增加而向上弯曲，y 值趋于 $+\infty$；当 $a > 0$、$0 < b < 1$ 时，曲线随 x 的增加而向下弯曲，y 值趋于 0，如图 7-10 所示。指数函数适用于对客观现象变动趋势的研究。

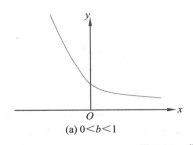
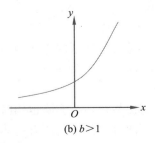

图 7-10　指数函数图形

▶ 5. 对数函数 $y=a+b\ln x$

对数函数的特点是：随 x 的增大，x 的单位变动对因变量 y 的影响效果不断递减，如图 7-11 所示。这符合经济学中的边际效益递减规律。

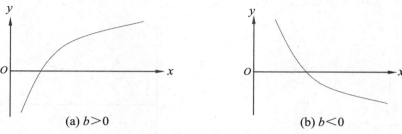

图 7-11 对数函数图形

▶ 6. S 形曲线（逻辑曲线）$y=\dfrac{L}{1+ae^{-bx}}$

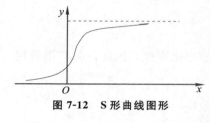

图 7-12 S 形曲线图形

逻辑曲线就是常用的 S 形曲线，其特性是：y 是 x 的非减函数，开始随 x 的增加，y 的增长速度逐渐加快，当 y 达到一定水平后，其增长速度逐渐放慢。最后无论 x 如何增加，y 只会趋近于某一值，但无法超过该值，如图 7-12 所示。S 形曲线常用于耐用品普及率的分析。

（二）非线性回归模型的估计

在实际分析中，许多具有实用价值的非线性函数，通过适当的变换可以转化为线性模型。然后，利用线性模型的原理和计算方法进行回归分析，简化了分析的过程。常用的线性转化方法如下。

▶ 1. 倒数变换

用新的变量来代替原模型中某个变量的倒数，从而使原来的非线性模型变为线性模型进行分析的方法。

例如，双曲线模型 $y=a+\dfrac{b}{x}$ 中，用 X 代替 $\dfrac{1}{x}$ 使模型转化为 $y=a+bX$（线性模型形式）。

▶ 2. 半对数变换

半对数变换主要应用于对数函数的线性转化上。在对数函数 $y=a+b\ln x$ 中用 X 代替 $\ln x$ 使模型转化为 $y=a+bX$。

▶ 3. 双对数变换

双对数变换是对原模型的等式两边同时取对数，然后进行对数替代。例如，将幂函数 $y=ax^b$ 等式两边取对数得 $\ln y=\ln a+b\ln x$，然后用 Y 代替 $\ln y$，用 X 代替 $\ln x$ 则有 $Y=\ln a+bX$（线性模型）。

上述方法简便易行，在实际运用时应灵活使用。对于比较复杂的非线性函数需要综合上述几种方法。同时，并不是所有的非线性函数都可以转化为线性函数进行分析。遇到这种情况时还需要利用其他方法。

[**例 7-6**] 表 7-12 给出了某超市 2006—2015 年的商品流通费用率和商品零售额资料,要求根据已知资料,配合适当的模型,分析商品零售额与流通费用率的关系,若该超市计划在 2020 年商品零售额达到 36.33 万元,请预测 2020 年该超市的商品流通费用额是多少?

表 7-12 某超市商品零售额与商品费用流通率资料表

年 份	商品零售额(万元)x	商品流通费用率(%)y
2006	10.2	7.0
2007	11.7	6.2
2008	13.0	5.8
2009	15.0	5.3
2010	16.5	5.0
2011	19.0	4.6
2012	22.0	4.5
2013	25.0	4.4
2014	28.5	4.2
2015	32.0	4.0

解:(1) 画商品零售额—商品流通费用率散点图,判断零售额与流通费用率的关系。

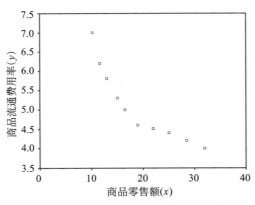

图 7-13 商品零售额—流通费用率散点图

由图 7-13 可以看出,商品流通费用率随商品零售额的增加而下降,两者的变化关系近似呈双曲线形态。

(2) 建立双曲线模型 $\hat{y}_i = a + \dfrac{b}{x_i}$。令 $X_i = \dfrac{1}{x_i}$ 则双曲线模型可转化为 $\hat{y}_i = a + bX_i$(线性模型形式),将表 7-12 整理得表 7-13。

表 7-13　商品零售额与商品费用流通率关系计算表

年份	商品零售额（万元）x	商品流通费用率(%)y	$X=\dfrac{1}{x}$	Xy	X^2	y^2
2006	10.2	7.0	0.098 0	0.686 3	0.009 61	49.00
2007	11.7	6.2	0.085 5	0.529 9	0.007 31	38.44
2008	13.0	5.8	0.076 9	0.446 2	0.005 92	33.64
2009	15.0	5.3	0.066 7	0.353 3	0.004 44	28.09
2010	16.5	5.0	0.060 6	0.303 0	0.003 67	25.00
2011	19.0	4.6	0.052 6	0.242 1	0.002 77	21.16
2012	22.0	4.5	0.045 5	0.204 6	0.002 07	20.25
2013	25.0	4.4	0.040 0	0.176 0	0.001 60	19.36
2014	28.5	4.2	0.035 1	0.147 4	0.001 23	17.64
2015	32.0	4.0	0.031 3	0.125 0	0.000 98	16.00
合计	51.0	—	0.592 13	3.213 73	0.039 6	268.6

(3) 估计参数。根据式(7-15)得：

$$\begin{cases} b = \dfrac{n\sum\limits_{i=1}^{n}X_iy_i - \sum\limits_{i=1}^{n}X_i\sum\limits_{i=1}^{n}y_i}{n\sum\limits_{i=1}^{n}X_i^2 - (\sum\limits_{i=1}^{n}X_i)^2} = \dfrac{10\times 3.213\,73 - 0.591\,23\times 51.0}{10\times 0.039\,6 - 0.591\,23^2} \approx 42.73 \\ a = \dfrac{\sum\limits_{i=1}^{n}y_i - b\sum\limits_{i=1}^{n}X_i}{n} = \dfrac{51.0 - 42.7\times 0.591\,23}{10} \approx 2.58 \end{cases}$$

则回归模型为 $\hat{y}_i = 2.58 + 42.73\dfrac{1}{x_i}$。

(4) 计算相关系数判断相关程度。根据式(7-2)得：

$$r = \dfrac{n\sum\limits_{i=1}^{n}X_iy_i - \sum\limits_{i=1}^{n}X_i\sum\limits_{i=1}^{n}y_i}{\sqrt{n\sum\limits_{i=1}^{n}X_i^2 - (\sum\limits_{i=1}^{n}X_i)^2}\cdot\sqrt{n\sum\limits_{i=1}^{n}y_i^2 - (\sum\limits_{i=1}^{n}y_i)^2}}$$

$$= \dfrac{1.984\,57}{\sqrt{0.046\,447}\cdot\sqrt{10\times 268.6 - 51^2}} = 0.988\,9$$

可见，X 与 y 之间存在高度的线性相关，且两者呈正相关，即 $\dfrac{1}{x}$ 与 y 之间存在高度线性正相关，所以 x 与 y 之间存在负相关，拟合的模型有实际意义。

(5) 利用模型进行预测。将 $x=36.33$ 万元代入模型得：

$$\hat{y}_0 = 2.58 + 42.73\dfrac{1}{x_0} = 2.58 + 42.73\times\dfrac{1}{36.33} = 3.756$$

2020 年的商品流通费用率为 3.756%，故商品流通费用额为 $36.33\times 3.756\% = 1.377$（万元）。

虽然计算过程非常复杂，但转化为直线模型的曲线回归后还可以计算。而多数不能转化的非线性模型就无法利用笔算拟合模型了，这时就必须利用软件解决。通常，曲线回归应先画散点图,根据图形情况选择适当的模型。SPSS 提供了曲线回归和非线性回归两个过程解决非线性回归分析问题。

SPSS 的曲线回归对话框给出了常用的、成熟形式的非线性模型,如图 7-14 所示。选择因变量和自变量后,在"模型"选项栏中选择可用的拟合模型,然后根据分析要求选择分析结果和模型图及保存数据等,即可完成非线性分析。

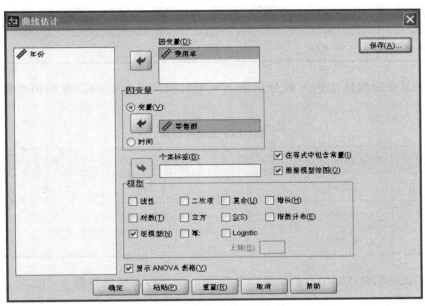

图 7-14 "曲线估计"对话框

"模型"选项栏中给出了 11 种常用的统计模型,其具体函数形式和表达式如表 7-14 所示。

表 7-14 拟合模型解释

"模型"选项名	模型名称	回归方程	相应的线性回归方程
线性	线性模型	$Y=b_0+b_1 x$	
二次项	二次模型	$Y=b_0+b_1 x+b_2 x^2$	
复合	复合模型	$Y=b_0(b_1^x)$	$\ln(Y)=\ln(b_0)+[\ln(b_1)]x$
增长	生长曲线模型	$Y=e^{(b_0+b_1/x)}$	$\ln(Y)=b_0+b_1/x$
对数	对数曲线模型	$Y=b_0+b_1\ln(x)$	
立方	三次曲线模型	$Y=b_0+b_1 x+b_2 x^2+b_3 x^3$	
S	S 曲线模型	$Y=e^{(b_0+b_1/x)}$	$\ln(Y)=b_0+b_1/x$
指数分布	指数曲线模型	$Y=b_0 e^{(b_1 x)}$	$\ln(Y)=\ln(b_0)+b_1 x$
逆模型	逆曲线模型(双曲线模型)	$Y=b_0+(b_1/x)$	
幂	幂指曲线模型	$Y=b_0(x^{b_1})$	$\ln(Y)=\ln(b_0)+b_1\ln(x)$
Logistics	逻辑曲线模型	$Y=1/[1/u+b_0(b_1^x)]$	$\ln(1/Y-1/u)=\ln[b_0+(\ln b_1)x]$

用 SPSS 统计软件解决例 7-6 的问题就非常方便，只需在"曲线分析"对话框中选择商品流通费用额作为因变量，商品零售额作为自变量，并在"模型"选项栏中选择"逆模型"，选中方差分析表即可。分析结果如表 7-15～表 7-17 所示。

表 7-15 给出了拟合的双曲线模型的基本情况，$R^2=0.978$，反映模型的拟合度很高。

表 7-15 拟合逆模型基本信息

R	R Square	Adjusted R Square	Std. Error of the Estimate
0.989	0.978	0.975	0.154

表 7-16 是双曲线模型的方差分析表 $F=349.02$，$P=0.000$，说明回归模型有实际意义。

表 7-16 方差分析表

	Sum of Squares	df	Mean Square	F	Sig.
Regression	8.290	1	8.290	349.020	0.000
Residual	0.190	8	0.024		
Total	8.480	9			

表 7-17 就是双曲线回归分析结果，常数项 $a=2.582$，回归系数 $b=42.73$，同样得出回归模型为 $\hat{y}=2.58+42.73\dfrac{1}{x}$，以后的计算完全一致。

表 7-17 回归分析表

	Unstandardized Coefficients		Standardized Coefficients	t	Sig.
	B	Std. Error	Beta		
1/零售额	42.731	2.289	0.989	18.682	0.000
(Constant)	2.582	0.144		17.830	0.000

虽然，表 7-14 是已经得到公认经常使用的曲线模型，但在实际工作中不能随意地套用模型，否则得不到好的解决方案。SPSS 不仅能拟合常规的曲线模型，还可以拟合非常规的非线性回归模型，只是操作过程和曲线回归不同而已。"非线性回归"对话框如图 7-15 所示。与线性与常用曲线回归不同的是，非线性回归分析不仅要选择自变量与因变量，还要自行输入模型表达式，自行设置参数的初始值。

非线性拟合可以分段进行，将几个不同条件的分段模型组合在一起。同时，在多数的非线性模型中，参数须限制在有意义的区间中，例如，在指数参数模型中要求参数是正数。所谓约束是指在求解过程中对参数值的限制。

另外，为了确保成功地建立非线性模型，一个比较好的方法，也是一个比较难的方法是在参数框中设置合适的参数初始值，以便使收敛尽快发生。参数初始值的确定方法如下：

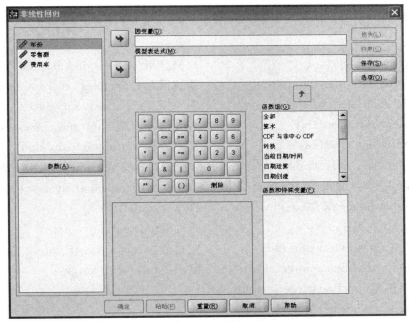

图 7-15 "非线性回归"对话框

(1) 使用图形辅助确定参数取值范围,在研究的实际范围内确定初始值。
(2) 根据确定的非线性方程的数学特性,对其进行变换结合图形辅助判断初始值范围。
(3) 使用数值来替代某些参数,确定其他参数的取值范围,从而确定初始值。
(4) 使用条件线性关系。

本章要点

相关分析的介绍,包括相关关系的特点、相关关系与函数关系的区别与联系、相关关系的种类、相关关系的判断,以及相关系数的计算。

回归分析,包括相关分析与回归分析的区别、回归模型的拟合,以及估计标准误差的计算。

多元线性回归分析,包括多元线性回归模型的拟合和复相关系数与偏相关系数的计算。

相关回归分析的目的不同。在回归分析中,寻找的是变量间的关系,代表这种关系的函数就是所期望的结果,也可能是所期望预期的均值。在相关分析中需要度量的是两个或两个以上随机变量之间线性关系的强度。当二维数据显示在散点图上落在一条直线附近时,它们支持一个线性关系,但是这并不能证明这是必然的和有因果的。

关键词

相关关系(correlation)
相关分析(correlation analysis)
相关系数 R(coefficient of correlation)
因变量(independent variable)
自变量(dependent variable)
可决系数 R^2(coefficient of determination)
修正的复可决系数(修正 R^2)(adjusted R^2)
最小二乘法(ordinary of least squares)
检验函数(test function)
估计标准误差(stand error of estimate)
预测区间估计(confidence interval estimate)
非线性回归模型(nonlinear regression model)
复可决系数 R^2(multiple coefficient of determination)
估计的回归方程(estimated regression equation)
估计的多元回归方程(estimated multiple regression equation)
回归分析(regression analysis)
线性回归分析(linear regression analysis)
回归模型(regression model)
多元回归模型(multiple regression model)
回归方程(regression equation)
多元回归方程(multiple regression equation)
残差分析(residual analysis)
样本(sample)
定性数据(qualitative data)
定量数据(quantitative data)
散点图(scatter diagram)

思考题

1. 什么是相关关系？它和函数关系有什么不同？
2. 简述相关分析和回归分析的关系。
3. 什么是正相关和负相关？举例说明。
4. 直线回归方程中 $y=a+bx$，参数 a、b 是怎样求得的？它们代表什么意义？
5. 构造直线回归模型应具备哪些条件？
6. 什么是估计标准误差？其作用是什么？
7. 应用相关与回归分析应注意哪些问题？

习题

1. 已知 $r=0.90$，$\bar{x}=20$，$\bar{y}=40$，又知 σ_y 是 σ_x 的 3 倍，求 y 对 x 的线性回归模型。

2. 已知 $n=12$，$\sum_{i=1}^{n}x_i=60$，$\sum_{i=1}^{n}x_i^2=352$，$\sum_{i=1}^{n}y_i=8\ 520$，$\sum_{i=1}^{n}y_i^2=6\ 428\ 800$，$\sum_{i=1}^{n}x_iy_i=46\ 560$，试计算 x 与 y 的相关系数，并求 y 对 x 的线性回归模型。

3. 研究物体在横断面上渗透深度 h 与局部能量 E（每平方厘米上的能量）的关系，得到实验数据如表 7-18 所示。

表 7-18　相关实验数据

渗透深度 h(cm)	4	8	10	14	16	20	19	23	26	30	31	36	37
局部能量 E(J)	41	50	81	104	120	139	154	180	208	241	250	269	301

检验局部能量 E 与渗透深度 h 之间是否存在显著的线性关系。若存在,试求局部能量 E 与渗透深度 h 的线性回归模型。

4. 某种产品的产量与单位成本的资料如表 7-19 所示。

表 7-19　某产品的产量与单位成本的关系

产量(千件)x	单位成本(元/件)y
2	73
3	72
4	71
3	73
4	69
5	68

要求:(1)计算相关系数 r,判断其相关程度和相关方向。
(2)建立线性回归模型。
(3)指出产量每增加 1 000 件时,单位成本平均下降了多少元?

5. 研究青春期发育与远视率(对数视力)的变化关系,测得结果如表 7-20 所示,建立 y 对 x 的曲线回归模型。

表 7-20　青春期发育与远视率(对数视力)的变化关系

年龄(岁)x	远视率(%)y	对数视力 $Y=\ln y$
6	63.64	4.153
7	61.06	4.112
8	38.84	3.659
9	13.75	2.621
10	14.50	2.674
11	8.07	2.088
12	4.41	1.484
13	2.27	0.820
14	2.09	0.737
15	1.02	0.020
16	2.51	0.920
17	3.12	1.138
18	2.98	1.092

6. 检查 5 位同学统计学课程的学习时间与考试成绩如表 7-21 所示。

表 7-21 学习时间与考试成绩的关系

序 号	每周学习时数（小时）	考试成绩（分）
1	4	40
2	6	60
3	7	50
4	10	70
5	13	90

要求：（1）由此计算出学习时间与学习成绩之间的相关系数。
（2）建立线性回归模型。
（3）计算估计标准误差。

7. 某地高校教育经费（x）与高校学生人数（y）连续 6 年的统计资料如表 7-22 所示。

表 7-22 某地高校经费与高校学生人数统计资料

年 份	教育经费（万元）x	在校学生数（万人）y
2011	316	11
2012	343	16
2013	373	18
2014	393	20
2015	418	22
2016	455	25

要求：（1）建立线性回归模型，估计教育经费为 500 万元时的在校学生人数。
（2）计算估计标准误差。

8. 表 7-23 是股票指数 A 和股票指数 B2007—2016 年对应的收益率资料。

表 7-23 2007—2016 年股票收益率　　　　　　　　　　　　　　　　　　　　单位：%

年份	A 收益率	B 收益率	年份	A 收益率	B 收益率
2007	16.0	16.6	2012	16.8	10.1
2008	31.7	31.5	2013	4.9	1.3
2009	−0.4	−3.2	2014	36.4	37.6
2010	23.9	30.0	2015	28.6	23.0
2011	7.4	7.6	2016	24.9	33.4

计算两种指数收益率的相关系数，分析其相关程度，以 0.05 的显著性水平检验相关系数的显著性。

9. 某产品的价格与销售量的资料如表 7-24 所示。

表 7-24　某产品的价格与销售量的资料

价格(元/件)	2	3	4	3	4	5
销售量(件)	73	72	71	73	69	68

要求:(1) 确定价格与销售量的回归模型,并指出回归系数的意义。
(2) 对回归模型的拟合优度做出评价。
(3) 请估计价格为 6 时,需求量的 95% 置信区间。

10. 表 7-25 是 16 支公益股票某年的每股账面价值和当年红利资料。

表 7-25　股票账面价值和当年红利　　　　　　　　　　　单位:元

公司序号	账面价值	红利	公司序号	账面价值	红利
1	22.44	2.4	9	12.14	0.80
2	20.89	2.98	10	23.31	1.94
3	22.09	2.06	11	16.23	3.00
4	14.48	1.09	12	0.56	0.28
5	20.73	1.96	13	0.84	0.84
6	19.25	1.55	14	18.05	1.80
7	20.37	2.16	15	12.45	1.21
8	26.43	1.60	16	11.33	1.07

要求:(1) 建立每股账面价值和当年红利的回归模型。
(2) 解释回归系数的经济意义。
(3) 若序号为 6 的公司股票每股账面价值增加 1 元,估计当年红利可能是多少?

11. 各航空公司的航班正点率和每 10 万名乘客投诉的次数数据如表 7-26 所示。

表 7-26　航空公司航班正点率和每 10 万名乘客投诉次数

航空公司名称	航班正点率(%)	投诉率(次/10 万名乘客)
航空公司 A	81.8	0.21
航空公司 B	76.6	0.58
航空公司 C	76.6	0.85
航空公司 D	75.7	0.68
航空公司 E	73.8	0.74
航空公司 F	72.2	0.93
航空公司 G	71.2	0.72
航空公司 H	70.8	1.22
航空公司 I	68.5	1.25

要求：（1）画出这些数据的散点图。
（2）根据散点图说明两变量之间存在什么关系。
（3）求出描述投诉率依赖航班正点率的回归估计模型。
（4）对估计的回归模型的参数做出解释。
（5）如果航班正点率为80％，估计每10万名乘客投诉的次数是多少？

12. 表7-27是各城市人均寿命(y)、按购买力平价计算的人均GDP(x_1)、成人识字率(x_2)、一岁儿童疫苗接种率(x_3)的数据。

表7-27　习题12相关统计数据

城市序号	平均寿命 y（年）	人均GDP x_1（100美元）	成人识字率 x_2（％）	一岁儿童疫苗接种率 x_3（％）
1	79	194	99	99
2	77	185	90	79
3	70	83	97	83
4	74	147	92	90
5	69	53	94	86
6	70	74	80	90
7	71	27	89	88
8	70	29	80	94
9	65	24	90	92
10	71	18	95	96
11	63	23	95	85
12	62	27	84	92
13	63	13	89	90
14	57	7	81	74
15	58	20	36	81
16	50	18	55	36
17	60	12	50	90
18	52	12	37	69
19	50	13	38	37
20	53	11	27	73
21	48	6	41	85
22	43	7	32	35

要求：（1）用多元回归的方法分析各城市人均寿命与人均GDP、成人识字率、一岁儿童疫苗接种率的关系。

(2) 对所建立的回归模型进行检验。

13. 在计算一元线性回归模型时，得到 $F=483.808$。请根据此结果，填写表 7-28 中的空格。

表 7-28　习题 13 相关数据

来　源	平　方　和	自　由　度	方　差
来自回归			2 179.56
来自残差	99.11	22	
总离差平方和	2 278.67		

14. 表 7-29 为某企业 2005—2016 年总成本和产量的数据。

表 7-29　某企业总成本和产量的相关数据

年　份	总成本 y(万元)	产量 x(件)	年份	总成本 y(万元)	产量 x(件)
2005	329	410	2011	863	906
2006	524	608	2012	1 390	1 223
2007	424	512	2013	1 157	1 107
2008	629	723	2014	1 548	1 319
2009	741	811	2015	1 787	1 424
2010	1 020	1 009	2016	2 931	1 541

要求：(1) 用已知数据估计总成本函数的线性模型。
(2) 检验整个回归模型的显著性。
(3) 计算总成本对产量的相关指数。
(4) 评价此回归分析存在什么不足。

15. 有 10 个同类企业的生产性固定资产年平均价值和工业总产值资料，如表 7-30 所示。

表 7-30　10 个同类企业的相关数据　　　　　　　　　单位：万元

企业编号	生产性固定资产价值	工业总产值
1	318	524
2	910	1 019
3	200	638
4	409	815
5	415	913
6	502	928
7	314	605
8	1 210	1 516
9	1 022	1 219
10	1 225	1 624
合计	6 525	9 801

要求：(1) 说明两变量之间的相关方向；
(2) 建立线性回归模型。
(3) 计算估计标准误差。
(4) 估计生产性固定资产(自变量)为 1 100 万元时总产值(因变量)的可能值。
16. 设某公司下属 10 个分公司有关资料如表 7-31 所示。

表 7-31 某公司下属分公司有关资料

分公司编号	职工平均销售额(万元)	流通费用水平(%)	销售利润率(%)
1	6	2.8	12.6
2	5	3.3	10.4
3	8	1.8	18.5
4	1	7.0	3.0
5	4	3.9	8.1
6	7	2.1	16.3
7	6	2.9	12.3
8	3	4.1	6.2
9	3	4.2	6.6
10	7	2.5	16.8

要求：(1) 确立适宜的回归模型。
(2) 计算有关指标，判断这三种经济现象之间的相关紧密程度。

17. 考察温度对产量的影响，测得下列 10 组数据如表 7-32 所示。

表 7-32 温度与产量的统计数据

温度 x(℃)	20	25	30	35	40	45	50	55	60	65
产量 Y(kg)	13.2	15.1	16.4	17.1	17.9	18.7	19.6	21.2	22.5	24.3

要求：(1) 试画出这 10 对观测值的散点图。
(2) 检验产量 Y 与温度 x 之间是否存在显著的线性相关关系。若存在，求 Y 对 x 的线性回归模型。

18. 某种合金钢的抗拉强度 y 与钢中含碳量 x 有关，现进行 14 次实验，取得抗拉强度 y_i(单位：kg/mm^2)和含碳量 x_i(单位:%)的数据，经计算得 $\overline{x} = 0.134, \overline{y} = 46.929, L_{xx} = \sum_{i=1}^{n}(x_i - \overline{x})^2 = 0.040\ 1, L_{xy} = \sum_{i=1}^{n}(x_i - \overline{x})(y_i - \overline{y}) = 4.152\ 6, L_{yy} = \sum_{i=1}^{n}(y_i - \overline{y})^2 = 463.528\ 6$。

要求：(1) 检验抗拉强度 y 与含碳量 x 之间是否存在显著的线性相关关系。若存在，求出 y 对 x 的线性回归模型。
(2) 当含碳量为 0.15% 时，预测抗拉强度的变化区间(置信度为 95%)。
(3) 若要以 95% 的把握使 y 介于 38.1~49.5kg/mm^2，应把 x 控制在什么范围内？

19. 测定某种实验片的抗张力 y（单位：kg/mm^2）与硬度 x（单位：HB）的关系，得到实验数据如表 7-33 所示。

表 7-33　某种实验片的抗张力与硬度实验数据

硬度 x	51	53	51	51	53	55	57	51	51	55
抗张力 $y(kg/mm^2)$	44	50	41	44	47	56	56	50	47	56

要求：(1) 检验抗张力 y 与硬度 x 之间是否存在显著的线性相关关系。若存在，求出 y 对 x 的线性回归模型。

(2) 当硬度为 54HB 时，预测抗张力的变化区间（置信度为 95%）。

(3) 若要以 95% 的把握使 y 介于 $45 \sim 60 kg/mm^2$，应把 x 控制在什么范围内？

20. 某种作物单位面积的成本 x 与产量 Y 有关，通过实验得数据如表 7-34 所示。

表 7-34　某作物单位面积的成本与产量实验数据

成本 $x(元/m^2)$	5.67	4.45	3.85	3.84	3.73	2.18
产量 $Y(kg/m^2)$	18.1	18.5	18.9	18.8	18.3	19.1

检验产量 y 与成本的倒数 $\frac{1}{x}$ 之间是否存在显著的线性相关关系？若存在，求出 Y 对 x 的回归模型。

第八章 时间序列分析

> 任何社会经济现象都有一个产生与发展的过程，要准确、全面地认识社会经济现象，仅对事物进行静态分析还不够。对不断发展变化的客观事物还应随时间演变的过程去研究。时间序列分析主要用于描述和探索现象随时间发展变化的数量规律性，反映社会经济现象发展变化的过程和特点。研究现象变化的规律和未来趋势，为预测未来、规划发展提供依据。

第一节 时间序列分析概述

时间序列是指标数值按时间顺序排列而成的数列，又称序时数列或动态数列。它是将某一指标在各个不同时间上的数值按时间先后顺序编制所形成的数列。时间序列的作用有：①便于动态比较；②有利于对未来情况的预测；③可揭示现象的动态演变关系。

一、时间序列的分类

时间序列按不同标准可分为不同的种类。

（一）按指标形式划分

按指标形式划分，时间序列可以分为绝对指标时间序列、相对指标时间序列和平均指标时间序列三种类型。其中，绝对指标时间序列是原始序列（又称基本序列），又分为时期序列和时点序列。其余两种时间序列是派生序列。

▶ 1. 绝对指标时间序列

按时间顺序将一系列的绝对指标排列起来所形成的序列称为绝对指标时间序列，用来反映客观事物在某个时期（或时点）达到的绝对水平及其发展规律的情况。按照指标所反映的社会经济现象所属的时间不同，绝对时间序列又分为时期序列和时点序列。

1）时期序列

当绝对时间序列中的各指标值所反映的是客观事物在一段时期内发展过程的结果或总

量时，称为时期序列。时期序列是通过连续登记数据资料并累计得到的，如企业的产品销售额、利润额等，其主要特点如下。

(1) 时期序列指标的可加性。时期序列中的各指标值表示在一段时期内发展变化总量，各值相加后得到的是更长一段时期内的发展变化过程的总量。例如，将企业每个月的利润总额累加得到的是企业全年的利润总额。因此，时期序列的指标具有可加性，各指标值相加具有实际意义。

(2) 时期序列指标值大小与时间长短直接相关。时期序列中，每个指标所包含的时间长度称为"时期"。时期的长短主要根据研究目的而定，一般来说时期越长指标数值就越大；反之，时期越短指标值就越小。因此，时期序列中各指标值的大小与其所属时期长短有直接联系。

(3) 时期序列指标值采用连续登记方式取得。时期序列中各指标值反映客观事物在一段时期内发展的结果，因此必须把该段时期内事物所发生的数量变化逐一登记，并进行累加，才能得到所需的指标值。

2) 时点序列

当绝对时间序列中的各指标值反映的是客观事物在某一时点上(瞬间)的水平时，这种序列称为时点序列，如地区的人口数、土地面积及企业的产品库存等，其主要特点如下。

(1) 时点序列指标值不具有可加性。时点序列中的各指标值，只表示现象在一定时点上的状态，各值相加后得到的数值不能综合反映现象在几个点上的状态。因此，时点序列的指标值不具有可加性，各指标值相加没有实际意义。

(2) 时点序列中的指标值大小与时间间隔长短不直接相关。时点序列中，两个相邻指标所属的时间差距称为时点间隔。时点序列不具有可加性，时点间隔长短对指标值没有直接的影响。例如，企业产品库存年初未必比年末少(或多)。因此，时点序列中，各指标值的大小与其所属时间间隔长短没有直接联系。

(3) 时点序列指标采用间隔登记方式取得。时点序列中，各指标值反映客观事物在时点上(瞬间)达到的水平，因此只要在要求的时点上进行登记，不同时点上的资料用以反映现象的发展过程，无须对两个点间的现象所发生的数量逐一登记。

▶ 2. 相对指标时间序列

按时间顺序把不同时期(或时点)的相对指标排列起来所形成的序列称为相对指标时间序列，反映客观经济现象之间相互关系(对比关系)的发展变化过程，说明社会经济现象的比例关系、结构、速度等变化情况。在相对指标时间序列中，由于各指标值的基数不同，因此不具有可加性。

▶ 3. 平均指标时间序列

按时间顺序将各个时期(或时点)的平均指标排列起来所形成的序列称为平均指标时间序列，反映客观经济现象一般水平的变化过程和发展趋势。平均指标时间序列中的各项指标值也不具有可加性。

(二) 按指标变量性质和序列形态划分

按指标变量性质和序列形态划分，时间序列可以分为随机型时间序列和非随机型时间序列两种类型。其中，非随机型时间序列又可分为平稳型时间序列、趋势型时间序列和季节型时间序列。

1. 随机型时间序列

随机型时间序列是指由随机变量组成的时间序列，各期数据的差异主要是受到偶然因素、随机因素的影响，其变动没有规律性。

2. 非随机型时间序列

非随机型时间序列是指组成时间序列的变量不是随机的，各期数据的差异虽然受到偶然因素、随机因素的影响，但偶然因素、随机因素不是影响其变动的主要因素，其变动具有一定的规律性。

1）平稳型时间序列

平稳型时间序列是指由确定性变量组成的时间序列，各期数据的影响因素是确定的，且各期变量值基本上保持在一定的水平上，没有显著性差异。例如，正常工作日里，企业各期到岗人数是比较稳定的。

2）趋势型时间序列

趋势型时间序列是指各期数据逐渐增加或逐渐减少，呈现一定的发展变化趋势的时间序列。当逐期增加（或减少）量基本稳定时，称为线性趋势时间序列；反之，当逐期增加（或减少）量不稳定时，为非线性趋势时间序列。许多社会经济现象是这种趋势型时间序列，例如，正常增长情况下，各地区的国内生产总值呈线性增长的趋势，新产品投入市场后的销售量呈非线性增长的趋势等。

3）季节型时间序列

季节型时间序列是指按期统计的各期数据，在一定时期内随一定的规律变化而周期性波动的时间序列。例如，冰激凌、麻辣烫等商品的销售量，在一年内随季节变化而呈周期性波动。

二、时间序列的编制原则

编制时间序列的目的是通过对同一指标不同时间的数值对比分析，来研究社会经济现象的发展变化规律。因此，在编制时间序列时必须遵循两个基本原则：一是时间单位的选择必须根据具体的研究任务来确定；二是保证序列中各指标之间的可比性。

（一）依据研究任务确定时间单位

一般情况下，在对社会经济现象进行中长期宏观分析时，通常采用年作为时间序列的时间单位，即以年度资料作为研究对象。如果要分析季节性波动或年度资料缺失以致不能反映现象变化过程时，可选择季度、月份作为时间单位。当对微观过程进行分析时，除常规采用年、季、月等作为时间单位外，还可以根据分析研究的需要采用日、时、分等作为时间单位。

（二）指标数据的可比性

时间序列分析的基本任务就是对序列中的数据进行对比分析。因此，保证序列中各指标间的可比性，就成为编制时间序列的最基本原则。

1. 保证时间跨度或时间间隔相等

在时期序列中，指标值的大小与时期的长短密切相关，如果时期长短不一就无法进行直接的比较。因此，要求时期序列中的各指标间的时间跨度相等，以便于对比分析。

在时点序列中，虽然指标值反映的是现象在某一时点上达到的水平，其值的大小与时间间隔长短没有直接的关系,似乎不涉及时间长短的问题,但是只有保持相同的时间间隔才能准确地反映现象变化的规律。

▶ 2. 保证总体范围一致

例如,要研究某一地区的经济发展情况,首先要注意的是在研究时间内该地区的行政区域划分是否有变化,如果有变化前后期的时间就不具有可比性,须进行适当的调整保证了总体范围的一致性后,进行比较分析才具有实际意义。

▶ 3. 保证指标含义和经济内容一致

指标的经济内容和含义不同,就不能混合编制在一个时间序列中。因为经济内容和含义不同的指标没有可比性,将其对比分析无法得到可信的结论,所以,在统计年鉴中经济指标的含义和内容随着时间的变化,有时会发生变化,在编制时间序列时应进行调整,使前后指标所包含的内容一致。

▶ 4. 保证指标的计算方法一致

在指标的总体范围、经济内容相同的前提下,指标的计算方法也应一致,这样的计算结果才具有可比性。例如,在分析劳动生产率的变动时,产量指标是实物量指标还是价值量指标,劳动力指标是全部职工还是生产工人,没有统一规定计算出来的劳动生产率指标显然不具有可比性,这种时间序列无法正确反映劳动生产率的变化情况。

▶ 5. 保证指标的计算价格和计量单位一致

统计指标的计算价格有现行价格和不变价格之分,如果指标价格不一致将导致指标含义缺乏可比性。因此,在编制时间序列时,指标的计算价格和计量单位要统一。

第二节 时间序列的基本指标

在静态指标分析时,常用均值、方差等指标来概括反映分布数列的特征和分布规律。对于时间序列,我们将采用动态指标来概括说明事物发展变化的总体特征,常用的动态分析指标分为水平指标和速度指标两大类。

一、时间序列的水平指标

时间序列的水平指标有发展水平、平均发展水平、增长量和平均增长量共四种。其中,发展水平和平均发展水平是一组,平均发展水平是对发展水平一般趋势的描述;增长量和平均增长量是一组,平均增长量是对增长量一般水平的描述。

(一)发展水平

发展水平是时间序列中每一个具体的指标数值,它反映的是社会经济现象在各个时期内实际达到的规模或水平。发展水平可以是绝对数、相对数或平均数。

一般情况下,常用字母"a"来表示发展水平,时间序列中各期的发展水平为 a_0、a_1、a_2、…、a_n。其中,第一期的指标值称为期初水平(用 a_0 表示),最后一期的指标值称为期末水平(用 a_n 表示)。在时间序列分析中需要研究时期的发展水平称为报告期水平(或计算期发展水平，用 a_n 表示），研究中作为比较基础的发展水平称为基期水平（用 a_0 表示）。值得注意的是，期初水平与期末水平、基期水平与报告期水平的概念是相对的，不是绝对不变的。随着研究的目的、任务的变化，现状的期末水平可能变成日后的期初水平；现状的报告期水平也可能成为将来研究的基期水平。

（二）平均发展水平

平均发展水平又称为序时平均数或动态平均数，是将时间序列中不同时期的发展水平加以平均而得到的平均数。平均发展水平从动态上说明现象在某一时期内发展变化的一般水平，它与一般平均数有共同之处，但又有明显的区别：平均发展水平是对同一现象不同时间上发展水平的平均，是从动态角度说明现象在某一时间内发展变化的一般水平；而一般平均数是对同质总体中各个个体单位标志值的平均，是从静态角度说明其在一定时间上的一般水平。

由于序时平均数是根据时间序列计算出来的，而时间序列按其指标形式可以分为绝对指标序列、相对指标序列和平均指标序列。因此，序时平均数的计算应根据时间序列的分类采用不同的计算方法，有的需要根据绝对指标序列的计算方法来计算，有的需要根据相对指标序列和平均指标序列的计算方法来计算。其中，绝对指标序时平均数的计算方法是最基本的。

▶ 1. 绝对指标时间序列序时平均数的计算

绝对指标时间序列又分为时期序列和时点序列，两者具有明显的差异，由于两者的指标性质不同，计算序时平均数的方法上亦有所不同。

1）时期序列序时平均数的计算

由于时期指标序列中的指标具有可加性，而其序列中各指标之和等于全期总量。因此，其序时平均数的计算方法采用简单算术平均数即可，即

$$\bar{a} = \frac{a_1 + a_2 + \cdots + a_n}{n} = \frac{\sum_{i=1}^{n} a_i}{n} \tag{8-1}$$

[例 8-1] 某企业 2016 年上半年各月利润总额如表 8-1 所示。

表 8-1　某企业 2016 年上半年利润额资料

月份	1	2	3	4	5	6
利润额（万元）	180	210	208	240	251	248

试计算该企业 2016 年上半年各月平均利润额。

解：企业的利润额为时期指标，故该数列为时期数列，故根据式（8-1）得企业的平均利润额为

$$\bar{a} = \frac{\sum_{i=1}^{n} a_i}{n} = \frac{180 + 210 + 208 + 240 + 251 + 248}{6} = 222.83（万元）$$

2）时点数列序时平均数的计算

由于时点序列中的指标值都是瞬间的资料，不是连续登记的资料，两点之间都有一定的间隔。严格地说，时点序列是不连续的，但是在经济统计中一般将"日"作为最小的计算

单位,因此,如果时点序列的资料是逐日登记的,就将其视为连续时点序列。根据时点序列掌握的资料不同,可将其分为连续时点序列和间断时点序列,两者均有间隔相等和间隔不等两种形式,因此时点序列序时平均数的计算有四种计算公式。

(1) 连续时点序时平均数的计算。

在统计上,通常将按日登记的时点序列称为连续时点序列。具体分为两种情况:一是逐日登记排列的时点序列;二是非逐日登记的连续时点序列。

对于逐日登记逐日排列的时点序列可视为时期序列,其序时平均数的计算方法与时期序列相同亦采用简单算术平均数即可。

$$\bar{a} = \frac{a_1 + a_2 + \cdots + a_n}{n} = \frac{\sum_{i=1}^{n} a_i}{n} \tag{8-2}$$

非逐日登记的连续时点序列,其数据资料不是逐日登记的,而是在数据发生变化时才登记的。但是,在整个研究期间各时点的数据资料均是已知的,故称其为连续时点序列,其序时平均数的计算应以变量持续时间 f 为权数的加权算术平均数,即

$$\bar{a} = \frac{a_1 f_1 + a_2 f_2 + \cdots + a_n f_n}{f_1 + f_2 + \cdots + f_n} = \frac{\sum_{i=1}^{n} a_i f_i}{\sum_{i=1}^{n} f_i} \tag{8-3}$$

[**例 8-2**] 某企业 9 月份商品库存记录如表 8-2 所示。

表 8-2 某商品库存记录表

日期	1—4 日	5—7 日	8—13 日	14—20 日	21—23 日	24—28 日	29—30 日
商品库存(台)	49	52	39	29	43	38	51

试计算该企业这种商品 9 月的平均库存量。

解:商品库存为时点指标,从表 8-2 可得该数据为非逐日登记的连续时点序列,故根据式(8-3)得

$$\bar{a} = \frac{\sum_{i=1}^{n} a_i f_i}{\sum_{i=1}^{n} f_i} = \frac{49 \times 4 + 52 \times 3 + 39 \times 6 + 29 \times 7 + 43 \times 3 + 38 \times 5 + 51 \times 2}{30} = 40(台)$$

(2) 间断时点序时平均数的计算。

间断的时点序列一般是由月末、季末或年末等较大的时间单位登记的时点资料排列所形成的数列。间断的时点序列分为等间隔时点序列和不等间隔时点序列。

等间隔时点序列是相邻两个时点间,时间跨度是相同的,根据一般产业假设的方法,即假设每两个相邻时点之间的指标数值变化是均匀的,则用两点的平均数来代表时点指标在这两点间的指标值,即将时点值转化为时期值。这样利用每两点间的平均数代替各期的时期值,然后利用时期序列序时平均数计算方法得到等间隔间断时点指标序时平均数的计算公式为

$$\bar{a} = \frac{\frac{a_0+a_1}{2}+\frac{a_1+a_2}{2}+\cdots+\frac{a_{n-1}+a_n}{2}}{n} = \frac{\frac{a_0+a_n}{2}+\sum_{i=1}^{n-1}a_i}{n} \tag{8-4}$$

式(8-4)称为首尾折半法,利用这种方法计算出来的时点序列序时平均数具有一定的假设性,即假定现象在相邻两点间的变化是均匀的。

[例 8-3] 表 8-3 为某银行机构第三季度各月月初的库存现金统计资料。试根据该资料,求该银行机构第三季度的平均现金库存额。

表 8-3 月初库存现金记录表

月 份	1	2	3	4
库存现金(万元)	4.5	5.1	4.8	4.9

解:银行机构的现金库存额为时点指标,从表 8-3 可得该数据为等间隔时点序列,故根据式(8-4)得:

$$\bar{a} = \frac{\frac{a_0+a_n}{2}+\sum_{i=1}^{n-1}a_i}{n} = \frac{\frac{4.5+4.9}{2}+5.1+4.8}{3} = 4.867(万元)$$

当间断登记的时点指标序列,时间间隔不等时,简单使用式(8-4)就不合适了,这时可以用间隔时间的长短作为权数,结合式(8-4)得到时间间隔不等的间断时点序列序时平均数的计算公式为

$$\bar{a} = \frac{\frac{a_0+a_1}{2}f_1+\frac{a_1+a_2}{2}f_2+\cdots+\frac{a_{n-1}+a_n}{2}f_n}{f_1+f_2+\cdots+f_n} = \frac{\sum_{i=1}^{n}\frac{a_{i-1}+a_i}{2}f_i}{\sum_{i=1}^{n}f_i} \tag{8-5}$$

[例 8-4] 表 8-4 为某地 2016 年的人口资料。根据历史资料,该地区 2016 年年初的人口为 44 万人,试计算该地 2016 年的平均人口数。

表 8-4 某地区 2016 年人口情况表

日 期	1月31日	3月31日	7月31日	11月30日	12月31日
人口数(万人)	45	46	44	45	43

解:人口数为时点指标,从表 8-4 可得该数据为间隔不等的时点序列,根据式(8-5)得:

$$\bar{a} = \frac{\sum_{i=1}^{n}\frac{a_{i-1}+a_i}{2}f_i}{\sum_{i=1}^{n}f_i}$$

$$= \frac{\frac{44+45}{2}\times 1+\frac{45+46}{2}\times 2+\frac{46+44}{2}\times 4+\frac{44+45}{2}\times 4+\frac{45+43}{2}\times 1}{1+2+4+4+1} = 45(万人)$$

▶ 2. 相对指标时间序列序时平均数的计算

相对指标时间序列属于派生的时间序列,是由两个具有联系的绝对时间序列相应项对比而得的一种时间序列。相对指标分为静态相对指标(如结构相对指标、比例相对指标等)

和动态相对指标(如发展速度、增长速度等),在此仅介绍静态相对指标序时平均数的计算方法。相对指标时间序列中的指标值不具有可加性,因此,不适于直接加总求平均数,而应通过分别计算分子和分母的序时平均数,然后再通过对比求出相应数列的序时平均数。即相对指标时间序列为 c_1、c_2、$\cdots$、c_n,其中 $c = \dfrac{a}{b}$,则若要计算 c 的序时平均数,应首先计算时间序列 a_1、a_2、$\cdots$、a_n 和时间序列 b_1、b_2、$\cdots$、b_n。的序时平均数($\bar{a}$ 和 $\bar{b}$)即

$$\bar{c} = \dfrac{\bar{a}}{\bar{b}} \tag{8-6}$$

需要注意的是,在求分子、分母的序时平均数时,应首先判断分子序列和分母序列的序列类型,再利用相应的序时平均数的计算公式准确地计算出分子、分母的序时平均数,这样求出的相对指标序时平均数才是正确的。

[例 8-5] 某商场 2016 年第四季度商品销售、库存和商品流转次数资料如表 8-5 所示。试计算该商场 2016 年第四季度的平均商品流转次数(提示:商品流转次数 = 商品销售额÷商品库存额)。

表 8-5　某商场 2016 年第四季度商品流转次数计算表

月　　份	9	10	11	12
商品销售额(万元)	—	2 800	3 080	3 466
月末库存额(万元)	981	1 173	1 393	1 175
商品流转次数(次)	—	2.6	2.4	2.7

解:商品流转次数(用 c 表示)是一个相对指标,其值为商品销售额(用 a 表示)与商品库存(用 b 表示)的比值,故有 $c = \dfrac{a}{b}$。则根据式(8-6)需分别计算商品销售额和库存额的序时平均数。

商品销售额是时期指标,根据式(8-1)得:

$$\bar{a} = \dfrac{\sum_{i=1}^{n} a_i}{n} = \dfrac{2\,800 + 3\,080 + 3\,466}{3} = \dfrac{9\,346}{3}$$

商品库存额为时点指标,根据式(8-4)得:

$$\bar{b} = \dfrac{\dfrac{b_0 + b_n}{2} + \sum_{i=1}^{n-1} b_i}{n} = \dfrac{\dfrac{981 + 1\,175}{2} + 1\,173 + 1\,393}{3} = \dfrac{3\,466}{3}$$

最后根据式(8-6)得 $\bar{c} = \dfrac{\bar{a}}{\bar{b}} = \dfrac{9\,346}{3\,466} = 2.56$(次)。

▶ 3. 平均指标时间序列序时平均数的计算

平均指标时间序列也是派生的时间序列,可以由静态平均数和动态平均数(或序时平均数)组成。静态平均数的分子多属于标志总量,分母多属于总体单位总量,因此其时间序列也是由两个绝对指标时间序列相应项对比形成的。故要计算静态指标序时平均数与相对指标序时平均数的计算方法一致,也是分别求出分子、分母的序时平均数,然后对比计

算。而由序时平均数组成的时间序列的序时平均数的计算方法则比较简单,等间隔时采用简单算术平均数,间隔不等时可以以时期为权数计算其加权算术平均数。

(三) 增长量

增长量(或增减量)是时间序列中两个不同时期发展水平之差,又称为增长水平。它反映社会经济现象在一定时期内增长的绝对水平,其计算公式为

$$增长量=报告期水平-基期水平$$

由于选择的基期不同,增长量可以分为逐期增长量和累计增长量。逐期增长量是选择前一个时期为基期计算的增长量,而累计增长量则是选择某一个固定的时期为基期,即

各期逐期增长量为

$$a_1-a_0、a_2-a_1、\cdots、a_n-a_{n-1} \tag{8-7}$$

各期累计增长量为

$$a_1-a_0、a_2-a_0、\cdots、a_n-a_0 \tag{8-8}$$

现将各期的逐期增长量累加得

$$(a_1-a_0)+(a_2-a_1)+\cdots+(a_n-a_{n-1})=a_n-a_0 \tag{8-9}$$

由此可见,各期逐期增长量的累加等于对应时期的累计增长量。

(四) 平均增长量

平均增长量是时间序列中各逐期增长量的序时平均数,又称平均增长水平。它表明客观现象在一定时期内平均每期的增长量。平均增长量也是一种序时平均数,是逐期增长量动态序列的序时平均数,反映现象的平均增长水平,其计算公式为

$$平均增长量=\frac{逐期增长量之和}{间隔的时期数}=\frac{对应时期累计增长量}{时间序列项数-1} \tag{8-10}$$

二、时间序列的速度指标

时间序列的速度指标又称为时间序列的相对数指标。常用的速度指标有发展速度、平均发展速度、增长速度和平均增长速度共四种,它们之间具有密切的关系,其中发展速度是最基本的速度指标。

(一) 发展速度

发展速度是以相对数的形式来反映时间序列的分析指标,是时间序列中报告期水平与基期水平之比。发展速度表明现象发展变化的程度动态相对指标,计算公式为

$$发展速度=\frac{报告期水平}{基期水平} \tag{8-11}$$

根据选择的基期不同,发展速度可以分为环比发展速度和定基发展速度。环比发展速度是选择报告期前一个时期为基期计算的发展速度,通常用来说明现象的逐期发展变化程度;定基发展速度是选择某一个固定时期的发展水平作为基期计算的发展速度,它表示现象在较长时间内总的发展变化程度,有时也叫作总速度。

环比发展速度为

$$\frac{a_1}{a_0}、\frac{a_2}{a_1}、\frac{a_3}{a_2}、\cdots、\frac{a_n}{a_{n-1}} \tag{8-12}$$

定基发展速度为

$$\frac{a_1}{a_0}、\frac{a_2}{a_0}、\frac{a_3}{a_0}、\cdots、\frac{a_n}{a_0} \tag{8-13}$$

现将各期的环比发展速度连乘得

$$\frac{a_1}{a_0}\times\frac{a_2}{a_1}\times\frac{a_3}{a_2}\times\cdots\times\frac{a_n}{a_{n-1}}=\frac{a_n}{a_0}$$

由此可见，各期环比发展速度的连乘积等于对应时期的定基发展速度。在实际应用中，经常运用上述关系进行速度指标的换算。

（二）增长速度

增长速度又称增长率，是增长量与基期水平之比。增长速度反映社会经济现象增长程度的动态相对指标，其计算公式为

$$增长速度=\frac{增长量}{基期水平}=\frac{报告期水平-基期水平}{基期水平}=\frac{报告期水平}{基期水平}-1=发展速度-1 \tag{8-14}$$

根据增长速度的概念和计算公式，增长速度不仅是增长量的函数，同时它与发展速度也存在密切的关系——增长速度等于发展速度减1。

同样由于选择的基期不同，增长速度也可以分为环比增长速度和定基增长速度。环比增长速度选择的基期是报告期的上一个时期，表明的是现象逐期的增长程度。定基增长速度选择的基期是某一个固定的时期，表明的是现象在较长时间内总的增长程度。

环比增长速度为

$$\frac{a_1-a_0}{a_0}、\frac{a_2-a_1}{a_1}、\frac{a_3-a_2}{a_2}、\cdots、\frac{a_n-a_{n-1}}{a_{n-1}}或\frac{a_1}{a_0}-1、\frac{a_2}{a_1}-1、\frac{a_3}{a_2}-1、\cdots、\frac{a_n}{a_{n-1}}-1 \tag{8-15}$$

定基发展速度为

$$\frac{a_1-a_0}{a_0}、\frac{a_2-a_0}{a_0}、\frac{a_3-a_0}{a_0}、\cdots、\frac{a_n-a_0}{a_0}或\frac{a_1}{a_0}-1、\frac{a_2}{a_0}-1、\frac{a_3}{a_0}-1、\cdots、\frac{a_n}{a_0}-1 \tag{8-16}$$

值得注意的是，环比增长速度与定基增长速度之间并不像逐期增长量与累计增长量，环比发展速度与定基发展速度一样具有直接的累加或乘积的关系。但通过观察式(8-11)~式(8-16)可以分析出增长速度与发展速度之间关系密切。通过式(8-11)和式(8-14)可以得出增长速度等于发展速度减1的结论；通过式(8-12)和式(8-15)可以得出环比增长速度等于环比发展速度减1的结论；通过式(8-13)与式(8-16)可以得出定基增长速度等于定基发展速度减1的结论。因此，增长速度应等于对应时期的发展速度减1。

（三）平均发展速度和平均增长速度

平均发展速度与平均增长速度统称为平均速度。平均速度是指各期环比速度的平均数，表明现象在一定时期内平均发展变化的程度。

平均发展速度是各期环比发展速度的动态平均数，说明某种现象的平均发展程度。平均发展速度虽然是一种动态平均数，但它不能用普通的序时平均数的计算方法求得。由于发展速度具有序列前后衔接(前期的报告期为后期的基期)及连乘积关系(环比发展速度连乘积等于定基发展速度)，因此平均发展速度的计算适合采用几何平均数。

$$\bar{x} = \sqrt[n]{x_1 \cdot x_2 \cdot \cdots \cdot x_n} = \sqrt[n]{\frac{a_1}{a_0} \times \frac{a_2}{a_1} \times \frac{a_3}{a_2} \times \cdots \times \frac{a_n}{a_{n-1}}} = \sqrt[n]{\frac{a_n}{a_0}} \qquad (8-17)$$

式中，$\bar{x}$ 表示平均发展速度；x 表示各期的环比发展速度；n 表示经历的时期数（环比发展速度的个数）。

平均增长速度又称年增长率，是各期环比增长速度的平均数，它表明现象在一定时期内的平均变化（增减）程度。同样，平均增长速度也不适合采用普通的序时平均数的计算方法求得。根据增长速度与发展速度的关系：增长速度＝发展速度－1，可以得出

$$\text{平均增减速度} = \text{平均发展速度} - 1 \qquad (8-18)$$

平均发展速度大于 1 时，平均增长速度为正值，表明现象在这段时期内总体上是增加的，则这个指标可称为"平均递增速度"或"平均递增率"；反之，当平均发展速度小于 1 时，平均增长速度为负值，表明现象在此期间内呈下降趋势，该指标可称为"平均递减速度"或"平均递减率"。

[例 8-6] 我国某地区 2010—2016 年的能源生产量资料如表 8-6 所示，计算在此期间我国能源生产量（单位：万吨标准煤）的平均发展水平、平均增长量、平均发展速度和平均增长速度。

表 8-6 某地区 2010—2016 年能源生产量计算表

年份		2010	2011	2012	2013	2014	2015	2016
能源生产量（万吨标准煤）		104 844	107 256	111 059	118 729	129 034	132 616	131 989
增长量	逐期	—	2 412	3 803	7 670	10 305	3 582	−627
	累计	—	2 412	6 215	13 885	24 190	27 772	27 145
发展速度（％）	环比	—	102.30	103.55	106.91	108.68	102.78	99.53
	定基	—	102.30	105.93	113.24	123.07	126.49	125.89
增长速度（％）	环比	—	2.3	3.55	6.91	8.68	2.78	−0.47
	定基	—	2.3	5.93	13.24	23.07	26.49	25.89

解：以 2012 年为例计算时间序列的各指标：

逐期增长量＝111 059－107 256＝7670（万吨标准煤）
累计增长量＝111 059－104 844＝6215（万吨标准煤）
环比发展速度＝111 059÷107 256＝103.55％
定基发展速度＝111 059÷104 844＝105.93％
环比增长速度＝103.55％－1＝3.55％
定基增长速度＝105.93％－1＝5.93％

其余年份同理，计算结果见表 8-6 中斜体字部分。

平均指标计算如下：

$$\text{平均发展水平} = \frac{\sum_{i=1}^{n} a_i}{n}$$

$$= \frac{104\,844 + 107\,256 + 111\,059 + 118\,729 + 129\,034 + 132\,616 + 131\,989}{7}$$

$$= 119\ 366.7(万吨标准煤)$$

$$平均增长量 = \frac{27\ 145}{6} = 452\ 4.17(万吨标准煤)$$

$$平均发展速度 = \sqrt[n]{\frac{a_n}{a_0}} = \sqrt[6]{125.89\%} = 103.91\%$$

$$平均增长速度 = 103.91\% - 1 = 3.91\%$$

(四) 增长率(增长速度)分析注意事项

增长率是常用的动态序列分析指标,是以百分数表示的抽象化指标。在运用增长率进行分析时应注意以下问题。

▶ 1. 注意年化增长率

前述增长率通常是指年度增长率,是根据年度数据计算而得的。在实际工作中,经常遇到用月度数据或季度数据等计算增长率的情况。为了便于比较,通常需要用这些月度数据或季度数据计算年度增长率,这个年度增长率称为年化增长率,其计算公式为

$$年化增长率 = \left(\frac{y_n}{y_0}\right)^{\frac{m}{n}} - 1 \tag{8-19}$$

式中,m 为一个年度中的时期数,n 为总的时间间隔的时期数。例如,用月度数据计算年化增长率时,$m=12$;用季度数据计算年化增长率时,$m=4$。

[例 8-7] 已知某市 2014 年 3 月的财政收入总额为 240 亿元,2016 年 6 月的财政收入总额为 300 亿元,请计算该地财政收入的年化增长率。

解:已知财政收入数据是月份资料,则 $m=12$(一年 12 个月);2014 年 3 月—2016 年 6 月的时间间隔为 27 个月,则 $n=27$。根据式(8-19)得

$$年化增长率 = \left(\frac{y_n}{y_0}\right)^{\frac{m}{n}} - 1 = \left(\frac{300}{240}\right)^{\frac{12}{27}} - 1 = 10.43\%$$

因此,2014 年 3 月—2016 年 6 月该市的财政收入总额的年化增长率为 10.43%。

▶ 2. 适当选择基期并结合基期水平进行分析

保证基期指标在整个研究时期的同质性。从数量关系上看,基期水平低会导致增长率的快速提高,就此掩盖了低水平的事实。因此,通常用增长 1% 的绝对值来考察增长率与发展水平的关系。

$$增长 1\% 的绝对值 = \frac{前期水平}{100} = \frac{a_{i-1}}{100} \tag{8-20}$$

▶ 3. 联系各期增长率补充说明平均增长率

从式(8-17)和式(8-18)可知平均增长率只计算期初水平和期末水平两个数据,忽略了中间各个时期的具体变化,据此结果分析可能会产生误解或得出错误的结论。因此,有必要补充各期的增长率进行分析。

▶ 4. 平均增长率应与各基本指标结合分析

平均增长率是根据各个基本指标计算得出的,在用其进行分析时,应结合发展水平、增长量、环比发展速度、定基发展速度等基本指标进行分析研究。这样才能深入了解现象的全面发展、具体过程和特点,从而对客观事物有准确、完整的认识。

第三节 时间序列的测定与预测

时间序列分析是研究随时间推移的指标变化规律。时间序列是由多种复杂因素共同作用的结果。为深入分析事物变化的规律性，须对时间序列的各因素进一步分析与测定。

一、时间序列的构成与分解

（一）时间序列的构成因素

时间序列中，不同因素对指标变化的作用不同，导致指标变化的结果也不尽相同，从而形成不同的数列。按性质和作用划分，时间序列的影响因素大致可归纳为长期趋势、季节变动、循环变动和不规则变动四种。

▶ 1. 长期趋势

长期趋势(T)是指随时间的推移时间序列中的指标值朝一个方向持续上升或下降的变化趋势，它反映了客观事物的主要变化趋势。例如，受科技进步和人才素质提高的影响，我国国内生产总值总体呈上升趋势。

▶ 2. 季节变动

季节变动(S)是指由于受到自然条件或其他因素的影响，时间序列中指标随时间的推移而发生的有规律的周期性的波动。它反映了客观事物的变化受到自然条件或其他客观因素的影响。例如，农作物的产量受生产季节的影响导致农产品供应量的季节变动。

季节变动的周期性较强，而且周期比较稳定。这种"季节"可以是自然条件也可以是客观条件或人为因素。因此，季节的周期可以是以年为周期的，也可以是以其他时间单位为周期的。例如，一般农作物的产量以年为周期，一年四季；公园、商场的客流量以周为周期，一周七天等。

▶ 3. 循环变动

循环变动(C)是指在较长的时间内，时间序列中指标值随时间的推移而表现出来的有规律的变化趋势。不同于长期趋势，其变化不是单一方向的持续变动；也不同于季节变动，其变化没有固定的周期规律。循环变动的规律性不甚明显，一般很难掌握，例如，股票价格变动情况等。

▶ 4. 不规则变动

不规则变动(I)是指由于偶然因素的影响，时间序列中各指标值呈现的无规则变动，也可称为随机变动或剩余变动。不规则变动又可分为突然变动和随机变动。突然变动是指如战争、地震等突发事件所引起的变化；随机变动是指由于多种随机因素所产生的影响。通常所说的不规则变动是指随机变动。根据中心极限定理，通常认为不规则变动是服从正态分布的，其数学期望 $EI_{(t)}=0$，方差 $EI^2=\sigma^2$。

（二）时间序列的模型分析

通过上述分析，时间序列是由长期趋势、季节变动、循环变动和不规则变动四类因素构成。若将形成时间序列的因素与时间序列的关系按一定的假设，用一定的数学关系式表达，就形成了时间序列的分解模型。时间序列的分解模型主要有加法模型和乘法模型两种。

▶ 1. 加法模型（additive model）

假设构成时间序列的四个因素是相互独立的，则时间序列各期水平的数值可视为四个因素的加总，即

$$Y = T + S + C + I \tag{8-21}$$

根据式(8-21)，要测定某种因素的影响，只需从时间序列数值中减去其余因素即可。对于一般模型而言，因为没有足够的数据来识别循环周期，而且基本假设为 $I=0$ 或误差序列的平均值 $\bar{I}=0$，故可将式(8-21)简化为 $Y=T+S$。当趋势变化在研究期间内基本相同时宜采用加法模型。

▶ 2. 乘法模型（multiplicative model）

如果构成时间序列的四个因素之间存在着某些相互影响的关系，四个因素对现象发展的影响是相互的，则时间序列各期水平的数值就是四个因素的乘积，即

$$Y = T \cdot S \cdot C \cdot I \tag{8-22}$$

根据上述关系式，要测定某种因素的影响，用其余因素的乘积去除时间序列数值即可。在此模型中，Y 和 T 为实际量值，而 S、C、I 为比值，且假定 $\bar{I}=1$，有时(此时 I 也为实际量)可以把模型表达为

$$Y = T \cdot S \cdot C + I \tag{8-23}$$

同样，由于循环因素的识别问题，式(8-22)和式(8-23)又可简化为 $Y = T \cdot S \cdot I$ 和 $Y = T \cdot S + I$。

当趋势变化在研究期间内关于趋势的变化与趋势相同的变量或百分比时，宜采用此模型。

二、长期趋势的测定

长期趋势是研究社会经济现象在一段时期内持续向上或向下发展变动的趋势。测定长期趋势的目的是：首先，把握现象变化的趋势；其次，探索现象变化的规律性为统计预测储备资料；最后，测定长期趋势为更好地测定季节变动提供依据。

长期趋势有两种基本的表现形式，即直线趋势和曲线趋势。直线趋势是指现象在研究期间内的变动轨迹大致呈一条直线或近似呈一条直线。直线变化趋势表明现象在研究期间内是逐期增加(或减少)的，而且每期的增加量是基本相同的。曲线趋势是指现象在研究期间内的变动轨迹不在一条直线上，而是呈某种数学曲线形式的波浪式前进，如抛物线、指数曲线等。曲线变动趋势的各期增长量和变化率是变动的。但是，在曲线变动趋势发展过程中，若仅取其中一小段时间加以研究，曲线形式往往表现为直线形式。因此，曲线可以认为是若干条直线的组合，直线是曲线的特殊表现形式。故直线趋势是最简单的，也是最基本的趋势。

长期趋势的测定就是要排除一些偶然因素的影响，研究现象发展变化的规律，并对其发展变化的总趋势做出判断。对原来的时间序列进行统计处理，称为时间序列的修匀即进行长期趋势的测定。长期趋势的测定方法很多，常用的有时距扩大法、移动平均法、分段平均法、指数平滑法、最小二乘法等，本章只介绍移动平均法、指数平滑法和最小二乘法。

（一）移动平均法

移动平均法又称时间序列修匀，它是对原序列按一定的时间跨度逐项移动平均，计算一系列的序时平均数，形成一个新的、派生的时间序列来替代原有序列，消除原序列中不规则变动和周期性波动，显现长期趋势的特征。这是一种测定现象长期趋势的较为简单的方法，是时间序列修匀的基本方法。

[例 8-8] 现以某地区商品销售额资料为例，分别以 5 项和 6 项为移动时距，来说明移动平均法测定长期趋势的具体方法如表 8-7 所示。

表 8-7 某地区商品销售额移动平均计算表

年份	销售额(万元)	5项移动平均	6项移动平均	
			6项平均值	二次移动平均
1995	10	—	—	—
1996	12	—		—
1997	14	14.6	15.2	—
1998	17	16.2	16.2	15.7
1999	20	17.0	17.2	16.7
2000	18	17.8	18.2	17.7
2001	16	18.4	19.2	18.7
2002	18	19.0	19.8	19.5
2003	20	20.2	21.3	20.6
2004	23	22.4	22.7	22.0
2005	24	23.6	23.8	23.3
2006	27	24.6	24.2	24.0
2007	24	24.4	24.5	24.4
2008	25	24.6	25.0	24.8
2009	22	24.6	25.5	25.3
2010	25	25.8	26.7	26.1
2011	27	27.0		—
2012	30	—		—
2013	31	—	—	—

表 8-7 中，年份和销售额为收集到的原始资料，其余三列为计算的移动平均数。该过程用 Excel 比较方便。只需打开计算工具中的"移动平均"对话框，在"输入区域"列表框中选中各年份的销售额；在"间隔"文本框中输入移动平均的项数即可，如图 8-1 所示。

利用移动平均法进行长期趋势的测定时，应充分考虑分析研究的需要和现有资料的特

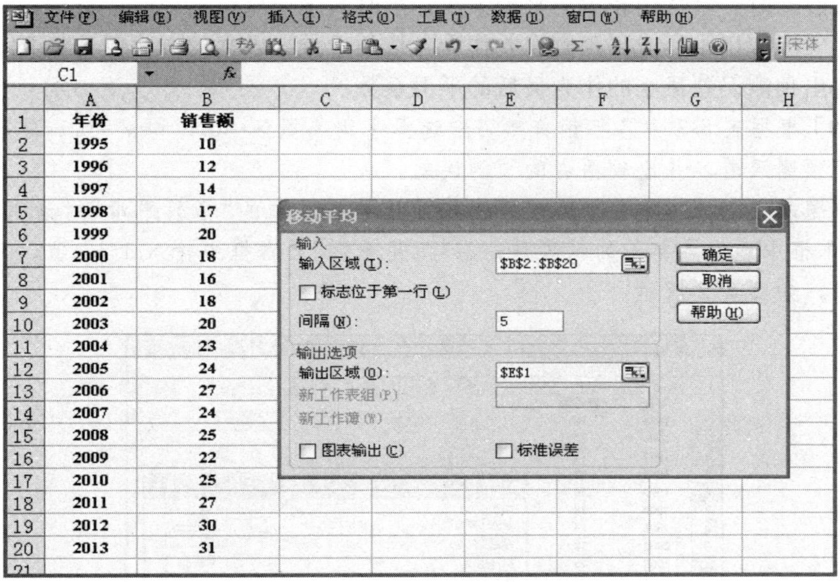

图 8-1 Excel 移动平均操作图示

性,根据需要选择移动平均的项数。一般情况下,应该选择奇数项进行移动平均,因为奇数项的移动平均计算相对简捷,无须进行二次移动平均。但是,当遇到原序列呈周期变动时,就应选择现象变动周期作为移动时距的长度。例如,农作物的产量随季节变动时,应做四项移动平均测定其变化趋势。

另外,移动平均法不能完整反映原数列的长期趋势。因为,在移动平均时随着移动平均项数的增加,原数列损失也增加。两者的关系为原数列损失项数=移动平均项数-1,因此,移动平均的项数越大,趋势变动越明显,但对原数列的反映却越不完整。

(二) 指数平滑法

指数平滑法(exponential smoothing)是通过对过去的观测值加权平均进行预测的一种方法,该方法是:$t+1$ 期的预测值等于 t 期的实际观测值与 t 期的预测值的加权平均值。指数平滑法是加权平均的一种特殊形式,观测值时间越远,其权数也跟着呈现指数下滑,因此称为指数平滑。指数平滑法有一次指数平滑、二次指数平滑、三次指数平滑等。在此,主要介绍一次指数平滑。

一次指数平滑也称为单一指数平滑法(single exponential smoothing),它只有一个平滑系数,而且观测值越远权数越小。一次指数平滑是以一段时期的预测值与观测值的线性组合作为 $t+1$ 期的预测值,其模型为

$$\hat{y}_{t+1} = \alpha y_t + (1-\alpha)\hat{y}_t \tag{8-24}$$

式中:y_t 为 t 期的实际观测值;$\hat{y}_t$ 为 t 期的预测值;α 为平滑系数($0 < \alpha < 1$)。由式(8-24)可以看出,$t+1$ 期的预测值是 t 期的实际观测值与 t 期的预测值的加权平均。

使用指数平滑法的关键是确定一个合适的平滑系数 α。当 $\alpha=0$ 时,预测值只是简单地重复上期的预测结果;当 $\alpha=1$ 时预测值就是上期的观测值。α 越接近 1,模型对时间序列变化的反映就越及时;α 越接近 0,模型对时间序列的反映越迟钝。因此,当时间序列有

较大的随机波动时,宜选用较大的平滑系数;当时间序列比较平稳时,宜选用较小的平滑系数。但在实际应用中,应将预测误差作为考核的重点。通常的方法是选择几个 α 进行预测,然后找出预测误差最小的作为最后的平滑系数。

[**例 8-9**] 根据表 8-7 中各年销售额资料选择平滑系数 $\alpha=0.3$ 和 $\alpha=0.5$ 进行指数平滑预测,计算预测误差,并比较两者的预测误差。

解:本题采用 Excel 解决比较方便。打开计算工具中的"指数平滑"对话框中,在"输入区域"文本框中选中各年份的销售额;在"阻尼系数"文本框中输入 $1-\alpha$ 值,并选中标准误差复选项,如图 8-2 所示。

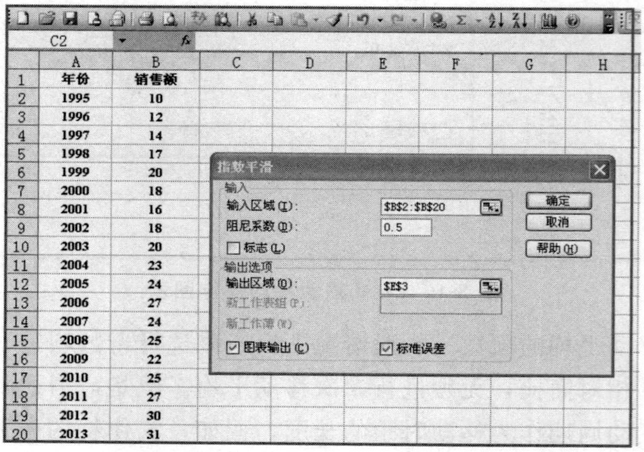

图 8-2　Excel 指数平滑预测操作图示

预测结果如表 8-8 所示。通过比较标准误差可知,$\alpha=0.5$ 预测效果比较好。根据前述分析可知,该序列适合选择较大的 α 值。

表 8-8　$\alpha=0.3$ 和 $\alpha=0.5$ 指数平滑预测比较表　　　　　　单位:万元

年　份	销　售　额	$\alpha=0.3$		$\alpha=0.5$	
		预测值	标准误差	预测值	标准误差
1995	10				
1996	12	10		10	
1997	14	10.6		11	
1998	17	11.62		12.5	
1999	20	13.23	3.85	14.75	3.33
2000	18	15.26	5.36	17.38	4.35
2001	16	16.08	5.23	17.69	4.01
2002	18	16.06	4.21	16.84	3.20
2003	20	16.64	1.94	17.42	1.23
2004	23	17.65	2.24	18.71	1.90
2005	24	19.25	3.82	20.86	2.97
2006	27	20.68	4.56	22.43	3.41
2007	24	22.57	5.51	24.71	4.05
2008	25	23.00	4.64	24.36	3.23
2009	22	23.60	3.92	24.68	2.70

续表

年　份	销　售　额	α=0.3		α=0.5	
		预测值	标准误差	预测值	标准误差
2010	25	23.12	1.69	23.34	1.64
2011	27	23.68	1.83	24.177	1.86
2012	30	24.68	2.39	25.58	2.45
2013	31	26.28	3.78	27.79	3.18
2014		27.69		29.40	

不同平滑系数下销售额的预测结果比较如图 8-3 所示。从图中可知 α=0.5 的预测值，处于实际观测值（销售额）和 α=0.3 的预测值之间。说明 α=0.5 预测值更接近实际观测值，其预测效果较好，与误差分析结果一致。

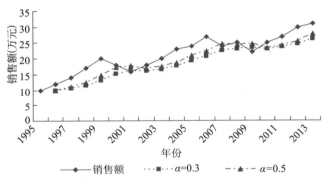

图 8-3　不同平滑系数销售额指数平滑预测比较

α 取值大，说明时间序列有较大的随机波动。因此，用一次指数平滑法进行预测时，一般 α 取值不大于 0.5。若只有在平滑系数大于 0.5 时，预测值才能接近实际观测值，说明该序列不适合采用指数平滑法进行预测。

（三）最小二乘法

最小二乘法又称最小平方法，是用一定的数学模型对原有的时间序列拟合一条适当的趋势线来进行修匀，是测定长期趋势常用的方法。根据最小二乘法的原理，建立模型必须符合以下条件：

（1）原有时间序列中各期的指标值（y）与根据拟合模型求得的趋势值（$\hat{y}$）的离差平方和为最小，即 $\sum_{t=1}^{n}(y_t-\hat{y}_t)^2=$ 最小。

（2）原有时间序列中各期的指标值（y）与根据拟合模型求得的趋势值（$\hat{y}$）的离差之和为零，即 $\sum_{t=1}^{n}(y_t-\hat{y}_t)=0$。

用最小二乘法进行长期趋势的测定时，既可以拟合直线模型，也可以拟合曲线模型。一般在拟合模型之前，需在直角坐标系中绘出时间序列指标值与时间变量的散点图，以判断时间序列趋势线的类型。长期趋势的类型很多，常见的有直线模型、抛物线模型和指数模型等。

▶ 1. 直线模型

当时间序列中现象发展变化的逐期增长量基本不变时，可以考虑拟合直线模型来测定

现象变动的长期趋势。直线模型的数学表达式为

$$\hat{y}_i = \alpha + \beta t_i \tag{8-25}$$

式中：t 为时间变量；α 和 β 为待定参数。根据最小二乘法的要求，求得模型中的待定参数为

$$\beta = \frac{n\sum_{i=1}^{n} t_i y_i - \sum_{i=1}^{n} t_i \sum_{i=1}^{n} y_i}{n\sum_{i=1}^{n} t_i^2 - (\sum_{i=1}^{n} t_i)^2}$$

$$\alpha = \frac{\sum_{i=1}^{n} y_i - \beta \sum_{i=1}^{n} t_i}{n}$$

为了简化模型，便于计算，模型中时间变量在不改变数列顺序的前提下，使 $\sum_{i=1}^{n} t_i = 0$，则模型中的参数即可简化为

$$\beta = \frac{\sum_{i=1}^{n} t_i y_i}{\sum_{i=1}^{n} t_i^2} \text{ 和 } \alpha = \frac{\sum_{i=1}^{n} y_i - \beta \sum_{i=1}^{n} t_i}{n}$$

[**例 8-10**] 利用表 8-7 的数据，采用最小二乘法建立商品销售额随时间变化的直线模型，测定其长期变化的趋势。

解：（1）画散点图，判断变量变化趋势。

销售额随时间变化的散点图如图 8-4 所示，据此判断销售额随时间变化近似呈直线上升的趋势。

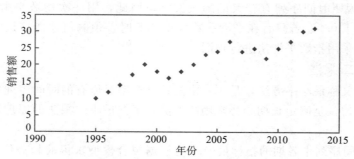

图 8-4　销售额随时间变化趋势图

（2）建立模型。确定时间变量与销售额变量如表 8-9 所示。

表 8-9　销售额—时间变量表

年　份	时间变量（t）	销售额（y）
1995	−9	10
1996	−8	12
1997	−7	14
1998	−6	17
1999	−5	20
2000	−4	18

续表

年 份	时间变量(t)	销售额(y)
2001	-3	16
2002	-2	18
2003	-1	20
2004	0	23
2005	1	24
2006	2	27
2007	3	24
2008	4	25
2009	5	22
2010	6	25
2011	7	27
2012	8	30
2013	9	31
合计	0	403

（3）建立线性模型 $\hat{y}_i = \alpha + \beta t_i$，其中，$\sum_{i=1}^{n} t_i = 0$，$\sum_{i=1}^{n} y_i = 403$，$\sum_{i=1}^{n} y_i^2 = 9\,167$，$\sum_{i=1}^{n} t_i^2 = 570$，$\sum_{i=1}^{n} t_i y_i = 556$。

$$\beta = \frac{n\sum_{i=1}^{n} t_i y_i - \sum_{i=1}^{n} t_i \sum_{i=1}^{n} y_i}{n\sum_{i=1}^{n} t_i^2 - (\sum_{i=1}^{n} t_i)^2} = \frac{\sum_{i=1}^{n} t_i y_i}{\sum_{i=1}^{n} t_i^2} = \frac{556}{570} = 0.975$$

$$\alpha = \frac{\sum_{i=1}^{n} y_i - \beta \sum_{i=1}^{n} t_i}{n} = \frac{\sum_{i=1}^{n} y_i}{n} = \frac{403}{19} = 21.2$$

则销售额变化的线性模型为 $\hat{y} = 21.2 + 0.975t$，据此可以测定该商品 2014 年的销售额为 $\hat{y} = 21.2 + 0.975t = 21.2 + 0.975 \times 10 = 30.96$（万元）。

应该指出的是，时间变量的取值不同，得出的线性模型是不同的，但是根据这些模型预测的未来年度的变量值，相同年份的预测值应该是相同的。

▶ 2. 抛物线模型

当时间序列中各期现象的逐期增长量的增长量（即各期二级增长量）基本不变时，可以考虑拟合抛物线模型来测定现象的长期趋势。抛物线模型的数学表达式为

$$\hat{y}_i = \alpha + \beta_1 t_i + \beta_2 t_i^2 \tag{8-26}$$

抛物线模型有三个待定参数：α、β_1 和 β_2，根据最小二乘法的原理用求偏导的方法可以得到联立方程组：

$$\begin{cases} \sum_{i=1}^{n} y_i = n\alpha + \beta_1 \sum_{i=1}^{n} t_i + \beta_2 \sum_{i=1}^{n} t_i^2 \\ \sum_{i=1}^{n} t_i y_i = \alpha \sum_{i=1}^{n} t_i + \beta_1 \sum_{i=1}^{n} t_i^2 + \beta_2 \sum_{i=1}^{n} t_i^3 \\ \sum_{i=1}^{n} t_i^2 y_i = \alpha \sum_{i=1}^{n} t_i^2 + \beta_1 \sum_{i=1}^{n} t_i^3 + \beta_2 \sum_{i=1}^{n} t_i^4 \end{cases}$$

解上述方程组即可求出 α、β_1 和 β_2 三个待定参数值。

[**例 8-11**] 表 8-10 为某企业 2008—2016 年某种产品产值（单位：万元）资料，请分析该企业产品产值的变化趋势，并拟合抛物线模型。

表 8-10　某企业产品产值资料

年份	2008	2009	2010	2011	2012	2013	2014	2015	2016
产值（万元）	988	1 012	1 043	1 080	1 126	1 179	1 239	1 307	1 382

解：（1）画散点图，判断变量变化趋势。

产值随时间变化的散点图如图 8-5 所示，据此判断销售额随时间变化近似呈抛物线上升的趋势。

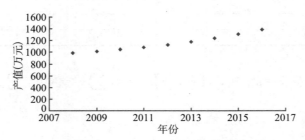

图 8-5　产值随时间变化趋势图

（2）建立模型。确定时间变量与产值变量如表 8-11 所示。

表 8-11　产值—时间变量表

年　份	时间变量（t）	产值（y）
2008	-4	988
2009	-3	1 012
2010	-2	1 043
2011	-1	1 080
2012	0	1 126
2013	1	1 179
2014	2	1 239
2015	3	1 307
2016	4	1 382
合计	0	403

（3）建立抛物线模型 $\hat{y}_i = \alpha + \beta_1 t_i + \beta_2 t_i^2$，根据最小二乘法的原理得到联立方程组：

$$\begin{cases} \sum_{i=1}^{n} y_i = n\alpha + \beta_1 \sum_{i=1}^{n} t_i + \beta_2 \sum_{i=1}^{n} t_i^2 \\ \sum_{i=1}^{n} t_i y_i = \alpha \sum_{i=1}^{n} t_i + \beta_1 \sum_{i=1}^{n} t_i^2 + \beta_2 \sum_{i=1}^{n} t_i^3 \\ \sum_{i=1}^{n} t_i^2 y_i = \alpha \sum_{i=1}^{n} t_i^2 + \beta_1 \sum_{i=1}^{n} t_i^3 + \beta_2 \sum_{i=1}^{n} t_i^4 \end{cases}$$

其中，$\sum_{i=1}^{n} t_i y_i = 2\ 952$，$\sum_{i=1}^{n} y_i = 10\ 356$，$\sum_{i=1}^{n} t_i^2 y_i = 70\ 178$，$\sum_{i=1}^{n} t_i^2 = 60$，$\sum_{i=1}^{n} t_i^4 = 708$。

则联立方程组简化为 $\begin{cases} 10\ 356 = 9\alpha + 60\beta_2 \\ 2\ 952 = 60\beta_1 \\ 70\ 178 = 60\alpha + 708\beta_2 \end{cases}$ 解方程组得 $\begin{cases} \alpha = 1\ 126.03 \\ \beta_1 = 49.2 \\ \beta_2 = 3.69 \end{cases}$

故抛物线为 $\hat{y} = 1\ 126.03 + 42.9t + 3.69t^2$，据此可以推测该企业 2017 年的产值将达到 $\hat{y} = 1\ 126.03 + 42.9 \times 8 + 3.69 \times 8^2 = 1\ 705.39$（万元）。

▶ 3. 指数模型

当时间序列中各期现象的环比发展速度或环比增长速度基本不变时，可以考虑拟合指数模型来测定现象的长期趋势。指数模型的数学表达式为

$$\hat{y}_i = \alpha \beta^{t_i} \tag{8-27}$$

用指数模型分析长期趋势时，通常的做法是将指数模型转化为直线模型，然后再按直线模型的拟合方法进行参数估计，最后再将直线模型还原为指数模型。具体方法为将式(8-27)等号两边同时取对数得

$$\lg \hat{y}_i = \lg \alpha + t_i \lg \beta \tag{8-28}$$

设 $Y = \lg \hat{y}$，$A = \lg \alpha$，$B = \lg \beta$，则指数模型(8-27)就转化为线性模型 $Y_i = A + Bt_i$。

利用直线模型的测定方法可以求得 A 和 B。再通过反对数计算就可以求得 $\alpha = 10^A$，$\beta = 10^B$。即将直线模型还原为指数模型。

上面介绍了时间序列模型拟合的一般方法。在实际应用中，应根据研究者在对现象变动规律的基本认识，并绘出序列指标随时间变动的散点图的基础上，通过感性的观察和理性的分析正确地拟合趋势线。只有如此才能正确地测度时间序列的长期趋势。

三、季节变动的测定

季节变动是现象受自然或社会因素影响，而形成的有规律的周期性变动。它和长期趋势是影响时间序列的常态因素，测定季节变动，认识时间序列的季节变化规律，对于适时组织生产，克服季节变动带来的不良影响具有十分重要的作用。

测定季节变动的目的：首先，了解研究期内现象各期变动情况及变动大小，据此组织生产；其次，可以在时间序列中消除季节变动因素的影响，从而了解在没有季节变动的情况下客观现象的变动情况。

季节变动的测定方法有很多，按其是否消除长期趋势的影响，将这些方法划分为两大类：一类是不考虑长期趋势的影响，直接根据原始的时间序列来计算，常用的方法是同期平均法；另一类是考虑长期趋势的影响，在测定季节变动时根据剔除长期趋势影响后的数列资料来计算，常用的方法是移动平均趋势剔除法。

（一）同期平均法

同期平均法也称简单平均法，是对原始时间序列数据不剔除长期趋势因素，直接计算季节指数的方法，其计算过程如下：

(1) 列表计算各年同季（或月）平均数。
(2) 计算研究期间总的季度（或月份）平均数。
(3) 计算季节比率，公式为

$$季节比率 = \frac{各季(或月)平均数}{全期季(或月)平均数} \times 100\% \tag{8-29}$$

需要注意的是,季节比率是衡量现象各季度(或月份)水平与全期平均水平的比值,在研究时,周期内各季的季节比率之和应等于一个周期内的季节长度。即按季度资料计算的四季季节比率之和等于4(或400%),按月份资料计算的各月季节比率之和等于12(或1 200%)。由于在计算过程的多次四舍五入等因素影响,导致实际计算的季节比率与理论值有一定的误差,这时就需要对季节比率进行修匀、调整。季节比率的修正系数为

$$修正系数 = \frac{季节比率的理论值}{实际计算出季节比率之和} \tag{8-30}$$

$$调整后的季节比率 = 调整前的季节比率 \times 修正系数 \tag{8-31}$$

[**例 8-12**] 某商场某种商品的销售量资料如表 8-12 所示,试用同期平均法考察该商品销售量受季节变动的影响。

表 8-12 某产品销售资料　　　　　　　　　　　　　　单位:万元

年份 季度	2010	2011	2012	2013	合计	平均	季节比率(%)
一季度	10	12	16	18	56	14	79.15
二季度	15	18	20	24	77	19.25	108.83
三季度	17	20	24	26	87	21.75	122.97
四季度	11	14	18	20	63	15.75	89.05
合计	53	64	78	88	283	70.75	4

解:(1)季度平均数。利用平均数的公式 $\bar{x} = \frac{\sum_{i=1}^{n} x_i}{n}$ 计算四年同季度的商品销售平均量。

第一季度的平均销售量为 $\bar{x}_i = \frac{\sum_{i=1}^{n} x_i}{n} = \frac{10+12+16+18}{4} = \frac{56}{4} = 14(万件)$。

同理,可得第二~第四季度的平均销售量如表 8-13 中的"平均"栏。

(2) 四年中商品平均每季销售量 $= \frac{283}{16} = 17.688(万件)$。

(3) 计算各季的季节比率,一季度的季节比率 $= \frac{14}{17.688} = 79.15\%$。

同理,可得第二~第四季度的季节比率如表 8-12 中的"季节比率(%)"栏。

(4) 季节比率调整。实际计算出的季节比率之和 $= 79.15\% + 108.83\% + 122.97\% + 89.05\% = 400\%$。因为实际计算出的季节比率之和理论季节比率之和相等,故季节比率不需要调整。

(二) 趋势剔除法

趋势剔除法是先从时间序列中剔除长期趋势,获得一个无趋势数列,然后再按上述同期平均法计算季节比率的方法,即利用移动平均法来剔除长期趋势的影响,然后再测定季节变动。

趋势剔除法适用于存在明显长期趋势的时间序列,其基本思路是:首先消除趋势因

素，然后再消除不规则变动，从而准确分解出季节变动成分，具体步骤如下。

▶ 1. 用移动平均法测定长期趋势

需要注意的是，在存在季节变动的序列中，通过对原数列 $Y=T \cdot C \cdot S \cdot I$ 移动平均计算周期移动平均数可以消除季节变动(S)和不规则变动(I)的影响，移动平均的结果只包含了趋势变动(T)和循环变动(C)。

▶ 2. 剔除原数列中的趋势变动和循环变动

用原始序列(Y)除以周期移动平均数列($T \cdot C$)即可得到从原始序列中剔除长期趋势和循环变动得到季节变动和不规则变动($S \cdot I$)，即

$$\frac{T \cdot C \cdot S \cdot I}{T \cdot C} = S \cdot I \tag{8-32}$$

▶ 3. 消除不规则变动计算季节比率

将消除趋势变动的序列，计算同期平均数消除不规则变动(I)，利用同季平均法计算季节比率。

▶ 4. 调整季节变动

季节比率的调整方法同上。

[**例 8-13**] 对表 8-12 商品销售量资料，利用乘法模型，使用剔除趋势法确定季节变动趋势因子。

解：(1) 移动平均测定长期趋势。计算四项移动平均，测定长期趋势。结果如表 8-13 中的"四项移动平均"栏下"二项移动平均"栏。

(2) 剔除长期趋势。用各期销售量除以长期趋势中的对应项，即计算 Y/TC。结果如表 8-13 中的"$Y/TC=SR$"栏。

表 8-13 移动平均某商品销售量剔除长期趋势计算表

年份	季度	销售量(Y)	四项移动平均	二项移动平均(TC)	$Y/TC=SR$(%)
			四项移动平均		
2010	一	10	—	—	—
	二	15	13.25	—	—
	三	17	13.75	13.5	125.93
	四	11	14.50	14.13	77.85
2011	一	12	15.25	14.88	80.65
	二	18	16.00	15.63	115.16
	三	20	17.00	16.5	121.21
	四	14	17.50	17.25	81.16
2012	一	16	18.50	18.00	88.89
	二	20	19.50	19.00	105.26
	三	24	20.00	19.75	121.52
	四	18	21.00	20.50	87.80
2013	一	18	21.5	21.25	84.71
	二	24	22.00	21.75	110.34
	三	26	—	—	—
	四	20	—	—	—

(3) 消除不规则变动的影响，计算季节比率。用同期平均法消除不规则变动，计算季节比率，结果如表 8-14 所示。

表 8-14　商品销售量剔除长期趋势后季节比率计算表

年份 季度	2010	2011	2012	2013	四年合计	平均	季节比率(%)
一季度	—	80.65	88.89	84.71	254.25	84.75	84.72
二季度	—	115.16	105.26	110.34	330.76	110.25	110.21
三季度	125.93	121.21	121.52	—	368.66	122.89	122.84
四季度	77.85	81.16	87.80	—	246.81	82.27	82.24
合计	203.78	398.18	403.47	195.05	1 200.48	100.04	400

四、循环变动的测定

循环变动是现象在研究期间的发展过程中呈现出的周期性的变动。它不同于趋势变动，即是朝着一个方向持续变化，而是增减交替；也不同于季节变动，即它没有固定的周期。

分析循环变动的目的在于：一是从数量上揭示现象循环变动的规律性；二是深入研究不同现象周期性循环波动的内在联系，分析引起循环变动的原因；三是通过对循环规律的认识，科学预测现象的发展趋势，为应对循环波动的决策方案提供科学的依据。

在时间序列的成分分析中，循环变动的测定是比较困难的。测定循环变动的方法多种多样，不同的方法测定的结果也不尽相同，在实际工作中，测定循环变动的常用方法主要有直接测定法和剩余法。

（一）直接测定法

直接测定法是通过计算年距发展速度（或增长速度），得到年距发展速度（或增长速度）时间序列，大体可表示循环变动的基本情况。如果研究时间序列的目的只是测定数列的循环波动特征，可用直接测定法。用直接法测定循环变动一般有两种方式：一是用发展速度序列表示循环波动情况，即

$$C \cdot I_{t,i} = \frac{Y_{t,i}}{Y_{t-1,i}} \tag{8-33}$$

式中，t 表示年份，i 表示季度（或月份）。

二是用增长速度表示循环变动情况，即

$$C \cdot I_{t,i} = \frac{Y_{t,i} - Y_{t-1,i}}{Y_{t-1,i}} \tag{8-34}$$

直接测定法简便直观，但其理论依据不够充分，只在大体上观察循环波动，所得的结果并不一定能准确地描述循环变动的真实状态。

（二）剩余法

剩余法又称分解法，其基本思路是：从时间序列中先分解出长期趋势和季节变动，然后再通过平均消除不规则变动成分，剩余的因素就是循环变动因素。

根据乘法模型原理，消除长期趋势和季节变动的公式为

$$\frac{Y}{T \cdot S} = C \cdot I \tag{8-35}$$

上述计算结果还包含有不规则变动 I，再采用移动平均法可将不规则变动消除，剩余结果即为循环变动指数。当循环变动指数为 100% 时，表示该时点为无循环变动点；当循环变动指数大于 100% 时，表明时间序列处于上涨期；当循环变动指数小于 100% 时，表明时间序列处于跌落期。如果将各时点的循环指数绘成曲线图，可以表现出时间序列的循环变动特征，其波峰和波谷便可显现。

五、不规则变动的测定

不规则变动是现象受随机因素和偶然因素影响的结果，这些因素是无法控制，也是难以预测的。

测定不规则变动，在已经测定了长期趋势、季节变动和循环变动的基础上采用剩余法可以求出不规则变动指数，其计算公式为

$$I = \frac{Y}{S \cdot T \cdot C} \tag{8-36}$$

不规则变动指数一般围绕 100% 上下波动，其值离 100% 越远，其值受不规则变动影响就越大；不规则变动指数大于 100% 为正面影响，起增大观测值的作用；小于 100% 为负面影响，起减小观测值的作用；等于 100% 表示无不规则变动影响。

分解分析法是时间序列分析和预测过程中常用的统计方法。该方法假设时间序列是趋势变动、循环变动、不规则变动综合影响的结果，分解过程首先从原始序列中消除随机变动，在此基础上，分别识别出循环变动和趋势变动的变化模式。假设的合理性、方法的科学性和操作的简易性使分解分析法在经济预测中得到了较为广泛的应用。

[例 8-14] 利用表 8-15 中 2014—2016 年各季度商品销售额资料，预测该商品 2017 年各季度的商品销售额。

首先观察时间序列既有长期趋势，又有季节变动的影响，因此需要将时间数列进行分解。此问题用 Excel 解决比较方便，具体过程如下。

(1) 移动平均，消除随机波动。该序列具有明显的季节变动成分，因此首先做 4 项移动平均，然后再移正平均，结果如表 8-15 中"四项移动平均"和"移正平均"列所示。

(2) 计算并修正季节指数如表 8-15 中的"季节指数"至"调节季节指数"列。

(3) 消除序列中的季节变动（用销售额除以季节指数）。得到消除季节变动之后的销售额变动时间序列，结果如表 8-16 中"消除季节变动"列所示。

表 8-15　2014—2016 年商品销售额时间序列计算表

年份	季度	销售额（万元）	四项移动平均	移正平均	季节指数	平均季节指数	调节季节指数	消除季节变动	时间序列
2014	一	77		—			0.670 6	114.82	1
	二	115	148.75	—			0.872 0	131.88	2
	三	298	157.75 168.75	153.25	1.944 5	1.860 3	1.820 3	163.71	3
	四	105		163.25	0.643 2	0.651 1	0.637 1	164.80	4

续表

年份	季度	销售额(万元)	四项移动平均	移正平均	季节指数	平均季节指数	调节季节指数	消除季节变动	时间序列
2015	一	113	178	173.375	0.651 8	0.685 3	0.670 6	168.51	5
	二	159	184.25	181.125	0.877 84	0.891 2	0.872 0	182.34	6
	三	335	193	188.625	1.776 0		1.820 3	184.04	7
	四	130	201.5	197.25	0.659 1		0.637 1	204.04	8
2016	一	148		205.875	0.718 9		0.670 6	220.70	9
	二	193	210.25	213.375	0.904 5		0.872 0	221.33	10
	三	370	216.5	—			1.820 3	203.27	11
	四	155		—			0.637 1	243.28	12
2017	一	164.26					0.670 6	244.95	13
	二	221.616					0.872 0	254.14	14
	三	479.33					1.820 3	263.33	15
	四	173.63					0.637 1	272.52	16

(4) 对消除季节变动的销售额进行回归分析。将步骤(3)中得到的结果(表 8-16 中"消除季节变动列")作为因变量,以时间为自变量(表 8-16 中的"时间序列")进行回归分析,拟合线性模型,输出结果如表 8-16~表 8-18 所示。

表 8-16　回归统计模型评估

Multiple R	0.945 322
R Square	0.893 634
Adjusted R Square	0.881 815
标准误差	11.084 35
观测值	11

由表 8-16 可知 $R^2=0.893\ 634$,模型的拟合优度为 89.36%,拟合度较高,故判断建立的线性趋势模型有实际意义。再根据表 8-17 得 $P=1.13\times10^{-5}<0.05$,说明时间对销售额有显著性影响。

表 8-17　方差分析表

	df	SS	MS	F	Significance F
回归分析	1	9 290.042	9 290.042	75.613 11	1.13E-05
残差	9	1 105.766	122.862 8		
总计	10	10 395.81			

表 8-18 给出了模型的回归系数，则销售额的时间序列模型为 $\hat{y}_i = 125.48 + 9.2 t_i$。

表 8-18　回归模型

	Coefficients	标准误差	t Stat	P value	Lower 95%	Upper 95%
Intercept	125.479	8.117 83	15.457 21	8.69E-08	107.115 194 2	143.842 8
时间	9.189 936	1.056 851	8.695 58	1.13E-05	6.799 172 048	11.580 7

（5）预测。将 2017 年第一～第四季度的时间序列分别定义为 13、14、15、16（见表 8-15"时间序列"栏）并将其分别带入模型计算得出没有季节影响的销售额预测值（见表 8-16 中的"消除季节变动"列）——趋势变动的预测结果。再用趋势结果乘以季节指数后，即可得出反映趋势变动和季节循环变动叠加之后的预测结果。表中的 2017 年第一～第四销售额（本列中斜体字部分）就是 2017 年各个季度销售额的预测值。

以上步骤完成了整个季节时间序列的分析和预测过程。将时间数列的各因数分解出来，由这种方法得到的预测模型和预测结果比直接对时间序列使用回归分析要更为可靠合理。

本章要点

时间序列分析是进行预测分析的重要工具。对于本章的学习应在理解时间数列的概念、种类及编制原则的基础上，掌握时间序列的各种水平分析指标及速度分析指标的计算，特别是平均发展速度的计算和运用。

时间序列可以从不同的角度分类。按其所排列指标的表现形式不同，可分为绝对指标时间序列、相对指标时间序列和平均指标时间序列。绝对指标时间序列是基本时间序列，相对指标时间序列和平均指标时间序列是根据前者派生的时间序列。

时间序列中基本的内容就是计算和分析一系列的动态指标，如平均发展水平、平均增长量、发展速度、增长速度等。这些指标不仅可以概括现象发展变化的过程和特点，而且可以进行横向和纵向比较。

时间序列可以分解为长期趋势、季节变动、循环变动和不规则变动。利用时间序列对现象发展变化趋势进行预测是本章的主要内容。掌握长期趋势的测定方法，特别是利用最小二乘法建立直线（或曲线）模型进行预测。季节变动的测定主要有同期平均法和移动平均比率分析方法；了解循环变动的测定和分析方法。

关键词

时间序列（time series）　　　　　增长速度（growth rate）
时间序列模型（time series model）　平均增长速度（average rate of increase）
长期趋势（secular(long-term) trend）　加法模型（additive model）

周期变动(cyclical fluctuation)
季节变动(seasonal fluctuation)
循环变动(cyclical fluctuation)
不规则变动(irregular fluctuation)
乘法模型(multiplicative model)
移动平均法(moving average)
趋势方程(trend equation)

思考题

1. 什么是时间序列？其构成要素是什么？
2. 编制时间序列应注意哪些问题？
3. 简述时点序列和时期序列的区别与联系。
4. 有哪些常用的时间序列分析指标？它们各有什么意义？
5. 为什么说相对数时间序列和平均数时间序列是派生序列？
6. 简述计算序时平均数所使用的计算方法。
7. 平均发展速度为什么不能用算术平均数计算？
8. 如何计算平均增长速度？为何不能用算术平均数或几何平均数的形式计算平均增长速度？
9. 季节变动的测定常用什么方法？简述其基本原理。
10. 如何测定长期趋势和季节变动？怎样测定循环变动和不规则变动？

习题

1. 某公司某年9月末有职工250人，10月上旬的人数变动情况是：10月4日新招聘12名大学生上岗，6日有4名老职工退休离岗，8日有3名青年工人应征入伍，同日又有3名职工辞职离岗，9日招聘7名营销人员上岗。试计算该公司10月上旬的平均在岗人数。

2. 某银行2016年部分月份的现金库存额资料如表8-19所示。

表8-19 现金库存额资料

日期	1月	2月	3月	4月	5月	6月	7月
月初库存额(万元)	500	480	450	520	550	600	580

要求：(1) 具体说明这个时间序列属于哪一种时间序列。
(2) 分别计算该银行2016年第一季度、第二季度和上半年的平均现金库存额。

3. 某单位上半年职工人数统计资料如表8-20所示。

表8-20 职工人数统计

时间	1月1日	2月1日	4月1日	6月30日
人数(人)	1 002	1 050	1 020	1 008

要求计算：(1) 第一季度平均人数。
(2) 上半年平均人数。

4. 某企业 2016 年上半年的产量和单位成本资料如表 8-21 所示。

表 8-21　某企业上半年产量和单位成本资料

月　　份	1	2	3	4	5	6
产量(件)	2 000	3 000	4 000	3 000	4 000	5 000
单位成本(元)	73	72	71	73	69	68

试计算该企业 2016 年上半年的产品平均单位成本。

5. 某地区 2012—2016 年国民生产总值数据如表 8-22 所示。

表 8-22　国民生产总值资料

年　　份		2012	2013	2014	2015	2016
国民生产总值(亿元)		40.9		68.5	58	
发展速度(%)	环比	—				
	定基	—				151.34
增长速度(%)	环比	—	10.3			
	定基	—				

要求：(1) 计算并填列表中所缺数字。
(2) 计算该地区 2012—2016 年间的平均国民生产总值。
(3) 计算 2012—2016 年间国民生产总值的平均发展速度和平均增长速度。

6. 某市 10 年后人均绿化面积要在 2016 年 4 平方米的基础上翻一番。试问：
(1) 计算每年的平均发展速度。
(2) 若在 2018 年就达到翻一番的目标，每年的平均增长速度是多少？
(3) 若 2017 年和 2018 年的平均发展速度都为 110%，那么后 8 年应该以怎样的平均发展速度才能实现这一目标？
(4) 假定 2019 年的人均绿化面积为 6.6 平方米，以 2016 年为基期，那么其平均年增长量是多少？

7. 某汽车制造厂 2013 年产量为 30 万辆。
(1) 若规定 2014—2016 年年递增率不低于 6%，其后年递增率不低于 5%，2018 年该厂汽车产量将达到多少？
(2) 若规定 2023 年汽车产量在 2013 年的基础上翻一番，而 2014 年的增长速度可望达到 7.8%，问以后 9 年应以怎样的速度增长才能达到预定目标？
(3) 若规定 2023 年汽车产量在 2013 年的基础上翻一番，并要求每年保持 7.4% 的增长速度，问能提前多少时间达到预定目标？

8. 某地区社会商品零售额 2001—2005 年期间(2000 年为基期)每年平均增长 10%，2006—2010 年期间每年平均增长 8.2%，2011—2016 年期间每年平均增长 6.8%。问 2016

年与2010年相比该地区社会商品零售额共增长多少？年平均增长速度是多少？若2010年社会商品零售额为30亿元，按此平均增长速度，2017年的社会商品零售额应为多少？

9. 某地区国内生产总值在2006—2008年平均每年递增12％，2009—2012年平均每年递增10％，2013—2015年平均每年递增8％。试计算：

（1）该地区国内生产总值在这10年间的发展总速度和平均增长速度。

（2）若2015年的国内生产总值为500亿元，以后平均每年增长6％，到2017年可达多少？

（3）若2017年的国内生产总值的计划任务为570亿元，一季度的季节比率为105％，则2017年一季度的计划任务应为多少？

10. 某企业第四季度总产值和劳动生产率资料如表8-23所示。

表8-23　某企业总产值和劳动生产率资料

月　　份	10	11	12
工业总产值（万元）a	150	168	159.9
劳动生产率（元）b	7 500	8 000	7 800

要求：（1）计算该企业第四季度的月平均劳动生产率。

（2）计算该企业第四季度劳动生产率。

11. 某企业2017年第一季度职工人数及产值资料如表8-24所示。

表8-24　某企业职工人数及产值资料

指　　标	1	2	3	4
产值（万元）	4 000	4 200	4 500	4 800
月初人数（人）	4 640	4 660	4 680	4 600

要求：（1）编制一季度各月劳动生产率的时间序列。

（2）计算一季度的月平均劳动生产率。

（3）计算一季度的劳动生产率。

12. 某公司2006——2016年的产品销售数据如表8-25所示。

表8-25　某公司产品销售数据

年　　份	2006	2007	2008	2009	2010	2011
销售额（万元）	80	83	87	89	95	101
年　　份	2012	2013	2014	2015	2016	
销售额（万元）	107	115	125	134	146	

要求：（1）应用三年和五年移动平均法计算2017年商品销售的趋势值。

（2）应用最小平方法配合趋势直线，并计算各年的趋势值，并预测2020年的商品销售额。

13. 某公司2010—2016年的产值如表8-26所示。

表 8-26 某公司 2010—2016 年产值表

年 份	产值(Y)	年份编码(t)
2010	10	-3
2011	20	-2
2012	50	-1
2013	50	0
2014	50	1
2015	80	2
2016	60	3
合计	320	0

有关数据为 $\sum_{i=1}^{n} t_i^2 Y_i = 1\,130$，$\sum_{i=1}^{n} t_i^4 = 196$，$\sum_{i=1}^{n} \lg Y_i = 11.079\,2$，$\sum_{i=1}^{n} t_i \lg Y_i = 3.538$，$\sum_{i=1}^{n} t_i^2 = 28$。

要求：(1) 求出与该时间序列相拟合的抛物线趋势模型，并预测 2020 年的销售额。

(2) 求出与该时间序列相拟合的指数曲线趋势模型，并预测 2020 年的销售额。

(3) 比较上述两模型，哪个更合理，并说明理由。

14. 某地区 2010—2016 年各年末人口资料如表 8-27 所示。

表 8-27 某地区人口资料

年 份	2010	2011	2012	2013	2014	2015	2016
年末人口数(万人)	21	25	30	36	44	53	59

要求：用合适的模型拟合上述数据，并预测 2022 年的年末人口数。

15. 某企业产品连续四年各季度的出口额资料如表 8-28 所示。

表 8-28 某企业出口额资料   单位：万元

年份 \ 季度	一季度	二季度	三季度	四季度
第 1 年	16	2	4	51
第 2 年	28	4.3	6.7	77.5
第 3 年	45	7.1	14.2	105
第 4 年	50	5.1	16.8	114

要求计算该企业产品出口额的季节比率，并对其季节变动情况做简要分析。

16. 某公司近 10 年间股票的每股收益为 0.64 元、0.73 元、0.94 元、1.14 元、1.33 元、1.53 元、1.67 元、1.68 元、2.10 元、2.50 元。

要求：(1) 分别用移动平均法和趋势方程预测该公司下一年的收益。

(2) 通过时间序列的数据和发展趋势判断，并说明现在买入该股是否合适。

17. 某县 2013—2016 年各季度鲜蛋销售量数据如表 8-29 所示。

表 8-29　某县鲜蛋销售量数据　　　　　　　　　　　　　　　　单位：万千克

季度 年份	一季度	二季度	三季度	四季度
2013	13.1	13.9	7.9	8.6
2014	10.8	11.5	9.7	11.0
2015	14.6	17.5	16.0	18.2
2016	18.4	20.0	16.9	18.0

(1) 用移动平均法消除季节变动。

(2) 拟合线性模型测定长期趋势。

(3) 预测 2027 年各季度鲜蛋销售量。

18. 某地区 2013—2016 年各月份工业增加值的数据如表 8-30 所示。

表 8-30　某地区工业增加值数据　　　　　　　　　　　　　　　　单位：亿元

年　份	1月	2月	3月	4月	5月	6月
2013	4.78	3.97	5.07	5.12	5.27	5.45
2014	5.18	4.61	5.69	5.71	5.90	6.05
2015	6.46	5.62	6.96	7.12	7.23	7.43
2016	6.82	5.68	7.38	7.40	7.60	7.95
年　份	7月	8月	9月	10月	11月	12月
2013	4.95	5.03	5.37	5.34	5.54	5.44
2014	5.65	5.76	6.14	6.14	6.47	6.55
2015	6.78	6.76	7.03	6.85	7.03	7.22
2016	7.19	7.35	7.76	7.83	8.17	8.47

(1) 用原始资料平均法计算季节比率。

(2) 用移动平均法分析其长期趋势。

(3) 通过综合分析，制订 2019 年各月工业增加值计划。

第九章 统计指数

> 指数(index number)分析是时间序列分析的延续，是时间序列分析在运用上的扩展。在对社会经济现象进行动态对比分析时，可以直接对某一指标计算发展速度和增长速度，进行对比分析，但当研究现象涉及多个品种的变动时，就需要利用统计指数的方法进行分析研究。

第一节 统计指数概述

指数是综合反映社会经济现象数量相对变化程度的一种定量分析指标，指数分析法是进行技术经济分析、经济效益评价等工作的重要分析工具。

一、统计指数的概念

统计指数的概念最早由英国人沃汉(Rice Voughan)于1650年首次提出，起初用于反映物价变动。随着社会的发展，指数的应用范围不断拓展，其概念的含义也不断扩展。英国百科全书(*Encyclopedia Britannica*)对指数的定义为："指数是用来测定一个变量与某一特定的变量对比数值大小的相对数"。

"统计指数"是一种对比性的指标，它是相对数的表现形式。从性质上看，指数通常是不同时间的现象水平的对比，也可以是不同空间目标的对比。它有广义和狭义两种理解。广义指数是泛指社会经济现象数量变动的相对数。狭义指数是指表明复杂社会经济现象总体数量综合变动的相对数。复杂社会经济现象总体是指由于各部分性质不同，并在研究其数量特征时不能直接相加或直接对比的总体。狭义指数是一种特殊形式的相对数。

在实际工作中，指数的广义和狭义两种含义均被广泛应用。但是在统计学中，作为一种特有的统计指标和方法主要研究狭义的指数。指数理论主要研究狭义指数的编制方法，阐述狭义指数的基本计算原理、原则和方法及其应用。

二、统计指数的分类

统计指数是对社会经济现象进行比较分析的一种相对比率,为了满足理论研究和实际应用的需要,需对统计指数进行分类。按不同的分类标准,指数可分成不同的类别,其基本分类主要有以下几种。

(一) 按指数化指标的性质划分

按指数化指标的性质划分,统计指数可分为质量指标指数和数量指标指数。指数化指标就是在指数中反映其数量变化或对比关系的变量。例如,"物价指数"的指数化指标就是商品的"价格";销售量指数的指数化指标就是商品的"销售量"等。

质量指标指数又称质量指数,是指指数的指数化指标具有质量指标的特征。它是根据质量指标计算的,反映现象内涵数量变动的相对数,如物价指数、成本指数、劳动生产率指数等。

数量指标指数又称数量指数,是指指数的指数化指标具有数量指标的特征。它是根据数量指标计算的,反映总体或个体在规模、水平方面变动的相对数,如产量指数、职工人数指数、销售量指数等。

(二) 按指数的考察范围划分

按指数的考察范围划分,统计指数可分为个体指数和总指数。个体指数是考察总体中个别现象或个别项目的数量对比关系的指数,如某一种商品的价格指数或销售量指数等。个体指数实质上就是一般相对数。总指数是考察整个总体现象的数量对比关系的指数,它表明多种要素构成现象的综合变动的比较分析。

个体指数和总指数的划分具有重要意义。由于个体指数仅为一般相对数,属于广义的指数概念,从方法论的角度来看,它可以用一般相对数的方法来解决。而狭义的指数概念不包括个体指数,专指总指数。总指数的计算需要专门的方法,因此,指数方法论主要研究总指数的编制问题。

介于总指数和个体指数之间,还有一个组(或类)指数的概念。组(或类)指数是指在对客观总体分组的基础上,分别计算各组(或类)的相对数。对于个体指数而言,组(或类)指数相当于总指数的概念。例如,商场销售多种商品,为方便管理将其分为食品组、服装组、玩具组等类别,进行分类管理,而各组商品的价格变动指数即为组(或类)指数。

(三) 按指数的对比性质划分

按指数的对比性质划分,统计指数可分为动态指数和静态指数。动态指数又称时间指数,它是同类现象不同时间上的对比结果,用于反映现象随时间推移的变化过程和程度。例如,物价指数、股票价格指数、消费价格指数等都是动态指数。

静态指数包括空间指数和计划完成情况指数两种。空间指数是指同类现象不同空间(国家、地区、部门等)的对比结果,用于反映现象在不同地区间的差异程度;计划完成情况指数是指现象实际水平与预计目标的对比结果,用于反映计划的执行情况或计划的完成程度。

动态指数是出现最早、应用最广的指数,也是理论上最重要的统计指数。统计指数的最初含义是动态指数。静态指数是在实际应用中逐渐提出的,它是动态指数方法原理的推广和延伸。

（四）按对比基期划分

指数反映现象的变动可以单就两个时期的比较，也可以在时间序列的基础上，就多个时期计算一系列指数，组成指数系列。在指数系列中，按对比基期的不同，可将统计指数划分为定基指数和环比指数。定基指数是指在同一个指数数列中，各个指数都是以某一个固定的时期作为基期的一系列指数。环比指数是指在同一个指数数列中，各个指数都是以报告期的前一时期作为基期的一系列指数。

（五）按计算方法划分

按指数的计算方法划分，统计指数可分为综合指数和平均指数。综合指数是指从数量上不能直接加总的社会经济现象的总指数，是总指数的基本计算形式。平均指数是指以个体指数为基础通过平均形式编制的总指数，是指数计算的另一种形式。平均指数在一定条件下是综合指数的变形。

实质上，平均指数和综合指数都是总指数的编织方法。虽然平均指数可以看成综合指数的变形，但两者是相互独立的，采用哪种方法编制总指数需要根据具体条件而定。

第二节　综合指数的编制

综合指数是总指数的基本形式。综合指数分为质量指标指数和数量指标指数，这两种综合指数编制的基本原理相同，但在编制方法上略有差异。

一、编制综合指数的基本方法

综合指数编制的基本方法是先综合后对比，即先解决多种因素的不同单位问题，把不能直接加总的各种社会现象的数量表现，改变为两个时期的现象总量，然后进行对比分析。

（一）综合指数编制的一般问题

▶ 1. 综合指数编制的基本原理

编制综合指数首先应从现象的联系中确定与研究对象相关的因素，并加入该因素，统一使用现象的价值量。只有把事物的实物形态还原为价值形态，才能使不能直接加总的各种现象的数量表现得以汇总。例如，要测定市场上各种商品的价格变化，就应把各种商品的零售价格分别乘以相应的销售量计算各自的销售额，汇总各期的销售额进行综合对比分析。

编制综合指数必须把复杂现象总体中包含的两个因素中的新加入的因素（媒介因素）作为同度量因素加以固定，来测量需要关注的因素，通过加入的媒介因素将现象的实物量转化为价值量，进行对比分析。

综上所述，编制综合指数的基本原理就是，在复杂的社会现象中加入一个媒介因素作为同度量因素，以此来解决复杂现象中不能直接加总或加总没有实际意义使其无法进行对比分析的问题。

▶ 2. 同度量因素

所谓同度量因素,是指为了解决总体中各因素量不能直接相加,而引入的一个媒介因素。在综合指数的构造中,同度量因素的选择具有关键性的作用,其主要作用是将"不同度量的现象"转化为"同度量的现象"。不仅如此,同度量因素还必须是一个水平相对固定的因素。

在编制综合指数时,首先必须适当确定同度量因素的指标性质,这是由指数化指标性质决定的。一般而言,在编制数量指标指数时,其同度量因素应是一个与之相对应的质量指标,使两者的乘积为一个与指数化指标密切联系的价值总量;同理,当编制质量指标指数时,其同度量因素应是一个与之相应的数量指标。例如,上述提到的市场商品销售中,如果要了解市场商品价格变动情况——编制商品价格(p)总指数(即质量指标指数)时,应该选择与之相应的数量指标——商品销售量(q)为同度量因素,两者乘积(pq)为与价格密切相关的价值量——销售额;同理,如果要研究市场商品销售数量的变化——编制销售量总指数(即数量指标指数)时,应选择商品零售价格为同度量因素。

在同度量因素的指标性质确定之后,还应固定同度量因素的具体水平。虽然在同一个综合指数中同度量因素的水平应是固定不变的,但是其固定的水平却需要具体确定(或选择),而且在通常情况下,根据研究的需要同度量因素水平的固定方法也不尽相同,由此得到不同的综合指数的编制公式。

(二)综合指数的主要类型

关于同度量因素确定问题,学术界众说纷纭,各种观点在有其合理性的同时也都存在一定的局限性。因此,无法确切地说哪种观点是正确的,到目前为止,比较有影响的是拉氏指数和帕氏指数,这也是目前常用的指数类型。

▶ 1. 拉氏指数(基期加权综合指数)

拉氏指数虽然不是最早出现的加权综合指数,但它是一种重要的加权综合指数公式。它的编制者是德国经济统计学家拉斯贝雷斯(E. Laspeyres),其主要观点是将同度量因素固定在基期水平上,故又称为基期加权综合指数。该方法被推广到各种指数的计算中,尤其是在数量指标指数的编制中应用更为广泛。为便于识别,通常将拉氏指数简记为 L,相应的质量指标指数和数量指标指数公式分别为

$$L_p = \frac{\sum p_1 q_0}{\sum p_0 q_0}, L_q = \frac{\sum p_0 q_1}{\sum p_0 q_0} \tag{9-1}$$

[例 9-1] 利用表 9-1 的资料计算商品的拉氏价格指数和销售量指数。

表 9-1　商品的价格和销售量资料

商品名称	计量单位	商品价格(元)		销售量		销售额(元)	
		基期(p_0)	报告期(p_1)	基期(q_0)	报告期(q_1)	基期($p_0 q_0$)	报告期($p_0 q_1$)
内衣	套	200	300	3 000	4 000	600 000	1 200 000
皮鞋	双	400	450	480	500	192 000	225 000
大衣	件	1 500	1 400	510	612	765 000	856 800

拉氏价格指数为

$$L_p = \frac{\sum p_1 q_0}{\sum p_0 q_0} = \frac{300 \times 3\,000 + 450 \times 480 + 1\,400 \times 510}{600\,000 + 192\,000 + 765\,000} = \frac{1\,830\,000}{1\,557\,000} = 117.53\%$$

拉氏销售量指数为

$$L_q = \frac{\sum p_0 q_1}{\sum p_0 q_0} = \frac{200 \times 4\,000 + 400 \times 500 + 1\,500 \times 612}{1\,557\,000} = \frac{1\,918\,000}{1\,557\,000} = 123.19\%$$

通过计算，可以得出上述三种商品总体价格上涨了 17.53%，销售量增加了 23.19%。综合指数不仅可以反映现象的相对变动程度，还可以反映现象变动的绝对差额。利用上述资料，还可以进行如下计算：

$$\sum p_1 q_0 - \sum p_0 q_0 = 1\,830\,000 - 1\,557\,000 = 273\,000(\text{元})$$

$$\sum p_0 q_1 - \sum p_0 q_0 = 1\,918\,000 - 1\,557\,000 = 361\,000(\text{元})$$

通过上述计算可得，由于物价上涨了 17.53%，使销售额增加了 27.3 万元；由于销售量增加了 23.19% 使销售额增加了 36.1 万元。

▶ **2. 帕氏指数（报告期加权综合指数）**

与拉氏指数一样，帕氏指数也是一种重要的加权综合指数公式。它的编制者是另一位德国经济统计学家，当时年仅 23 岁的帕舍（H. Paasche），其主要观点是将同度量因素固定在报告期水平上，故又称为报告期加权综合指数。同样，该方法也被推广到各种指数的计算中，尤其是在质量指标指数的编制中应用更为广泛。为便于识别，通常将帕氏指数简记为 P，相应的质量指标指数和数量指标指数公式为

$$P_p = \frac{\sum p_1 q_1}{\sum p_0 q_1}, P_q = \frac{\sum p_1 q_1}{\sum p_1 q_0} \tag{9-2}$$

[**例 9-2**] 利用表 9-1 的资料计算商品的帕氏价格指数和销售量指数。

帕氏价格指数为

$$P_p = \frac{\sum p_1 q_1}{\sum p_0 q_1} = \frac{1\,200\,000 + 225\,000 + 856\,800}{1\,918\,000} = \frac{2\,281\,800}{1\,918\,000} = 118.97\%$$

帕氏销售量指数为

$$P_q = \frac{\sum p_1 q_1}{\sum p_1 q_0} = \frac{2\,281\,800}{1\,830\,000} = 124.69\%$$

通过计算，可以得出上述三种商品总体价格上涨了 18.97%，销售量增加了 24.69%。同样，利用上述资料还可以计算销售额变动的绝对差额：

$$\sum p_1 q_1 - \sum p_0 q_1 = 2\,281\,800 - 1\,918\,000 = 363\,800(\text{元})$$

$$\sum p_1 q_1 - \sum p_1 q_0 = 2\,281\,800 - 1\,830\,000 = 450\,800(\text{元})$$

通过上述计算可得，由于物价上涨了 18.97%，使销售额增加了 36.38 万元；由于销售量增加了 24.69% 使销售额增加了 45.08 万元。

3. 拉氏指数与帕氏指数的比较

通过对例 9-1 和例 9-2 的比较不难看出，在同一条件下，应用拉氏指数和帕氏指数计算的结果是不一样的，它们之间存在着明显的差异。如何解释这种差异，它们在经济分析中的实际意义一直是指数理论中长期存在争议的一个焦点问题。在此，我们仅对拉氏指数和帕氏指数进行简单的比较。

（1）拉氏指数和帕氏指数选择的同度量因素的固定时期不同，导致利用相同资料编制指数的计算结果不同。只有在特殊的情况下，两者才巧合相同：一是当指数中所有指数化指标均按相同比例变化（所有个体指数均相同）时；二是总体中所有同度量因素均按同比例变化时。

（2）拉氏指数和帕氏指数的同度量因素水平和指数计算结果不同，它们所反映的经济分析意义也不尽相同。以价格指数为例，拉氏价格指数是以基期的销售量为同度量因素计算的，它是以基期的销售量和销售结构为基础，来考察商品的总体价格变化情况；而帕氏价格指数是以报告期的销售量为同度量因素计算的，它是以报告期的销售量和销售结构为基础，来考察商品的总体价格变化情况。虽然两者的基本作用都是反映价格变动的基本情况，但由于销售量的结构不同，它们得出的结论也不同。

一种观点认为，帕氏指数的分子分母之差，即 $\sum p_1 q_1 - \sum p_0 q_1$，反映了报告期实际销售的商品由于价格变化而影响的销售额变化的绝对数额，它比拉氏指数具有更强的实际意义。但从另一个角度来看，拉氏指数的分子分母之差，即 $\sum p_1 q_0 - \sum p_0 q_0$，反映了消费者为了维持原有（基期）的消费水平或购买与基期相同数量的商品，由于价格变化而使其支出发生的变化。这种分析也具有重要的现实意义，而且，它往往正是编制消费者价格指数的主要目的。可见，从经济意义的角度来看，拉氏指数和帕氏指数并没有明显的优劣之分。

（3）尽管拉氏指数和帕氏指数反映方式和计算基础不同，但是两者的数量差异是有规律可循的，在现实生活中，根据相同资料计算的拉氏指数一般大于帕氏指数，即 $L_p > P_p$，$L_q > P_q$。

这种关系成立的条件应是所考察的质量指标和数量指标之间存在负相关的关系，即存在如下三种情况之一：一是质量指标和数量指标一个上升，而另一个却下降；二是质量指标和数量指标都上升，但一个指标上升速度加快，而另一个指标的上升速度却减慢；三是质量指标和数量指标都下降，但一个指标下降的速度加快，而另一个指标的下降速度却减慢。

在现实生活中，绝大部分总体分解的质量指标和数量指标（如商品的销售价格与销售量，产品的单位成本和产量等）之间都存在负相关的关系，因此可以认为拉氏指数一般大于帕氏指数，当然也有例外。

（三）综合指数的其他类型

拉氏指数和帕氏指数是两种基本的指数公式。但是，由于同度量因素固定时期的选择不同，使两者存在明显的差异，这种差异可能导致相反的分析结论。为了调和这种偏差，或满足特殊分析的需要，经济学家和统计学家们试图对其进行改造，得出了各种新型的综合指数公式。其中，比较有代表性的综合指数有以下几个。

▶ 1. 马歇尔—埃奇沃斯指数

该指数公式先后由英国著名经济学家马歇尔（A. Marshall）和埃奇沃斯（F. Y. Edgeworth）等人于 1887—1890 年间提出的。它是对拉氏指数和帕氏指数的同度量因素进行平均的结果，为便于识别，通常简记为 E，其相应的质量指标指数和数量指标指数公式为

$$E_p = \frac{\sum p_1(q_0+q_1)}{\sum p_0(q_0+q_1)}, E_q = \frac{\sum q_1(p_0+p_1)}{\sum q_0(p_0+p_1)} \tag{9-3}$$

▶ 2. 理想指数（费雪指数）

该指数公式由美国经济学家沃尔什（G. M. Walsh）和庇古（A. C. Pigou）等人于 1901—1902 年间先后提出的，后经经济学家费雪（Irving Fisher）通过大量比较验证其优良性质，遂将其命名为"理想公式"（ideal formula）。但是，为纪念费雪做出的贡献，人们习惯上将由费雪命名的"理想指数"称其为"费雪指数"，它是对拉氏指数和帕氏指数进行几何平均的结果。为便于识别，通常简记为 F，其相应的质量指标指数和数量指标指数公式为

$$F_p = \sqrt{L_p \cdot P_p} = \sqrt{\frac{\sum p_1 q_0}{\sum p_0 q_0} \cdot \frac{\sum p_1 q_1}{\sum p_0 q_1}}, F_q = \sqrt{L_q \cdot P_q} = \sqrt{\frac{\sum p_0 q_1}{\sum p_0 q_0} \cdot \frac{\sum p_1 q_1}{\sum p_1 q_0}} \tag{9-4}$$

▶ 3. 固定加权综合指数

该指数公式由英国经济学家杨格（A. Young）和著名学者罗威（J. Lowe）于 1812—1822 年间倡导并实践过，因此，该指数又常被称为"杨格指数"或"罗威指数"。该指数的同度量因素选择比较特殊，一般是与基期和报告期都没有直接关系的某种固定水平，其计算公式为

$$I_p = \frac{\sum p_1 q_c}{\sum p_0 q_c}, I_p = \frac{\sum p_c q_1}{\sum p_c q_0} \tag{9-5}$$

式中的固定权数一经选取，就将连续使用若干个时期，以便于保持指数数列的衔接关系。

二、数量指标综合指数的编制

数量指标指数简称为数量指数，也称为物量指数，它是在综合指数中，固定质量指标因素，只观察数量指标因素变化的情况。数量指标指数是综合反映数量指标变动的相对数，现以商品销售量指数为例，利用表 9-1 的资料来说明数量指标综合指数的编制方法和过程。

表 9-1 给出了三种商品在基期和报告期的销售量变化的基本情况。要综合反映三种商品销售量变动方向与变动程度，需要编制销售量总指数。

在编制销售量总指数时，需要将各种商品基期和报告期的销售量分别加总，然后再通过对比来分析。但是，由表中的资料可知：三种商品——内衣、皮鞋和大衣的使用价值不同、计量单位不同，三者的销售量不能直接加总，也就无法将两个时期的销售量直接进行

对比。因此，在编制销售量综合指数时应从以下几方面入手。

（一）寻找同度量因素

表 9.1 中的三种商品，由于使用价值和计量单位不同，而无法将销售量直接加总，为解决这一问题，需要寻找一个媒介（同度量因素）将三种商品的实物状态，转化为价值状态。根据同度量因素的选择原则——数量指标指数选择相应的质量指标作为同度量因素，根据指标间的内在联系选择商品销售价格作为同度量因素。因为商品的销售价格与销售量的乘积等于商品销售额，这样就完成了商品价值状态的转变，可以将这三种商品在基期和报告期的销售额分别加总，然后再将两个时期的销售额进行对比分析，得到销售额总指数，其计算公式为

$$\overline{K}_{pq} = \frac{\sum p_1 q_1}{\sum p_0 q_0} \tag{9-6}$$

式中，$\overline{K}_{pq}$ 代表销售额总指数；q 代表销售量；p 代表商品销售价格；脚标 1 表示报告期的相应指标；脚标 0 表示基期的相应指标值，则有：

$$\overline{K}_{pq} = \frac{\sum p_1 q_1}{\sum p_0 q_0} = \frac{2\ 281\ 800}{1\ 557\ 000} = 146.51\%$$

$$\sum p_1 q_1 - \sum p_0 q_0 = 2\ 281\ 800 - 1\ 557\ 000 = 724\ 800（元）$$

计算结果表明，报告期的销售额比基期增长了 46.51%，增加额绝对值是 72.48 万元。

（二）固定同度量因素

编制销售量指数的目的是考量销售量变动情况。因此，需要排除价格因素变动的影响，单纯地反映销售量的变动情况。故上述根据式（9-6）计算的销售额总指数并不是我们需要的结果。为排除价格因素的影响必须将价格因素固定，由前面的论述可知，同度量因素的确定可以采用拉氏指数、帕氏指数和固定指数等多种形式，而且同一指数采用相同的同度量因素，依据不同的指数公式计算出来的结果具有明显的差异。因此，同度量因素的固定时期对指数具有显著的影响。

（三）确定同度量因素所属的时期

在实际工作中，编制销售量总指数一般采用基期的销售价格为同度量因素，这主要是因为：首先，既然编制销售量总指数的目的是要排除价格因素变化的影响，单纯分析销售量的变化，既然假定价格不变，就应该将其固定在基期才符合客观实际；其次，报告期的价格是由基期价格变化而来的，如果选择其为同度量因素，无形中就把价格因素的变化带入了指数中，据此计算的指数不甚合理。

综上所述，编制数量指标指数时，应采用拉氏指数。也就是说，编制数量指标总指数应选择相应的质量指标为同度量因素，并将其固定在基期水平，其计算公式为

$$I_q = \frac{\sum p_0 q_1}{\sum p_0 q_0} \tag{9-7}$$

三、质量指标综合指数的编制

质量指标指数又称为质量指数，是反映复杂现象总体中质量指标变动程度的总指数。

质量指标指数在综合指数中，固定数量指标因素，只观察质量指标因素的变化情况，综合反映质量指标变动的相对指标。现以商品物价指数为例，同样利用表 9-1 的资料来说明质量指标综合指数的编制方法和过程。

表 9-1 给出了三种商品在基期和报告期价格变化的基本情况。要综合反映三种商品价格的变动方向与变动程度，需要编制价格总指数。

在编制价格总指数时，需要将各种商品基期和报告期的价格分别加总，然后再进行对比分析。从表面看来，商品的价格是用货币形式表现的，似乎可以相加。但是三种商品的使用价值不同，它们代表着不同质的商品的价值，简单加总没有实际意义，而且各种商品的销售量不同，硬性地将各种商品的价格直接相加并据此计算指数显然不合理。同时，各种商品的价格都是单位价值的表现，单位不同价格也就不同，价格的数值其实是不确定的，据此计算的指数将得出多种不同的结果，这显然是不科学的。因此，要研究价格变动，应利用综合指数编制的基本原理，合理解决上述问题。

（一）寻找同度量因素

商品的销售价格是单位商品的价格尺度，各种商品价格直接加总没有实际意义。为解决这一问题，同样需要寻找一个媒介（同度量因素）将各种商品联系在一起。根据同度量因素的选择原则——质量指标指数选择相应的数量指标作为同度量因素，根据指标间的内在联系选择商品销售量作为同度量因素。因为商品的销售价格与销售量的乘积等于商品销售额，这样就将商品价格转变为销售额，通过对各种商品销售额的对比可得销售额总指数，计算方法同上。

销售额的变化不仅受到商品价格的影响，它还要受到商品销售量的影响。为消除销售量的影响，单纯反映商品价格的变化，须将销售量固定。

（二）固定同度量因素

编制价格指数的目的是为了排除销售量因素变动的影响，单纯地反映价格变动情况。因此，销售额总指数并不能满足对商品价格变化分析的要求。为排除销售量因素的影响，必须将销售量因素固定。同样，依据不同的指数公式计算出来的价格指数有明显的差异。因此，同度量因素的固定时期对指数具有显著的影响。

（三）确定同度量因素所属的时期

在实际工作中，编制价格总指数一般采用报告期的销售量为同度量因素。这主要是因为，计算价格指数的主要目的是反映价格总的变化方向和程度，反映价格变动对国家财政及居民收支的实际影响，以报告期的销售量作为同度量因素能够恰当地反映价格因素对现实生活的影响，使价格指数具有实际的经济意义，符合统计研究的目的。若采用基期的销售量作为同度量因素，观察以按历史商品销售结构为基础的价格变化影响，脱离了现实经济生活。

综上所述，编制质量指标指数时，应采用帕氏指数，即编制质量指标总指数应选择相应的数量指标为同度量因素，并将其固定在报告期水平，其计算公式为

$$I_p = \frac{\sum p_1 q_1}{\sum p_0 q_1} \tag{9-8}$$

第三节 平均指数的编制

平均指数也是计算总指数的一种形式,它是以个体指数为基础,通过将个体指数进行平均得到的总指数。虽然综合指数是计算总指数的基本形式,但它的计算不仅工作量大,而且对资料的要求高——它需要全面对应的质量指标和数量指标的原始资料。而在实际工作中获得这些资料是比较困难的,有时甚至是无法实现的,因此,在实际工作中,当原始资料不够齐全的情况下,常常采用平均指数法计算总指数。

一、平均指数的编制原理

平均指数编制的基本原理:首先计算个别现象的个体指数,然后将个体指数平均得到综合指数。平均指数是一种独立的指数,从计算方法上看,平均指数与一般平均数的计算方法相同。所不同的是,平均指数是以个体指数为变量的平均数,指数具有平均数的性质。由于总体中的不同个体的重要程度不同,在平均指数的编制中就需要对个体指数进行加权处理。平均指数一般分为算术平均指数和调和平均指数。

二、算术平均指数

所谓算术平均指数,是指根据产品或商品的数量指标或质量指标的个体指数,用加权算术平均法加以综合汇总而求得总指数的一种计算形式。算术平均指数既可用于质量指标指数,也可用于数量指标指数。

用综合指数法编制商品销售量总指数时,必须拥有各种商品的基期价格与基期和报告期的销售量。如果原始资料不全,无法找到各期产品的销售价格资料,只能根据历史记载找到各种商品基期和报告期的销售额及销售量(或销售量指数),则需要将式(9-7)变形为

$$I_q = \frac{\sum p_0 q_1}{\sum p_0 q_0} = \frac{\sum p_0 q_0 \cdot \frac{q_1}{q_0}}{\sum p_0 q_0} = \frac{\sum i_q p_0 q_0}{\sum p_0 q_0} \tag{9-9}$$

式中,i_q 表示销售量个体指数,这一公式实际上是以个体销量指数 i_q 为变量,以基期销售额为权数的个体销售量指数的加权算术平均数,因此,将其称为加权算术平均指数。

三、调和平均指数

所谓调和平均指数,是指在计算各种产品或商品数量指标或质量指标个体指数的基础上,用加权调和平均法进行平均计算求得的总指数。这种指数也可以分别用于计算质量指标指数和数量指标指数。

同样,用综合指数法编制商品价格总指数时,如果原始资料不全,无法找到各期销售量资料,只能根据历史记载找到各种商品基期和报告期的销售额及销售价格(或价格指数)时,则需要将式(9-8)变形为

$$I_p = \frac{\sum p_1 q_1}{\sum p_0 q_1} = \frac{\sum p_1 q_1}{\sum \frac{p_1 q_1}{\frac{p_1}{p_0}}} = \frac{\sum p_1 q_1}{\sum \frac{p_1 q_1}{i_p}} \tag{9-10}$$

式中，i_p 表示个体价格指数。式(9-10)实际上是以个体价格指数 i_p 为变量，以报告期销售额为权数的个体价格指数的加权调和平均数，因此，将其称为加权调和平均指数。

四、平均指数与综合指数的关系

平均指数和综合指数作为总指数的两种形式，它们之间存在着内在联系，但两者在计算原理和方法及应用上都有明显的区别。在综合指数中，权数（同度量因素）是依据指数间的客观经济关系确定的，可以是数量指标，也可以是质量指标。编制平均指数不能单纯用某个指标作为权数，而需要以价值指标或将价值指标转化为比率作为指数的权数。

（一）两者的联系

在一定条件下，两者具有某种变形关系。当掌握的资料不能直接用综合指数形式计算时，可以用其变形的平均指数形式计算，在这种条件下平均指数与其相应的综合指数具有完全相同的经济意义和计算结果。

（二）两者的区别

▶ 1. 解决同度量因素的思路不同

综合指数是通过引进同度量因素，先计算总量，然后再对比，即通过先综合后对比的思路来编制总指数的；平均指数则是在个体指数的基础上计算总指数，即通过先对比后综合的思路来编制总指数的。

▶ 2. 对资料的要求不同

综合指数需要总体的全面资料，对起综合作用的同度量因素的资料要求也比较严格，故综合指数的计算结果比较客观；平均指数主要需要个体指数的相关资料，对于起综合作用的权数资料既可以主观也可以客观，对资料的要求相对灵活。

▶ 3. 在经济分析中的具体作用不同

综合指数占有的资料全面，经济含义明确。除了表明复杂总体的变动方向和程度外，还可以从指数化指标变动的绝对效果上进行因素分析；平均指数除作为综合指数的变形外，一般只能通过总指数表明复杂总体的变动方向和变动程度，而不能对现象进行因素分析。

五、平均指数的应用

由于平均指数具有计算方便、灵活、对数据资料要求不高的特点，决定了它具有广泛的应用价值。我国现行的多种指数是采用平均指数公式计算的。

（一）工业生产指数

工业生产指数是反映工业发展速度的指数，它是依据各种产品发展速度，加权计算综合发展速度的一种方法，是反映产品物量的综合变动程度。

在我国，工业生产指数是通过计算不变价格总产值，以综合指数法编制的。在国外，普遍采用平均指数法来编制工业生产指数，其计算公式为

$$I_q = \frac{\sum i_q p_0 q_0}{\sum p_0 q_0} \qquad (9\text{-}11)$$

式中，i_q 为各种工业产品的个体产量指数；p_0q_0 为相应产品的基期增加值。编制这种工业生产指数的目的是说明工业增加值中物量因素的综合变动程度，其分析意义与一般工业总产量指数是不同的。

从式(9-11)看，工业生产指数由个体产量指数和基期权数两部分组成。其中，个体产量指数是计算工业生产指数的基础。

▶ 1. 计算工业生产指数的权数

计算工业生产指数的权数一般采用固定权数，即以某年度的资料计算权数，使用几年固定不变。计算权数的总产值、增加值、产品产量、价格和单位产品增加值等都使用同一年的资料，这一年称为权数基期。权数使用一定时期后，受产品构成和价格构成的影响与实际产生差距时，就需要重新计算权数。一般一次计算的权数使用 5 年。

权数的形式有两种：分层权数和直接权数。分层权数是用工业总量指标的行业实际值计算的行业权数，它不受行业选取的代表产品比例结构的影响。因此，行业权数的准确性较高，但须对行业增加值进行调整和附加。直接权数不使用行业增加值资料，而是直接由代表产品的价值量计算的。

▶ 2. 代表产品的确定

计算工业生产指数应分行业选择代表产品，其基本原则是：行业内价值最大、产量最高的产品全部选取；对于重要的产品以及同一产品规格不同，价格差异较大的要分别选取其品种和规格；同时，要尽量选取处于成长期和经济寿命长、在一定时期内相对稳定的产品。

▶ 3. 工业生产指数的评价

工业生产指数能准确地反映出各行业发展状况，有助于改善工业发展速度的数据质量，消除了生产组织结构的影响，可以客观反映基础工业的发展情况。

(二) 消费者价格指数和零售物价指数

消费价格指数又称生活费用指数，是综合反映各种消费品价格变动程度的重要经济指数，通常简记为 CPI。该指数可用于分析市场物价的基本状态，调整货币工资以达到实际工资水平等。它是政府制定物价政策和工资政策的重要依据，世界各国都编制这种指数。

我国的消费者价格指数(居民消费价格指数)是采用固定加权算术平均指数方法编制的，主要编制过程如下。

▶ 1. 消费分类

将居民消费划分为八大类：食品、衣着、家庭设备及用品、医疗保健、交通和通信工具、文教娱乐用品、居住项目及服务项目。各大类项目又划分为若干个中类和小类。

▶ 2. 选择代表商品(含服务项目)

从上述分类中选出 325 种具有代表性的商品(含服务项目)入编指数，利用有关对比时期的价格资料分别计算个体价格指数。

▶ 3. 确定代表商品的权重

依据有关时期内各种商品的销售额构成确定代表商品的比重权数，它不仅包括代表商品本身的权数(直接权数)，还包括各代表商品所属的一类商品中其他项目所具有的权数

(附加权数),以此提高入编项目对于所有商品的一般代表性程度。

▶ 4. 由小到大依次编制消费价格指数

按照从低到高的顺序,采用固定加权平均公式,依次编制各小类、中类价格指数和消费价格总指数,消费价格指数的计算公式为

$$I_p = \frac{\sum i_p \omega}{\sum \omega} = \frac{\sum i_p \omega}{100} \qquad (9\text{-}12)$$

式中,i_p 表示个体价格指数;ω 表示各代表商品的比重权数。

[例 9-3] 表 9-2 为某地居民消费品价格的基本资料,已知各大类、交通工具和通信工具中类及其代表商品的有关资料,要求据此编制消费价格总指数。

表 9-2 某地居民消费品价格基本情况表

类别及名称	规格等级	计量单位	平均价格(元)		指数(%)	权数
			基期	报告期		
一、食品类	—	—	—	—	104.15	42
二、衣着类	—	—	—	—	95.46	15
三、家庭设备及用品	—	—	—	—	102.7	11
四、医疗保健	—	—	—	—	110.43	3
五、交通和通信工具	—	—	—	—	*102.95*	4
1. 交通工具	—	—	—	—	109.14	(60)
汽车	1.6 排量	辆	10 450	10 580	101.24	[20]
电动自行车	100 型	辆	2 850	3 280	115.09	[40]
自行车	660m	辆	336	360	107.14	[40]
2. 通信工具	—	—	—	—	93.66	(40)
固定电话	中档	部	198	176	88.88	[40]
移动电话	中档	部	1900	1840	96.84	[60]
六、文教娱乐用品	—	—	—	—	101.26	5
七、居住项目	—	—	—	—	103.50	14
八、服务项目	—	—	—	—	108.74	6

要求:(1)分别计算交通工具和通信工具类价格指数。
(2)计算交通与通信工具大类的价格指数。
(3)计算居民消费价格总指数。

解:(1)交通工具类价格指数为

$$I_p = \frac{\sum i_p \omega}{100} = \frac{101.24 \times 20 + 115.09 \times 40 + 107.14 \times 40}{100} = 109.14$$

通信工具类价格指数为

$$I_p = \frac{\sum i_p \omega}{100} = \frac{88.88 \times 40 + 96.84 \times 60}{100} = 93.66$$

(2) 交通与通信工具大类的价格指数为

$$I_p = \frac{\sum i_p \omega}{100} = \frac{109.14 \times 60 + 93.66 \times 40}{100} = 102.95$$

(3) 居民消费价格总指数为

$$I_p = \frac{\sum i_p \omega}{100} = (104.15 \times 42 + 95.46 \times 15 + 102.70 \times 11 + 110.43 \times 3 + 102.95 \times 4 +$$
$$101.26 \times 5 + 103.5 \times 14 + 108.74 \times 6)/100 = 102.87$$

最终得出的结果是：该地区消费者价格指数（居民消费价格指数）为102.87%。即该地区物价上涨了2.87%。

商品零售价格指数是反映城乡商品零售价格变动趋势的一种经济指数。它的变动对城乡居民的生活支出和国家财政收入产生直接影响，影响居民购买力和社会供需平衡及消费与积累的比例。我国物价指数编制程序与消费者价格指数基本相同，也采用固定加权算术平均指数公式。目前，零售价格指数的入编商品共353项，不包括服务项目，对商品的分类方式也与消费者价格指数不同。说明两种价格指数在分析作用上的差别。

（三）农副产品收购价格指数

农副产品收购价格指数是综合反映社会农产品收购者以各种形式直接收购农副产品的价格变动趋势和程度的相对数。该指数旨在反映农副产品收购价格的变动程度，由此可以考察收购价格变化对农业生产者收入和商业部门支出的影响，为国家制定检查农产品收购政策、研究农业商品综合比价提供科学的依据。

我国的农副产品收购价格指数的编制方法是：从11类（包括粮食类、经济作物类、竹木材类、工业用油漆、禽畜产品类、蚕茧蚕丝类、干鲜果类、干鲜菜及调味品类、药材类、土副产品类、水产品类）农副产品中选择276种主要产品，以它们各自的报告期收购额为权数，加权调和平均得到的各类别农副产品收购价格指数和农副产品收购价格总指数。计算公式为

$$I_p = \frac{\sum p_1 q_1}{\sum \frac{p_1 q_1}{i_p}} \tag{9-13}$$

[例9-4] 表9-3为某地农副产品收购价格的基本资料，已知各大类、经济作物中类及其代表商品的有关资料，要求据此编制该地农副产品收购价格总指数。

表9-3 某地农副产品收购基本资料

类别及名称	规格等级	计量单位	平均价格（元）		收购额（元）		指数（%）
			上年	本年	本年实际	按上年价格计算	
总指数	—	—	—	—	435 961	347 679	116.4
一、粮食类					198 246	165 205	120.0
二、经济作物类					48 925	42 079	116.3

续表

类别及名称	规格等级	计量单位	平均价格(元)		收购额(元)		指数(%)
			上年	本年	本年实际	按上年价格计算	
1. 食用植物油料	—	—	—	—	16 325	13 570	120.3
花生果	中等	100kg	142.4	168.0	2 320	1 966	118.0
芝麻	中等	100kg	219.8	266.0	4 600	3 802	121.0
油菜籽	中等	100kg	120.0	144.6	8 864	7 356	120.5
2. 棉花	—	—	—	—	16 356	13 495	121.2
3. 麻	—	—	—	—	4 860	4 475	108.6
4. 烟叶	—	—	—	—	6 653	6 336	105.0
5. 糖料	—	—	—	—	1 275	979	130.3
6. 茶叶	—	—	—	—	3 456	3 224	107.2
三、竹木材类	—	—	—	—	7 089	6 656	106.5
四、工业用油、漆类	—	—	—	—	5 030	4 851	103.7
五、禽畜产品类	—	—	—	—	58 875	49 726	118.4
六、蚕茧、蚕丝类	—	—	—	—	4 680	3 805	123.0
七、干鲜果类	—	—	—	—	10 350	9 933	104.2
八、干鲜菜及调味品类	—	—	—	—	38 948	29 845	130.5
九、药材类	—	—	—	—	3 425	2 963	115.6
十、土副产品类	—	—	—	—	40 050	40 867	98.0
十一、水产品类	—	—	—	—	20 343	18 749	108.5

要求：(1) 计算食用植物油料每种代表产品的个体价格指数。

(2) 食用植物油价格指数。

(3) 经济作物的收购价格指数。

(4) 农副产品收购价格总指数。

解：(1) 计算每种代表产品的个体价格指数，其计算公式为 $i_p = \dfrac{p_1}{p_0}$，则花生果的个体价格指数为

$$i_p = \frac{p_1}{p_0} = \frac{168.0}{142.4} = 118.0\%$$

同理，芝麻的个体价格指数为 121.0%；油菜籽的个体价格指数为 120.5%。

(2) 计算小类指数，其计算公式为 $I_p = \dfrac{\sum p_1 q_1}{\sum \dfrac{p_1 q_1}{i_p}}$，则食用植物油价格指数为

$$I_p = \frac{\sum p_1 q_1}{\sum \frac{p_1 q_1}{i_p}} = \frac{2\,320 + 4\,600 + 8\,864}{\frac{2\,320}{1.18} + \frac{4\,600}{1.21} + \frac{8\,864}{1.205}} = 120.3\%$$

(3) 计算类指数，使用公式同上。经济作物的收购价格指数为

$$I_p = \frac{\sum p_1 q_1}{\sum \frac{p_1 q_1}{i_p}} = \frac{1\,6325 + 16\,356 + 4\,860 + 6\,653 + 1\,275 + 3\,456}{\frac{16\,325}{1.203} + \frac{16\,356}{1.212} + \frac{4\,860}{1.086} + \frac{6\,653}{1.05} + \frac{1\,275}{1.303} + \frac{3\,456}{1.072}} = 116.3\%$$

(4) 使用同样的公式计算农副产品收购价格总指数为

$$I_p = \frac{\sum p_1 q_1}{\sum \frac{p_1 q_1}{i_p}} = \frac{198\,246 + 48\,925 + \cdots + 30\,343}{\frac{198\,246}{1.20} + \frac{48\,925}{1.163} + \cdots + \frac{20\,343}{1.085}} = 116.4\%$$

最终得出结果，该地区农副产品收购价格指数为 116.4%，即该地区农副产品收购价格提高了 16.4%。

第四节 指数体系与因素分析

指数是一种专门用于对比分析的统计指标。一个指数通常只能说明某一方面的问题，前面虽然介绍了一些指数编制的方法，但上述方法介绍的均是单个指数的编制，显然在实际应用中还不能满足分析研究的需要。因此，在实践中往往需要将多个指数结合起来，利用它们之间的相互关系对社会经济现象进行深入分析更有实际意义，这就涉及指数体系与因素分析的问题。

一、指数体系及其作用

(一) 指数体系的概念

指数体系有两种不同的含义。广义的指数体系类似于指标体系的概念，泛指由若干个内容上相互关联的统计指数所组成的体系。根据考察的问题和分析研究的需要，构成体系的指数可多可少，例如，产品出厂价格指数、农副产品收购价格指数、消费价格指数等构成了"市场物价指数体系"；由国民经济运行的生产、流通和使用各环节以及国民经济各部门的多种经济指数构成了"国民经济核算指数体系"等，其内容构成庞大而复杂。狭义的指数体系仅指几个指数之间在一定的经济联系基础上所构成的较为严密的数量关系式。其中最为典型的表现形式就是：一个总值指数等于两个或数多个因素指数的乘积。常见的有：

销售额指数＝销售量指数×销售价格指数
产值总指数＝产量指数×产品价格指数
成本总指数＝产量指数×产品单位成本指数
产量(产值)总指数＝职工人数指数×劳动生产率指数
销售利润指数＝销售量指数×销售价格指数×销售利润率指数

显然，这些指数体系都是建立在有关指数化指标之间的经济关系基础上的，因此，它

们具有十分重要的经济意义。

综上所述，指数体系一般具有两个特征：一是指数体系至少由三个指数构成，并要具有数量上的对等关系；二是指数体系中各指数间的数量对等关系的依据是现象间客观存在的经济联系，这种经济联系表现为指标间的数量对等关系。

（二）指数体系的作用

▶ 1. 进行因素分析

指数体系的基本作用在于对现象进行因素分析，在多因素构成的复杂现象中可以运用指数体系分析各个因素对现象总体的影响程度。因此，在指数方法论中占有重要的地位。

▶ 2. 进行指数推断

根据指数体系中各个指数间的数量关系，可以对其中某个未知的指数进行推算。在实际工作中，由于各种原因某些资料不易获得，因此直接计算其指数比较困难，利用可以便于获得资料的相关指数通过指数体系的数量关系来推算未知指数。利用指数体系中各因素指数间的关系推算相关指数，是依据客观存在的经济关系进行的有科学依据的推算，因此得到广泛的应用。

▶ 3. 对单个综合指数的编制具有指导作用

在应用综合指数法编制时，确定同度量因素的时期，应考虑指数体系的要求。因此，指数体系是确定同度量因素时期的依据，它对单个指数的编制具有重要的指导作用。

（三）因素分析

所谓因素分析就是运用指数体系研究现象的总体数量变动中，各因素变动对总变动的影响方向、程度及其绝对效果，这一方法又称为指数分析法。利用指数体系进行因素分析可以对现象发展的相对变化程度及各因素的影响程度进行分析。对两个因素进行分析称为两因素分析，对两个以上因素进行分析称为多因素分析。进行因素分析的步骤如下。

▶ 1. 确定分析对象和影响因素

根据分析的目的和要求决定因素指标的个数及具体因素。在指标体系中，因素指标的顺序一般应是：先排数量指标，后排质量指标。在多因素分析中更应注意因素指标的排列顺序。

▶ 2. 建立指数体系

根据研究现象和影响因素之间的关系，建立指数体系的两个关系式，即相对数关系式和绝对数关系式。指数体系中因素指数的个数与指标体系中因素指标的个数相对应，因素指数按综合指数固定同度量因素时期的一般原则编制，即数量指标指数的同度量因素固定在基期，质量指标指数的同度量因素固定在报告期。绝对量关系式根据指数体系中对应的各指数的分子与分母之差建立。相对数的关系式应表现为现象总体指数等于各影响因素指数的乘积；绝对数的关系式应表现为现象总体变化的绝对效果等于各因素影响的效果之和。

▶ 3. 进行因素分析

根据指数体系及绝对量关系式，依次分析每个因素变动对总量变动影响的相对程度及绝对数量，对现象总变动做出综合分析结论和简要的文字说明。

二、总量变动的因素分析

总量变动包括单个事物变动和事物总体的变动。对现象总量变动进行因素分析的方法很多，通过建立指数体系进行因素分析具有直观、明显的经济意义，因此得到广泛的应用。分析的对象是总量指标，它是几个因素指标的乘积，分析的依据是指数体系，分析的目的是测定各因素变动对总量指标变动影响的方向与程度。

（一）总量变动的两因素分析

复杂现象总体由于存在不可同度的问题，在进行因素分析时，必须严格遵循综合指数计算的基本方法和原则。复杂现象总体总量指标的变动（总指数的变动），一般可以分解为质量指标综合指数和数量指标综合指数的乘积。以商品销售额变动为例，其指数体系中各指数的关系表达式为

$$销售额指数 = 销售量指数 \times 销售价格指数$$

式中，销售额指数的计算公式应为

$$I_{pq} = \frac{\sum p_1 q_1}{\sum p_0 q_0}$$

而销售量和销售价格指数就涉及同度量因素时期的确定问题，如果采用拉氏指数，则销售量指数为

$$L_q = \frac{\sum p_0 q_1}{\sum p_0 q_0}$$

销售价格指数为

$$L_p = \frac{\sum p_1 q_0}{\sum p_0 q_0}$$

两者乘积为

$$L_q \cdot L_p = \frac{\sum p_0 q_1}{\sum p_0 q_0} \cdot \frac{\sum p_1 q_0}{\sum p_0 q_0} \neq \frac{\sum p_1 q_1}{\sum p_0 q_0} = I_{pq}$$

上式显然不符合指数体系的要求，同理采用帕氏指数，三指数之间的关系为

$$P_q \cdot P_p = \frac{\sum p_0 q_1}{\sum p_1 q_1} \cdot \frac{\sum p_1 q_0}{\sum p_1 q_1} \neq \frac{\sum p_1 q_1}{\sum p_0 q_0} = I_{pq}$$

同样，上式不符合指数体系的要求，为解决这一问题需引入连环替代的概念。所谓连环替代，就是当我们将销售额分解为销售量与销售价格两个因素时，让销售量和价格分别变化，来考察销售额的变化。即从基期开始首先考察在价格不变的情况下，销售量发生变化；然后再保持销售量不变，让价格发生变化；最终的结果是销售量和销售价格均变化了，导致销售额发生了变化，其具体过程如下：

$$\sum p_0 q_0 \xrightarrow{q\,变化} \sum p_0 q_1 \xrightarrow{p\,变化} \sum p_1 q_1$$

上述过程可以用指数体系来表达，销售量指数为

$$I_q = \frac{\sum p_0 q_1}{\sum p_0 q_0}$$

销售价格指数为

$$I_p = \frac{\sum p_1 q_1}{\sum p_0 q_1}$$

两者乘积为

$$I_q \cdot I_p = \frac{\sum p_0 q_1}{\sum p_0 q_0} \cdot \frac{\sum p_1 q_1}{\sum p_0 q_1} = \frac{\sum p_1 q_1}{\sum p_0 q_0} = I_{pq}$$

上式符合了指数体系的基本要求，可以据此进行因素分析。当然，用连环替代法还可以有另外一种形式，即销售价格先变，销售量后变，变化过程如下

$$\sum p_0 q_0 \xrightarrow{p \text{变化}} \sum p_1 q_0 \xrightarrow{q \text{变化}} \sum p_1 q_1$$

这种变化形式，指数体系的构成与前一种略有不同，销售价格指数为

$$I_p = \frac{\sum p_1 q_0}{\sum p_0 q_0}$$

销售量指数为

$$I_q = \frac{\sum p_1 q_1}{\sum p_1 q_0}$$

两者乘积为

$$I_p \cdot I_q = \frac{\sum p_1 q_0}{\sum p_0 q_0} \cdot \frac{\sum p_1 q_1}{\sum p_1 q_0} = \frac{\sum p_1 q_1}{\sum p_0 q_0} = I_{pq}$$

该式同样符合指数体系的要求，也可以据此进行因素分析。但是，两者的分析结果有一定的差异，在实际工作使用哪种形式更为合理呢？根据本章第二节中质量指标综合指数和数量指标综合指数的编制原则——质量指标指数采用帕氏指数，见式(9-8)；数量指标指数用拉氏指数，见式(9-7)。同时，考虑事物发展变化的一般规律——先量(数量指标)变、后质(质量指标)变的原则。因此，通常采用第一种"连环替代法"方案，即指数体系的分析框架为

$$\begin{cases} \dfrac{\sum p_1 q_1}{\sum p_0 q_0} = \dfrac{\sum p_0 q_1}{\sum p_0 q_0} \cdot \dfrac{\sum p_1 q_1}{\sum p_0 q_1} \\ \sum p_1 q_1 - \sum p_0 q_0 = \left(\sum p_0 q_1 - \sum p_0 q_0\right) + \left(\sum p_1 q_1 - \sum p_0 q_1\right) \end{cases} \tag{9-14}$$

[**例 9-5**] 试对表 9-4 的三种商品销售额变动进行因素分析。

表 9-4　各种商品销售情况

商　品	计量单位	销　售　量		价格(元)	
		基期	报告期	基期	报告期
甲	件	4 000	4 200	50	52
乙	盒	2 000	2 100	40	42
丙	套	1 800	2 000	30	35

解：利用式(9-14)建立指数体系。

销售量变动为

$$I_q = \frac{\sum p_0 q_1}{\sum p_0 q_0} = \frac{50 \times 4\,200 + 40 \times 2\,100 + 30 \times 2\,000}{50 \times 4\,000 + 40 \times 2\,000 + 30 \times 1\,800} = \frac{354\,000}{334\,000} = 1.060$$

$$\sum p_0 q_1 - \sum p_0 q_0 = 354\,000 - 334\,000 = 20\,000(元)$$

价格变动为

$$I_p = \frac{\sum p_1 q_1}{\sum p_0 q_1} = \frac{52 \times 4\,200 + 42 \times 2\,100 + 35 \times 2\,000}{354\,000} = \frac{376\,600}{354\,000} = 1.064$$

$$\sum p_1 q_1 - \sum p_0 q_1 = 376\,600 - 354\,000 = 22\,600(元)$$

销售额变化为

$$I_{pq} = \frac{\sum p_1 q_1}{\sum p_0 q_0} = \frac{376\,600}{334\,000} = 1.128$$

$$\sum p_1 q_1 - \sum p_0 q_0 = 376\,600 - 334\,000 = 42\,600(元)$$

根据上述计算可以得出,由于三种商品销售量增长 6.0% 使销售额增加了 20 000 元,由于价格上涨 6.4% 使销售额增加了 22 600 元,两者共同作用使销售额增加了 12.8%,即增加了 42 600 元。

(二) 总量变动的多因素分析

多因素分析的原理与两个因素分析相同,但应注意准确判断变量的性质,并考虑各因素的排序。一般需在两两比较的情况下判断指标的性质及排序,下面以产品生产材料消耗为例说明多因素分析问题。

企业生产活动中对原材料的消耗应考虑的因素有产品产量(q)、单位产品原材料消耗量(m)、原材料的价格(p)。它们的数量关系为

原材料消耗额=产品产量×单位产品原材料消耗量×原材料价格

影响原材料消耗的三个因素中,产品产量是明显的数量指标,原材料价格是明显的质量指标,而单位产品原材料消耗量的指标性质值得注意:当它与产品产量比较时,呈质量指标的性质;当它与价格比较时,呈数量指标的性质。两两因素比较为

原材料消耗量=产品产量×单位产品原材料消耗量

单位产品原材料消耗额=单位产品原材料消耗量×原材料价格

因此,三因素的排序为

产品产量→单位产品原材料消耗量→原材料价格

同样,利用连环替代法,其变化过程为

$$\sum p_0 m_0 q_0 \xrightarrow{q\text{变化}} \sum p_0 m_0 q_1 \xrightarrow{m\text{变化}} \sum p_0 m_1 q_1 \xrightarrow{p\text{变化}} \sum p_1 m_1 q_1$$

据此得出多因素分析的指数体系为

$$\begin{cases} \dfrac{\sum p_1 m_1 q_1}{\sum p_0 m_0 q_0} = \dfrac{\sum p_0 m_0 q_1}{\sum p_0 m_0 q_0} \cdot \dfrac{\sum p_0 m_1 q_1}{\sum p_0 m_0 q_1} \cdot \dfrac{\sum p_1 m_1 q_1}{\sum p_0 m_1 q_1} \\ \sum p_1 m_1 q_1 - \sum p_0 m_0 q_0 = \left(\sum p_0 m_0 q_1 - \sum p_0 m_0 q_0\right) + \\ \left(\sum p_0 m_1 q_1 - \sum p_0 m_0 q_1\right) + \left(\sum p_1 m_1 q_1 - \sum p_0 m_1 q_1\right) \end{cases} \quad (9\text{-}15)$$

[**例 9-6**] 已知某企业生产三种不同的产品，原材料计量单位与相应产品的计量单位相同，资料如表 9-5 所示。

表 9-5 原材料总额变动分析表

产品种类	计量单位	产品产量(q)		单位产品原材料消耗量(m)		原材料价格(p)	
		基期	报告期	基期	报告期	基期	报告期
甲	吨	80	88	18	15	200	220
乙	千克	400	480	3	3.3	10	12
丙	件	150	180	6	4	60	50

试根据表中的数据分析原材料费用总额变动的原因。

解：利用式(9-15)建立指数体系。

销售量变动为

$$I_q = \frac{\sum p_0 m_0 q_1}{\sum p_0 m_0 q_0} = \frac{200 \times 18 \times 88 + 10 \times 3 \times 480 + 60 \times 6 \times 180}{200 \times 18 \times 80 + 10 \times 3 \times 400 + 60 \times 6 \times 150} = \frac{396\,000}{354\,000}$$

$$= 1.118\,6$$

$$\sum p_0 m_0 q_1 - \sum p_0 m_0 q_0 = 396\,000 - 354\,000 = 42\,000(元)$$

单位产品原材料消耗量变化为

$$I_m = \frac{\sum p_0 m_1 q_1}{\sum p_0 m_0 q_1} = \frac{200 \times 15 \times 88 + 10 \times 3.3 \times 480 + 60 \times 4 \times 180}{200 \times 18 \times 88 + 10 \times 3 \times 480 + 60 \times 6 \times 180}$$

$$= \frac{32\,3040}{396\,000} = 0.815\,8$$

$$\sum p_0 m_1 q_1 - \sum p_0 m_0 q_1 = 323\,040 - 396\,000 = -72\,960(元)$$

价格变动为

$$I_p = \frac{\sum p_1 m_1 q_1}{\sum p_0 m_1 q_1} = \frac{220 \times 15 \times 88 + 12 \times 3.3 \times 480 + 50 \times 4 \times 180}{200 \times 15 \times 88 + 10 \times 3.3 \times 480 + 60 \times 4 \times 180}$$

$$= \frac{345\,408}{323\,040} = 1.069\,2$$

$$\sum p_1 m_1 q_1 - \sum p_0 m_1 q_1 = 345\,410 - 323\,040 = 22\,368(元)$$

原材料消耗总额变化为

$$I_{pmq} = \frac{\sum p_1 m_1 q_1}{\sum p_0 m_0 q_0} = \frac{345\,408}{354\,000} = 0.975\,7$$

$$\sum p_1 m_1 q_1 - \sum p_0 m_0 q_0 = 345\,408 - 354\,000 = -8\,592(元)$$

综合分析三个影响因素的指数乘积为

$$I_p \times I_m \times I_q = 1.069\,2 \times 0.815\,8 \times 1.118\,6 = 0.975\,7 = I_{pmq}$$

各因素影响原材料消耗额的累加 $= 22\,370 + (-72\,960) + 42\,000 = -8\,592(元)$。

根据上述计算可以得出：由于三种产品的产量增加 11.86% 使原材料消耗增加了 42 000 元；由于原材料单耗降低了 18.42%，节约了原材料费用 72 960 元；由于原材料价格上涨 6.92% 使原材料费用增加了 22 368 元，三者共同作用使原材消耗额节约了 2.43%，即节约了材料成本费用 8 592 元。

三、平均数变动的因素分析

平均指标是表明社会经济总体一般平均的指标。在实际工作中，常常需要对平均指标的变动进行对比分析。在分组条件下，平均数的变动受到两个因素的影响：各组的变量水平和总体的结构。平均指标变动的因素分析就是利用指数分析方法，从数量上分析总体各部分水平与总体结构两因素对总体平均指标变动的影响。

在分组条件下，总体平均数的计算公式为

$$\bar{x} = \frac{\sum_{i=1}^{n} x_i f_i}{\sum_{i=1}^{n} f_i} = \sum_{i=1}^{n} x_i \cdot \frac{f_i}{\sum_{i=1}^{n} f_i}$$

式中，符号含义同与前述章节相同。

依据指数分析原理将影响总体平均数两个因素指标定性，其中，各部分水平 x 为质量指标，总体结构为数量指标。利用连环替代法，其变化过程为

$$\frac{\sum_{i=1}^{n} x_0 f_0}{\sum f_0} \xrightarrow{\frac{f}{\sum f} \text{变化}} \frac{\sum_{i=1}^{n} x_0 f_1}{\sum_{i=1}^{n} f_1} \xrightarrow{x \text{变化}} \frac{\sum_{i=1}^{n} x_1 f_1}{\sum_{i=1}^{n} f_1}$$

故构成指数体系为

$$\begin{cases} \dfrac{\dfrac{\sum x_1 f_1}{\sum f_1}}{\dfrac{\sum x_0 f_0}{\sum f_0}} = \dfrac{\dfrac{\sum x_1 f_1}{\sum f_1}}{\dfrac{\sum x_0 f_1}{\sum f_1}} \cdot \dfrac{\dfrac{\sum x_0 f_1}{\sum f_1}}{\dfrac{\sum x_0 f_0}{\sum f_0}} \\ \dfrac{\sum x_1 f_1}{\sum f_1} - \dfrac{\sum x_0 f_0}{\sum f_0} = \left[\dfrac{\sum x_1 f_1}{\sum f_1} - \dfrac{\sum x_0 f_1}{\sum f_1}\right] + \left[\dfrac{\sum x_0 f_1}{\sum f_1} - \dfrac{\sum x_0 f_0}{\sum f_0}\right] \end{cases} \quad (9\text{-}16)$$

式中，$\dfrac{\dfrac{\sum x_1 f_1}{\sum f_1}}{\dfrac{\sum x_0 f_0}{\sum f_0}}$ 称为可变构成指数（可用 $I_{可变}$ 或 $I_{\bar{x}}$ 表示）；$\dfrac{\dfrac{\sum x_1 f_1}{\sum f_1}}{\dfrac{\sum x_0 f_1}{\sum f_1}}$ 称为固定构成指数（可用 $I_{固定}$ 或 I_x 表示）；$\dfrac{\dfrac{\sum x_0 f_1}{\sum f_1}}{\dfrac{\sum x_0 f_0}{\sum f_0}}$ 称为结构影响指数（可用 $I_{结构}$ 或 I_f 表示）。

由此可得出：可变构成指数＝固定构成指数×结构影响指数，即 $I_{可变} = I_{固定} \times I_{结构}$。

[例 9-7] 某企业生产三种不同规格的同类产品的单位成本产量资料如表 9-6 所示。

表 9-6　某企业产品生产成本资料

产品产量	计量单位	单位成本(x)		产量(q)	
		基期	报告期	基期	报告期
A	件	8.0	7.0	500	1 000
B	件	6.0	5.4	800	1 000
C	件	5.0	5.5	1 200	1 000
合计	—	—	—	2 500	3 000

试分析该厂产品平均单位成本受各种产品成本和产量结构变动的影响。

解：利用式(9-16)构建指数体系为

$$\begin{cases} \dfrac{\dfrac{\sum x_1 q_1}{\sum q_1}}{\dfrac{\sum x_0 q_0}{\sum q_0}} = \dfrac{\dfrac{\sum x_1 q_1}{\sum q_1}}{\dfrac{\sum x_0 q_1}{\sum q_1}} \cdot \dfrac{\dfrac{\sum x_0 q_1}{\sum q_1}}{\dfrac{\sum x_0 q_0}{\sum q_0}} \\ \dfrac{\sum x_1 q_1}{\sum q_1} - \dfrac{\sum x_0 q_0}{\sum q_0} = \left(\dfrac{\sum x_1 q_1}{\sum q_1} - \dfrac{\sum x_0 q_1}{\sum q_1} \right) + \left(\dfrac{\sum x_0 q_1}{\sum q_1} - \dfrac{\sum x_0 q_0}{\sum q_0} \right) \end{cases}$$

即可变构成指数＝固定构成指数×结构影响指数。其中，可变构成指数为

$$I_{可变} = \dfrac{\dfrac{\sum x_1 q_1}{\sum q_1}}{\dfrac{\sum x_0 q_0}{\sum q_0}} = \dfrac{7.0 \times \dfrac{1\ 000}{3\ 000} + 5.4 \times \dfrac{1\ 000}{3\ 000} + 5.5 \times \dfrac{1\ 000}{3\ 000}}{8.0 \times \dfrac{500}{2\ 500} + 6.0 \times \dfrac{800}{2\ 500} + 5.0 \times \dfrac{1\ 200}{2\ 500}} = \dfrac{5.97}{5.92} = 1.008\ 4$$

$$\dfrac{\sum x_1 q_1}{\sum q_1} - \dfrac{\sum x_0 q_0}{\sum q_0} = 5.97 - 5.92 = 0.05(元)$$

该厂平均单位成本上升了 0.84%，平均单位成本增加 0.05 元。

产品单位成本变动为

$$I_{固定} = \dfrac{\dfrac{\sum x_1 q_1}{\sum q_1}}{\dfrac{\sum x_0 q_1}{\sum q_1}} = \dfrac{5.97}{8.0 \times \dfrac{1}{3} + 6.0 \times \dfrac{1}{3} + 5.0 \times \dfrac{1}{3}} = \dfrac{5.97}{6.33} = 0.943\ 1$$

$$\dfrac{\sum x_1 q_1}{\sum q_1} - \dfrac{\sum x_0 q_1}{\sum q_1} = 5.97 - 6.33 = -0.36(元)$$

产品产量结构变动为

$$I_{结构} = \dfrac{\dfrac{\sum x_0 q_1}{\sum q_1}}{\dfrac{\sum x_0 q_0}{\sum q_0}} = \dfrac{6.33}{5.92} = 1.069\ 3$$

$$\frac{\sum x_0 q_1}{\sum q_1} - \frac{\sum x_0 q_0}{\sum q_0} = 6.33 - 5.92 = 0.41(元)$$

综合分析固定构成指数与结构影响指数乘积为

$$I_{固定} \times I_{结构} = 0.943\ 1 \times 1.069\ 3 = 1.008\ 4 = I_{可变}$$

各因素影响平均单位成本变化 = −0.36 + 0.41 = 0.05(元)。

根据上述计算可以得出：由于三种产品的单位成本综合下降了5.69%使平均单位成本下降了0.36元；由于产品产量结构变化，使产品单位成本增加了6.93%，增加单位成本0.41元；两者共同作用使产品平均单位成本提高了0.84%，增加额为0.05元。

本章要点

　　指数是重要的统计方法，主要用于综合反映复杂现象总体的变动。指数分析法是利用指数原理分析各因素对现象变动影响的重要分析方法。指数方法论的基本问题是编制总指数，因此，总指数的计算和因素分析是本章的重点。

　　总指数的计算有两种基本形式：综合指数和平均指数。两种形式的计算思路不同，综合指数的基本思路是先综合后对比；平均指数的基本思路是先对比后综合。但两者又有一定的联系：在一定条件下，平均指数是综合指数的变形。

　　编制综合指数时，同度量因素的选择和时期确定是一个重要的问题。一个基本原则是：根据指数编制的目的、任务及研究对象的性质灵活确定。目前，在我国指数理论与实践中的一般编制原则为：编制数量指标指数时，选择基期的质量指标为同度量因素；编制质量指标指数时，选择报告期的数量指标为同度量因素。

　　编制平均指数时，对个体指数进行平均的形式和权数的确定是主要问题。平均的形式主要采用算术平均和调和平均形式。权数的确定可以根据综合指数变形得到或采用固定权数。

　　因素分析是本章的重点内容，其基本任务是在定性分析的基础上，依据指数体系中各指标间的联系，分别分析各因素对研究对象总体的影响程度和影响方向。因素分析适用于各类指标的综合分析，既可以对总量指标进行因素分析，也可以对平均指标进行因素分析；既可以做两个因素变化的因素分析，也可以做多因素分析。指数体系是因素分析的基础。

关键词

个体指数(individual index)　　　　　　综合指数(aggregative index)
质量指标指数(quality index number)　　数量指标指数(quantity index number)
拉式指数(Laspeyres index)　　　　　　帕氏指数(Paasche index)

思考题

1. 什么是统计指数？它有什么作用？
2. 统计指数与数学上的指数函数有什么不同？广义指数与狭义指数又有什么差异？
3. 什么叫同度量因素？其作用是什么？确定同度量因素的一般原则是什么？
4. 有人认为，编制综合指数时，把一个因素固定起来测定另一个因素的变动影响程度是有假定性的。这个说法对吗？为什么？
5. 综合指数与平均指数有什么联系与区别？
6. 什么是指数体系？它和指标体系有什么区别？
7. 什么是因素分析？因素分析的意义是什么？

习 题

1. 某市场上四种蔬菜的销售资料如表 9-7 所示。

表 9-7 某市场蔬菜的销售资料

品　　种	销售量（千克）		销售价格（元/千克）	
	基期	计算期	基期	计算期
白菜	550	560	1.60	1.80
黄瓜	224	250	2.00	1.90
萝卜	308	320	1.00	0.90
西红柿	168	170	2.40	3.00
合计	1 250	1 300	—	—

要求：（1）用拉氏公式编制四种蔬菜的销售量总指数和价格总指数。
（2）用帕氏公式编制四种蔬菜的销售量总指数和价格总指数。
（3）比较两种公式编制出来的销售量总指数和价格总指数的差异。
（4）分别采用埃奇沃斯公式、理想公式和鲍莱公式编制销售量指数，然后与拉氏指数和帕氏指数的结果进行比较，分析它们之间有什么关系。

2. 某市场上四种蔬菜的销售资料如表 9-8 所示。

表 9-8 某市场蔬菜的销售资料

品　　种	销售量（元）		个体价格指数（%）
	基期	计算期	
白菜	880.0	1 008	112.50
黄瓜	448.0	475	95.00
萝卜	308.0	288	90.00
西红柿	403.2	510	125.00
合计	2 039.2	2 281	—

要求：（1）用基期加权的算术平均指数公式编制四种蔬菜的价格总指数。

（2）用计算期加权的调和平均指数公式编制四种蔬菜的价格总指数。

（3）比较两种公式编制出来的销售价格总指数的差异。

（4）利用上述资料及其计算结果，建立适当的指数体系，并就蔬菜销售额的变动进行因素分析。

3. 某商店三种商品的销售情况如表 9-9 所示。

表 9-9　某商店产品销售情况

商品名称	单位	价格（元）		销售量	
		基期	报告期	基期	报告期
皮鞋	双	25	28	4 000	5 000
大衣	件	140	160	500	550
手套	付	0.5	0.6	800	1 000

要求：（1）计算商品价格和销售量个体指数。

（2）从相对数和绝对数两方面简要分析销售量和价格变动对销售额变动的影响。

4. 某企业三种产品的产量情况如表 9-10 所示。

表 9-10　某企业产品销售情况

产品	计量单位	出厂价格（元）		产量	
		基期	报告期	基期	报告期
A	件	8	8.5	13 500	15 000
B	个	10	11	11 000	10 200
C	千克	6	5	4 000	4 800

要求：分析出厂价格和产量的变动对总产值的影响。

5. 某厂生产情况如表 9-11 所示。

表 9-11　某厂生产情况

产品	计量单位	产量		基期产值（万元）
		基期	计算期	
甲	台	1 000	920	650
乙	双	320	335	290

要求：计算该厂的产量总指数和因产量变动而增减的产值。

6. 某商店三种商品的销售资料如表 9-12 所示。

表 9-12　某商店商品销售资料

商品名称	销售额（万元）		今年销售量比去年增长（%）
	去年	今年	
甲	150	180	8
乙	200	240	5
丙	400	450	15

要求：计算销售额变化情况，以及由于销售量变动而增加的销售额，并简要分析销售额变动所受的影响因素。

7. 某地区三种水果的销售情况如表 9-13 所示。

表 9-13　某地区水果销售情况

水果品种	本月销售额（万元）	本月比上月价格增减（%）
苹果	68	−10
草莓	12	12
橘子	50	2

要求：计算该地区三种水果的价格指数及由于价格变动对居民支出的影响。

8. 某企业共生产三种不同的产品，有关的产量、成本和销售价格资料如表 9-14 所示。

表 9-14　某企业三种产品的有关资料

产品种类	计量单位	基期产量	报告期		
			产量	单位成本（元）	销售价格（元）
A 产品	件	270	340	50	65
B 产品	台	32	35	800	1 000
C 产品	吨	190	150	330	400

要求：(1) 分别以单位产品成本和销售价格为同度量因素，编制该企业的帕氏产量指数。

(2) 比较说明两种产量指数具有什么不同的经济意义？

(3) 分析该厂经济效益受产品销售量的影响。

9. 某市 2016 年第一季度社会商品零售额为 36 200 万元，第四季度为 35 650 万元，零售物价下跌 0.5%，试计算该市社会商品零售额指数、零售价格指数和零售量指数，以及由于零售物价下跌居民少支出的金额。

10. 已知某地区 2015 年的农副产品收购总额为 720 亿元，2016 年比上年的收购总额增长 10%，农副产品收购价格总指数为 105%。试考虑，2016 年与 2015 年对比：

(1) 农民因出售农副产品共增加多少收入？

(2) 农副产品收购量增加了百分之几？农民因此增加了多少收入？

(3) 由于农副产品收购价格提高 5%，农民又增加了多少收入？

(4) 验证以上三方面的分析结论能否保持协调一致。

11. 某企业资料如表 9-15 所示。

表 9-15　某企业资料

车间	工资总额（百元）		工人数（人）	
	基期	报告期	基期	报告期
甲	96	140	80	100
乙	180	240	120	150
丙	210	240	150	160

要求：(1) 从相对数和绝对数两方面分析工资水平和工人数变动对工资总额变动的影响。

(2) 从相对数和绝对数两方面分析工资水平和工人数变动对职工平均工资变动的影响。

12. 某公司下属三个分公司生产某种产品的情况如表 9-16 所示。

表 9-16 某公司三个分公司某产品生产情况

	单位产品成本(元)		产量(吨)	
	上月	本月	上月	本月
一分公司	960	952	4 650	4 930
二分公司	1 010	1 015	3 000	3 200
三分公司	1 120	1 080	1 650	2 000

要求：计算可变构成指数、固定构成指数和结构影响指数，并分析单位成本水平和产量结构变动对总成本的影响。

13. 某企业生产情况资料如表 9-17 所示。

表 9-17 某企业生产情况资料

工人分组	工人数(人)		平均每人产量(件)	
	基期	报告期	基期	报告期
青年	100	200	40	42
中年	300	400	70	75
老年	100	120	100	100

要求：从相对数和绝对数分析平均每人产量变动的原因。

14. 某城市三个市场上有关同一种商品的销售资料如表 9-18 所示。

表 9-18 某城市三个市场销售资料

市场	销售价格(元/千克)		销售量(千克)	
	基期	计算期	基期	计算期
A 市场	2.50	3.00	740	560
B 市场	2.40	2.80	670	710
C 市场	2.20	2.40	550	820
合计	—	—	1 960	2 090

要求：(1) 分别编制该市场商品总平均价格的可变构成指数、固定构成指数和结构变动影响指数。

(2) 建立指数体系，从相对数的角度进行总平均价格变动的因素分析。

(3) 进一步综合分析销售量变动和平均价格变动对该种商品销售总额的影响。

15. 甲乙两企业某种产品产量及原材料消耗的资料如表 9-19 所示。

表 9-19　甲乙两企业产品资料

企　业	产量(万件)		单耗(千克)		原料价格(元/千克)	
	基期	报告期	基期	报告期	基期	报告期
甲	85	90	21	19	8	9
乙	80	90	22	19	8	9

要求：计算该产品原材料支出总额指数、产品产量总指数、单耗总指数和价格总指数并做简要分析。

第十章 统计决策

> 决策是为解决当前和未来可能发生的问题而选择最佳方案的过程。统计决策是指为了某种既定的目标,在统计分析和统计预测的基础上提出各种行动方案,从中选择最佳方案,执行并反馈的工作过程。统计决策是决策科学的组成部分,是统计推断理论的发展。

第一节 统计决策概述

决策是人们日常生活和工作中普遍存在的一种活动。决策思想由来已久,自美籍罗马尼亚统计学家瓦尔德(A. Wald)于 1950 年发表一篇关于统计决策的专著《统计决策函数》(Statistical Decision Functions)以来,关于统计决策的理论和方法的研究发展很快,现在统计决策的基本思想和方法已经在经济管理中得到广泛的应用。

一、统计决策的含义

一位学者在一次企业调查中向管理者提出三个问题:"你认为每天最重要的事情是什么?""你每天做什么事情花费的时间最多?""你在履行职责时感到最困难的是什么?"结果他得到的答案中有 90% 以上都是"决策"。的确,在充满激烈竞争的市场经济中,充斥着大量的不确定因素,而摆在决策者面前又有很多行动方案可供选择,统计决策的结果就可告之有事实根据的最优行动方案,从而大大减少由于决策者盲目地做出决定而导致的损失。

所谓决策就是为实现特定的目标,根据客观的可能性,在占有一定信息和经验的基础上,借助一定的工具、技巧和方法,对影响目标实现的诸因素进行准确的计算和判断选优后,从而选择关于未来行动的"最佳方案"或"满意方案"的过程。美国著名学者,诺贝尔经济学奖金获得者西蒙(Herbert A. Simon)有一句名言:"管理就是决策。"一般来说,决策就是对未来行动做出的决定。

统计决策有广义和狭义之分。广义的统计决策是指所有利用统计方法进行的决策,是指发现问题、确定目标、制订方案、评价与选择方案、实施和验证方案的全过程;狭义的统计决策是指在不确定情况下的决策，即指决策方案的最后选定。

在不确定情况下的决策（狭义的统计决策）具有以下基本特点。

▶ 1. 研究非对抗型决策问题

决策问题有对抗与非对抗之分。对抗型决策是由多个不同的决策主体在相互竞争和对抗中进行决策，决策时必须考虑对方可能采取的策略。我国历史上著名的"田忌赛马"就是典型的对抗型决策的例子。对抗型决策问题属于运筹学中的博弈论（对策论）范畴。非对抗型决策只有一个决策主体，决策时无须考虑对方的策略。狭义统计决策研究的就是非对抗型决策。

▶ 2. 研究非确定型决策问题

按照客观条件的不同，统计决策分为确定型决策和非确定型决策。确定型决策是在有关条件完全确定的情况下进行的决策，属于运筹学中的数学规划范畴。非确定型决策是在有关条件不确定情况下进行的决策。

按照对客观条件发生概率的了解程度不同，非确定型决策分为完全不确定型决策和风险型决策。在对各种条件发生的可能性一无所知的情况下进行的决策，称为完全不确定型决策。在对各种条件发生的概率有所了解的情况下进行的决策，称为风险型决策，这是本章讨论的重点。

▶ 3. 定量决策

统计决策是以统计分析和统计预测为基础的定量决策。利用统计决策可以把握决策问题的具体数量，便于比较、评价和选择。

综上所述，狭义的统计决策是一种研究非对抗型和非确定型决策问题的科学定量分析方法。

▎二、统计决策的基本因素

完备的统计决策问题通常包含三个基本因素：决策目标、自然状态和备选方案。

（一）决策目标

决策目标是决策者要达到的目的，是统计决策的出发点和归宿。每一个决策都存在着决策人要求达到的明确目标，如收益最大、损失最小等。作为决策问题的目标，应当是能够通过一定方法转化为可测量的、能够直接或间接量化的指标，且具有或可以获得足够的观测数据。在决策分析中，可以只有一个目标，也可以同时满足多个目标。

（二）自然状态

自然状态是指不依赖决策者主观意志而转移的客观条件或外部环境，也就是影响决策的因素。每一个决策都存在不以决策人主观意志为转移的客观自然状态，同一个决策问题中，几种自然状态不能并存，即只能出现其中一种状态。在实际决策中只涉及对其进行利用和数学表达，而不能改变。但是，影响决策的因素也可以不是客观的自然条件而是可以人为控制的因素。

（三）备选方案

凡是需要决策的问题都存在两个或两个以上可供选择的行动方案。备选方案就是实现目标的各种可能途径，它是决策者可以调控的因素，备选方案中所调控的变量称为行为变量。所有备选方案的集合称为行动空间。

三、统计决策的分类

根据决策分析的决策目标数量和自然状态类型，统计决策有多种分类方法。

（一）按决策目标数量分类

根据决策目标数量的不同，决策可分为单目标决策和多目标决策。

▶ 1. 单目标决策

单目标决策是指围绕单一目标而进行的决策。例如，在没有其他投资项目的前提下，企业是否应该扩建厂房的决策，只需要考虑扩建厂房是否能够带来预期的经济效益，这一决策就属于单目标决策。

▶ 2. 多目标决策

多目标决策是指需要同时考虑两个或两个以上目标的决策。例如，企业在多个投资项目的选择中，要综合考虑项目本身的投资效益、现有设备的生产能力及员工的技术培训问题等因素，选择最适合的方案，这种决策就是多目标决策。

（二）按自然状态类型分类

根据决策问题所处的自然状态的类型划分，可将决策划分为确定型决策和非确定型决策。

▶ 1. 确定性决策

确定型决策是指可供选择方案的条件已确定。例如，有人想买一部手机，一款质量好、功能全，但价格昂贵；另一款质量差、功能单一，而价格便宜，选择哪一款就是确定型决策问题。当然，最终的选择取决于购买人的经济条件和目的等因素。实际工作中所遇到的确定型决策问题并不一定如此简单，决策者所面临的方案多、数量大、条件复杂，从中选出最优方案就不太容易，须借助运筹学中的数学规划等数学方法才能解决。

▶ 2. 非确定型决策

非确定型决策是指决策时的条件是不确定的。非确定型决策又可分为两种：风险型决策和不确定型决策。

风险型决策，是指各种自然状态出现的概率是已知的或可以估计的，决策时可结合概率来进行判断，选择方案，但需要承担一定的风险。风险型决策是以概率或概率密度函数为基础的，它具有随机性，因此也称为随机型决策，统计决策大多属于这种类型。可以说，统计决策的核心是风险型决策。

不确定型决策，是指各种自然状态出现的概率无从可知，也称为概率未知情况下的决策。在各种自然状态出现概率一无所知的条件下，决策者只能主观决策，这种决策没有科学的依据，这样投资获利或损失都比较大。

四、统计决策的过程

一个科学的统计决策过程大致包括以下几个步骤。

（一）明确问题症结，确定决策目标

确定决策目标是决策的第一步，没有明确的决策目标，就不存在决策问题。在确定决策目标时，应在确定问题的特点、范围及产生原因的基础上，结合搜集到的与确定决策目标相关的信息，确定合理的目标。

（二）拟订备选方案

目标确定之后，需要广泛搜集与决策对象及环境有关的信息，分析实现目标的各种可能途径。拟订多个行动的方案，这是决策的关键。

（三）列出自然状态，估计各种状态出现的概率

对于同一个决策问题，各种状态不能同时出现，但是不同状态的出现，对决策产生的影响却是深远的。尽管各种状态是决策过程中客观存在的，它是否出现不以决策者的主观意志为转移，人们还是想方设法去估计各种状态可能出现的概率。因此，决策者应在确定备选方案后，列出影响决策方案的各因素的所有自然状态组合，并估计各种状态可能出现的概率。

（四）测算各方案预期效益，进行方案的抉择

运用统计决策方法，估算出各方案在不同状态下可能出现的目标变量值。通过对几种可行的行动方案的目标变量值进行比较，运用统计知识进行定量分析做出决策，选择最佳的行动方案。

（五）方案的实施

一旦方案确定后，应当组织人力、物力、财力去实施决策方案。在方案的实施过程中，应将实施中的信息及时反馈给决策者，实施方案要具有一定的灵活性，如果实施结果出乎意料，应暂停实施、及时修改或补救。

第二节 风险型决策方法

风险型决策是指在进行决策时，未来状态的发生具有不确定性，可视其为随机事件。但是，根据以往的经验，有若干信息可以确定状态可能发生的概率，决策者可据此进行决策。由于决策者不论选择哪个方案都要承担一定的风险，所以被称为风险型决策。这种根据历史资料或主观判断而未经试验证实的概率称为先验概率。先验概率是否准确一般没有充分把握，因此风险型决策具有一定的风险性。例如，某一项工程，若开工后天气好，可按期完工并可获得利润40万元；若开工后天气不好，则造成损失20万元；若不开工，不管天气如何，都要造成窝工损失10万元。据以往的气象观察资料，开工后天气好的概率（先验概率）为0.8，天气坏的概率为0.2。决策者将根据以上情况进行决策：若选择开工可能遇上天气坏，若选择不开工又可能遇上天气好，都会遭受损失，承担一定的风险。

一、损益矩阵

风险型决策常运用损益矩阵来进行分析。损益矩阵由三部分组成：各可行方案、各自然状态及其发生的概率，以及各可行方案在各自然状态下的损益值，即根据不同可行方案在不同自然状态下资源条件、生产能力的状况，运用综合分析的方法计算出来的收益值或损失值，如企业的利润额、亏损额等。通常将这三部分在一个表中表现出来，将其称为损

益矩阵表，如表 10-1 所示。

表 10-1　损益矩阵表

行动方案 d_i	自然状态及其概率			
	θ_1 $P(\theta_1)$	θ_2 $P(\theta_2)$	...	θ_n $P(\theta_n)$
	损益值 L_{ij}			
d_1	L_{11}	L_{12}	...	L_{1n}
d_2	L_{21}	L_{22}	...	L_{2n}
...	...	...	...	...
d_m	L_{m1}	L_{m2}	...	L_{mn}

根据前面关于是否开工的决策问题可得如表 10-2 所示的损益矩阵表。

表 10-2　开工与不开工损益矩阵表

行动方案 d_i	自然状态及其概率	
	θ_1：天气好 $P(\theta_1)=0.8$	θ_2：天气坏 $P(\theta_2)=0.2$
	损益值（万元）	
d_1：开工	40	−20
d_2：不开工	−10	−10

在多数情况下，并不能通过损益矩阵表直接确定最佳方案，需要选择一定的标准来衡量。在风险型决策中，选择方案的标准主要有期望值标准、合理性标准、最大可能性标准等，其中以期望值标准应用最为广泛。

（一）期望值标准（期望值准则决策）

期望值准则决策，就是在考虑各种结果对决策带来的综合影响的情况下，选择其中期望值最大的方案作为最优方案的决策方法。其具体步骤为：列出决策损益表，并以决策损益表为基础，根据各种状态概率计算出不同方案的损益期望值，选择损益期望值最大的方案为最优方案。各种方案的损益期望值为

$$E(d_i) = \sum_{j=1}^{n} L_{ij} P(\theta_j) \tag{10-1}$$

式中，$E(d_i)$ 表示第 i 个方案的期望值；L_{ij} 表示采取第 i 个方案、出现第 j 种自然状态时的损益值；$P(\theta_j)$ 表示第 $j(j=1, 2, \cdots, n)$ 种自然状态出现的概率。

由于各种方案在不同的自然状态下收益情况不同，决策者就必须考虑各种结果对决策带来的影响。因此，该准则是一般风险决策中应用最广的一个准则。若出现三种情况：①各自然状态出现的概率具有明显的客观性质，且比较稳定；②决策不是解决一次性问题，而是解决多次重复的问题；③决策结果对决策者不会带来严重的后果。则可以考虑运用期望值为标准的决策方法进行决策。

[**例 10-1**] 某电视机厂打算生产一种新产品，现有三种方案可供选择。d_1：改造原有的生产线；d_2：新建一条生产线；d_3：与其他企业合作生产。根据以往的市场经验信息，

产品投入市场后可能有三种自然状态，θ_1：畅销；θ_2：销路适中；θ_3：滞销。各自然状态发生的概率分别为 $P(\theta_1)=0.3$，$P(\theta_2)=0.4$，$P(\theta_3)=0.3$。各方案在各自然状态下的损益值如表10-3所示。试确定最佳的决策方案。

表10-3　某电视机厂生产决策损益表

行动方案(d_i)	自然状态及其概率		
	θ_1：畅销 $P(\theta_1)=0.3$	θ_2：销路适中 $P(\theta_2)=0.4$	θ_3：滞销 $P(\theta_3)=0.3$
	损益值（万元）		
d_1	600	400	−250
d_2	800	350	−500
d_3	380	240	−50

解：根据表10-3及式(10-1)计算各方案的收益期望值为

$E(d_1)=600\times0.3+400\times0.4+(-250)\times0.3=265$

$E(d_2)=800\times0.3+350\times0.4+(-500)\times0.3=230$

$E(d_3)=380\times0.3+240\times0.4+(-50)\times0.3=195$

由于方案 d_1 的期望值最大，所以方案 d_1，即改造原有的生产线为该厂选择的最佳方案。

（二）合理性标准（满意准则决策）

利用这一准则进行决策，首先要给出一个满意（合理）的水平。所谓满意水平是指决策者认为比较合理、可以接受的目标值。然后，将各种方案在不同状态下的损益值与目标值进行比较，并以损益值不低于目标值的累计概率最大的方案为最优方案。这种决策方法称为满意准则决策。该准则的数学表达式为

$$\alpha^* = \text{Max} P\{Q(\alpha_i,\theta_j) \geqslant A\} (i=1,2,\cdots,m);(j=1,2,\cdots,n) \quad (10\text{-}2)$$

式中，A 是给定的满意水平；$Q(\alpha_i,\theta_j)$ 是 i 方案在 j 状态下的收益；$P\{Q(\alpha_i,\theta_j)\geqslant A\}$ 是各方案收益不低于目标值状态的累计概率。

[例10-2] 假设某企业对于投资某产品生产线，有三个方案：一是投资500万，建设年产1万台的生产能力；二是投资300万，建设年产5 000台的生产能力；三是不投资。未来市场需求量有大、中、小三种可能，其出现的概率分别为0.5、0.3、0.2。各方案在各种市场需求状态下的净现值如表10-4所示。试根据满意准则分布就满意收益为200万元和400万元进行方案选择。

表10-4　投资项目收益矩阵表

状　态	需 求 大	需 求 中	需 求 小
概　率	0.5	0.3	0.2
方案一	400	100	−140
方案二	200	200	−20
方案三	0	0	0

解：(1) 满意收益为200万元时，计算各方案达到满意的概率如下。

方案一：$P\{Q(\alpha_1, \theta_j) \geqslant 200\} = 0.5$

方案二：$P\{Q(\alpha_2, \theta_j) \geqslant 200\} = 0.5 + 0.3 = 0.8$

方案三：$P\{Q(\alpha_3, \theta_j) \geqslant 200\} = 0$

在三个备选方案中方案二达到满意水平的累计概率(0.8)最大，故要达到200万元的满意收益，方案二为最优方案。

(2) 满意收益为400万元时，计算各方案达到满意的概率如下。

方案一：$P\{Q(\alpha_1, \theta_j) \geqslant 400\} = 0.5$

方案二：$P\{Q(\alpha_2, \theta_j) \geqslant 400\} = 0$

方案三：$P\{Q(\alpha_3, \theta_j) \geqslant 400\} = 0$

在三个备选方案中方案一达到满意水平的累计概率(0.5)最大，故要达到400万元的满意收益，方案一为最优方案。

通过上述分析可知：利用满意准则决策的结果，与满意水平的高低有很大关系。满意水平一旦改变，所选择的最佳方案也随之改变。

(三) 最大可能性标准(最大可能准则决策)

最大可能准则决策，是指在决策中选择概率最大的自然状态下的损益值，选取收益最大或损失最小的方案作为行动方案的决策。根据概率论知识，事件的概率越大，在一次试验中发生的可能性就越大，因此选择概率最大的自然状态进行决策是一种直观的决策方法。

[例10-3] 利用表10-2的资料，按最大可能准则决策方法，为企业做出方案选择。

解：从表10-2中可以看出，该地区的天气可能状态为"天气好"的概率($P_{好} = 0.8$)最大，在天气好时开工的收益为40万元，不开工的收益为—10万元，故企业应选择开工。

该准则主张以最可能状态作为选择方案时的前提条件。它将风险决策问题简化为确定条件下的决策问题，不考虑其他状态下各方案损益值的差异对决策结果的影响。因此，只有在最可能状态发生概率明显优于其他状态时，应用的效果较好。

二、决策树

决策树就是对决策局面的一种图解，使得决策问题形象化。它是将各备选方案、各自然状态及其各损益值简明地绘制在一张图表上，便于决策者根据图表进行决策的过程。

(一) 决策树的一般模型

决策树又称决策图，是指将方案的一连串因素，按照相互关系用树状结构图表示出来，然后再按决策原则和程序进行优选的一种决策方法。决策图的一般模型如图10-1所示。

在风险型决策中，决策者都将面临许多备选方案，用矩形方框表示在该处对各行动方案必须做出选择，称为决策点。从矩形引出若干条直线，每一条直线表示一个备选方案，称为方案枝。在方案枝的末端画上一个圆圈，称为机会点。从机会点引出若干条直线，每一条直线表示一种自然状态，称为概率枝。在概率枝上标出该自然状态出现的概率，并在其末端标出该条件的损益值，这样就得到一幅完整的决策树图。

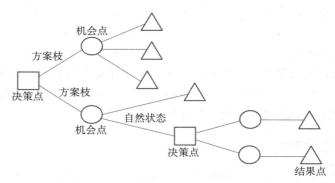

图 10-1　决策树的一般模型图

(二) 决策树法的程序

决策问题根据其决策过程的阶段可分为单阶段决策和多阶段决策。单阶段决策是指要决策的问题只需一次决策即可完成；多阶段决策是指要决策的问题比较复杂，需要进行一系列的连续决策才能解决的决策。

▶ 1. 单阶段决策树

单阶段决策树法的程序分为两个阶段：从左到右的建树过程和从右到左的计算过程。

1) 从左到右的建树过程

先从左端方框出发，按行动方案引出方案枝，并注明行动方案的内容；在每个方案枝的末端画出方案点；由方案点引出状态枝，并注明状态的内容及其概率；最后引出状态结果点，并在末端注明损益值。

2) 从右到左的计算过程

首先计算各个方案的期望值，把计算的结果写在方案点上；比较各方案的期望值，选出最佳方案，并将其期望值写在决策点方框上，以表示选择的结果。同时，在淘汰的方案枝上划双截线，表示舍弃该方案。

[例 10-4] 请利用决策树法对例 10-1 的资料进行决策。

根据例 10-1 的相关资料和决策树绘制原理，制作例 10-1 的决策树图，如图 10-2 所示。

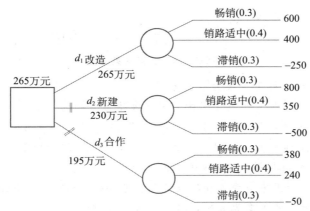

图 10-2　某电视机厂生产方案决策树图

由决策树图可以看出方案一(即改造)的效益期望值最大(265万元),故方案一为最优方案。

▶ 2. 多阶段决策树

有些问题的统计决策带有阶段性,选择某个行动方案会出现不同的状态,按照不同的状态又需要做下一步行动方案的决策,以及更多的状态和决策,这些问题表现在决策树上为多个决策点,可用多阶段决策树的方法进行决策。

三、敏感性分析

风险型决策中各自然状态发生的概率是已知的,由于这些概率是根据过去经验估计出来的,因此不可能十分精确可靠。一旦概率值发生了变化,以此确定的决策方案是否有效就成为十分重要的问题。敏感性分析就是指在决策分析中,由于自然状态概率发生变化而对决策方案产生的影响,从而考察决策方案的可靠性和稳定性。概率的变化达到某一临界点而引起决策方案的变化,这一临界点概率称为转折概率。

[例10-5] 某公路工程队签署一项开赴远地施工的合同,由于出发之前有一段必要的准备时间,故眼下就要面临着决定在下月是否开工的问题。如开工后天气好,则当月可顺利完工,获利润12.5万元;如开工后天气坏,则将造成各种损失计4.8万元。若决定下月不开工,即就地待命,那么天气好可临时承包一些零星工程,估计可获利润6.5万元;天气坏则付出损失费(主要是窝工费)1.2万元。根据气象预测,下月天气好的概率是0.65,天气坏的概率是0.35。试对该决策问题进行敏感性分析。

解:根据题意,可画出决策树图,如图10-3所示。

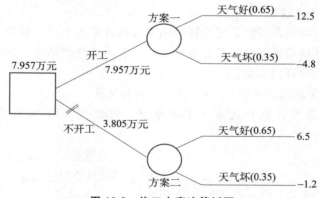

图10-3 施工方案决策树图

从决策树图可看出,开工方案为最佳方案。

令转折概率为 p,则开工和不开工两方案的期望值分别为

开工方案的期望值 $= p \times 12.5 + (1-p) \times (-4.8) = 17.3p - 4.8$

不开工方案的期望值 $= p \times 6.5 + (1-p) \times (-1.2) = 7.2p - 1.2$

假设两方案的期望值相等,得 $p = 0.375$

当 $p > 0.375$ 时,开工方案为最佳决策方案;当 $p < 0.375$ 时,不开工方案为最佳决策方案;当 $p = 0.375$ 时,两方案无差别,其期望效益相等。

根据以往经验 $p = 0.65$,运用假设检验,验证 $p > 0.375$ 命题成立,即可做出方案一的决策。

实际决策中，若概率和损益值等数据稍加变化，决策结论不变，则这个方案较为稳定；否则，需做进一步的分析与研究。

第三节 贝叶斯决策方法

风险型决策方法需要根据各自然状态发生的先验概率来做决策，由于先验概率是根据历史资料或经验所做出的预测，因此这样的决策具有一定的风险性。为了减少这种风险，就需要通过科学实验、统计分析等方法获得较为准确的信息资料，以修正先验概率。这种以先验概率为基础，根据客观调查结果对先验概率进行修正而得到的概率称为后验概率。贝叶斯决策方法就是利用贝叶斯定理求得后验概率，据以进行决策的方法。

一、贝叶斯定理

英国牧师贝叶斯(Bayes)于18世纪发明了一个对于概率运算和风险决策非常有用的定理，这个定理就是贝叶斯定理。

贝叶斯定理：假设事件 B 能且只能与两两互不相容的事件 A_1、A_2、…、A_n 之一同时发生，且 $P(A_i) > 0$，$(i=1, 2, …, n)$，$P(B) > 0$，则有

$$P(A_i | B) = \frac{P(A_i)P(B|A_i)}{\sum_{i=1}^{n} P(A_i)P(B|A_i)} \tag{10-3}$$

在现实生活中，由于状态本身难以控制，事先给出的各种状态的概率(先验概率)常常是不准确的，需要进一步试验和调查，利用补充信息进行修正，得到更接近事实的概率(后验概率)。贝叶斯决策是利用补充信息，根据概率假设中的贝叶斯公式来估计后验概率，并在此基础上对备选方案进行评价和选择的一种决策方法。

[例10-6] 某人才咨询公司用一套"销售能力测试"来帮助企业选择销售人员。过去经验表明：在所有申请销售人员职位的人中，仅有65%的人在实际销售中"符合要求"，其余则"不符合要求"。"符合要求"的人在能力测试中有80%成绩合格，"不符合要求"的人中，及格的仅30%。已知一投考者在能力考试中成绩合格，那么，他将是一个"符合要求"的销售员的概率是多少？

解：设 A_i 表示一个"符合要求"的销售员，B 表示通过考试，那么，一投考者在能力考试中成绩合格，他将是一个"符合要求"的销售员的概率为

$$P(A_1 B) = \frac{P(A_1)P(B | A_1)}{\sum_{i=1}^{2} P(A_i)P(B | A_i)} = \frac{0.65 \times 0.8}{0.65 \times 0.8 + 0.35 \times 0.3} = 0.83$$

从计算的结果可以看出，假定提出申请销售人员一职的投考者的类型没有变化，从申请人中随机挑选一人，他"符合要求"的概率是0.65；如果企业只接受通过考试的申请人，这个概率将提高到0.83。

利用贝叶斯决策方法，可以将先验的信息和补充的信息结合起来，提高了决策的可靠性。贝叶斯定理还可以解决后验概率的计算问题。

二、贝叶斯决策分析

下面举例说明贝叶斯决策方法的具体应用。

[例 10-7] 某 DVD 生产厂家要研制开发一种新型 DVD，其所要解决的首要问题是这种新产品的销路和竞争者的情况。经过必要的风险估计后，他们估计出：当新产品销路好时，采用新产品可赢利 80 万元，不采用新产品而生产老产品时，则因其他竞争者会开发新产品，而使老产品滞销，工厂可能亏损 40 万元；当新产品销路不好时，使用新产品就要亏损 30 万元，当不采用新产品，就有可能用更多的资金来发展老产品，可获利润 100 万元。现估计销路好的概率为 0.6，销路差的概率为 0.4。

根据过去市场调查的经验，企业的市场研究人员知道市场调查不可能是完全准确的，但一般能估计出调查的准确程度。与真实自然状态的调查结果的一些主观条件概率如表 10-5 所示。

表 10-5 调查结果的条件概率 $P(Q_i | z_j)$

条件概率＼调查结果＼自然状态	z_1（销路好）	z_2（销路差）	z_3（不确定）
Q_1（销路好）	0.80	0.10	0.10
Q_2（销路差）	0.10	0.75	0.15

在这种情况下，有两个问题需要进行决策：①是否值得做一次市场调查，以获得市场需求的后验概率；②是否生产这种新产品。

解：根据题意可得，在不考虑市场调查的情况下，企业生产新型 DVD 的损益矩阵表，如表 10-6 所示。根据表 10-6 中的期望值作为决策标准，应选择行动方案 d_1。

表 10-6 企业生产新型 DVD 的损益矩阵表

损益值（万元）＼自然状态＼行动方案	Q_1（销路好）$P(Q_1)=0.6$	Q_2（销路差）$P(Q_2)=0.4$	期望值
采用新产品 d_1	80	−30	36
不采用新产品 d_2	−40	100	16

当可能的调查结果为已知时，可由贝叶斯公式求后验概率 $P(Q_1 | z_j)$ 和 $P(Q_2 | z_j)$ ($j=1, 2, 3$)，如下：

$$P(Q_1 | z_1) = \frac{P(Q_1)P(z_1 | Q_1)}{P(Q_1)P(z_1 | Q_1) + P(Q_2)P(z_1 | Q_2)} = \frac{0.6 \times 0.8}{0.6 \times 0.8 + 0.4 \times 0.1} = 0.923$$

其他后验概率同理进行计算，具体结果如表 10-7 所示。

表 10-7　后 验 概 率

调查结果	z_1	z_2	z_3
$P(Q_1 \mid z_j)$	0.923	0.167	0.50
$P(Q_2 \mid z_j)$	0.077	0.833	0.50

由表 10-7 可知，当调查结果也为销路好时，市场销路好的概率为 0.923，即由原来的先验概率 0.6 提高到 0.923；其他后验概率可做相应的解释。

下面利用决策树进行分析，是否生产新产品需根据市场调查的结果来确定，该问题的决策树如图 10-4 所示。

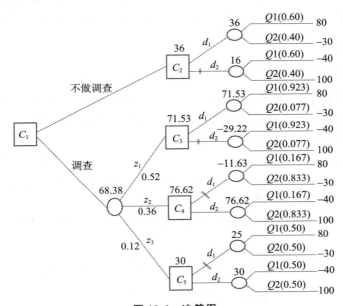

图 10-4　决策图

(1) 当调查结果为销路好(z_1)时，应选择生产新产品(d_1)，其期望利润值＝$80 \times 0.923 - 30 \times 0.077 = 71.53$(万元)。

(2) 当调查结果为销路差(z_2)时，应选择不生产新产品(d_2)，其期望利润值＝$100 \times 0.833 - 40 \times 0.167 = 76.62$(万元)。

(3) 当调查结果为不确定(z_3)时，应选择不生产新产品(d_2)，其期望利润值＝$100 \times 0.5 - 40 \times 0.5 = 30$(万元)。

不做进一步调查研究，采用最佳方案 d_1 可得期望利润值 36 万元。当采用进一步调查研究时，有可能达到的期望利润值＝$71.53(0.8 \times 0.6 + 0.1 \times 0.4) + 76.62(0.1 \times 0.6 + 0.75 \times 0.4) + 30(0.1 \times 0.6 + 0.15 \times 0.4) = 68.38$(万元)。

两者相差 32.38 万元，这就是获得信息的价值。因此，当调查费用小于 32.38 万元时，该企业才会去搜集新的信息，如果多于或等于 32.38 万元，企业不会去进行市场调查，因为只要选择最佳方案 d_1，就可以获得更大收益。

第四节 不确定型决策方法

对于风险型决策问题，虽然不知道哪一种自然状态会发生，但是每种自然状态发生的概率可以根据历史资料或经验预测得到。不确定型决策是指决策者只掌握可能出现的各自然状态，而各自然状态发生的概率无从可知的决策。所以，不确定型决策又称为概率未知情况下的决策。

不确定型决策方法是根据人为制定的原则进行决策分析，带有某种程度上的主观随意性。同一个问题，可以使用不同的选择方法，其决策结果也不相同，一般有以下几种方法：①"好中求好"决策方法；②"坏中求好"决策方法；③α 系数决策方法；④"最小的最大后悔值"决策方法；等等。本节以同一个决策问题来比较不同决策方法的方案选择。

一、"好中求好"决策方法

"好中求好"决策方法（乐观准则决策）是指决策者充分考虑了可能出现的最大利益，在各最大利益中选取最大者，将其对应的方案作为最优方案的决策方法。决策者对决策前景感到乐观，有信心取得每一决策方案的最佳结果。

对于某一决策问题，若有 m 个行动方案 d_1、d_2、…、d_m，n 个自然状态 θ_1、θ_2、…、θ_n，损益值 $L_{ij}(i=1,2,…,m; j=1,2,…,n)$，则"好中求好"决策方法可以利用该决策问题对应的损益矩阵表来进行。

(1) 求每一方案在各自然状态下的最大损益值 $\max\limits_{\theta_j}[L_{ij}]$，并将其填写在决策矩阵表的最右一列。

(2) 取 $\max\limits_{\theta_j}[L_{ij}]$ 中的最大值 $\max\limits_{d_i}\{\max\limits_{\theta_j}[L_{ij}]\}$，其所对的方案 d_i 为最佳决策方案。

"好中求好"决策方法的具体决策过程如表 10-8 所示。

表 10-8 "好中求好"决策矩阵表

损益值＼自然状态＼行动方案	θ_1	θ_2	…	θ_n	$\max\limits_{\theta_j}[L_{ij}]$
d_1	L_{11}	L_{12}	…	L_{1n}	
d_2	L_{21}	L_{22}	…	L_{2n}	
…	…	…	…	…	
d_m	L_{m1}	L_{m2}	…	L_{mn}	
决策			$\max\limits_{d_i}\{\max\limits_{\theta_j}[L_{ij}]\}$		

注：对于损失矩阵，应采取"最小最小"决策准则。

二、"坏中求好"决策方法

"坏中求好"决策方法(悲观准则决策)是指决策者从每个方案的最坏结果中选取一个收益最大的方案作为决策方案。决策者面对"决策的系统功能欠佳,形势对决策者不利",对决策前景悲观,从每一方案的最坏处着眼选择最佳方案。

同"好中求好"决策方法一样,"坏中求好"只是其数学表达式有所不同。

(1) 求每一方案在各自然状态下的最小损益值 $\min\limits_{\theta_j}[L_{ij}]$,并将其填写在决策矩阵表的最右一列。

(2) 取 $\min\limits_{\theta_j}[L_{ij}]$ 中的最大值 $\max\limits_{d_i}\{\min\limits_{\theta_j}[L_{ij}]\}$,其所对的方案 d_i 为最佳决策方案。

决策方法也可利用决策矩阵表进行分析,具体决策过程如表 10-9 所示。

表 10-9 "坏中求好"决策矩阵表

损益值\自然状态\行动方案	θ_1	θ_2	⋯	θ_n	$\min\limits_{\theta_j}[L_{ij}]$
d_1	L_{11}	L_{12}	⋯	L_{1n}	
d_2	L_{21}	L_{22}	⋯	L_{2n}	
⋯	⋯	⋯	⋯	⋯	
d_m	L_{m1}	L_{m2}	⋯	L_{mn}	
决策			$\max\limits_{d_i}\{\min\limits_{\theta_j}[L_{ij}]\}$		

注:对于损失矩阵,应采取"最大最小"决策准则。

三、α 系数决策方法

α 系数决策方法(折中准则决策)认为,对未来形势既不应盲目乐观,也不宜过分悲观,主张根据经验和判断确定一个乐观系数。α 就是这个乐观系数,一般 0<α<1,是依决策者认定乐观或悲观而定的系数。若 α=1,则决策者认定情况完全乐观;若 α=0,则决策者认定情况完全悲观。

α 系数决策方法是指通过选取乐观系数 α 进行决策的一种方法,实际上是对"好中求好"与"坏中求好"这两种决策准则进行折中的一种决策方法。

对于某一不确定型决策问题,若有 m 个行动方案 d_1、d_2、⋯、d_m,n 个自然状态 θ_1、θ_2、⋯、θ_n,损益值 $L_{ij}(i=1、2、⋯、m;j=1、2、⋯、n)$,令

$$f(d_i)=\alpha(\max\limits_{\theta_j}[L_{ij}])+(1-\alpha)(\min\limits_{\theta_j}[L_{ij}])$$

其中 0≤α≤1,则满足 $f(d_*)=\max\limits_{d_i}f(d_i)$ 的方案 d_* 为 α 系数的最佳决策方案。

对于损失矩阵,$f(d_i)=\alpha(\min\limits_{\theta_j}[L_{ij}])+(1-\alpha)(\max\limits_{\theta_j}[L_{ij}])$,$f(d_*)=\min\limits_{d_i}f(d_i)$。

四、"最小的最大后悔值"决策方法

"最小的最大后悔值"决策方法(后悔准则决策)是指通过计算方案在不同自然状

态下的后悔值,并分别找出各方案对应不同自然状态下的后悔值中的最大者,从这些最大后悔值中找出最小的最大后悔值,将其对应的方案作为最佳方案的一种决策方法。

后悔值,是指决策者在进行决策时,所选方案的收益值与该状态下真正的最优方案的收益值之差。对于某一不确定型决策问题,若有 m 个行动方案 d_1、d_2、…、d_m,n 个自然状态 θ_1、θ_2、…、θ_n,损益值 L_{ij}($i=1、2、…、m$;$j=1、2、…、n$),在 θ_j 状态下,各方案的后悔值为

$$d_1: \max_i L_{ij} - L_{1j}; \quad d_2: \max_i L_{ij} - L_{2j}; \quad \cdots; \quad d_m: \max_i L_{ij} - L_{mj}$$

[例 10-8] 为适应城市发展的需要,某商业股份有限公司须改建某商业营业点。它有四个行动方案 d_1、d_2、d_3 和 d_4 可选择,并有三个自然状态 θ_1、θ_2 和 θ_3 与其相对应。但这三个自然状态的概率决策者无法得知,改建后各方案在相应的自然状态下可获利润如表 10-10 所示。请分别用上述四种方法,帮助公司选择一个最佳决策方案。

表 10-10 某商业营业点改建费用

利润(万元) 行动方案	θ_1	θ_2	θ_3
d_1	70	30	50
d_2	20	80	90
d_3	50	20	40
d_4	40	100	20

解:(1)"好中求好"决策方法(乐观准则决策)的决策矩阵如表 10-11。

表 10-11 某商业股份有限公司改建方案决策矩阵表("好中求好")

利润(万元) 行动方案	θ_1	θ_2	θ_3	$\max_{\theta_j}[L_{ij}]$
d_1	70	30	50	70
d_2	20	80	90	90
d_3	50	20	40	50
d_4	40	100	20	100
决策		$\max_{d_i}\{\max_{\theta_j}[L_{ij}]\}$		100

由于最大收益的最大值为 100 万元,其所对应的行动方案是 d_4,故决策者选择方案 4 为最佳方案。

(2)"坏中求好"决策方法(悲观准则决策)的决策矩阵如表 10-12 所示。

表 10-12　某商业股份有限公司改建方案决策矩阵表("坏中求好")

利润（万元）\行动方案	θ_1	θ_2	θ_3	$\min\limits_{\theta_j}[L_{ij}]$
d_1	70	30	50	30
d_2	20	80	90	20
d_3	50	20	40	20
d_4	40	100	20	20
决策	\multicolumn{3}{c}{$\max\limits_{d_i}\{\min\limits_{\theta_j}[L_{ij}]\}$}	30

由于最小收益的最大值为 30 万元，其所对应的行动方案是 d_1，故按"坏中求好"决策方法，决策者应选择方案 1 为最佳方案。

（3）α 系数决策方法（折中准则），取 $\alpha=0.6$ 时，计算各方案现实估计利润值为

$f(d_1)=0.6[\max(70,30,50)]+(1-0.6)[\min(70,30,50)]=0.6\times70+0.4\times30=54$

同理，算得 $f(d_2)=62$；$f(d_3)=38$；$f(d_4)=68$。

这些利润值中的最大者为 $f(d_*)=\max(54,62,38,68)=68=f(d_4)$，所以方案 d_4 为最佳方案。

（4）"最小的最大后悔值"决策方法（后悔准则决策）中各状态下的最大损益值为

$\max\limits_{i=1,2,3,4} L_{i1}=\max(70,20,50,40)=70$；同理：$\max\limits_{i=1,2,3,4} L_{i2}=100$；$\max\limits_{i=1,2,3,4} L_{i3}=90$，所以，各方案的最大后悔值为 $G(d_1)=\max(70-70,100-30,90-50)=\max(0,70,40)=70$；同理，$G(d_2)=50$；$G(d_3)=80$；$G(d_4)=70$。

这些最大后悔值中的最小者为 $G(d_*)=\min(70,50,80,70)=50=G(d_2)$，故方案 d_2 为选择的最佳方案。

通过上述分析，例 10-8 的决策问题由于采用不同的决策方法，得出不同的最佳方案各不相同，具体如表 10-13 所示。出现这种情况的根本原因在于每一种决策方法都考虑了决策者的决策心理、情感和愿望。

表 10-13　各种不同决策方法结果比较

采用不同的决策方法	选用的最佳方案
"好中求好"决策方法	第四方案
"坏中求好"决策方法	第一方案
α 系数决策方法	第四方案
"最小的最大后悔值"决策方法	第二方案

目前，在理论上并不能证明哪一种决策方法更合理。因此，在实际决策中究竟选用哪

一种方法，还带有相当程度的主观随意性。一般来说，"好中求好"决策方法适合对有利情况的估计比较有信心的决策者所采用；"坏中求好"决策方法主要适合比较保守稳妥并害怕承担较大风险的决策者采用；α系数决策方法主要适合对形势判断既不乐观也不太悲观的决策者所采用；"最小的最大后悔值"决策方法主要适合对决策失误的后果看得较重的决策者采用。

实际决策中，可根据具体情况选用几种不同的方法，然后将所得的结果进行分析和比较，从而做出最佳的选择。

本章要点

统计决策是在不确定的情况下，应用数理统计进行决策的通用性方法论科学。完整的统计决策问题包括三个基本要素：决策目标、自然状态、备选方案。决策目标是决策者要达到的目标，是统计决策的出发点和归宿；自然状态是指不以决策者主观意志而转移的客观条件或外部条件；备选方案是指在决策过程中多个可供选择的行动方案。根据决策分析的决策目标数量和自然状态类型分类，统计决策有多种分类方法。

不确定型决策是指决策者对未来情况未知，对各种自然状态出现的概率也无法预测的条件下所做的决策。其决策准则有乐观准则、悲观准则、折中准则、后悔准则等，上述准则都有其局限性。

风险型决策是指决策者在进行决策时，虽然未来的状态是不确定的，它们都是随机变量，但根据经验和相关信息可以预测其可能发生的概率，决策者据此进行决策。由于决策者不论选择哪个方案都要承担一定的风险，所以称为风险型决策。其所依据的主要准则是期望收益准则。期望收益既可以用自然状态的先验概率计算，也可用后验概率来计算。后验概率可通过利用样本信息和贝叶斯规则对先验概率进行修正后得出。但是这些决策规则不能表达决策者对风险的态度。

关键词

统计决策(statistical decision)　　方案(actions)
不确定型决策(uncertainty decision)　　风险型决策(risk decision)
自然状态(states of nature)　　期望收益(expected payoff)
贝叶斯准则(Bayes rules)　　贝叶斯决策(Bayesian decision)
先验概率(prior state probabilities)　　后验概率(posterior state probabilities)
决策树(decision tree)

思考题

1. 什么是统计决策？统计决策需具备哪些条件？
2. 试述统计决策的一般步骤。
3. 什么叫先验概率？什么叫风险型决策？
4. 什么叫决策树？如何用决策树进行决策分析？
5. 贝叶斯决策的特点是什么？
6. 什么叫不确定型决策？它与风险型决策有什么不同？
7. 销售体育彩票的收入绝大部分将用于发展体育事业，只有极少数作为奖金返还，如果根据期望值准则进行决策，是否应该购买彩票？如果有人决定购买彩票，请分析他的决策准则是什么？
8. 简述各种不确定型决策方法的适用特点。

习题

1. 生产手机的某企业打算扩大其生产规模，现有三种方案可供选择，d_1：扩建原厂；d_2：建设新厂；d_3：租用外厂。根据以往的市场经验信息，手机的市场需求有三种自然状态，θ_1：需求高；θ_2：需要中；θ_3：需求低。方案 d_1 在三种自然状态（θ_1，θ_2，θ_3）下收益预计为 100 万元、80 万元、-20 万元；方案 d_2 与方案 d_3 在三种自然状态（θ_1，θ_2，θ_3）下收益分别为 140 万元、50 万元、-40 万元和 60 万元、30 万元、10 万元。试求：

(1) 以合理性为标准选择一行动方案。

(2) 若各自然状态发生的概率分别为 $P(\theta_1)=0.3$，$P(\theta_2)=0.4$，$P(\theta_3)=0.3$；画出损益矩阵表，并以期望值为标准选择一行动方案。

(3) 补充条件同(2)，应用决策树法进行决策分析。

2. 某决策问题的损益值如表 10-14 所示，试做敏感性分析。

表 10-14 某决策问题的损益值表

损益值 \ 自然状态 行动方案	θ_1	θ_2
d_1	80	50
d_2	65	85
d_3	30	100

3. 某建筑公司考虑安排一项工程的开工计划。假定影响工期的唯一因素为天气情况，若能安排开工并能按时完工，可获利润 5 万元；但若开工后遭遇天气坏而拖延工期，则将亏损 1 万元。根据气象资料，估计最近安排开工后天气好的概率为 0.2，开工后天气坏的概率为 0.8。若最近不安排开工，则将负担推迟开工损失费 0.1 万元。为做出较为可靠的

决策,该公司决定从气象咨询事务所购买气象情报,以进一步掌握天气状况。这项情报的索价为0.1万元。过去的资料表明,该气象咨询事务所在天气好时预报天气好的可能性为0.7,在天气坏时预报天气坏的可能性是0.8。试通过决策分析,确定:

(1) 是否值得购买这项气象情报。

(2) 是否值得组织开工。

4. 某电视机厂面对激烈的市场竞争,拟制订利用先进技术对机型改型的计划。现有三个改型方案可供选择,d_1:提高图像质量;d_2:提高图像质量并增强画面功能;d_3:提高图像和音响质量。根据市场需求调查,该厂彩电面临高需求、一般需求与低需求三种自然状态。在这三种自然状态下不同的改型方案所获得的收益如表10-15所示。

表10-15 改型方案收益表

收益(万元) 行动方案	高需求 θ_1	一般需求 θ_2	低需求 θ_3
d_1	50	30	20
d_2	80	40	0
d_3	120	20	-40

要求:(1) 按"好中求好"决策方法选择一个决策方案。

(2) 按"坏中求好"决策方法选择一个决策方案。

(3) 按 α 系数决策方法选择一个决策方案($\alpha=0.7$)。

(4) "最小的最大后悔值"决策方法选择一个决策方案。

5. 某贸易公司近期有三笔生意可做,其收益矩阵如表10-16所示。

表10-16 某贸易公司收益矩阵

状态 概率	θ_1	θ_2	θ_3
	0.4	0.4	0.2
方案 d_1	50	30	20
方案 d_2	80	40	0
方案 d_3	120	20	-40

要求:(1) 请画出该问题的决策树。

(2) 根据期望值准则进行决策。

(3) 如果该企业急需赚取200万元利润用于偿还到期债务,请帮助企业采取恰当的决策准则,选择最佳方案。

6. 某地区约有20%的司机在停车时将汽车钥匙留在车内,汽车钥匙留在车内的汽车被盗的概率为5%,而汽车钥匙不留在车内的汽车被盗的概率只有1%,试问汽车被盗的司机将汽车钥匙留在车内的概率是多少?

7. 某食品公司拟生产一种新产品,事先分析,该产品受欢迎与不受欢迎的概率分别是 0.65 和 0.35，若受欢迎可赢利 80 万，不受欢迎将亏损 30 万，对比有以下三种策略：

（1）根据现有信息决定是否生产该产品。

（2）自己进行进一步的市场调查，根据调查的补充信息进行决策，调查费用约 3 万元，可靠性为 70%。

（3）委托咨询公司调查，根据调查的补充信息进行决策，调查费用约 5 万元，可靠性为 80%。

要求：画出该问题的决策树图，并利用贝叶斯方法进行决策，选择最佳方案。

8. 某企业预扩建厂房，根据调查，产品销路好时可获利 60 万元，销路不好企业将亏损 10 万元，若维持现有生产规模，无论产品销路如何，企业都可获利 20 万元。根据经验估计销路好的概率为 0.8，销路不好的概率为 0.2。为了更好地掌握销路的准确信息以做出合理的决策，该企业通过市场调查完善信息，假定按销路好组织试销，销路确实好的概率为 0.7；按销路不好组织试销，销路确实不好的概率为 0.9，试用贝叶斯决策方法进行决策。

附 录

附录 1　标准正态分布临界值概率表

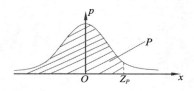

$$\Phi(x) = \int_{-\infty}^{x} \frac{1}{\sqrt{2\pi}} e^{-\frac{x^2}{2}} dx$$

x	0.00	0.01	0.02	0.03	0.04	0.05	0.06	0.07	0.08	0.09
0.0	0.500 000	0.503 989	0.507 978	0.511 966	0.515 953	0.519 939	0.523 922	0.527 903	0.531 881	0.535 856
0.1	0.539 828	0.543 795	0.547 758	0.551 717	0.555 670	0.559 618	0.563 559	0.567 495	0.571 424	0.575 345
0.2	0.579 260	0.583 166	0.587 064	0.590 954	0.594 835	0.598 706	0.602 568	0.606 420	0.610 261	0.614 092
0.3	0.617 911	0.621 720	0.625 516	0.629 300	0.633 072	0.636 831	0.640 576	0.644 309	0.648 027	0.651 732
0.4	0.655 422	0.659 097	0.662 757	0.666 402	0.670 031	0.673 645	0.677 242	0.680 822	0.684 386	0.687 933
0.5	0.691 462	0.694 974	0.698 468	0.701 944	0.705 401	0.708 840	0.712 260	0.715 661	0.719 043	0.722 405
0.6	0.725 747	0.729 069	0.732 371	0.735 653	0.738 914	0.742 154	0.745 373	0.748 571	0.751 748	0.754 903
0.7	0.758 036	0.761 148	0.764 238	0.767 305	0.770 350	0.773 373	0.776 373	0.779 350	0.782 305	0.785 236
0.8	0.788 145	0.791 030	0.793 892	0.796 731	0.799 546	0.802 337	0.805 105	0.807 850	0.810 570	0.813 267
0.9	0.815 940	0.818 589	0.821 214	0.823 814	0.826 391	0.828 944	0.831 472	0.833 977	0.836 457	0.838 913
1.0	0.841 345	0.843 752	0.846 136	0.848 495	0.850 830	0.853 141	0.855 428	0.857 690	0.859 929	0.862 143
1.1	0.864 334	0.866 500	0.868 643	0.870 762	0.872 857	0.874 928	0.876 976	0.879 000	0.881 000	0.882 977
1.2	0.884 930	0.886 861	0.888 768	0.890 651	0.892 512	0.894 350	0.896 165	0.897 958	0.899 727	0.901 475

续表

x	0.00	0.01	0.02	0.03	0.04	0.05	0.06	0.07	0.08	0.09
1.3	0.903 200	0.904 902	0.906 582	0.908 241	0.909 877	0.911 492	0.913 085	0.914 657	0.916 207	0.917 736
1.4	0.919 243	0.920 730	0.922 196	0.923 641	0.925 066	0.926 471	0.927 855	0.929 219	0.930 563	0.931 888
1.5	0.933 193	0.934 478	0.935 745	0.936 992	0.938 220	0.939 429	0.940 620	0.941 792	0.942 947	0.944 083
1.6	0.945 201	0.946 301	0.947 384	0.948 449	0.949 497	0.950 529	0.951 543	0.952 540	0.953 521	0.954 486
1.7	0.955 435	0.956 367	0.957 284	0.958 185	0.959 070	0.959 941	0.960 796	0.961 636	0.962 462	0.963 273
1.8	0.964 070	0.964 852	0.965 620	0.966 375	0.967 116	0.967 843	0.968 557	0.969 258	0.969 946	0.970 621
1.9	0.971 283	0.971 933	0.972 571	0.973 197	0.973 810	0.974 412	0.975 002	0.975 581	0.976 148	0.976 705
2.0	0.977 250	0.977 784	0.978 308	0.978 822	0.979 325	0.979 818	0.980 301	0.980 774	0.981 237	0.981 691
2.1	0.982 136	0.982 571	0.982 997	0.983 414	0.983 823	0.984 222	0.984 614	0.984 997	0.985 371	0.985 738
2.2	0.986 097	0.986 447	0.986 791	0.987 126	0.987 455	0.987 776	0.988 089	0.988 396	0.988 696	0.988 989
2.3	0.989 276	0.989 556	0.989 830	0.990 097	0.990 358	0.990 613	0.990 863	0.991 106	0.991 344	0.991 576
2.4	0.991 802	0.992 024	0.992 240	0.992 451	0.992 656	0.992 857	0.993 053	0.993 244	0.993 431	0.993 613
2.5	0.993 790	0.993 963	0.994 132	0.994 297	0.994 457	0.994 614	0.994 766	0.994 915	0.995 060	0.995 201
2.6	0.995 339	0.995 473	0.995 604	0.995 731	0.995 855	0.995 975	0.996 093	0.996 207	0.996 319	0.996 427
2.7	0.996 533	0.996 636	0.996 736	0.996 833	0.996 928	0.997 020	0.997 110	0.997 197	0.997 282	0.997 365
2.8	0.997 445	0.997 523	0.997 599	0.997 673	0.997 744	0.997 814	0.997 882	0.997 948	0.998 012	0.998 074
2.9	0.998 134	0.998 193	0.998 250	0.998 305	0.998 359	0.998 411	0.998 462	0.998 511	0.998 559	0.998 605
3.0	0.998 650	0.998 694	0.998 736	0.998 777	0.998 817	0.998 856	0.998 893	0.998 930	0.998 965	0.998 999
3.1	0.999 032	0.999 065	0.999 096	0.999 126	0.999 155	0.999 184	0.999 211	0.999 238	0.999 264	0.999 289
3.2	0.999 313	0.999 336	0.999 359	0.999 381	0.999 402	0.999 423	0.999 443	0.999 462	0.999 481	0.999 499
3.3	0.999 517	0.999 534	0.999 550	0.999 566	0.999 581	0.999 596	0.999 610	0.999 624	0.999 638	0.999 651
3.4	0.999 663	0.999 675	0.999 687	0.999 698	0.999 709	0.999 720	0.999 730	0.999 740	0.999 749	0.999 758
3.5	0.999 767	0.999 776	0.999 784	0.999 792	0.999 800	0.999 807	0.999 815	0.999 822	0.999 828	0.999 835
3.6	0.999 841	0.999 847	0.999 853	0.999 858	0.999 864	0.999 869	0.999 874	0.999 879	0.999 883	0.999 888
3.7	0.999 892	0.999 896	0.999 900	0.999 904	0.999 908	0.999 912	0.999 915	0.999 918	0.999 922	0.999 925
3.8	0.999 928	0.999 931	0.999 933	0.999 936	0.999 938	0.999 941	0.999 943	0.999 946	0.999 948	0.999 950
3.9	0.999 952	0.999 954	0.999 956	0.999 958	0.999 959	0.999 961	0.999 963	0.999 964	0.999 966	0.999 967
4.0	0.999 968	0.999 970	0.999 971	0.999 972	0.999 973	0.999 974	0.999 975	0.999 976	0.999 977	0.999 978
4.1	0.999 979	0.999 980	0.999 981	0.999 982	0.999 983	0.999 983	0.999 984	0.999 985	0.999 985	0.999 986
4.2	0.999 987	0.999 987	0.999 988	0.999 988	0.999 989	0.999 989	0.999 990	0.999 990	0.999 991	0.999 991
4.3	0.999 991	0.999 992	0.999 992	0.999 993	0.999 993	0.999 993	0.999 993	0.999 994	0.999 994	0.999 994
4.4	0.999 995	0.999 995	0.999 995	0.999 995	0.999 996	0.999 996	0.999 996	0.999 996	0.999 996	0.999 996
4.5	0.999 997	0.999 997	0.999 997	0.999 997	0.999 997	0.999 997	0.999 997	0.999 998	0.999 998	0.999 998
4.6	0.999 998	0.999 998	0.999 998	0.999 998	0.999 998	0.999 998	0.999 998	0.999 998	0.999 999	0.999 999
4.7	0.999 999	0.999 999	0.999 999	0.999 999	0.999 999	0.999 999	0.999 999	0.999 999	0.999 999	0.999 999
4.8	0.999 999	0.999 999	0.999 999	0.999 999	0.999 999	0.999 999	0.999 999	0.999 999	0.999 999	0.999 999
4.9	1.000 000	1.000 000	1.000 000	1.000 000	1.000 000	1.000 000	1.000 000	1.000 000	1.000 000	1.000 000

附录 2　t 分布临界值表

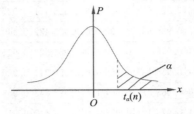

$P\{t(n) > t_\alpha(n)\} = \alpha$

自由度 n	$\alpha=0.25$	0.2	0.15	0.1	0.05	0.025	0.01	0.005	0.002 5	0.001	0.000 5
1	1.000 0	1.376 4	1.962 6	3.077 7	6.313 8	12.706 2	31.820 5	63.656 7	127.321 3	318.308 8	636.619 2
2	0.816 5	1.060 7	1.386 2	1.885 6	2.920 0	4.302 7	6.964 6	9.924 8	14.089 0	22.327 1	31.599 1
3	0.764 9	0.978 5	1.249 8	1.637 7	2.353 4	3.182 4	4.540 7	5.840 9	7.453 3	10.214 5	12.924 0
4	0.740 7	0.941 0	1.189 6	1.533 2	2.131 8	2.776 4	3.746 9	4.604 1	5.597 6	7.173 2	8.610 3
5	0.726 7	0.919 5	1.155 8	1.475 9	2.015 0	2.570 6	3.364 9	4.032 1	4.773 3	5.893 4	6.868 8
6	0.717 6	0.905 7	1.134 2	1.439 8	1.943 2	2.446 9	3.142 7	3.707 4	4.316 8	5.207 6	5.958 8
7	0.711 1	0.896 0	1.119 2	1.414 9	1.894 6	2.364 6	2.998 0	3.499 5	4.029 3	4.785 3	5.407 9
8	0.706 4	0.888 9	1.108 1	1.396 8	1.859 5	2.306 0	2.896 5	3.355 4	3.832 5	4.500 8	5.041 3
9	0.702 7	0.883 4	1.099 7	1.383 0	1.833 1	2.262 2	2.821 4	3.249 8	3.689 7	4.296 8	4.780 9
10	0.699 8	0.879 1	1.093 1	1.372 2	1.812 5	2.228 1	2.763 8	3.169 3	3.581 4	4.143 7	4.586 9
11	0.697 4	0.875 5	1.087 7	1.363 4	1.795 9	2.201 0	2.718 1	3.105 8	3.496 6	4.024 7	4.437 0
12	0.695 5	0.872 6	1.083 2	1.356 2	1.782 3	2.178 8	2.681 0	3.054 5	3.428 4	3.929 6	4.317 8
13	0.693 8	0.870 2	1.079 5	1.350 2	1.770 9	2.160 4	2.650 3	3.012 3	3.372 5	3.852 0	4.220 8
14	0.692 4	0.868 1	1.076 3	1.345 0	1.761 3	2.144 8	2.624 5	2.976 8	3.325 7	3.787 4	4.140 5
15	0.691 2	0.866 2	1.073 5	1.340 6	1.753 1	2.131 4	2.602 5	2.946 7	3.286 0	3.732 8	4.072 8
16	0.690 1	0.864 7	1.071 1	1.336 8	1.745 9	2.119 9	2.583 5	2.920 8	3.252 0	3.686 2	4.015 0

续表

自由度 n	$\alpha=0.25$	0.2	0.15	0.1	0.05	0.025	0.01	0.005	0.0025	0.001	0.0005
17	0.6892	0.8633	1.0690	1.3334	1.7396	2.1098	2.5669	2.8982	3.2224	3.6458	3.9651
18	0.6884	0.8620	1.0672	1.3304	1.7341	2.1009	2.5524	2.8784	3.1966	3.6105	3.9216
19	0.6876	0.8610	1.0655	1.3277	1.7291	2.0930	2.5395	2.8609	3.1737	3.5794	3.8834
20	0.6870	0.8600	1.0640	1.3253	1.7247	2.0860	2.5280	2.8453	3.1534	3.5518	3.8495
21	0.6864	0.8591	1.0627	1.3232	1.7207	2.0796	2.5176	2.8314	3.1352	3.5272	3.8193
22	0.6858	0.8583	1.0614	1.3212	1.7171	2.0739	2.5083	2.8188	3.1188	3.5050	3.7921
23	0.6853	0.8575	1.0603	1.3195	1.7139	2.0687	2.4999	2.8073	3.1040	3.4850	3.7676
24	0.6848	0.8569	1.0593	1.3178	1.7109	2.0639	2.4922	2.7969	3.0905	3.4668	3.7454
25	0.6844	0.8562	1.0584	1.3163	1.7081	2.0595	2.4851	2.7874	3.0782	3.4502	3.7251
26	0.6840	0.8557	1.0575	1.3150	1.7056	2.0555	2.4786	2.7787	3.0669	3.4350	3.7066
27	0.6837	0.8551	1.0567	1.3137	1.7033	2.0518	2.4727	2.7707	3.0565	3.4210	3.6896
28	0.6834	0.8546	1.0560	1.3125	1.7011	2.0484	2.4671	2.7633	3.0469	3.4082	3.6739
29	0.6830	0.8542	1.0553	1.3114	1.6991	2.0452	2.4620	2.7564	3.0380	3.3962	3.6594
30	0.6828	0.8538	1.0547	1.3104	1.6973	2.0423	2.4573	2.7500	3.0298	3.3852	3.6460
40	0.6807	0.8507	1.0500	1.3031	1.6839	2.0211	2.4233	2.7045	2.9712	3.3069	3.5510
50	0.6794	0.8489	1.0473	1.2987	1.6759	2.0086	2.4033	2.6778	2.9370	3.2614	3.4960
60	0.6786	0.8477	1.0455	1.2958	1.6706	2.0003	2.3901	2.6603	2.9146	3.2317	3.4602
80	0.6776	0.8461	1.0432	1.2922	1.6641	1.9901	2.3739	2.6387	2.8870	3.1953	3.4163
100	0.6770	0.8452	1.0418	1.2901	1.6602	1.9840	2.3642	2.6259	2.8707	3.1737	3.3905
120	0.6765	0.8446	1.0409	1.2886	1.6577	1.9799	2.3578	2.6174	2.8599	3.1595	3.3735

附录 3 χ^2 分布临界值概率表

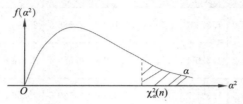

$$P\{\chi^2(n) > \chi^2_\alpha(n)\} = \alpha$$

	0.995	0.990	0.975	0.950	0.900	0.100	0.050	0.025	0.010	0.005
1	0.000 0	0.000 2	0.001 0	0.003 9	0.015 8	2.705 5	3.841 5	5.023 9	6.634 9	7.879 4
2	0.010 0	0.020 1	0.050 6	0.102 6	0.210 7	4.605 2	5.991 5	7.377 8	9.210 3	10.596 6
3	0.071 7	0.114 8	0.215 8	0.351 8	0.584 4	6.251 4	7.814 7	9.348 4	11.344 9	12.838 2
4	0.207 0	0.297 1	0.484 4	0.710 7	1.063 6	7.779 4	9.487 7	11.143 3	13.276 7	14.860 3
5	0.411 7	0.554 3	0.831 2	1.145 5	1.610 3	9.236 4	11.070 5	12.832 5	15.086 3	16.749 6
6	0.675 7	0.872 1	1.237 3	1.635 4	2.204 1	10.644 6	12.591 6	14.449 4	16.811 9	18.547 6
7	0.989 3	1.239 0	1.689 9	2.167 3	2.833 1	12.017 0	14.067 1	16.012 8	18.475 3	20.277 7
8	1.344 4	1.646 5	2.179 7	2.732 6	3.489 5	13.361 6	15.507 3	17.534 5	20.090 2	21.955 0
9	1.734 9	2.087 9	2.700 4	3.325 1	4.168 2	14.683 7	16.919 0	19.022 8	21.666 0	23.589 4
10	2.155 9	2.558 2	3.247 0	3.940 3	4.865 2	15.987 2	18.307 0	20.483 2	23.209 3	25.188 2
11	2.603 2	3.053 5	3.815 7	4.574 8	5.577 8	17.275 0	19.675 1	21.920 0	24.725 0	26.756 8
12	3.073 8	3.570 6	4.403 8	5.226 0	6.303 8	18.549 3	21.026 1	23.336 7	26.217 0	28.299 5
13	3.565 0	4.106 9	5.008 8	5.891 9	7.041 5	19.811 9	22.362 0	24.735 6	27.688 2	29.819 5
14	4.074 7	4.660 4	5.628 7	6.570 6	7.789 5	21.064 1	23.684 8	26.118 9	29.141 2	31.319 3
15	4.600 9	5.229 3	6.262 1	7.260 9	8.546 8	22.307 1	24.995 8	27.488 4	30.577 9	32.801 3
16	5.142 2	5.812 2	6.907 7	7.961 6	9.312 2	23.541 8	26.296 2	28.845 4	31.999 9	34.267 2
17	5.697 2	6.407 8	7.564 2	8.671 8	10.085 2	24.769 0	27.587 1	30.191 0	33.408 7	35.718 5
18	6.264 8	7.014 9	8.230 7	9.390 5	10.864 9	25.989 4	28.869 3	31.526 4	34.805 3	37.156 5
19	6.844 0	7.632 7	8.906 5	10.117 0	11.650 9	27.203 6	30.143 5	32.852 3	36.190 9	38.582 3

续表

	0.995	0.990	0.975	0.950	0.900	0.100	0.050	0.025	0.010	0.005
20	7.433 8	8.260 4	9.590 8	10.850 8	12.442 6	28.412 0	31.410 4	34.169 6	37.566 2	39.996 8
21	8.033 7	8.897 2	10.282 9	11.591 3	13.239 6	29.615 1	32.670 6	35.478 9	38.932 2	41.401 1
22	8.642 7	9.542 5	10.982 3	12.338 0	14.041 5	30.813 3	33.924 4	36.780 7	40.289 4	42.795 7
23	9.260 4	10.195 7	11.688 6	13.090 5	14.848 0	32.006 9	35.172 5	38.075 6	41.638 4	44.181 3
24	9.886 2	10.856 4	12.401 2	13.848 4	15.658 7	33.196 2	36.415 0	39.364 1	42.979 8	45.558 5
25	10.519 7	11.524 0	13.119 7	14.611 4	16.473 4	34.381 6	37.652 5	40.646 5	44.314 1	46.927 9
26	11.160 2	12.198 1	13.843 9	15.379 2	17.291 9	35.563 2	38.885 1	41.923 2	45.641 7	48.289 9
27	11.807 6	12.878 5	14.573 4	16.151 4	18.113 9	36.741 2	40.113 3	43.194 5	46.962 9	49.644 9
28	12.461 3	13.564 7	15.307 9	16.927 9	18.939 2	37.915 9	41.337 1	44.460 8	48.278 2	50.993 4
29	13.121 1	14.256 5	16.047 1	17.708 4	19.767 7	39.087 5	42.557 0	45.722 3	49.587 9	52.335 6
30	13.786 7	14.953 5	16.790 8	18.492 7	20.599 2	40.256 0	43.773 0	46.979 2	50.892 2	53.672 0
31	14.457 8	15.655 5	17.538 7	19.280 6	21.433 6	41.421 7	44.985 3	48.231 9	52.191 4	55.002 7
32	15.134 0	16.362 2	18.290 8	20.071 9	22.270 6	42.584 7	46.194 3	49.480 4	53.485 8	56.328 1
33	15.815 3	17.073 5	19.046 7	20.866 5	23.110 2	43.745 2	47.399 9	50.725 1	54.775 5	57.648 4
34	16.501 3	17.789 1	19.806 3	21.664 3	23.952 3	44.903 2	48.602 4	51.966 0	56.060 9	58.963 9
35	17.191 8	18.508 9	20.569 4	22.465 0	24.796 7	46.058 8	49.801 8	53.203 3	57.342 1	60.274 8
36	17.886 7	19.232 7	21.335 9	23.268 6	25.643 3	47.212 2	50.998 5	54.437 3	58.619 2	61.581 2
37	18.585 8	19.960 2	22.105 6	24.074 9	26.492 1	48.363 4	52.192 3	55.668 0	59.892 5	62.883 3
38	19.288 9	20.691 4	22.878 5	24.883 9	27.343 0	49.512 6	53.383 5	56.895 5	61.162 1	64.181 4
39	19.995 9	21.426 2	23.654 3	25.695 4	28.195 8	50.659 8	54.572 2	58.120 1	62.428 1	65.475 6
40	20.706 5	22.164 3	24.433 0	26.509 3	29.050 5	51.805 1	55.758 5	59.341 7	63.690 7	66.766 0
41	21.420 8	22.905 6	25.214 5	27.325 6	29.907 1	52.948 5	56.942 4	60.560 6	64.950 1	68.052 7
42	22.138 5	23.650 1	25.998 7	28.144 0	30.765 4	54.090 2	58.124 0	61.776 8	66.206 2	69.336 0
43	22.859 5	24.397 6	26.785 4	28.964 7	31.625 5	55.230 2	59.303 5	62.990 4	67.459 3	70.615 9
44	23.583 7	25.148 0	27.574 6	29.787 5	32.487 1	56.368 5	60.480 9	64.201 5	68.709 5	71.892 6
45	24.311 0	25.901 3	28.366 2	30.612 3	33.350 4	57.505 3	61.656 2	65.410 2	69.956 8	73.166 1

附录 4　F 分布临界值表

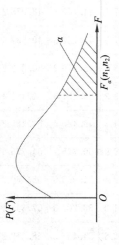

$$P\{F(n_1,n_2) > F_\alpha(n_1,n_2)\} = \alpha$$

									$\alpha=0.1$								
	1	2	3	4	5	6	7	8	9	10	12	15	20	24	30	40	60	120
1	39.86	49.50	53.59	55.83	57.24	58.20	58.91	59.44	59.86	60.19	60.71	61.22	61.74	62.00	62.26	62.53	62.79	63.06
2	8.53	9.00	9.16	9.24	9.29	9.33	9.35	9.37	9.38	9.39	9.41	9.42	9.44	9.45	9.46	9.47	9.47	9.48
3	5.54	5.46	5.39	5.34	5.31	5.28	5.27	5.25	5.24	5.23	5.22	5.20	5.18	5.18	5.17	5.16	5.15	5.14
4	4.54	4.32	4.19	4.11	4.05	4.01	3.98	3.95	3.94	3.92	3.90	3.87	3.84	3.83	3.82	3.80	3.79	3.78
5	4.06	3.78	3.62	3.52	3.45	3.40	3.37	3.34	3.32	3.30	3.27	3.24	3.21	3.19	3.17	3.16	3.14	3.12
6	3.78	3.46	3.29	3.18	3.11	3.05	3.01	2.98	2.96	2.94	2.90	2.87	2.84	2.82	2.80	2.78	2.76	2.74
7	3.59	3.26	3.07	2.96	2.88	2.83	2.78	2.75	2.72	2.70	2.67	2.63	2.59	2.58	2.56	2.54	2.51	2.49
8	3.46	3.11	2.92	2.81	2.73	2.67	2.62	2.59	2.56	2.54	2.50	2.46	2.42	2.40	2.38	2.36	2.34	2.32
9	3.36	3.01	2.81	2.69	2.61	2.55	2.51	2.47	2.44	2.42	2.38	2.34	2.30	2.28	2.25	2.23	2.21	2.18
10	3.29	2.92	2.73	2.61	2.52	2.46	2.41	2.38	2.35	2.32	2.28	2.24	2.20	2.18	2.16	2.13	2.11	2.08
11	3.23	2.86	2.66	2.54	2.45	2.39	2.34	2.30	2.27	2.25	2.21	2.17	2.12	2.10	2.08	2.05	2.03	2.00
12	3.18	2.81	2.61	2.48	2.39	2.33	2.28	2.24	2.21	2.19	2.15	2.10	2.06	2.04	2.01	1.99	1.96	1.93
13	3.14	2.76	2.56	2.43	2.35	2.28	2.23	2.20	2.16	2.14	2.10	2.05	2.01	1.98	1.96	1.93	1.90	1.88

续表

$\alpha = 0.1$

	1	2	3	4	5	6	7	8	9	10	12	15	20	24	30	40	60	120
14	3.10	2.73	2.52	2.39	2.31	2.24	2.19	2.15	2.12	2.10	2.05	2.01	1.96	1.94	1.91	1.89	1.86	1.83
15	3.07	2.70	2.49	2.36	2.27	2.21	2.16	2.12	2.09	2.06	2.02	1.97	1.92	1.90	1.87	1.85	1.82	1.79
16	3.05	2.67	2.46	2.33	2.24	2.18	2.13	2.09	2.06	2.03	1.99	1.94	1.89	1.87	1.84	1.81	1.78	1.75
17	3.03	2.64	2.44	2.31	2.22	2.15	2.10	2.06	2.03	2.00	1.96	1.91	1.86	1.84	1.81	1.78	1.75	1.72
18	3.01	2.62	2.42	2.29	2.20	2.13	2.08	2.04	2.00	1.98	1.93	1.89	1.84	1.81	1.78	1.75	1.72	1.69
19	2.99	2.61	2.40	2.27	2.18	2.11	2.06	2.02	1.98	1.96	1.91	1.86	1.81	1.79	1.76	1.73	1.70	1.67
20	2.97	2.59	2.38	2.25	2.16	2.09	2.04	2.00	1.96	1.94	1.89	1.84	1.79	1.77	1.74	1.71	1.68	1.64
21	2.96	2.57	2.36	2.23	2.14	2.08	2.02	1.98	1.95	1.92	1.87	1.83	1.78	1.75	1.72	1.69	1.66	1.62
22	2.95	2.56	2.35	2.22	2.13	2.06	2.01	1.97	1.93	1.90	1.86	1.81	1.76	1.73	1.70	1.67	1.64	1.60
23	2.94	2.55	2.34	2.21	2.11	2.05	1.99	1.95	1.92	1.89	1.84	1.80	1.74	1.72	1.69	1.66	1.62	1.59
24	2.93	2.54	2.33	2.19	2.10	2.04	1.98	1.94	1.91	1.88	1.83	1.78	1.73	1.70	1.67	1.64	1.61	1.57
25	2.92	2.53	2.32	2.18	2.09	2.02	1.97	1.93	1.89	1.87	1.82	1.77	1.72	1.69	1.66	1.63	1.59	1.56
26	2.91	2.52	2.31	2.17	2.08	2.01	1.96	1.92	1.88	1.86	1.81	1.76	1.71	1.68	1.65	1.61	1.58	1.54
27	2.90	2.51	2.30	2.17	2.07	2.00	1.95	1.91	1.87	1.85	1.80	1.75	1.70	1.67	1.64	1.60	1.57	1.53
28	2.89	2.50	2.29	2.16	2.06	2.00	1.94	1.90	1.87	1.84	1.79	1.74	1.69	1.66	1.63	1.59	1.56	1.52
29	2.89	2.50	2.28	2.15	2.06	1.99	1.93	1.89	1.86	1.83	1.78	1.73	1.68	1.65	1.62	1.58	1.55	1.51
30	2.88	2.49	2.28	2.14	2.05	1.98	1.93	1.88	1.85	1.82	1.77	1.72	1.67	1.64	1.61	1.57	1.54	1.50
40	2.84	2.44	2.23	2.09	2.00	1.93	1.87	1.83	1.79	1.76	1.71	1.66	1.61	1.57	1.54	1.51	1.47	1.42
60	2.79	2.39	2.18	2.04	1.95	1.87	1.82	1.77	1.74	1.71	1.66	1.60	1.54	1.51	1.48	1.44	1.40	1.35
120	2.75	2.35	2.13	1.99	1.90	1.82	1.77	1.72	1.68	1.65	1.60	1.55	1.48	1.45	1.41	1.37	1.32	1.26

续表

$\alpha = 0.05$

	1	2	3	4	5	6	7	8	9	10	12	15	20	24	30	40	60	120
1	161.45	199.50	215.71	224.58	230.16	233.99	236.77	238.88	240.54	241.88	243.91	245.95	248.01	249.05	250.10	251.14	252.20	253.25
2	18.51	19.00	19.16	19.25	19.30	19.33	19.35	19.37	19.38	19.40	19.41	19.43	19.45	19.45	19.46	19.47	19.48	19.49
3	10.13	9.55	9.28	9.12	9.01	8.94	8.89	8.85	8.81	8.79	8.74	8.70	8.66	8.64	8.62	8.59	8.57	8.55
4	7.71	6.94	6.59	6.39	6.26	6.16	6.09	6.04	6.00	5.96	5.91	5.86	5.80	5.77	5.75	5.72	5.69	5.66
5	6.61	5.79	5.41	5.19	5.05	4.95	4.88	4.82	4.77	4.74	4.68	4.62	4.56	4.53	4.50	4.46	4.43	4.40
6	5.99	5.14	4.76	4.53	4.39	4.28	4.21	4.15	4.10	4.06	4.00	3.94	3.87	3.84	3.81	3.77	3.74	3.70
7	5.59	4.74	4.35	4.12	3.97	3.87	3.79	3.73	3.68	3.64	3.57	3.51	3.44	3.41	3.38	3.34	3.30	3.27
8	5.32	4.46	4.07	3.84	3.69	3.58	3.50	3.44	3.39	3.35	3.28	3.22	3.15	3.12	3.08	3.04	3.01	2.97
9	5.12	4.26	3.86	3.63	3.48	3.37	3.29	3.23	3.18	3.14	3.07	3.01	2.94	2.90	2.86	2.83	2.79	2.75
10	4.96	4.10	3.71	3.48	3.33	3.22	3.14	3.07	3.02	2.98	2.91	2.85	2.77	2.74	2.70	2.66	2.62	2.58
11	4.84	3.98	3.59	3.36	3.20	3.09	3.01	2.95	2.90	2.85	2.79	2.72	2.65	2.61	2.57	2.53	2.49	2.45
12	4.75	3.89	3.49	3.26	3.11	3.00	2.91	2.85	2.80	2.75	2.69	2.62	2.54	2.51	2.47	2.43	2.38	2.34
13	4.67	3.81	3.41	3.18	3.03	2.92	2.83	2.77	2.71	2.67	2.60	2.53	2.46	2.42	2.38	2.34	2.30	2.25
14	4.60	3.74	3.34	3.11	2.96	2.85	2.76	2.70	2.65	2.60	2.53	2.46	2.39	2.35	2.31	2.27	2.22	2.18
15	4.54	3.68	3.29	3.06	2.90	2.79	2.71	2.64	2.59	2.54	2.48	2.40	2.33	2.29	2.25	2.20	2.16	2.11
16	4.49	3.63	3.24	3.01	2.85	2.74	2.66	2.59	2.54	2.49	2.42	2.35	2.28	2.24	2.19	2.15	2.11	2.06
17	4.45	3.59	3.20	2.96	2.81	2.70	2.61	2.55	2.49	2.45	2.38	2.31	2.23	2.19	2.15	2.10	2.06	2.01
18	4.41	3.55	3.16	2.93	2.77	2.66	2.58	2.51	2.46	2.41	2.34	2.27	2.19	2.15	2.11	2.06	2.02	1.97
19	4.38	3.52	3.13	2.90	2.74	2.63	2.54	2.48	2.42	2.38	2.31	2.23	2.16	2.11	2.07	2.03	1.98	1.93
20	4.35	3.49	3.10	2.87	2.71	2.60	2.51	2.45	2.39	2.35	2.28	2.20	2.12	2.08	2.04	1.99	1.95	1.90
21	4.32	3.47	3.07	2.84	2.68	2.57	2.49	2.42	2.37	2.32	2.25	2.18	2.10	2.05	2.01	1.96	1.92	1.87

续表

$\alpha = 0.05$

	1	2	3	4	5	6	7	8	9	10	12	15	20	24	30	40	60	120
22	4.30	3.44	3.05	2.82	2.66	2.55	2.46	2.40	2.34	2.30	2.23	2.15	2.07	2.03	1.98	1.94	1.89	1.84
23	4.28	3.42	3.03	2.80	2.64	2.53	2.44	2.37	2.32	2.27	2.20	2.13	2.05	2.01	1.96	1.91	1.86	1.81
24	4.26	3.40	3.01	2.78	2.62	2.51	2.42	2.36	2.30	2.25	2.18	2.11	2.03	1.98	1.94	1.89	1.84	1.79
25	4.24	3.39	2.99	2.76	2.60	2.49	2.40	2.34	2.28	2.24	2.16	2.09	2.01	1.96	1.92	1.87	1.82	1.77
26	4.23	3.37	2.98	2.74	2.59	2.47	2.39	2.32	2.27	2.22	2.15	2.07	1.99	1.95	1.90	1.85	1.80	1.75
27	4.21	3.35	2.96	2.73	2.57	2.46	2.37	2.31	2.25	2.20	2.13	2.06	1.97	1.93	1.88	1.84	1.79	1.73
28	4.20	3.34	2.95	2.71	2.56	2.45	2.36	2.29	2.24	2.19	2.12	2.04	1.96	1.91	1.87	1.82	1.77	1.71
29	4.18	3.33	2.93	2.70	2.55	2.43	2.35	2.28	2.22	2.18	2.10	2.03	1.94	1.90	1.85	1.81	1.75	1.70
30	4.17	3.32	2.92	2.69	2.53	2.42	2.33	2.27	2.21	2.16	2.09	2.01	1.93	1.89	1.84	1.79	1.74	1.68
40	4.08	3.23	2.84	2.61	2.45	2.34	2.25	2.18	2.12	2.08	2.00	1.92	1.84	1.79	1.74	1.69	1.64	1.58
60	4.00	3.15	2.76	2.53	2.37	2.25	2.17	2.10	2.04	1.99	1.92	1.84	1.75	1.70	1.65	1.59	1.53	1.47
120	3.92	3.07	2.68	2.45	2.29	2.18	2.09	2.02	1.96	1.91	1.83	1.75	1.66	1.61	1.55	1.50	1.43	1.35

$\alpha = 0.025$

	1	2	3	4	5	6	7	8	9	10	12	15	20	24	30	40	60	120
1	647.79	799.50	864.16	899.58	921.85	937.11	948.22	956.66	963.28	968.63	976.71	984.87	993.10	997.25	1 001.4	1 005.6	1 009.80	1 014.02
2	38.51	39.00	39.17	39.25	39.30	39.33	39.36	39.37	39.39	39.40	39.41	39.43	39.45	39.46	39.46	39.47	39.48	39.49
3	17.44	16.04	15.44	15.10	14.88	14.73	14.62	14.54	14.47	14.42	14.34	14.25	14.17	14.12	14.08	14.04	13.99	13.95
4	12.22	10.65	9.98	9.60	9.36	9.20	9.07	8.98	8.90	8.84	8.75	8.66	8.56	8.51	8.46	8.41	8.36	8.31
5	10.01	8.43	7.76	7.39	7.15	6.98	6.85	6.76	6.68	6.62	6.52	6.43	6.33	6.28	6.23	6.18	6.12	6.07
6	8.81	7.26	6.60	6.23	5.99	5.82	5.70	5.60	5.52	5.46	5.37	5.27	5.17	5.12	5.07	5.01	4.96	4.90
7	8.07	6.54	5.89	5.52	5.29	5.12	4.99	4.90	4.82	4.76	4.67	4.57	4.47	4.41	4.36	4.31	4.25	4.20

续表

$\alpha = 0.025$

	1	2	3	4	5	6	7	8	9	10	12	15	20	24	30	40	60	120
8	7.57	6.06	5.42	5.05	4.82	4.65	4.53	4.43	4.36	4.30	4.20	4.10	4.00	3.95	3.89	3.84	3.78	3.73
9	7.21	5.71	5.08	4.72	4.48	4.32	4.20	4.10	4.03	3.96	3.87	3.77	3.67	3.61	3.56	3.51	3.45	3.39
10	6.94	5.46	4.83	4.47	4.24	4.07	3.95	3.85	3.78	3.72	3.62	3.52	3.42	3.37	3.31	3.26	3.20	3.14
11	6.72	5.26	4.63	4.28	4.04	3.88	3.76	3.66	3.59	3.53	3.43	3.33	3.23	3.17	3.12	3.06	3.00	2.94
12	6.55	5.10	4.47	4.12	3.89	3.73	3.61	3.51	3.44	3.37	3.28	3.18	3.07	3.02	2.96	2.91	2.85	2.79
13	6.41	4.97	4.35	4.00	3.77	3.60	3.48	3.39	3.31	3.25	3.15	3.05	2.95	2.89	2.84	2.78	2.72	2.66
14	6.30	4.86	4.24	3.89	3.66	3.50	3.38	3.29	3.21	3.15	3.05	2.95	2.84	2.79	2.73	2.67	2.61	2.55
15	6.20	4.77	4.15	3.80	3.58	3.41	3.29	3.20	3.12	3.06	2.96	2.86	2.76	2.70	2.64	2.59	2.52	2.46
16	6.12	4.69	4.08	3.73	3.50	3.34	3.22	3.12	3.05	2.99	2.89	2.79	2.68	2.63	2.57	2.51	2.45	2.38
17	6.04	4.62	4.01	3.66	3.44	3.28	3.16	3.06	2.98	2.92	2.82	2.72	2.62	2.56	2.50	2.44	2.38	2.32
18	5.98	4.56	3.95	3.61	3.38	3.22	3.10	3.01	2.93	2.87	2.77	2.67	2.56	2.50	2.44	2.38	2.32	2.26
19	5.92	4.51	3.90	3.56	3.33	3.17	3.05	2.96	2.88	2.82	2.72	2.62	2.51	2.45	2.39	2.33	2.27	2.20
20	5.87	4.46	3.86	3.51	3.29	3.13	3.01	2.91	2.84	2.77	2.68	2.57	2.46	2.41	2.35	2.29	2.22	2.16
21	5.83	4.42	3.82	3.48	3.25	3.09	2.97	2.87	2.80	2.73	2.64	2.53	2.42	2.37	2.31	2.25	2.18	2.11
22	5.79	4.38	3.78	3.44	3.22	3.05	2.93	2.84	2.76	2.70	2.60	2.50	2.39	2.33	2.27	2.21	2.14	2.08
23	5.75	4.35	3.75	3.41	3.18	3.02	2.90	2.81	2.73	2.67	2.57	2.47	2.36	2.30	2.24	2.18	2.11	2.04
24	5.72	4.32	3.72	3.38	3.15	2.99	2.87	2.78	2.70	2.64	2.54	2.44	2.33	2.27	2.21	2.15	2.08	2.01
25	5.69	4.29	3.69	3.35	3.13	2.97	2.85	2.75	2.68	2.61	2.51	2.41	2.30	2.24	2.18	2.12	2.05	1.98
26	5.66	4.27	3.67	3.33	3.10	2.94	2.82	2.73	2.65	2.59	2.49	2.39	2.28	2.22	2.16	2.09	2.03	1.95
27	5.63	4.24	3.65	3.31	3.08	2.92	2.80	2.71	2.63	2.57	2.47	2.36	2.25	2.19	2.13	2.07	2.00	1.93
28	5.61	4.22	3.63	3.29	3.06	2.90	2.78	2.69	2.61	2.55	2.45	2.34	2.23	2.17	2.11	2.05	1.98	1.91

续表

$\alpha = 0.025$

	1	2	3	4	5	6	7	8	9	10	12	15	20	24	30	40	60	120
29	5.59	4.20	3.61	3.27	3.04	2.88	2.76	2.67	2.59	2.53	2.43	2.32	2.21	2.15	2.09	2.03	1.96	1.89
30	5.57	4.18	3.59	3.25	3.03	2.87	2.75	2.65	2.57	2.51	2.41	2.31	2.20	2.14	2.07	2.01	1.94	1.87
40	5.42	4.05	3.46	3.13	2.90	2.74	2.62	2.53	2.45	2.39	2.29	2.18	2.07	2.01	1.94	1.88	1.80	1.72
60	5.29	3.93	3.34	3.01	2.79	2.63	2.51	2.41	2.33	2.27	2.17	2.06	1.94	1.88	1.82	1.74	1.67	1.58
120	5.15	3.80	3.23	2.89	2.67	2.52	2.39	2.30	2.22	2.16	2.05	1.94	1.82	1.76	1.69	1.61	1.53	1.43

$\alpha = 0.01$

	1	2	3	4	5	6	7	8	9	10	12	15	20	24	30	40	60	120
1	4 052	5 000	5 403	5 625	5 764	5 859	5 928	5 981	6 023	6 056	6 106	6 157	6 209	6 235	6 261	6 287	6 313	6 339
2	98.50	99.00	99.17	99.25	99.30	99.33	99.36	99.37	99.39	99.40	99.42	99.43	99.45	99.46	99.47	99.47	99.48	99.49
3	34.12	30.82	29.46	28.71	28.24	27.91	27.67	27.49	27.35	27.23	27.05	26.87	26.69	26.60	26.50	26.41	26.32	26.22
4	21.20	18.00	16.69	15.98	15.52	15.21	14.98	14.80	14.66	14.55	14.37	14.20	14.02	13.93	13.84	13.75	13.65	13.56
5	16.26	13.27	12.06	11.39	10.97	10.67	10.46	10.29	10.16	10.05	9.89	9.72	9.55	9.47	9.38	9.29	9.20	9.11
6	13.75	10.92	9.78	9.15	8.75	8.47	8.26	8.10	7.98	7.87	7.72	7.56	7.40	7.31	7.23	7.14	7.06	6.97
7	12.25	9.55	8.45	7.85	7.46	7.19	6.99	6.84	6.72	6.62	6.47	6.31	6.16	6.07	5.99	5.91	5.82	5.74
8	11.26	8.65	7.59	7.01	6.63	6.37	6.18	6.03	5.91	5.81	5.67	5.52	5.36	5.28	5.20	5.12	5.03	4.95
9	10.56	8.02	6.99	6.42	6.06	5.80	5.61	5.47	5.35	5.26	5.11	4.96	4.81	4.73	4.65	4.57	4.48	4.40
10	10.04	7.56	6.55	5.99	5.64	5.39	5.20	5.06	4.94	4.85	4.71	4.56	4.41	4.33	4.25	4.17	4.08	4.00
11	9.65	7.21	6.22	5.67	5.32	5.07	4.89	4.74	4.63	4.54	4.40	4.25	4.10	4.02	3.94	3.86	3.78	3.69
12	9.33	6.93	5.95	5.41	5.06	4.82	4.64	4.50	4.39	4.30	4.16	4.01	3.86	3.78	3.70	3.62	3.54	3.45
13	9.07	6.70	5.74	5.21	4.86	4.62	4.44	4.30	4.19	4.10	3.96	3.82	3.66	3.59	3.51	3.43	3.34	3.25

续表

$\alpha=0.01$

	1	2	3	4	5	6	7	8	9	10	12	15	20	24	30	40	60	120
14	8.86	6.51	5.56	5.04	4.69	4.46	4.28	4.14	4.03	3.94	3.80	3.66	3.51	3.43	3.35	3.27	3.18	3.09
15	8.68	6.36	5.42	4.89	4.56	4.32	4.14	4.00	3.89	3.80	3.67	3.52	3.37	3.29	3.21	3.13	3.05	2.96
16	8.53	6.23	5.29	4.77	4.44	4.20	4.03	3.89	3.78	3.69	3.55	3.41	3.26	3.18	3.10	3.02	2.93	2.84
17	8.40	6.11	5.18	4.67	4.34	4.10	3.93	3.79	3.68	3.59	3.46	3.31	3.16	3.08	3.00	2.92	2.83	2.75
18	8.29	6.01	5.09	4.58	4.25	4.01	3.84	3.71	3.60	3.51	3.37	3.23	3.08	3.00	2.92	2.84	2.75	2.66
19	8.18	5.93	5.01	4.50	4.17	3.94	3.77	3.63	3.52	3.43	3.30	3.15	3.00	2.92	2.84	2.76	2.67	2.58
20	8.10	5.85	4.94	4.43	4.10	3.87	3.70	3.56	3.46	3.37	3.23	3.09	2.94	2.86	2.78	2.69	2.61	2.52
21	8.02	5.78	4.87	4.37	4.04	3.81	3.64	3.51	3.40	3.31	3.17	3.03	2.88	2.80	2.72	2.64	2.55	2.46
22	7.95	5.72	4.82	4.31	3.99	3.76	3.59	3.45	3.35	3.26	3.12	2.98	2.83	2.75	2.67	2.58	2.50	2.40
23	7.88	5.66	4.76	4.26	3.94	3.71	3.54	3.41	3.30	3.21	3.07	2.93	2.78	2.70	2.62	2.54	2.45	2.35
24	7.82	5.61	4.72	4.22	3.90	3.67	3.50	3.36	3.26	3.17	3.03	2.89	2.74	2.66	2.58	2.49	2.40	2.31
25	7.77	5.57	4.68	4.18	3.85	3.63	3.46	3.32	3.22	3.13	2.99	2.85	2.70	2.62	2.54	2.45	2.36	2.27
26	7.72	5.53	4.64	4.14	3.82	3.59	3.42	3.29	3.18	3.09	2.96	2.81	2.66	2.58	2.50	2.42	2.33	2.23
27	7.68	5.49	4.60	4.11	3.78	3.56	3.39	3.26	3.15	3.06	2.93	2.78	2.63	2.55	2.47	2.38	2.29	2.20
28	7.64	5.45	4.57	4.07	3.75	3.53	3.36	3.23	3.12	3.03	2.90	2.75	2.60	2.52	2.44	2.35	2.26	2.17
29	7.60	5.42	4.54	4.04	3.73	3.50	3.33	3.20	3.09	3.00	2.87	2.73	2.57	2.49	2.41	2.33	2.23	2.14
30	7.56	5.39	4.51	4.02	3.70	3.47	3.30	3.17	3.07	2.98	2.84	2.70	2.55	2.47	2.39	2.30	2.21	2.11
40	7.31	5.18	4.31	3.83	3.51	3.29	3.12	2.99	2.89	2.80	2.66	2.52	2.37	2.29	2.20	2.11	2.02	1.92
60	7.08	4.98	4.13	3.65	3.34	3.12	2.95	2.82	2.72	2.63	2.50	2.35	2.20	2.12	2.03	1.94	1.84	1.73
120	6.85	4.79	3.95	3.48	3.17	2.96	2.79	2.66	2.56	2.47	2.34	2.19	2.03	1.95	1.86	1.76	1.66	1.53

参 考 文 献

[1] 付刚. 统计学[M]. 北京：经济管理出版社，2014.
[2] 贾俊平，何晓群，金勇进. 统计学[M]. 北京：中国人民大学出版社，2010.
[3] 贾俊平. 统计学(第四版)学习指导书[M]. 北京：中国人民大学出版社，2010.
[4] 袁卫，庞皓，曾五一，贾俊平. 统计学[M]. 北京：高等教育出版社，2005.
[5] 黄良文，曾五一. 统计学原理[M]. 北京：中国统计出版社，2000.
[6] 朱建平，孙小素. 应用统计学[M]. 北京：清华大学出版社，2009.
[7] 刘子君，武霞，郭晔，王弢. 统计学[M]. 沈阳：东北大学出版社，2010.
[8] 刘子君，武霞，王弢，郭晔. 统计实验[M]. 沈阳：辽宁大学出版社，2010.
[9] 彭莉莎，蒋志华，刘慰. 统计模拟实验[M]. 北京：中国统计出版社，2004.
[10] 赵振伦. 统计学：理论·实务·案例[M]. 上海：立信会计出版社，2005.
[11] 刘思峰，吴和成，菅利荣. 应用统计学[M]. 北京：高等教育出版社，2009.
[12] 赵振伦，吴琪，孙慧钧. 社会经济统计原理[M]. 大连：东北财经大学出版社，1997.
[13] 梁前德，陈元江. 统计学[M]. 北京：高等教育出版社，2008.
[14] 张文彤. SPSS11 统计分析教程[M]. 北京：北京希望电子出版社，2002.
[15] 阮桂海. SPSS 实用教程[M]. 北京：电子工业出版社，2000.
[16] 卢文岱. SPSS for Windows 统计分析[M]. 北京：电子工业出版社，2000.
[17] 顾荣炎，才佳宁. 实用统计学[M]. 上海：上海教育出版社，2003.
[18] Robert S. Pindyck. Econometric Models and Economic Forecasts[M]. 北京：机械工业出版社，1998.
[19] 张文彤，闫洁. SPSS 统计分析基础教程[M]. 北京：高等教育出版社，2004.
[20] Paolo Giudici. Applied Data Mining：Statistical Methods for Business and Industry[M]. 北京：电子工业出版社，2004.
[21] 薛薇. 基于 SPSS 的数据分析[M]. 北京：中国人民大学出版社，2006.
[22] 吴喜之. 统计学：从概念到数据分析[M]. 北京：高等教育出版社，2008.
[23] 向书坚. 统计学与经济学[M]. 北京：中国财政经济出版社，2003.
[24] 徐国祥，胡清友. 统计预测和决策[M]. 上海：上海财经大学出版社，1997.
[25] 柯惠新，黄京华，沈浩. 调查研究中的统计分析法[M]. 北京：北京广播学院出版社，1992
[26] 〔美〕尤茨(Utts, J. M)，赫卡德(Heckard, R. F.). 统计思想[M]. 北京：机械工业出版社，2005.
[27] 吴喜之. 统计学：从数据到结论[M]. 北京：中国统计出版社，2004.

[28] M. Fisz. 概率论及数理统计[M]. 王福保译. 上海：上海科学技术出版社，1978.
[29] 李金林，马宝龙. 管理统计学应用与实践[M]. 北京：清华大学出版社，2007.
[30] 游士兵. 统计学[M]. 武汉：武汉大学出版社，2001.
[31] 李心愉. 应用经济统计学[M]. 北京：北京大学出版社，1999.
[32] 金勇进. 抽样技术[M]. 北京：中国人民大学出版社，2002.
[33] 茆诗松. 统计学基础[M]. 上海：华东师范大学出版社，2002.
[34] 耿修林等. 管理统计[M]. 北京：科学出版社，2003.
[35] 韩之俊等. 质量管理[M]. 北京：科学出版社，2003.
[36] 刘书庆等. 质量管理学[M]. 北京：机械工业出版社，2003.
[37] 于秀林. 多元统计分析[M]. 北京：中国统计出版社，2001.
[38] 梅长林等. 实用统计分析[M]. 北京：科学出版社，2002.
[39] 〔美〕David S. Moore. 统计学的世界[M]. 北京：中信出版社，2003.
[40] 〔美〕David R. Anderson. 商务与经济统计[M]. 北京：机械工业出版社，2004.
[41] 宋廷山，葛金田，王光玲. 统计学：以 Excel 为分析工具[M]. 北京：北京大学出版社，2009.
[42] 钱小军. 数量方法[M]. 北京：高等教育出版社，1999.
[43] 胡孝绳. 统计学[M]. 新加坡：新加坡木屋出版社，1960.
[44] 郭亚军. 综合评价理论与方法[M]. 北京：科学出版社，2002.
[45] 袁卫等. 新编统计学教程[M]. 北京：经济科学出版社，1999.
[46] 徐国祥等. 统计学[M]. 上海：上海财经大学出版社，2001.
[47] 于磊等. 统计学[M]. 上海：同济大学出版社，2003.
[48] 施建军. 统计学教程[M]. 南京：南京大学出版社，2001.
[49] 方萍等. 试验设计与统计[M]. 杭州：浙江大学出版社，2003.
[50] 陈珍珍. 统计学[M]. 厦门：厦门大学出版社，2002.
[51] 高庆丰. 欧美统计学史[M]. 北京：中国统计出版社，1987.
[52] 李惠村. 欧美统计学派发展简史[M]. 北京：中国统计出版社，1984.
[53] 徐国祥. 新中国统计思想史[M]. 上海：上海财经大学出版社，1999.
[54] 刘叔鹤. 中国统计史略[M]. 武汉：湖北人民出版社，1990.
[55] 孙慧钧. 指数理论研究[M]. 大连：东北财经大学出版社，1998.
[56] 袁卫，庞皓，曾五一，贾俊平. 统计学习题与案例[M]. 北京：高等教育出版社，2006.
[57] 谢家发，徐春辉，姜丽娟. 统计分析方法：应用及案例[M]. 北京：中国统计出版社，2004.
[58] 刘子君，赵维波. SPSS for Windows 统计分析[M]. 沈阳：东北大学出版社，2004.
[59] 马春庭. 掌握和精通 SPSS10[M]. 北京：机械工业出版社，2001.
[60] 周苏，王求真，王文. 信息资源管理实验教程[M]. 北京：科学出版社，2006.
[61] 郝梨仁. SPSS 实用统计分析[M]. 北京：中国水利水电出版社，2002.
[62] 李燕琛. 社会科学统计软件包 SPSS[M]. 北京：中国人民大学出版社，1999.